사피엔솔로지

호모사피엔스가 지구의
지배종이 될 때까지의
거의 모든 역사

사피엔솔로지

송준호 지음

Sapien
sology

흐름출판

머리말

> "사물의 이치를 이해하는 최상의 방법은
> 그 기원을 아는 것이다."[1]

테런스 윌리엄 디컨(Terrence William Deacon, 1950~)

4차 산업혁명의 초입에서 터진 코로나19 팬데믹은 세상에 전무후무한 변화를 가져왔습니다. 격변이 찾아오기 전까지 저는 의학자, 내과 의사 그리고 교육자로서 성취감 가득한 삶을 살아왔습니다. 전공에 대해서도 알 만큼 알고 있으며, 삶에 대해서도 깨달을 만큼 깨달았다고 생각했습니다. 하지만 세상은 급변했습니다. 의료 현장도 예외가 아니었습니다. 생물학과 의학의 기반이었던 환원주의적 방식은 시스템 생물학, 오믹스(Omics)*, 복잡계 이론 등과 같은 전체주의적 방법론으로 교체되고 있습니다. 대규모 연구에서 검증된 치료만 인정하던 증거중심의학(Evidence-based medicine)은 한 사람의 유전자 특성에 맞추는 일대일 또는 N수-1 시험(N-of-1 Trial)의 정밀의학(Precision medicine)에 그 자리를 내주고 있습니다. 순식간에

---

* 생물학의 한 분야로 주로 유전체학, 전사체학, 단백질체학, 대사체학 등을 일컫는다.

의학계는 가장 고루한 것과 가장 진보한 것들이 뒤섞인 곳이 됐습니다.

이는 하나의 사례에 불과합니다. 의학계뿐만 아니라 세상의 모든 분야에서 일어나는 변화의 속도가 너무 빠릅니다. 그래서 미래를 예측하는 데 지금까지의 경험이 전혀 도움이 되지 않을 지경이지요. 미래를 상상하려면 최근 1~2년 이전 것은 참고하지 말라는 말도 있을 정도입니다. 50대가 되면 더 이상 자기가 아는 지식을 바탕으로 가르치지 않는 것이 미래 세대를 위한 가장 좋은 교육이라는 말이 교육 현장에서 호소력을 얻고 있습니다.

중세 프랑스의 스콜라 철학자 샤르트르의 베르나르(Bernard of Chartres)는 우리를 '거인의 어깨 위에 올라선 난쟁이(Nanos gigantum humeris insidentes)'라고 표현했습니다. 그래도 베르나르 시대의 '난쟁이'와 '거인'은 같은 세상을 봤습니다. 하지만 이제 시대가 달라졌습니다. 오늘날 난쟁이들은 거인들과 전혀 다른 세상을 봅니다. 거인들도 어깨 위의 난쟁이가 어떤 세상을 보는지 짐작할 수 없을 것입니다. 그렇다면 우리는 전혀 앞날을 예측할 수 없을까요? 저는 그렇게 생각하지 않습니다.

아무리 다가올 미래가 과거와 다르다 해도, 미래는 과거가 만들어낸 세상 위에 세워집니다. 난쟁이가 보는 세상은 거인들이 빚어낸 세상입니다. 다행스럽게도 직관과 유추 능력은 호모사피엔스의 특기입니다. 일본 영화감독 기타노 다케시(北野武)는 장면들을 찍고 적당히 순서를 만들어 배열하면 관객들의 머릿속에 영화가 만들어진다고 했습니다. 세세히 가르쳐주지 않고 그저 사실들을 짚어주기만 해도 명민한 호모사피엔스들은 그 안에서 의미를 찾아냅니다. 이 책을 통해 제가 하고자 하는 일이 바로 그것입니다.

의학을 깊게 파고들수록 의학자의 관심은 인간의 본질로 귀결됩니다. 의학은 근본적으로 인간을 이해하는 과학이자 철학이기 때문입니다. 그리고 최상의 방식은 그 기원을 찾아가는 것입니다. 의학적 관심에서 출발한 탐구는 인간, 삶, 사회 그리고 오늘날 기술의 기원으로까지 꼬리에 꼬리를 물고 범위가 넓어졌습니다. 그리고 이제 그 오랜 탐구 끝에 의학자 특유의 시각으로 재구성한 몽타주를 이 책에서 보여드리고자 합니다. 지혜로운 독자들이라면 이 책을 읽으며 우리가 맞이할 미래가 어떠할지를 스스로 구성해낼 수 있으리라 믿습니다.

역사가들은 역사를 만드는 것이 인간의 의지와 도전이라고 말합니다. 타당한 말입니다. 하지만 저는 여기에서 한발 더 나아가 그것이 인간의 자유의지가 아니라 '생물학적 표현형'이라고 말하고자 합니다. 오늘날 가상의 세계를 창조하고 그 안에서 서식하는 문화종이 된 호모사피엔스는 아주 오래전 대뇌 변연계의 포유류 감정에 지배되고 유전자의 지시를 받는 생물학적 존재였습니다. 그리고 거기에서부터 모든 일이 시작됐습니다.

이 지구상에 전무후무한 문명을 구축한 현생인류의 혁신과 지배 본능은 호모사피엔스의 뇌 구조에서 비롯된 생물학적 표현형입니다. 그리고 그것을 창조한 호모사피엔스의 뇌 구조는 진화적 적응 위에 몇 번의 기적적인 우연이 겹친 결과입니다. 그런 면에서 이 책은 호모사피엔스를 빚어온 우연과 적응의 연대기를 기록한 책이자 호모사피엔스의 생물학적 특성에 대한 분석서입니다.

어디로 가는지 알 수 없는 흐름에 휩싸여 있을 때 취할 수 있는 가장 좋은 방법은 일단 그곳을 빠져나오는 것입니다. 이 책은 독자들로 하여금 격렬한 21세기의 변화의 물살에서 잠시 빠져나와 이 물살이 어디에서 기원했고 어디로 흘러갈지를 보여주고자 합니다.

대다수의 과학자들은 미래가 바이오기술, 나노기술, 정보기술, 인지과학의 시대가 될 것이라 믿고 있습니다. 이미 세상은 예수나 마르크스, 프로이트 같은 사상가들의 것에서 스티브 잡스나 일론 머스크 같은 공리주의적 기술혁신주의자들의 것이 되고 있습니다. 레이 커즈와일(Ray Kurzweil, 1948~)* 같은 진보주의자들은 기술 혁신이 하나의 특이점(Singularity)에 수렴될 것이라 예언합니다. 이들은 인류가 새로운 진화의 길에 들어설 것이라고도 기대하고 있습니다. 진보주의자들에게 인간(Humanity)과 호모사피엔스는 더 이상 동일한 단어가 아닙니다.

한편에서는 기후나 에너지 문제, 인간의 지능을 초월하는 강한 초지능 등 인간이 만든 것들이 인류의 실존적 위협이 되고 있다는 점을 지적합니다. 우리는 진화의 끝이라고 생각했는데 알고 보니 시작일지도 모르는 지점에 도착하게 됐습니다. 급격히 발달한 테크놀로지가 갑자기 인류를 폭탄을 받아든 어린아이처럼 만들었습니다.

---

* 미국의 컴퓨터 과학자, 발명가, 미래학자이자 저술가이다. 트랜스휴머니스트이기도 하다. 《특이점이 온다》의 저자로 유명하다.

이렇게 중대한 변혁기에 우리의 희망인 젊은이들은 불공정, 우울함 등과 같이 앞 세대가 남긴 희망 없는 단어에 붙들려 무기력한 삶을 살아가고 있습니다. 한국에서 GNR, 즉 유전학(Genetics), 나노기술(Nanotechnology), 로봇공학(Robotics)은 투자설명서에서나 볼 수 있는 단어입니다. 안타까운 일입니다. 대형 서점 매대는 혼자서도 잘 살 수 있는 방법, 돈을 불리는 방법을 가르쳐주는 책들이 대부분의 자리를 차지하고 있습니다. 이 책은 내면의 세계에 침잠해 있는 한국의 젊은 청년들에게 과학과 이성 그리고 비전의 세상으로 걸어 나오라고 촉구하는 선동서입니다.

　찰스 다윈(Charles Darwin, 1809~1882)은 '약간의 뛰어남이 승리를 가져온다'고 했습니다. 최초의 약간의 뛰어남이 긴 진화의 시간이 지난 후에는 종의 흥망을 좌우합니다. 이 책은 미래를 좌우할 우리 젊은이들이 출발선에서 약간의 통찰력을 갖도록 돕고자 합니다. 생명과학에 관심을 갖고 있거나 인공지능을 연구하려는 젊은이, 멋진 인터넷 플랫폼을 만들어보려는 젊은이, 메타버스 콘텐츠로 새 세상을 구축해보려는 젊은이, 대한민국과 세계라는 레드 오션에서 어떤 창대한 일을 저질러볼까 고심하며 숨을 고르는 젊은이들이 이 책을 통해 호모사피엔스가 어떻게 생물학적 굴레와 유전의 법칙을 뛰어넘어 지금의 세상을 구축했는지, 그 혁신의 여정을 돌아볼 수 있기를 희망합니다. 또한, 이미 중년의 나이에 접어든 독자들이라면 이 책을 읽는 동안 잠시만이라도 미래의 우리 후손들이 살아갈 지구의 운명에 대해서 생각해봤으면 좋겠습니다. 이 책이 독자들에게 그런 숙고의 시간을 제공할 수 있다면 저자로서 정말 큰 기쁨일 것입니다. 그리고 그 고민과 작업을 함께 해준 흐름출판의 조현주 부장님과 유정연 사장님께 진심 어린 감사의 마음도 함께 전합니다.

차례

머리말 · 4

프롤로그 가장 결정적인 순간   15

1장   구별: 독특한 생물의 탄생

1. 태초에   26

2. 아웃 오브 아프리카   42

3. 최초의 테크놀로지   63

4. 뇌의 혁명   71

2장   각성: 깨어난 정신

1. 지능과 자아   82

2. 무덤에 놓인 꽃   94

3. 미래의 출현   101

4. 생각의 발화   112

5. 수다의 시작   122

3장   결속: 성과 양육과 협력

1. 토너먼트의 시작: 유성생식   140
2. 가족의 탄생   150
3. 이타성의 출현   162
4. 협력의 진화   173

4장   구축: 새로운 생태계

1. 땅의 개조   184
2. 상상의 체스판   197
3. 탄소와 영원한 성장   213
4. 연결과 통제   229
5. 가상의 생태계   240

5장　해독: 판도라의 상자

1. 열린 비밀   250

2. 탐사의 시작   261

3. 암흑 지대   268

4. 복제의 시작   276

5. 판도라의 상자   288

6. 새로운 창조주   298

6장　초월: 역설계

1. 범용 기계   306

2. 태초의 지능   326

3. 역설계   334

4. 확장과 연결   343

5. 진화의 시작   357

7장 위기: 실존의 위협

1. 실존적 위험   368
2. 탄소의 덫   379
3. 세 가지 재능   393
4. 성장의 종식   401

에필로그 두 갈래의 운명

1. 은하제국   416
2. 마음의 제국   431
3. 최후의 사건   438

후기 두 아이가 살아갈 세계   443

미주 • 446

이미지 출처 • 476

프롤로그

가장 결정적인 순간

"미래는 과거와 같지 않을 것이다."

요기 베라(Yogi Vera, 1925~2015)[*]

   지금까지 지구상에 이런 시대는 없었다. 우리는 인류 역사에서 가장 결정적 순간을 살고 있다. 영국 생물학자 줄리언 소렐 헉슬리 (Julian Sorell Huxley, 1887~1975)에 따르면 '외딴 작은 행성의 한 종이 자신을 인식하면서 우주의 의식을 바꾸는 순간'이다. 양자역학의 코펜하겐 해석에 따르면 양자 세계는 여러 상태로 중첩되어 있으며 의식을 가진 관측자가 측정하는 순간 하나의 상태로 붕괴된다. 그렇다면 우리 우주는 지구가 탄생한 지 45억 년이 지난, 어느 화산재 날리던 날, 사바나(Savanna)[**]를 걸어가던 한 작고 외로운 생명체의 사색에 의해 고정되기 시작했으리라.

---

[*] 뉴욕 양키스의 전설적인 포수.

[**] 열대우림과 사막 중간에 분포하는 지대로 키가 큰 식물로 이루어진 초원에 드문드문 수목이 있는 열대 초원을 일컫는다.

20만 년 전 아프리카 오모 강가에 처음 모습을 드러낸 가녀린 호모사피엔스는 불모의 사바나에서 기아와 포식자들의 위협과 투쟁하면서 뇌의 발달을 맹렬히 촉진시켰다. 5만 년 전에는 두터워진 인간의 두뇌 피질 속에서 자기 성찰 능력이 나타나기 시작했고, 그 속에 인간은 개인의 역사와 삶의 의미를 담은 자전적 기억(Autobiographical memory)을 쌓기 시작한다. 곧이어 상상력과 언어가 인간의 머릿속에 창발하면서 이 독특한 종은 지금껏 자신을 통제해온 자연의 힘을 무력화하고 새로운 룰을 만들기에 이른다. 인간은 이제 지구상에 추상과 상상의 생태계를 구축하고 그 안에서 살기 시작한다.

지적 역량은 한번 그 물꼬가 터지고 나자 걷잡을 수 없이 뻗어나갔다. 500세대에 지나지 않는 1만 년 동안 호모사피엔스는 무(無)에서 시작해 석기를 만들고, 땅을 뒤엎고, 대양을 건너고, 화석연료를 꺼내 태우고, 미세한 전류를 조작하는 몇 번의 혁명을 통해 오늘날의 문명을 일으켰다. 그렇다면 호모사피엔스가 지구를 지배하는 종으로 약진한 비결은 무엇일까?

첫 번째 비결은 모든 역량을 '지능'이라는 범용(汎用) 무기의 진화에 쏟아부은 데 있다. 북극곰은 추위를 이겨내기 위해 수만 년에 걸쳐 흰 털을 진화시켰지만, 인류의 뇌는 불과 한 세대 만에 북극곰의 가죽을 벗겨내어 옷으로 만들어 입는 방법을 창안해냈다.[1] 이런 능력은 마치 다른 사람의 초능력을 흡수하는 능력을 가진 초능력자와도 같다. 지능은 강한 이빨과 날카로운 발톱, 두터운 털처럼 제한된 목적을 가진 도구가 아니라 세상에 존재하는 모든 도구의 기능을 모방하거나 대체하는 범용 도구다.

이 역량을 갖추기 위해 인류는 수백만 년 동안 비싼 비용을 치르며 대뇌 신피질을 키워왔다. 돌연변이라는 우연의 요소도 작용했다. 뇌가 생물학적 한계에 도달하자 인간은 전기회로 기판에 논리를 심어 그 기능을 흉내 낸 기계를 만들어냈다. 이제 호모사피엔스는 인공지능(AI), 뇌-기계 인터페이스를 통해 지구 문명 전반에 범용 슈퍼 차저(Super charger)를 붙이려는 중이다.

두 번째 성공 비결은 '혁신 본능'이다. 인류의 역사는 점진적으로 발전한 것이 아니라 단속(斷續)적으로 비약해왔다. 독일제국의 초대 총리 비스마르크(Bismarck, 1815~1898)는 "당면한 거대한 문제는 철과 피로 해결된다"고 말했지만, 우리 종이야말로 '돌, 철, 석탄'으로 위기를 돌파해왔다. 아프리카를 빠져나와 서서히 조여오는 인구압을 재배와 사육과 개간의 농업혁명으로 돌파했고, 인구 폭증과 식량 불균형, 그리고 종국에는 파국이라는 맬서스의 덫을 철과 석탄으로 이룬 산업혁명의 획기적인 생산성으로 빠져나왔다.

오래전 헤어진 사촌 종들이 아프리카 열대우림의 한 줌 희귀 동물로 남아 멸종 위기에 처하게 되는 동안 호모사피엔스는 엄청난 혁신 본능으로 변화를 거듭해 지구를 지배하고 달과 우주로 진출했다. 이제 호모사피엔스는 80억 명을 돌파했으며 거의 대다수가 네트워크로 연결되어 있다.

세 번째 성공 비결은 '통제 욕구'다. 인간은 통제권을 장악하기 위해서라면 어떠한 불편함과 고통도 감수한다. 그 대표적인 사례가 농업혁명이다. 한때 농경은 진보의 상징이었지만 지금은 농경 생활이 수렵·채집 생활에 비해 매우 비참했다는 고인류학 증거가 쌓이면서 인간이 농업을 시작한 것은 실수였다는 수정주의적 견해가 지배적인 관점이 되었다. 재레드 다이아몬드(Jared Diamond, 1937~)는 농업혁명을 사상 '최악의 실수'라 표현했고, 유발 하라리(Yuval Harari, 1976~)는 '역사상 최대의 사기'라 말했다.

하지만 인간이 농경에 빠져든 것은 그저 실수가 아니라 홍적세(洪積世)* 인간의 마음속에 발생한 새로운 본성 때문이었다. 이 본성은 자연과 동식물을 길들일 수 있는 대상으로 인식하고 통제하려는 사고다. 농경은 새로운 본성과 맞아떨어졌다. 게다가 농경은 잉여물을 만들었다. 잉여물 축적은 서로를 통제할 수 있는 힘을 주었다. 바로 권력의 탄생이다. 농경은 실수가 아니라 거부할 수 없는 유혹이었던 것이다.

곧 인류는 자연의 법칙까지 통제하고 이용하기 시작했다. 20세기에는 통제권이 원자핵과 전자에까지 미쳐 원자폭탄과 통신기기, TV, 라디오가 만들어졌다. 미디어의 발명으로 전 세계는 하나의 사고로 엮여나가기 시작한다. 실리콘 기판 위의 전기신호를 통제함으로써 인간의 사고를 흉내 내는 기계도 발명됐다. 전 세계를 잇는 통신의 발달로 '세상의 모든 사물'에 대한 통합도 시작됐다. 21세기 들어서는 유전자를 비롯해 생명 자체에 대한 통제도 시작됐다.

호모사피엔스가 지구를 지배하는 종이 된 세 가지 특성(지능, 혁

---

* 신생대 제4기의 첫 번째 시기로 인류가 발생하여 진화한 시기다. 지구가 널리 빙하로 덮여 몹시 추웠고, 매머드 같은 코끼리와 현재의 식물과 같은 것이 생육했다.

신 본능, 통제 욕구)은 인간의 의식적인 노력으로 발현된 것이 아니다. 이 특성들은 뇌 구조에서 흘러나온 생물학적 표현이다. 편도체가 작아 공포에 둔한 사람이 파쿠르(Parkour)나 암벽 타기에 탐닉하는 것처럼 호모사피엔스의 뇌 구조 자체가 새로운 것에 흥분하고, 어려운 길에 짜릿함을 느끼고, 주의를 통제하지 않으면 못 견디게 만들었던 것이다.

이 책의 제목인 '사피엔솔로지'는 현생인류를 지칭하는 '사피엔스(Sapiens)'와 '학문'을 뜻하는 접미사 '-ology'를 결합해 창안해낸 용어다. 말 그대로 '현생인류에 대한 학문'을 의미한다. (검색해본 바로는 이 단어가 아직까지 사용된 흔적은 없었다. 혹시 이미 사용하고 있는 사례를 알고 있다면 제보해주기 바란다.) 의학자로서 질병과 수명의 기원을 탐구하려고 시작한 작업이 진화학, 고고학, 사회심리학, 역사, 과학사 등 다른 영역까지 끝없이 범위가 확장됐다. 그 결과, 이 책은 호모사피엔스라는 한 종을 통섭적인 관점에서 아우르는 평전 또는 빅 히스토리 같은 것이 되어버렸다. 제목을 위해 중력, 전자기력, 약력, 강력 이론을 하나로 묶어 '모든 것의 이론(Theory of everything)'이라 부르는 것 같은 포괄적인 이름이 필요했다. 그것이 바로 '사피엔솔로지'다.

* * *

이 책의 1장('구별: 독특한 생물의 탄생')은 우리의 기원을 다룬다. 아프리카 열대우림에 살던 대형 유인원의 한 그룹이 형제 종들과 결별하고 아프리카를 벗어나는 이야기를 담았다.

2장('각성: 깨어난 정신')은 작고 매끈했던 포유류의 뇌에서 엄청난 영양을 빨아들이는 주름 가득한 기관으로 바뀐 우리의 뇌에 지능과 마음이 담기는 과정을 다룬다. 진화의 모든 면이 그러하듯 이 과정에는 기적적인 우연과 창발의 요소가 뒤섞여 있다.

3장('결속: 성과 양육과 협력')은 일종의 외전(外典)이다. 우리의 몸에 숨어 있는 포유류다운 성(性)과 양육의 본능이 어디에서 기원했는지, 이기적 본성 속에서 어떻게 인류가 지닌 최대 강점인 협력이 태어났는지 이야기한다.

4장('구축: 새로운 생태계')에서는 우리가 지구를 장악하고 개조해가는 과정을 그린다. 빙하기가 끝나고 농경을 시작한 이래 호모사피엔스가 도시와 국가를 이루고, 지구적 네트워크를 형성하고, 산업혁명과 화석 문명을 시작하고, 대가속과 통제의 시대를 거치고, 오늘날 사이버-메타버스 시대로 향해온 전 과정을 되돌아본다.

5장('해독: 판도라의 상자')과 6장('초월: 역설계')은 인류가 생명의 비밀인 유전자와 우리 종의 핵심 역량인 신피질(Neocortex)의 비밀을 어디까지 규명했으며 어디까지 조작하거나 모사할 수 있는 능력에 도달했는지와 미래의 가능성을 다룬다.

7장('위기: 실존의 위협')에서는 호모사피엔스가 지금까지 숨 가쁘게 이뤄온 성과가 불러일으킨 실존적 위협을 되짚어본다. 핵, 유전자 편집, 인공지능, 나노과학, 환경오염과 기후 온난화로 대별되는 위협에 우리는 이미 노출되어 있다.

에필로그('두 갈래의 운명')에서는 역사적 시간에서 우주적 시간으로 지평을 넓혀 인류의 미래와 운명으로 이야기를 확장한다. 태양의 팽창으로 지구가 불덩어리가 됐을 때 인류는 과연 어디에 있을 것인가? 다중행성 생명종(Multi-planetary species)이 될 것인가? 정신의 종(Mind species)이 될 것인가? 아니면 영원한 망각에 묻혀 있을 것인가?

주머니 속 스마트폰을 꺼내서 열어볼 때마다 우리의 미래 예측 능력이 얼마나 신통치 않았는지를 실감한다. 불과 20년 전만 해도 세상이 지금의 모습이리라고는 짐작하지 못했기 때문이다. 동물을 복제하고, 유전자 편집 아이를 만들어내고, 합성 인공 생명체를 만들어 그 안에 주소를 새겨넣는 세상을 전혀 상상하지 못했다. 이제 인공지능이 새로운 바둑 기보를 창조하고 드론과 자율주행 자동차가 원시 생명체처럼 하늘과 도로를 누빈다. 이 모든 일이 금세기 20년 동안 이루어진 일이다. 그러니 앞으로 30년 후를 어떻게 상상하겠는가?

오늘날 어떤 호모사피엔스들은 노화와 죽음을 거부하려 한다. 유전자의 결함을 고치고 기계와 결합하여 생물학적 한계를 극복하려 한다. 마음을 기계에 에뮬레이션(Emulation)* 해서 육체라는 굴레에서 벗어나 불멸의 존재가 될 수 있다고 믿는 사람들도 있다. 이들은 인류가 진화의 시작점에 있다고 믿는다.

미래는 과거와 전혀 다르리라고 알아차리는 것은 정말 특별한

---

* 어떤 소프트웨어를 호환성이 없는 기계에서 돌아가도록 만드는 것을 말한다. 예를 들어, 윈도우용 워드 프로세서를 맥북에서도 돌아가게 하는 것이 에뮬레이션이다.

능력이다. 지난 수백 년의 역사는 몇 년 이내의 미래를 예측하는 데 아무 도움이 되지 않는다. 오히려 지난 몇 달간 일어난 일이 더 도움이 된다.

상상하기 어려운 혁신과 놀라운 변화의 물결 속에서 한 줄기 두려움이 피어나고 있다. 우리 종은 지금까지 그래온 것처럼 성공의 서사를 이어나갈 수 있을까? 아니면 태양을 향해 날아가다 밀랍으로 만든 날개가 녹아 추락해버린 이카로스(Icaros)처럼 찰나의 영웅이 되고 마는 것일까? 우리는 지금 호모사피엔스라는 한 종의 진화의 시작점에 있는 것일까? 아니면 마지막 종지부에 가까이 온 것일까? 그 통찰을 얻기 위한 여정을 지금부터 시작해보자.

1장

구별

: 독특한 생물의 탄생

태초에

운석

처음부터 지성(知性)이 지구에 존재했던 것은 아니었다. 선행인류(先行人類)라 부를 수 있는 영혼 없는 존재가 이 땅에 모습을 드러낸 것은 원시 대양에서 분자들이 뭉쳐 최초의 생명의 형태가 나타난 후로부터도 37억 년이나 지난 뒤의 일이다. 기나긴 지구 역사의 마지막 순간에 나타난 이 생명체는 눈 깜짝할 사이 몇 차례의 도약을 통해 이 행성을 장악했다.

지구 역사의 0.1%도 안 되는 시간 동안 이 종은 자신의 행동으로 다른 종을 멸종시키거나 모습을 바꿔놓았고, 땅속에 매장된 철을 비롯한 광물과 화석 에너지를 고갈될 때까지 지속적으로 채굴함으로써 지구의 모습과 기후에 영향을 미쳤다. 이윽고 이 종은 자연 진화의 힘에서 벗어나 생명의 설계도를 바꿀 수 있는 능력까지

손에 넣게 된다. 이러한 존재는 지금껏 지구상에 존재하지 않았다.

공룡 알을 훔쳐 먹던 조그마한 포유류가 지구의 주인공으로 바뀐 것은 약 6,500만 년 전 우연히 거대 운석이 지구를 강타한 후다. 거대한 충격파와 1,000억 톤에 달하는 유황 구름은 지구상에 존재하던 80%의 생명체를 멸절시켰다. 그렇게 거대 파충류가 사라진 자리에서 포유류가 진화의 축제를 시작했다. 그중 한 분지가 팔레오세(Paleocene世)*가 시작될 무렵 맹렬한 진화를 시작한다. 바로 영장류다.

숲과 영장류

팔레오세의 조그만 영장류들은 3,500만 년 전쯤 대형 유인원으로 진화한다. 이들은 마이오세(Miocene世)**가 시작되면서 아프리카, 유럽, 아시아 등 모든 구대륙에 존재하던 열대림을 따라 전성기를 누렸다.

영장류가 자리 잡은 울창한 숲은 3차원의 세계다. 이곳에서 살기 위해서는 특별한 기술이 필요하다. 우선 나뭇가지를 붙들기 위해

---

* 신생대 제3기의 첫 시기로 6,500만 년 전부터 5,600만 년 전까지를 일컫는다. 고신세(古新世)라고도 부른다.

** 신생대 제3기를 다섯 개의 구간으로 나누었을 때 네 번째로 오래된 시대를 일컫는다. 지금으로부터 2,400만 년 전부터 520만 년 전까지의 기간을 말하며, 중신세(中新世)라고도 부른다.

자유로운 네 다리와 긴 발가락, 긴 엄지손가락이 필요했다. 시각도 중요했다. 나무 위를 건너뛰어 다녀야 했기 때문이다. 다른 동물들이 달리기와 냄새 맡기 기술을 발달시키는 동안 이들은 나뭇가지를 겨냥하기 위한 색채감과 입체감을 발달시켜야 했다. 숲속을 입체 기동하면서 이들의 뇌와 발(손)은 다른 동물보다 더 크고 복잡해졌다.

식어가는 지구

태초의 지구는 굉장히 뜨거웠다. 지구가 식지 않았다면 생명체가 나타나기 어려웠을 것이다. 지금은 상상하기 어렵지만 5,500만 년 전 북극에서는 야자수가 자랐고 악어가 돌아다녔다.[1] 지구가 지금과 비슷한 모습을 갖추기 시작한 것은 3,400만 년 전*부터다. 이때부터 지구의 온도가 떨어지고 남극에는 빙하가 쌓이기 시작했다. 이 시기 대기의 기온 하강 속도를 보면 아찔할 정도다.

빙하가 남극대륙을 완전히 덮은 마이오세에 이르면 지구상에서 열대우림 지역이 대폭 줄어든다. 1,500~1,000만 년 전이 되자 대형 유인원들의 서식지는 아프리카와 남아시아 일부로 퇴축된다. 이때 남아시아에 남은 종은 지금의 보르네오와 수마트라에 서식하는 오랑우탄의 선조가 되고, 아프리카에 남은 종은 고릴라와 침팬지 그

---

* 에오세-올리고세 기후 전환기(Eocene-Oligocene climate transition).

리고 고인류의 선조가 된다.

시간이 흐르면 먼지가 쌓이듯 단백질이나 DNA 같은 분자에는 변이가 일정한 속도로 축적된다. 변이가 얼마나 축적됐는지를 살펴보면 해당 종이 분기한 시점을 알아낼 수 있다. 이것을 분자시계 (Molecular clock)라 부른다. 분자시계 덕분에 우리는 우리 선조를 포함한 대형 유인원들의 분기 시점을 대략적으로 알 수 있다. 우선 1,000만 년 전 아프리카 지역의 대형 유인원으로부터 고릴라의 선조들이 갈라져 나갔다. 그리고 550~770만 년 전 두 번째 분지가 갈라졌다.[2] 갈라진 두 종족은 그 후 일어난 기후와 서식지의 변화로 서로 다른 길을 걷게 된다.

한쪽은 원래 살던 모습 그대로 안락한 삶을 수백만 년간 유지한다. 아프리카 적도 열대림의 침팬지와 콩고 강 근처의 보노보가 그렇다. 반면 다른 한쪽은 울창한 숲과 풍부한 먹거리가 사라지고 사바나로 변한 아프리카 동쪽에서 맹렬한 더위와 포식자들의 공격을 받으며 지독히도 험난한 길을 걸어야 했다. 이들은 시련을 이기기 위해 치열한 적응과 변화를 거듭한다. 바로 이 책의 주인공들이다.

이스트사이드 스토리

2,500만 년 전 마이오세가 막 시작할 무렵 아프리카의 동쪽, 지금의 에티오피아, 케냐, 탄자니아를 가로지르는 긴 지역에 아프리카판이 누비아판과 소말리아판으로 갈라지는 발산 경계 지역이 융

기하기 시작한다. 그 결과, 아프리카를 동서로 나누는 동아프리카 지구대(East African rift)가 만들어진다. 이 융기 지대는 서쪽의 대서양으로부터 유입되는 수분을 머금은 구름을 병풍처럼 막아선다. 그로 인해 아프리카 대륙 동쪽은 점차 건조한 기후로 변해갔다.

지형의 장벽은 기후 장벽을 만들고, 기후 장벽은 생물학적 장벽을 만들었다. 플라이오세(Pliocene世)*가 되자 아프리카 동쪽 에티오피아, 케냐, 탄자니아를 아우르는 동아프리카 지구대는 호수가 있고 낮은 풀들이 자라는 사바나 평원으로 바뀐다. 이런 환경은 숲속에서 나무 사이를 건너뛰며 열매를 따먹던 유인원 종에게는 지옥이나 마찬가지였다. 맹수들로부터 자신을 은신할 곳이 마땅치 않았던 데다가 주요 식량원이 사라진 탓이다.

서쪽의 형제들이 안전한 열대림 위에서 열매들을 먹고 하루의 대부분을 먹은 음식을 소화시키는 데 사용하며 빈둥거리는 동안 운 나쁘게 안락한 숲에서 쫓겨나 사바나 벌판에 내몰린 동아프리카의 유인원들은 비우호적 환경에서 치열한 생존 투쟁을 시작했다. 이들이 사바나에서 가장 먼저 한 일은 두 발을 딛고 일어나 걷기 시작한 것이다. 두 발 직립보행을 택한 이들 선행인류는 혹독한 진화의 투쟁을 통해 결과적으로 서쪽의 형제 종을 압도하는 강하고 뛰어난 종이 됐다. 프랑스 고인류학자 이브 코팡(Yves Coppens, 1934~2022)은 아프리카 대륙의 동서에서 일어난 이 드라마틱한 이

---

* 신생대 제3기의 마지막 시기로 500만 년 전부터 200만 년 전까지의 시기를 일컫는다. 선신세(鮮新世)라고도 부른다.

야기에 '이스트사이드 스토리'라는 이름을 붙였다.[3]

'이스트사이드 스토리'의 무대인 동아프리카 지구대는 인류 발생의 인큐베이터가 된다. 이곳의 탄자니아 올두바이 계곡, 에티오피아의 아파르 삼각주에서는 700만 년에 걸친 제각기 시대가 다른 수많은 종류의 호미닌(Hominin)과 호모 속(屬, Genus)의 화석이 파노라마처럼 발견됐다. 이들 중 수만 년 전 동아프리카 지구대를 탈출한 한 줌의 종족이 오늘날 지구를 지배하게 된다. 호모사피엔스가 그들이다.

첫 번째 발자국

비 개인 어느 날, 멀리서 보면 마치 아이 같은 세 마리의 생명체가 젖은 화산재 위를 바삐 걸어가고 있었다. 이들은 작은 머리에 납작한 이마, 튀어나온 입을 가졌지만 다리만큼은 길고 똑바르게 뻗어 있었다. 그중 하나는 뒤처져서 앞서가는 둘의 발자국을 따라 쫓아가는 중이었다. 그들의 발자국은 축축한 땅바닥 위에 선명하게 찍혔다. 며칠 후 인근에서 화산이 폭발했고 화산재가 그 위를 곱게 덮었다. 이들의 발자국은 370만 년이 지나 한 탐사팀에 의해 발견된다.

1976년 말 영국 인류학자 메리 리키(Mary Leakey, 1913~1996)는 탐사팀을 꾸려 탄자니아 올두바이 협곡에서 45km 떨어진 라에톨리(Raetoli) 지역의 땅을 조사했다. 이들은 땅 위에 찍힌 동물 발자국을 살피던 중 그 안에 똑바로 걷는 세 유인원의 발자국이 섞

두 발로 직립보행 하며 발자국을 남기고 있는 오스트랄로피테쿠스 아파렌시스(위),
라에톨리의 발자국(아래 왼쪽)과 닐 암스트롱이 달 표면에 남긴 발자국(아래 오른쪽).

여 있음을 알아챈다. 발자국의 의미를 깨달은 메리 리키의 탐사팀
은 2년에 걸친 발굴 작업 끝에 27m에 달하는 거리에서 70개의 발
자국을 확보한다.[4] 이것은 인류가 발견한 가장 오래된 발자국이
었다. 이 정도의 역사적 의미를 가진 발자국은 닐 암스트롱(Neil
Armstrong, 1930~2012)이 달에 남긴 발자국—당시 케네디 대통령이
'인류의 큰 발자국'이라 부른 그 발자국—정도이리라.

라에톨리 발자국의 주인공은 열대우림 지대의 수축으로 서식지를 잃고 사바나로 내몰려 대형 유인원 집단에서 분리된 최초의 선행인류인 오스트랄로피테쿠스 아파렌시스의 일족이었다. 이들의 뇌는 침팬지와 별 차이가 없었고 치아도 컸으며 그리 능숙한 손을 갖지 못해 도구를 다룬 흔적은 볼 수 없었다.[5] 상체만 보면 유인원이었으나 보행 방식은 완벽히 오늘날의 인간과 같았다.

1970년대까지 진화학자들은 두 발 보행과 뇌의 발달 중 어느 쪽이 먼저 일어났는지 알지 못했다. 라에톨리의 발자국은 이 질문에 종지부를 찍었다. 라에톨리의 주인공들은 '유인원'의 뇌와 '인간'의 다리를 가지고 있었다. 뇌의 발달이 일어나기 수백만 년 전, 두 발 보행이 먼저 일어난 것이다.

오스트랄로피테쿠스는 지성의 흔적은 없지만 플라이오세의 척박한 사바나를 '두 발'로 걸어 살아남아 호모 속이 나타날 때까지 약 400만 년간 아프리카 동부 사바나 지대를 헤매며 유인원과 인간을 연결해줬다. 직립보행은 앞으로 이어질 인간 진화 여정의 시작이었다.

사바나에서의 삶

2011년 의료봉사와 현지 의사들과의 교류를 위해 에티오피아를 방문한 적이 있다. 수도 아디스아바바에서 가파라라는 지역까지 사바나 초원 지대를 자동차 도로로 이동하며 창밖을 내다보니 흙 반

풀 반의 넓은 초원이 눈에 들어왔다. 그리고 수백 미터 간격으로 손바닥만 한 작은 숲이 흩어져 있었다.

당시는 마침 건기(乾期)여서 초원은 황량한 갈색이었고 뙤약볕에 얼굴이 무척 뜨거웠다. 수백만 년 전 선행인류가 이곳에서 살아남기 위해 가장 먼저 했던 일은 재빨리 평원을 가로질러 숲 그늘 밑으로 들어가는 것이었을 터다.

이곳에서 열기를 피하는 가장 쉬운 방법은 낮에 자고 밤에 활동하는 것이다. 하지만 선행인류에게는 그런 사치가 허용되지 않았다. 밤에 되면 한낮의 열기보다 더 무서운 포식자들이 덮쳐왔기 때문이다.

게다가 별다른 기술이 없었던 최초의 선행인류가 굶지 않으려면 벌판의 시체를 먹거나 땅속의 식물 뿌리를 캐내서 먹어야 했는데 밤이 되면 장님이나 다를 바 없는 유인원들이 이런 일을 어두운 밤에 할 수는 없었다. 어쩔 수 없이 선행인류는 뜨거운 대낮에 돌아다니고 밤에는 숨어 잠을 자는 생활 방식을 택한다. 최초의 선행인류는 숲속의 유인원에서 점차 뜨거운 땡볕 아래에서 죽은 고기를 찾아 헤매던 스캐빈저(Scavenger, 청소동물)로 변했다.

똑바로 서서 걷다

이쯤에서 뜨거운 땡볕에 서 있었던 경험을 떠올려보자. 한여름 해수욕장의 백사장을 상상해도 좋겠다. 복사열로 한껏 달궈진 땅바닥에 잠깐이라도 발을 내딛었을 때 발바닥과 장딴지가 금방이라도 익을 것만 같았던 기억이 날 것이다. 이렇게 해가 뜨거운 날 바닥에 엎드려 있거나 누워 있는 것은 정신 나간 짓이다. 이런 환경에서 뜨거운 땡볕을 견디는 가장 좋은 전략은 '두 발로 서 있는 것'이다. 일단 몸을 최대한 곧게 세우면 정수리 외에 햇볕을 받는 부위가 줄어들고 지열로부터 멀어진다. 또한, 얼굴과 상체로는 바람이 지나가 그런대로 시원해진다.

리버풀존무어스대학교의 고인류학자 피터 휠러(Peter Wheeler, 1934~2010)는 네 발 동물은 체표면의 40%가 햇볕에 노출되지만, 두 발 동물은 7%로 줄어든다는 것을 확인했다. 두 발 동물들은 네 발 동물보다 33%나 더 많은 열을 제거할 수 있는 셈이다. 이 연구 결과는 1988년 《뉴 사이언티스트New Scientist》에 '똑바로 서서 시원하게 살다(Stand tall and stay cool)'*라는 제목으로 발표됐다.[6]

두 발로 걸어 다니는 것은 효율성 면에서도 장점이 있다. 형제 유인원의 후예인 고릴라나 침팬지는 빨리 걸을 때 앞발을 주먹 쥐고 네 발로 달린다. 두 발 직립보행은 이보다 속도는 느리지만 에너지 소모가 훨씬 덜하다.[7] 체온 상승을 막으면서 좀 더 오래 다닐 수 있는 것은 사바나의 삶을 견딜 만하게 만든 유용한 무기였다.

선행인류의 직립보행을 두고 몇 가지 재미있는 이론이 더 있다. 하나는 진화사회학자들의 주장으로 직립보행이 일부일처제의 분업 때문에 진화했다는 주장이다.[8] 수컷은 먹이를 모으고 나르기 위

---

* '당당하게 서서 멋지게 사세요'라는 문장을 중의적으로 비튼 제목이다.

해, 암컷은 아기를 안고 평원을 이동하기 위해 앞다리가 자유로운 두 발 보행을 하게 됐다는 것이다. 이를 '보급 가설(Provisioning hypothesis)'이라 부른다.

또 다른 독특한 가설은 영국의 해양생물학자인 앨리스터 하디(Alister Hardy, 1896~1985)가 주장한 '수생 유인원 가설'이다.[9] 인류의 선조는 얕은 물가나 해변에서 조개나 게, 가재, 어류 등을 채집해서 사는 수생 생활을 택했는데 물속에 오래 있기 위해 두 발 보행이 필요해졌다는 주장이다.

수생 유인원 가설의 증거는 인간이 하마나 고래처럼 털이 없고 피하지방이 두터운 것이나, 뇌 발달에 생선의 오메가-3가 필요하고 갑상선 호르몬을 만드는 데 해초의 요오드가 필요한 것 등 영양학적으로 꼭 해산물이 필요하다는 점이다. 이 가설은 한때 학계보다 대중의 관심을 더 많이 받아 영국에서는 다큐멘터리로도 만들어지며 인기를 끌었다.

더 기발한 이론도 있다. 초신성 폭발이 인류를 걷게 했다는 것이다. 초신성 폭발에 따른 우주선(線)이 지구 대기권으로 쏟아지면서 번개가 잦아졌는데 이로 인한 잦은 산불로 숲이 불에 타는 바람에 인류가 나무에서 내려와 두 발로 걷게 됐다는 것이다.[10]

두 발 보행을 한두 가지 이론으로 설명할 수는 없지만, 인간이 직립 보행하게 된 배경을 설명하는 모든 이론의 배후에는 공통점이 하나 있다. 열대우림의 퇴축과 사바나로의 쫓겨남이다. 즉, 낙원에서의 추방이 선행인류의 진화를 촉발한 것이다. 앞서 설명한 바대로 사바나는 열대우림과 달리 시야가 완전히 개방되어 있고 식량의 밀도가 낮다. 먹이를 구하려면 드문드문 섬처럼 고립된 숲을 찾아다녀야만 했다. 이런 이유로 어쩔 수 없이 인류는 걷기 시작했다.[11] 이런 설명이 '사바나 가설(Savanna hypothesis)'이다.

두 발로 걷게 된 덕분에 뜨거운 땡볕과 지열을 견디게 된 선행인류는 다음 단계의 진화로 들어간다. 자유로워진 손으로 돌을 들고 뿌리를 짓이기고 가죽을 발라내고 뼈를 깨 골수를 빼먹을 줄 아는 도구의 동물로 변모하게 된다. 또한, 느리지만 오래 달리는, 집요하고 전략적인 사냥꾼으로 진화한다. 덕분에 영양이 점점 풍부해지며 뇌의 크기를 키울 수 있게 된다.

집요한 사냥꾼

치타나 사자 같은 육식동물은 추격 포식(Pursuit predation)을 한다. 먹이를 포착하면 기회를 노리다가 단번에 덮쳐 숨통을 끊어버리는 방식이다. 추격 포식은 몇 분 안에 끝난다. 포식자나 피식자 모두 수 분 이상 전력 질주하기 어렵기 때문이다. 그런데 이상한 방식으로 사냥하는 무리가 나타난다.

이 이상한 포식자는 이빨이나 발톱 없이 그저 두 발로 서서 느리게 뛴다. 그러나 한번 타깃을 정하면 죽을 때까지 따라온다. 피식자 입장에서는 한참을 달려 포식자를 따돌리고 뜨거워진 몸을 식히려고 하는데, 그 순간 포식자가 어디선가 다시 나타난다. 이러기를 반복하며 수 시간 뜨거운 햇볕 아래를 달리던 피식자는 서서히 열사

병으로 쓰러지고 만다.

초기 선행인류에게는 동물의 숨통을 끊을 만한 체계적인 기술이 없었다. 최초의 석기는 뿌리를 으깨거나 뇌수나 골수를 빼먹기 위해 죽은 동물의 두개골을 깨는 정도의 용도였다. 지쳐 쓰러진 먹이의 머리통에 마지막 타격을 줄 수 있을지는 몰라도 사살용은 아니었다. 원시적인 돌창은 50만 년 전에, 활과 화살과 같은 정교한 도구는 10만 년 전쯤 나타난다.

여기서 잠시 난센스 퀴즈를 하나 살펴보자. 코끼리를 죽이는 방법은 무엇일까? 정답은 죽을 때까지 때리는 것이다. 재미없는 우스갯소리지만 초기 선행인류의 사냥 방식이 딱 이러했다. 죽을 때까지 먹잇감을 몰아세우다가 일사병으로 쓰러지면 포획하는 것이었다. 이는 힘이 아니라 지구력으로 잡는 방식[12]으로 '집요한 사냥(Persistence hunting)'이라 부른다.

이 방법은 현대의 수렵·채집 부족들의 사냥 방식에 남아 있다. 칼라하리 사막의 산(San)족은 영양의 일종인 쿠두(Kudu)를 8시간 동안 35km의 거리를 달리며 쫓는다. 쿠두는 뜨거운 햇볕과 더운 기온에 지쳐 결국 쓰러져서 산족의 사냥감이 된다.[13] 남부 멕시코의 타라후마라(Tarahumara)족*은 사냥감을 이틀 동안 추적하다 지쳐 쓰러진 사냥감을 맨손으로 들고 온다.[14] 그렇다면 인간만이 구사하는 이 집요한 사냥의 비결은 무엇일까?

---

* 라라무리(Rarámuri)족이라고도 하며 멕시코 치와와주에 사는 선주민들이다. 장거리 달리기 능력으로 유명하다.

지구력의 비결

초식동물인 영양이나 토끼는 시속 80km로 달린다. 치타는 시속 110km까지 달릴 수 있다. 이에 비해 인간은 훈련된 육상선수가 시속 20km 남짓의 속도로 달릴 수 있다. 이렇게 느린 대신 인간은 8시간 동안 40km를 쉬지 않고 달릴 수 있다. 인간은 뜨거운 땡볕에서도 하루 종일 뛸 수 있다.

어떻게 인간은 이렇게 오래 뛸 수 있을까? 첫 번째 비결은 두 발 보행이다. 두 발로 뛰는 것은 속도를 떨어뜨렸지만 에너지 효율을 증대시켰다. 앞서도 언급했지만 인간의 두 발 보행은 침팬지의 네 발 보행이나 주먹 보행보다 무려 75%나 에너지 소모를 줄여준다.[15]

두 번째 비결은 열 조절 능력이다. 시속 110km의 속도로 달리는 치타는 그 속도로 2km 이상 달릴 수 없다. 체온이 40℃ 이상 상승하여 뇌가 망가지기 때문이다. 하지만 인간은 물과 소금만 충분히 섭취한다면 끝없이 달릴 수 있다. 이는 300만 개 내외의 땀샘 덕분인데, 땀샘은 마치 에어컨의 냉각장치처럼 체열을 밖으로 발산시킨다.

대부분의 포유류는 땀을 흘리지 않는다. 그 대신 얕고 빠르게 호흡하면서 구강, 코, 혀를 통해 수분을 증발시켜서 열을 방출한다. 이것을 '헐떡거림(Panting) 열 조절'이라 부른다. 이런 저효율의 방법으로는 더운 지방에서 오래 달리기란 불가능하다. 게다가 '헐떡거림'은 호흡을 방해하기까지 한다. 달리는 동물이 체온의 과다 상승과 뇌가 익는 것을 막는 방법은 달리기를 중단하고 쉬는 것밖에 없다.

인간은 직사광선을 받을 수밖에 없는 머리를 제외하고 신체에서 털을 대폭 없애고 땀샘을 만드는 쪽으로 진화했다. 300~400만 개의 땀샘을 통해 성인이 하루 동안 흘리는 땀의 양은 500~700mL 정도이지만 심한 육체노동이나 마라톤 같은 고강도 운동을 할 때는 1시간에 1L 이상 흘리기도 한다. 이 정도 효율은 작은 방에 틀어진 에어컨의 냉방 효과와 맞먹는다. '헐떡거림'과 '땀 흘리기'는 각각 부채와 에어컨의 냉방 효과만큼이나 큰 차이가 있다.[16][17][18]

잇따른 변화들: 지능과 언어의 토대

싱가포르의 전 총리 리콴유(李光耀, 1923~2015)는 에어컨이 없었다면 싱가포르가 성공하지 못했을 것이라고 말하곤 했다. 싱가포르의 기후는 덥고 습해서 아침과 해 질 무렵에만 일할 수 있었다. 리콴유는 총리가 되자마자 모든 건물과 관공서에 에어컨부터 달았다. 덕분에 정부와 기업은 하루 종일 일할 수 있었고 이것이 사회 전반의 작업 효율을 높여줘서 싱가포르가 발전하는 데 지대한 기여를 했다. 땀샘과 같은 열 조절 시스템이 선행인류의 삶에 가져온 결과가 그와 비슷하다. 비할 수 없이 효율적인 냉각 시스템은 고온의 사바나에서 활동성을 증폭시켰다.

그뿐만 아니라 냉각 시스템은 인간 진화에 또 다른 중요한 결정적인 역할을 한다. 뇌의 과열을 효과적으로 막아 뇌의 크기를 제한

없이 키울 수 있게 된 데 기여했다. 노트북의 발열 문제를 고심하는 설계자들은 이것이 무슨 뜻인지 이해할 것이다. 열 조절 시스템이 없었다면 인간의 뇌가 유인원의 3배까지 커질 수 없었을 것이다.

두 발로 달리면서 선행인류에게서 연쇄적인 몸의 구조 변화가 나타났다. 머리가 척추 위에 똑바로 얹히고 인대가 목을 고무 밴드처럼 고정해주게 됐다. 이 자세를 네 발 보행하는 동물 입장에서 보면 목이 90° 접힌 상태다. 그만큼 기도가 좁아진 상태가 된 것인데 기도에 공간을 주기 위해 후두가 아래로 내려가게 되고 그 덕에 숨을 조작해 발성할 공간이 생겼다. 구조가 변화한 것은 이뿐만이 아니다. 나무를 타는 유인원들은 상체가 우람하다. 힘을 쓰려면 후두가 폐를 막아 흉곽을 지지해줘야 한다. 일종의 마개 기능을 해야 하는 것이다. 하지만 두 발 보행을 하면서 선행인류는 상체의 힘을 써야 할 일이 줄어들게 된다. 자연스레 상체가 이전보다 가벼워지고 달릴 때 숨 쉬기 쉽도록 후두막이 얇아졌다. 후두가 아래쪽으로 내려와 공기가 울릴 공간이 생기고 후두막이 색소폰의 리드처럼 얇아지면서 선행인류는 훗날 말을 할 수 있는 구조를 갖추게 된다.

사바나의 환경에 적응하기 위해 만들어진 강력한 냉각 시스템과 효율적인 달리기를 위해 호흡기 구조가 변화하면서 선행인류는 인간이 지닌 가장 특징적이고도 강력한 무기인 지능과 언어를 진화시킬 토대를 구축했다. 숲에서 추방되어 들판에 버려진 동물 사체를 찾아 먹던 처량한 스캐빈저는 먹이사슬의 꼭대기에 올라 훗날 전 지구의 지배종이 될 기반을 황량한 사바나에서 다지고 있었다.

2 아웃 오브 아프리카

호모 속의 출현

최초의 호모 속(사람 속)은 230만 년 전 등장했다. 이들은 다른 동물들이 할 수 없는 기술을 구사했다. 단단한 줄기를 으깨고 죽은 동물의 두개골을 깨고 뇌수를 꺼내 먹는 기술이다. 이들은 '도구를 사용하는 사람'이라는 의미에서 호모하빌리스(Homo habilis)라 불렸다.

'호모'라는 이름을 받았지만 신체 구조나 뇌의 크기로 볼 때 호모하빌리스는 후기 오스트랄로피테쿠스와 별 차이가 없었다.[19] 오스트랄로피테쿠스와 이들이 섞여 돌아다녔다면 잘 구분되지 않았을 것이다. 아직 능숙한 사냥꾼은 아니었으며, 모두 아프리카에만 존재하는 지역 종족이었다.

200만 년 전쯤 되자 호모에렉투스(Homo erectus, '서 있는 사람'이라는 뜻)라는 신종이 출현한다. 이들에게 '서 있는 인간'이라는 영예의 이름이 붙은 이유는 앞선 종보다 이들의 화석이 먼저 발견되었기 때문이다. 호모에렉투스는 아프리카를 벗어난 최초의 호모 속이다.

호모에렉투스는 1890년대 인도네시아 자바에서 처음 발견됐다.[*] 1920년대에는 중국 베이징 북동쪽 저우커우뎬(周口店)에서 발견됐다.[**] 처음 자바에서 발견됐을 때 사람들은 변형된 유인원의 뼈라고 여겨 무시했으나 이후 베이징원인 화석이 발견되면서 인류의 종족으로 재조명됐다.

이후 비슷한 화석들이 아프리카, 모로코, 알제리 등지에서 발견되고 각기 이름을 가지고 있다가 1950년대 독일 출신의 미국 진화생물학자 에른스트 마이어(Ernst Mayer, 1904~2005)에 의해 호모에렉투스라는 하나의 종으로 통합된다. 이들이 분포했던 지역은 횡으로는 스페인에서 한반도까지, 종으로는 남아시아 인도네시아에서 중국의 베이징·요령 지역까지 이른다. 그야말로 전 세계로 퍼진 최초의 코스모폴리탄인 셈이다.

---

[*] '자바원인' 또는 '서 있는 원숭이 인간'이라는 뜻의 '피테칸트로푸스 에렉투스(Pithecanthropus erectus)'라고 불렀다.

[**] '베이징원인' 또는 '중국 인간'이라는 뜻의 '시난트로푸스 페키넨시스(Sinanthropus pekinensis)'라고 불렀다.

아웃 오브 아프리카 I: 호모에렉투스

동아프리카에서 나일 강변을 따라 올라가면 중동과 연결되는 수에즈 지역이 나온다. 이곳을 넘어가면 지중해 연안 녹색 지대인 '레반트 통로(Levant corridor)'로 이어지고, 여기를 통과하면 유라시아 대륙까지 탄탄대로가 열린다.

화석과 유물로 호모에렉투스의 이동 경로를 추적하면 이들은 레반트 통로를 지나 180만 년 전 흑해 인근 코카서스 조지아(Georgia) 지역에 도착한 것으로 보인다. 이곳에서 계속 동진한 종족들은 160만 년 전 남아시아의 자바와 중국에 진입했다. 136만 년 전에는 북위 40°의 중국 북부에 정착했고 일부는 30만 년 전 우리나라 경기도 연천의 전곡리까지 내려와 아슐리안 석기 유적을 남겼다. 서쪽으로 이동한 종족들은 120만 년 전쯤 스페인 북부까지 도달한다.

그렇다면 이들은 왜 아프리카를 벗어나게 됐을까? 첫 번째 견해로는 생존을 위해 새 땅을 찾아나간 결과라는 주장이다. 수렵·채집으로 먹고살려면 생각보다 훨씬 더 넓은 땅이 필요하다. 이 시대 정착지를 결정하는 기본 단위는 몇 개 가족 정도인데 이 정도 식구를 수렵·채집 방식으로 먹여 살리려면 수백 제곱킬로미터 정도의 영역이 필요하다.[20]

인구가 늘면 집단을 쪼개 새 영토로 진출해야 한다. 하버드대학교의 진화생물학자인 대니얼 리버먼(Daniel Lieberman, 1964~)은 500km²의 정도를 적정 면적으로 잡았을 경우 이 면적에서 최적의 인구밀도를 유지하기 위해서는 500년마다 새 영역으로 집단이 쪼개져 나가야 한다고 주장했다. 이 속도로 계산한다면 대략 5만 년이면 동아프리카 나일강에서 조지아에 도달하고 100만 년이면 자바나 북경에도 도착할 수 있다.

두 번째 견해는 비슷한 맥락이지만, 동물의 이동을 따라나섰다는 것이다. 당시 가장 상위 포식자였던 검치호랑이류도 먹이를 따라 아프리카에서 시나이 반도, 레반트를 거쳐 140만 년 전에 유라시아에 자리 잡았다. 검치호랑이가 툰드라 지대를 누비는 동안 아프리카의 검치호랑이는 모두 멸종했다. 호모에렉투스 역시 먹잇감을 따라 이동했을 것이다. 게다가 그사이 인류의 해부학적 구조와 기능이 초원 지대에서 생활하기에 더 편안한 쪽으로 바뀌었다. 그 결과, 인류는 계속 초원 지대를 찾아 나서게 됐다.

최초의 혁신가

호모에렉투스는 최초의 코스모폴리탄일 뿐 아니라 지구에서 가장 오랜 기간 존속했던 호모 속이기도 하다. 아프리카와 흑해 연안에서 발견된, 더 오래된 종인 호모에르가스테르(Homo ergasther)가 초기 호모에렉투스라는 견해가 많은데, 그렇다면 그 기원은 200만 년 전까지 거슬러 올라간다.

인도네시아 자바 섬 응간동(Ngandong)에서는 약 11만 년 전 호모에렉투스의 유적이 발견됐다.[21] 이 시기는 호모사피엔스가 아프리카를 빠져나가기 시작하고 유럽에 네안데르탈인이 돌아다녔을 시기다. 2003년에는 인도네시아 플로레스 섬에서 무려 1만 8,000년 전의 호모에렉투스 가능 종이 발견됐는데, 키가 겨우 1m 남짓한 꼬마 종이었다.[22] 종합하면 호모에렉투스는 200만 년 전부터 호모사피엔스가 구석기 문명을 구가하던 1만 8,000년 전까지 존재했다는 이야기다.

호모에렉투스는 호모사피엔스의 8배에 달하는 세월을 살아내며 인류에게 필요한 모든 것을 진화, 완성시켰다. 200만 년의 세월 동안 아프리카의 작은 스캐빈저는 전략적인 수렵·채집꾼으로 변모했다. 선대 종들에게 물려받은 두 발 보행과 달리기 능력, 육체적 유산을 가지고 아프리카를 빠져나와 빙하기 유라시아라는 춥고 척박한 고위도 지역에서 도구와 정신을 발달시켰다.

인류 고유의 특성인 '혁신 본능'과 '통제(지배) 욕구' 그리고 '범용 도구 선호성'이 호모에렉투스에서 처음 엿보이기 시작한다. 이들은 원시적인 올도완 석기를 세련된 아슐리안 석기로 발전시켰다. 두 도구는 절구와 믹서만큼의 차이가 난다. 최초로 불을 다루기 시작하고 익힌 고기를 먹기 시작한 것도 호모에렉투스다. 이들은 지금보다 훨씬 추웠던 빙하기에 털옷과 화톳불을 들고 빙하가 바로 코앞인 북위 40°의 베이징과 요령 지역까지 올라갔다.

호모에렉투스의 가장 큰 공로는 뇌의 크기를 2배로 늘여놓은 것이다. 사냥을 통한 육식과 불의 사용으로 소화 효율이 높아지자 뇌로 질 좋은 영양분이 대폭 전달됐다. 덕분에 출현 초기 600cc였던 호모에렉투스의 뇌는 이후 1,200cc까지 커진다. 2배로 커진 뇌는 호모에렉투스를 협동 전략을 구사하는 사냥꾼으로 만들었을 뿐 아니라 훗날 인류가 사회적 관계를 구축하고 언어로 의사소통할 수 있는 토대가 됐다.

호모에렉투스는 미래에 인류가 생태계를 재편성할 막강한 힘의 원천을 모두 준비했다. 호모사피엔스는 호모에렉투스라는 '위대한 거인의 어깨에 올라탄 난쟁이'였다.

현생인류의 시작점

다음 종은 60만 년 전에 나타난다. 이 종의 화석이 1908년 독일 하이델베르크 근교 마우어에서 처음 발견됐기 때문에 호모하이델베르겐시스(Homo heidelbergensis)라 부른다. 이 종도 호모에렉투스가 그랬듯 50만 년 전 아프리카를 빠져나와 유럽과 인도를 포함한 유라시아 구대륙 곳곳으로 진출한다.

호모하이델베르겐시스 중 유럽 방향으로 흘러간 쪽은 35만 년 전 등장한 네안데르탈인(호모네안데르탈렌시스, Homo neanderthalensis)의 선조가 됐다. 중앙아시아로 흘러들어간 쪽은 8만~3만 년 전 시베리아, 우랄 알타이, 동남아시아에 살았던 데니소바인(Denisovan)의 선조가 됐다. 중국 산시성에서는 26만 년 전 살았던 아시아계 호모하이델베르겐시스인 달리인(大荔人, Dali man)의 화석이 발견됐다.

이때까지의 고고학적 윤곽을 토대로 1980년대에 미시간대학교의 저명한 인류학자 밀퍼드 월포프(Milford Wolpoff, 1942~)는 현생인

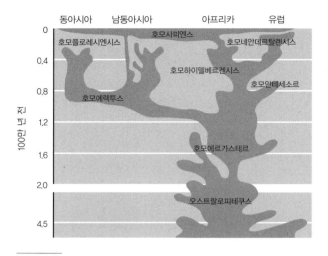

600만 년 동안 일어난 호미니드 종의 진화 계통도.

류가 각 지역에서 각기 진화했다고 주장했다.[23] 예를 들면 아시아
대륙에서는 호모에렉투스→베이징원인→달리인→동아시아인으
로 진화했고, 유럽에서는 호모에렉투스→호모하이델베르겐시스
→네안데르탈인→유럽인으로 진화했다는 설명이다. 이렇게 각 지
역에서 진화하는 동안 유전자 교류는 끊어지지 않아 오늘날 호모
사피엔스라는 현생인류 집단이 됐다는 것이다.

　　이 이론에 따르면 현 인류의 시작은 각 지역의 원인에서 시작
해 호모에르가스테르까지 거슬러 올라간 200만 년 전이며 '호모에
렉투스 이후의 모든 종은 사실상 모두 호모사피엔스인 것이다.'[24]
이것을 '현생인류의 다지역 기원설(Multiregional origin of modern
humans)'이라 부른다.

그런데 런던자연사박물관의 크리스토퍼 스트링어(Christopher Stringer, 1947~)는 유럽의 현생인류인 크로마뇽인(Homo sapiens cro-magnons)에서 이상한 사실을 발견한다. 크로마뇽인이 동시대 같은 지역의 네안데르탈인보다 아프리카 쪽 고인류와 더 비슷하다는 점이었다. 말하자면 경주에서 발견된 처용의 화석이 동시대 신라인보다 고대 중동인의 화석과 더 비슷한 상황이 된 것이다.

스트링어는 현생인류는 각 지역의 호모에렉투스에서 진화된 것이 아니라 최근 아프리카를 벗어나 전 세계로 퍼진 것일지도 모른다고 주장한다.[25] 이것이 '현생인류의 최근 아프리카 기원설(Recent African origin of modern humans)' 또는 '탈아프리카 이론(Out-Of-Africa theory, OOA)'의 시작이다.

스트링어의 주장은 무시됐다. 1980년대까지 고인류학은 화석과 유물 연구가 중심이었고 당시까지 증거들은 다지역 기원설에 들어맞는 듯 보였다. 직관적으로도 백인, 흑인, 황인의 외모 차이로 보나 오랫동안 서로 분리되었던 역사를 볼 때 다지역 기원설이 더 타당해 보였다. 게다가 월포프는 당대 고고학계의 권위 그 자체였다. 아프리카 기원설은 호사가의 가십거리에 지나지 않았다. 그런데 분자생물학 기술의 발전이 상황을 반전시킨다.

DNA에 새겨진 시간

UC버클리대학교의 앨런 윌슨(Allan Wilson, 1934~1991) 연구팀은 분자생물학적 방법으로 인류의 기원을 밝히는 방법을 모색하고 있었다. 앨런 윌슨의 팀은 돌연변이 축적 정도를 측정해 진화의 계보를 밝히는 분자시계 연구에서 가장 앞서고 있었다.

유전자는 유성생식 과정을 거치는 동안 카드 패처럼 뒤섞인다. 생식세포가 부모의 몸에서 감수분열 하는 동안 한 번 섞이고 정자와 난자가 결합하는 과정에서 또다시 섞인다. 그럼에도 서로 옆에 붙어 있는 것들은 한 덩어리로 다닌다. 이렇게 덩어리로 다니는 대립 유전자 세트를 '하플로그룹(Haplogroup)'이라 하는데* 조상을 추적하는 마커로 쓸 수 있다.

조상이 같은 혈연 그룹은 같은 하플로타입들을 가지고 있다. 그리고 나중에 분리된 최근 그룹일수록 하플로타입에 새로운 돌연변이가 많이 나타난다. 앨런 윌슨 연구팀은 이 원리를 활용해 현생인류의 계통을 추적할 방법을 찾고 있었다.

문제는 핵 염색체는 부계로부터 받은 것과 모계로부터 받은 것, 두 세트가 섞여 있다는 점이다. 양 갈래로 부모를 추적해야 하는데 위로 올라갈수록 찾아야 하는 선조의 수는 복리로 늘어난다. 나의 부모는 둘인데, 부모의 부모는 넷이 되고, 그 위의 부모 수는 여덟 명이 되는 식이다. 그러면 20세대 위로만 올라가도 부모의 수는 100만 명이 넘는다. 그러니 핵 염색체로 선조를 찾는 것은 불가능

---

* 전공자에게는 이와 같은 단순한 설명이 마음에 들지 않을지 모르겠지만 그 이상 깊이 설명하는 것은 이 책을 읽는 데 방해가 된다고 생각하여 이와 같은 설명 방식을 취했음을 밝혀둔다.

하다. 그런데 1987년 윌슨 연구팀의 여성 과학자 레베카 칸(Rebecca Cann, 1951~)이 기발한 방법을 찾아낸다. 바로 미토콘드리아의 DNA를 이용하는 방법이었다.

미토콘드리아 이브

미토콘드리아는 원래 우리 세포에 존재하지 않았다. 20억 년 전 시아노박테리아라는 독립된 종족이 어쩌다 보니 진핵세포에 삼켜졌다. 그 후로 우리 세포 안에 정착하여 에너지를 담당하는 기관으로 자리 잡았다. 이 이론이 처음 제시됐을 때 사람들은 말도 안 된다는 반응을 보였다. 이 가설을 처음 주장한 보스턴대학교 소속 생물학자 린 마굴리스(Lynn Margulis, 1938~2011)는 논문을 열 곳 이상의 학술지에서 퇴짜를 맞았다.** [26]

이와 같은 이유로 인해 미토콘드리아는 독립적인 자체 DNA를 가지고 있다. 수정 과정에서 부계 미토콘드리아는 모두 없어지고 모계만 남는다. 게다가 미토콘드리아는 재조합도 되지 않기 때문에 원본이 그대로 유지된다. 즉, 모계를 따라서 원본을 고스란히 물려받기 때문에 나의 미토콘드리아 DNA는 어머니와 그 어머니, 그 어머니의 어머니를 따라 수십만 년을 거슬러 올라가 단 한 명의 여성

** 린 마굴리스가 이 논문을 발표할 당시, 그는 《코스모스》의 저자 칼 세이건의 부인이었다. 그래서 논문은 린 세이건이라는 이름으로 발표됐다.

과만 연결되는 것이다.

레베카 칸은 아시아, 아프리카, 유럽, 호주와 뉴기니 5개 지역의 147명 여성의 미토콘드리아 DNA를 가지고 추적하여 '최초의 여성'을 찾아내는 데 성공했다.* 현생인류의 시작은 15만 년 전 동아프리카의 한 여성이었다.[27] 1988년 《뉴스위크》는 이 여성을 '미토콘드리아 이브(Mitochondrial Eve, mt-Eve)'라 발표했다.

Y-염색체 아담

그렇다면 아담은? 여성에게만 전해지는 미토콘드리아 DNA처럼 남성에게만 전해지는 것도 있다. 바로 Y-염색체다. Y-염색체는 남성을 만드는 것 외에는 특별한 정보가 없는 꼬마 유전자다. 꼬마 유전자라고는 하지만 6,000만 개의 DNA를 갖고 있는데, 이는 미토콘드리아 DNA의 4,000배가 넘는 수치다.

Y-염색체가 인류의 기원을 추적하는 데 쓸 만한 이유는 양끝 외에는 재조합이 거의 일어나지 않고 남성에게만 전달되어 일계로 거슬러 올라갈 수 있기 때문이다. 남성 버전의 미토콘드리아 DNA인 셈이다.

Y-염색체 추적 결과, 남성의 시조인 Y-염색체 아담(Y-chromosomal

---

* 더욱 정확히 말하면 전 세계에서 모은 수십 개의 하플로그룹 계통도를 분석해 동아프리카에서 가져온 하플로그룹이 가장 오래된 최초의 것임을 밝혀낸 것이다.

Adam)은 3만 5,000~8만 9,000년 전 아프리카 서북부에 존재했던 것으로 나타났다.[28] 이 연대는 20년 후 1,000명의 게놈(Genom, 유전체) 데이터 분석에서 19만~25만 년 전까지 거슬러 올라갔다.[29]

중국 연구진들의 결과는 더욱 극적이다. 중국은 자신들이 베이징원인 때부터 자기들만의 독립적인 진화를 해왔다고 믿고 싶었다. 이를 증명하기 위해 1만 2,000명 이상의 동아시아인들의 Y-염색체를 분석하는 작업을 시작했다. 그런데 기대와 달리 중국인들 역시 3만 5,000년에서 8만 9,000년 전 사이에 아프리카에서 기원했다는 것이 드러났다. 중국인들도 아프리카에서 온 것이다.

우리는 모두 피부 아래는 아프리카인

스웨덴 유전학자 스반테 파보(Svante Pääbo, 1955~)는 미라나 고대의 화석에서 DNA를 추출하는 별난 일에 매료되어 있었다. 그는 운 좋게 4만 년 전 네안데르탈인의 뼛조각을 얻는다. 파보는 무수한 시행착오 끝에 이 조그만 뼛조각에서 미토콘드리아 DNA를 추출해내는 데 성공한다. 그 결과, 네안데르탈인은 호모사피엔스의 선조가 아니라 50만 년 전 호모사피엔스와 분리된 후 독립된 길을 걸었던 별개의 종이란 것을 알게 된다.[30] 네안데르탈인 역시 유럽인의 선조가 아니었던 것이다.

이 결과는 UC버클리대학교의 앨런 윌슨과 레베카 칸의 연구와 함께 다지역 기원설을 무너뜨리는 데 일조한다. 파보는 이후에도 고인류의 DNA를 분석하여 데니소바인을 발견하고, 핵 DNA를 분석해 네안데르탈인과 현생인류의 유전자 교류를 확인한다. 그는 고인류 연구에서 유전자 분석이 가능하게 만듦으로써 '고유전체학(Paleogenomics)'이라는 새로운 분야를 정립한 공로로 2022년 노벨생리의학상을 받는다.

결국 스트링어의 생각이 맞았다. 우리 모두는 아프리카의 작은 한 집단에서 시작된 것이다. 그의 말대로 '우리는 모두 피부 아래는 아프리카인(We are all Africans under the skin)'이었던 것이다.[31] 이제 선조들이 어떻게 아프리카를 빠져나왔는지 살펴보자. 매우 작은 한 줌의 집단이 우리의 선조가 됐다는 것은 드라마적인 흥미를 뛰어넘어 유전학적으로 매우 중요한 의미를 갖는다.

아웃 오브 아프리카 II: 호모사피엔스

최초의 호모사피엔스의 화석은 에티오피아 서남부 오모 강 근처에서 발견된 '오모 I'다. 오모 I는 현생인류인 호모사피엔스가 최소한 20만 년 전 아프리카에 나타났음을 알려준다.[32]

아프리카 밖의 최초의 호모사피엔스 흔적은 15만 년 전 전후 중동 지역에 잠시 나타났다가 사라진다. 신생대 제4기 마지막 간빙기에 잠시 열린 초원 지대를 따라 첫 번째 이동을 시도했으나 실패로 끝난 듯하다.[33] 7만~5만 년 전, 지구에 극심한 빙하기가 다시 오는데 이때 이들은 다시 한번 탈출을 시도한다.

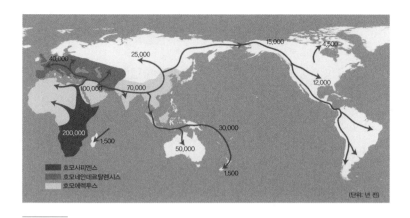

호모사피엔스의 아프리카 탈출과 세계 진출 경로.

아프리카 지도를 보면 유라시아로 나갈 만한 통로가 두 곳이라는 사실을 한눈에 알 수 있다. 하나는 나일 계곡을 지나 지금의 수에즈 지역을 통과하는 길이다. 이 길은 중동의 지중해 연안 초원지대인 레반트 통로를 통해 유라시아로 이어진다. 여기서 좀 더 올라가면 동쪽 방향으로 훗날 '비옥한 초승달 지역'으로 불리는 곳과 그 너머의 아시아로 길이 연결된다. 서쪽으로 방향을 틀면 유럽이다.

다른 하나는 그보다 아래인, '아프리카의 뿔(Horn of Africa)'이라 불리는 아프리카 동북부의 돌출부*다. 이곳은 '슬픔의 문'이라는 뜻의 밥엘만뎁(Bab el-Mandeb) 해협을 두고 아라비아반도와 접해 있

---

* 이곳에는 호모아파렌시스를 비롯한 수많은 인류의 화석이 발견된 에티오피아의 아파르 지역이 있다. 그 아래는 소말리아와 아덴만이다.

다. 지금은 물살이 센 20km 거리의 해협이지만 빙하기에는 1km에 불과했다.

빙하기의 호모사피엔스의 탈출은 일사천리로 진행됐다. 그 속도가 매우 빨라 4만 년 전에는 유럽, 3만 년 전에는 아래쪽으로는 호주와 뉴기니, 위쪽으로는 중국까지 퍼져 나간다. 호모에렉투스가 40만 년 걸려 이동한 거리다. 1만 2,000년 전에는 잠시 열린 베링해를 건너 남아메리카에 안착한다. 이것을 '최근 아웃 오브 아프리카(Recent out of Africa)' 이론이라 부른다.[34]

북쪽 경로를 택한 집단은 먼저 자리 잡은 호모 속들, 특히 네안데르탈인들과 조우했을 것이다. 둘의 조우는 양쪽 모두에게 쉽지 않은 도전이었을 것이다. 남쪽 경로를 택한 집단은 방해 없이 성공적으로 오세아니아까지 진출했지만 그 대신 그곳에서 오랫동안 홀로 격리됐다.[35]

우연하지만 결정적인 사건: 병목현상과 창시자 효과

현대인은 어느 인종이건, 어느 대륙에 살던, 우리 예상보다 유전자 차이가 거의 없다. 반면, 아프리카 내 원주민끼리는 상당한 유전자 다양성을 가지고 있다. 예를 들어 아프리카의 코이산족과 마사이족 간의 유전적 차이는 한국인과 스웨덴인 사이의 유전적 차이보다 몇 배나 크다. 이것은 아프리카 밖 현생인류가 최근에 한 집단으로부터 기원했음을 의미한다.

미토콘드리아 이브 이후 분자유전학적 연구 결과들은 현생인류가 7만~5만 년 전 사이에 아프리카를 빠져나온 작은 그룹의 후손이며, 어쩌면 그 집단의 수가 몇 만 명 이하였을 수도 있음을 보여주었다.[36][37]

그 시기에 현생인류가 궤멸 직전까지 몰린 사건도 있었다. 7만 5,000년 전, 인도네시아 수마트라 토바에서 지질 역사상 최대의 화산 폭발이 있었다. 토바 참사(Toba catastrophe)라 불리는 이 사건으로 아프리카의 전체 호모사피엔스 수가 1만~3만 명까지 줄었다는 설이 있다.[38] 이 정도 수는 주말 서울의 프로 야구장 관중 수와 비슷하다.

이렇게 집단의 크기가 대폭 감소하는 사건이 일어나면 유전자에 '병목현상'이 나타난다. 오랜 진화 시간을 거쳐 겨우 자리잡거나 도태될 특성이 다른 개체가 절멸하는 뜻하지 않는 행운으로 인해 단기간에 전체 집단을 차지하는 현상을 말한다.

이와 비슷한 '창시자 효과(Founder effect)'도 있다. 소수인 유전자가 이주하는 작은 집단에 많은 비율로 섞이면 오랜 시간이 지난 뒤에 대표 유전자가 되는 현상이다. 가령, 우연히 혈액형이 O형인 가족 구성원들만 신대륙으로 이주했다고 치자. 아마도 100년 후 그 지역에는 혈액형이 O형인 사람들만 존재할 것이다. 실제 이런 일이 벌어졌다. 남아메리카 페루 선주민들은 모두 혈액형이 O형이다. 호주의 애버리지니 선주민은 A형과 O형뿐이다. 북아메리카의 한 인디언 부족의 경우에는 90%가 A형이다.[39]

병목현상과 창시자 효과는 인류의 진화에 결정적 영향을 미쳤을 수 있다. 곧 다루겠지만 호모사피엔스가 보인 '행동의 현대성 (Behavioral modernity)'은 계시를 받은 듯 5만~4만 년 전 홀연히 나타난다. 초기 호모사피엔스는 내면의 사고와 행동이 호모에렉투스와 차이가 없었지만, 5만~4만 년 전 호모사피엔스는 갑자기 현대인에 가까운 도구 사용 능력과 인지 수준을 보였다. 이 때문에 호모사피엔스 뇌의 진화가 점진적인 발전이 아니라 어느 시기에 갑자기 뇌를 관장하는 유전자의 돌연변이가 나타났기 때문이라는 주장이 힘을 얻었다.[40]

정리하면 이렇다. 아프리카의 호모 속 중 한 종족에서 지능과 언어에 유리한 돌연변이를 가진 개체들이 나타났다. 소수에 불과했던 이들 돌연변이 개체들은 우연한 재해로 많은 동료들이 절멸하자 다수가 된다. 그리고 그중 일부가 아프리카를 빠져나온다. 병목 현상과 창시자 효과로 새로운 돌연변이가 대표적 특성이 된 집단은 혹독한 환경을 뚫고 어떤 생명체도 보여주지 못했던 변화와 혁신을 선보인다. 그 결과, 선행 집단들이 생존에 실패해 점차 사라지는 동안 이들은 마지막까지 살아남아 세계의 주인으로 우뚝 선다.

사라진 형제들

우리 종이 도착하기 전 이미 유럽에는 형제 종인 네안데르탈인들이 먼저 터전을 잡고 있었다. 시베리아, 우랄 알타이, 동남아시아에는 역시 형제 종 중 하나인 데니소바인이 터전을 잡고 있었다. 이들은 50만 년 전, 호모사피엔스보다 먼저 유라시아로 이동한 호모하이델베르겐시스의 후예들이었다.

네안데르탈인들도 집단 거주를 하면서 사냥을 했고 죽은 사람을 애도했으며 그런대로 쓸 만한 노래 언어를 구사했다. 강건하고 단단한 체격에 투박한 도구를 사용할 줄 알았기에 근접 사냥에 능수능란했다. 이들은 일찌감치 북위도로 올라간 탓에 추위에 대한 육체적 적응도 더 탁월했다. 그럼에도 불구하고 이후 네안데르탈인은 모두 지구에서 사라진다. 그 이유는 무엇일까?

한때는 남아메리카 선주민이 스페인군에 정복됐던 것처럼 이들이 현생인류에 의해 절멸됐다고 여겨지기도 했다. 그러나 반경 수 킬로미터 이내에 한 가족 정도가 살던 낮은 인구밀도의 수렵·채집 시대에 집단 살해나 인종 청소가 일어났으리라고는 상상하기 어렵다.[41] 이들은 적대적 경쟁자에 의해 절멸한 것이 아니라 스스로 사라진 듯 보인다. 검치호랑이가 호랑이에 의해 멸종한 것이 아니라 스스로 사라진 것처럼 말이다.

네안데르탈인들이 현생인류와 조우했을 때를 상상해본다면 이런 모습이지 않을까? 어느 날 네안데르탈인 무리에게 수십 킬로미터 밖에 키가 크고 호리호리한 종족이 나타났다는 소식이 전해진다. 이 새로운 종족은 노래 같은 자신들의 언어에 비해 음절이 끊어지는 낮고 딱딱한 소리로 대화를 한다. 별로 힘이 세 보이지는 않지만 혼자 다니는 법이 없고 훨씬 더 많은 사람이 모여 산다. 이들은 도구 사용법과 사냥 방식도 달랐다. 근육질의 다부진 체격을 가졌던 네안데르탈인들은 서너 명이 모여 가까운 거리에서 창을 찔러 사냥감을 포획했다. 하지만 새로운 종족은 정교한 언어로 사전에 계획을 짜고 멀리서 창을 던지고 먹잇감을 몰아가는 집단 사냥을 한다. 그 결과, 사냥감을 모두 쓸어갔다. 상황이 이렇다 보니 네안데르탈인들은 다른 사냥감을 찾아 산 너머 서쪽이나 북쪽으로 올라가야 했을 것이다. 종 간의 경쟁은 군사 작전이었다기보다는 재래시장과 대형 마트 사이에 벌어지는 상권 다툼 같은 모습에 가까웠을 것이다. 네안데르탈인들은 스페인 남부에 마지막 흔적을 남기고 4만 년 전 사라진다.

형제들의 유산

네안데르탈인과 현생인류는 완전한 적대적 관계는 아니었던 것 같다. 워싱턴대학교 연구팀은 현대 유럽인과 동아시아인의 게놈 안에 네안데르탈인 유전자가 2% 내외 섞여 있음을 발견한다. 전 세계 여기저기에서 발견되는 유전자들을 모두 긁어모으면 네안데르탈인 유전자가 약 20%까지 복원된다. 종은 사라졌지만 이들의 유전자 20%는 우리의 게놈 안에 남겨져 있다는 이야기다.[42] 그러고 보면 네안데르탈인은 완전히 멸종된 것이 아니라 현생인류에 일부 흡수됐다고 볼 수 있다.

이것이 우발적이거나 강제적인 일이었는지는 알 수 없지만, 두 종 사이에 어떤 형태로든 짝짓기가 있었음을 뜻한다. 그런데 왜 네안데르탈인만 사라졌을까? 스탠퍼드대학교 연구팀은 네안데르탈인의 Y-염색체가 현생인류의 모체에서 면역반응을 피하지 못한다는 것을 알아냈다. 이 연구 결과에 따르면 네안데르탈인 남성은 호모사피엔스 여성을 통해 남자아이를 낳을 수 없었다.[43] 이런 생물학적 불균형으로는 두 종이 평등하게 통합됐다 해도 끝까지 갈 수 없었으리라.

네안데르탈인 유전자는 오늘날 현생인류에게 몇 가지 흥미로운 영향력을 미쳤다. 이들은 호모사피엔스보다 훨씬 오래전, 훨씬 혹독한 빙하기에 유라시아에 적응했다. 이들은 햇볕을 더 받기 위해 피부가 하얘졌고 머리카락은 붉은색으로 바뀌었다. 《빨간 머리 앤》의 주인공 앤이나 《삐삐 롱 스타킹》의 주인공 삐삐의 붉은 머리와 주근깨는 네안데르탈계 유전자의 흔적이다.[44][45] 밤에는 쌩쌩하고 낮에는 졸려하는 성향이나 우울증도 네안데르탈계 이입 유전자들과 관계가 있는 것으로 알려졌다.[46]

네안데르탈인의 유전자는 바이러스와 세균에 대한 저항력도 넘겨줬다.[47][48] 기근에 대비해 영양을 체내에 비축하는 형질과 부상을 당해도 피가 잘 멎도록 해주는 강한 혈액 응고력은 네안데르탈인의 유전자 덕분이다. 이것은 수렵 시대에 기근과 부상, 출혈의 위험으로부터 인체를 보호하도록 도와줬으나 현대에 와서는 심장과 혈액 질환을 유발하는 위험 요소가 됐다.[49]

데니소바인들도 현생인류에게 유산을 남겼다. 고산지대에 사는 티베트인들에게는 다른 인류에게서는 볼 수 없는, 저산소증에 잘 견디는 유전자 변이(EPAS1 변이)가 유난히 많다. 그런데 최근 미국과 중국 연구진들이 이 변이가 데니소바인으로부터 유래됐음을 밝

혀냈다.[50]

　네안데르탈인들이 현생인류에게 자신들의 생존 비결이었던 유전자를 나눠준 덕분에 현생인류는 한결 수월하게 혹독한 북위도의 환경에서 생존할 수 있었다. 그런데 역설적으로 이들로부터 받은 좋은 유전자들이 현대의 풍요로운 삶에서는 독이 되기도 한다. 피부암, 대사증후군, 당뇨병, 알레르기 질환, 동맥경화증, 혈관 질환 등 현대 질병의 취약 인자가 되는 유전자들 중에는 네안데르탈계에서 비롯된 유전자가 꽤 많다.

3 최초의 테크놀로지

돌

아무도 없는 깊은 산속에서 며칠째 헤매고 있다고 상상해보자. 생존을 위해서는 나무뿌리라도 캐 먹는 수밖에 없다. 생각이 여기에 미치면 그다음에 할 일은 땅을 파기에 적당한 돌을 찾는 것이다. 날카로운 모서리가 있고 한 손에 쥐어지는 형태라면 제일 좋으리라. 그런 돌이 없다면 손에 잡히는 적당한 크기의 돌을 찾아내어 그것을 다른 돌에 부딪혀 쪼개서 날카로운 면을 만들면 된다. 얇게 떨어져 나간 파편도 쓸데가 있을지 모르니 남겨두는 게 좋을 것이다.

인류 역사상 최초의 제작물은 이런 식으로 만들어졌다. 의도를 가지고 돌의 한쪽을 떼어낸 순간, 인류의 첫 번째 혁명이 일어났다. 구석기 혁명이다. 이 혁명의 최초 작품들은 1930년대 탄자니아 올두바이 협곡에서 처음 발견됐는데, 이들은 '올도완(Oldowan) 석기'

라고 불린다. 올도완 석기는 호모하빌리스가 250만~170만 년 전에
걸쳐 애용했으며, 호모에렉투스도 처음에는 이것을 사용한 듯하다.

석기시대의 예술품

180만 년 전이 되자 누가 봐도 미적 감각이 깃든 멋진 석기가 나
타난다. 큼지막한 물방울 다이아몬드처럼 생긴 이 '주먹도끼'는 프
랑스의 생 아슐(Saint Acheul) 지방에서 처음으로 발견되어 '아슐리
안(Acheulean) 석기'라 부른다. 두툼한 몸돌을 구해 한쪽은 떼어내
듯 깨내 날 부분을 만들고 다른 쪽은 뭉툭하게 다듬어 손에 쥐기 좋
게 만든 양날 뗀석기다. 아름다운 대칭과 비율을 가진 아슐리안 석
기는 인류 최초의 예술품이다.

아슐리안 석기는 호모에렉투스의 작품이다. 아슐리안 석기는 호
모에렉투스를 따라 세계 전 지역으로 퍼져 나갔다. 한때 동아시아
에는 아슐리안 문화가 없는 것으로 치부됐으나 1977년 경기도 연
천 전곡리 한탄강 유역에서 고고학을 전공한 주한미군 그렉 보웬
(Greg Bowen)이 아슐리안 주먹도끼를 발견하면서 전 세계 고고학
의 역사가 바뀌었다.[51]

호모에렉투스는 노련한 사냥꾼이었다. 이들은 집요하게 초식동
물을 추적해 숨통을 끊었다. 주먹도끼는 가르고 긁어내고 깨는 용
도뿐 아니라 사냥감의 마지막 숨통을 끊는 데도 효과적이었다. 인
류는 이빨과 발톱 대신 스위스 아미 나이프와 같은 주먹도끼를 들

고 먹이사슬을 기어올라가 최상위 사냥꾼으로 변모한다. 덕분에 얻은 풍부한 고기는 이들의 뇌를 크게 키우기 시작했다.

원숭이와 미켈란젤로

그렇다면 원숭이도 석기를 만들 수 있을까? 인디애나대학교의 구석기 전문가 니콜라스 토스(Nicholas Toth, 1952~)는 유인원에게 석기를 만들도록 시도해봤다. 칸지(Kanzi)라는 이름의 보노보가 실험 대상이었다. 칸지는 이전에 조지아주립대학교의 연구 프로그램을 통해 그림문자(Lexigram)를 사용해 3,000개의 단어를 배우고 세 살 아기 수준의 소통을 할 줄 알게 된 스타 보노보였다.

칸지는 주어진 훈련에 따라 돌을 깨고 그 조각으로 먹이 상자의 로프를 끊어내는 데 성공했다. 그러나 칸지의 작품은 올도완 석기 수준에도 미치지 못했다. 올도완 석기보다 원시적인 석기가 발견된다면 아마 그것과 같을 것이다. 이 절반의 실패는 두 가지가 원인이었다. 엄지손가락의 한계와 정확한 각도 추론 능력이 떨어져서다.[52]

아슐리안 손도끼는 칸지가 절반 정도 흉내 낸 올도완 찍개와는 차원이 다르다. 우연성이 배제되고 강력한 상징성, 대칭성, 일관성을 보여주기 때문이다. 이런 도구를 만들기 위해서는 머릿속에 그 이미지가 정확히 기억되어 있어야 한다. 부오나로티 미켈란젤로(Buonarroti Michelangelo, 1475~1564)는 자신의 작업을 '대리석 안에

언어와 불을 다루도록 훈련받은 수컷 보노보 칸지.

숨은 천사의 모습을 보면서 그것을 해방시켜내는 작업'이라 했다. 호모에렉투스가 한 일이 바로 그런 것이다.

머릿속에 상상의 설계도를 가지고 현실의 재료와 비교하면서 재현해내는 작업은 동물이 할 수 있는 일이 아니다. 이를 수행하려면 과거를 기억하고 현재를 비교하여 미래를 예측하는 고등 사고가 필요하다. 호모에렉투스의 주먹도끼는 인류에게 진화된 사고력이 나타났음을 보여주는 가장 오래된 증거다. 모든 지역에서 같은 모습을 보이는 정형성은 제작 기술이 전수되고 공유되었음을 뜻한다. 그런 면에서 아슐리안 손도끼는 인류 최초의 밈(meme)이기도 하다.

불

태초의 지구에서는 불이 붙을 수 없었다. 불이 생길 수 있는 환경은 25억 년 전 남세균(藍細菌, Cyanobacteria)이 대기에 산소를 대량으로 뿜어낸 이후 조성됐다. 실제로 불이 발생한 것은 5억 년 전 식물이 마른 대지 위에 군락을 이루면서부터였을 것이다. 오늘날 지구 대기 중 산소 농도가 20%로 맞춰진 것은 산소가 과잉이 될 때마다 발생하는 자연발화 때문이다.

자연발화의 주범은 낙뢰다. 열대우림은 높은 습기로 인해 불이 붙기가 쉽지 않다. 빙하 지대와 툰드라 역시 마찬가지다. 불의 공격에 가장 취약한 곳은 초원과 목초 지대다. 건조하면 불이 붙기에 더 좋다. 그런 면에서 아프리카 사바나는 화재가 나기 가장 쉬운 지대였다. 그곳에 살았던 덕분에 선행인류는 낙뢰나 자연발화로 발생한 불을 수시로 봤을 것이다.

불이 지나간 자리에서 발견한, 익혀진 덩이 식물과 고기의 달콤함과 부드러움을 맛본 인류는 다른 동물은 생각지 못한 일을 감행한다. 겁도 없이 불타는 나뭇가지를 주거지인 동굴로 가져온 것이다. 160만~140만 년 전 무렵의 일이다.[53] 동아프리카 케냐와 탄자니아 그리고 남아프리카에서는 불에 탄 뼈, 가열 흔적이 있는 돌 무리들, 불에 달구어진 진흙이 발견됐다. 이것들은 올도완 석기를 쓰던 전기 구석기시대 선행인류의 유적이다.[54]

진정한 의미에서 불을 다룰 수 있다는 것은 쓰고 싶을 때 불을 지필 수 있음을 뜻한다. 그런 의미에서 인류가 불을 통제할 줄 알게 되었음을 알려주는 가장 오래된 유적은 이스라엘 요르단 강 근처의 게셔 베놋 야코브(Gesher Benot Ya'aqov) 유적일 것이다. 79만 년 전 아슐리안 석기 사용자들이 남긴 이 유적에서는 '부싯돌'이 발굴되었으며 그 옆에는 원시 형태의 화로가 있었다.[55]

이후 구대륙 전역에서 다발적으로 40만 년 전 무렵의 화덕이 발견된다. 불의 사용은 현생인류로 하여금 맹수를 쫓아내게 해 이들이 먹이사슬의 상단을 차지하는 데 일조했다. 또한, 불 덕분에 현생인류는 추위를 이겨내며 북위 50°까지 영역을 확대하게 됐다. 5만 년 전이 되자 불은 인류의 삶과 문화의 중요한 기둥으로 자리를 잡는다.

1만 년 전 무렵 농경을 발명한 인류는 숲에 불을 질러 초원으로 만들고, 산비탈을 태워 농경지를 만들었다. 300년 전부터는 화석연료를 태워 철과 전기의 세상을 만들며 지구의 기후를 바꿔놓았다. 불은 인간에게 자연을 통제할 수 있는 막강한 힘을 부여했다.

프랑스 영화감독 장 자크 아노(Jean Jacques Annaud, 1943~)의 영화 〈불을 찾아서〉는 선사시대 불씨가 꺼져버린 한 부족의 세 젊은 이가 불을 구하기 위해 떠나는 여정을 그린다. 장 자크 아노는 최초의 문명을 상징하기 위해 한밤중 넓고 황량한 사바나 평원에서 단 하나의 밝은 화톳불이 피어난 모습을 원경으로 보여준다. 이 모습은 '고요의 바다'에 서 있는 달 착륙선 이글호를 볼 때처럼 고적하고 장엄한 감동을 자아내며 인류의 머릿속에 피어난 지성에 대한 경이로움에 빠지게 한다.

밤의 본거지

숲에서 나무 사이를 다니던 유인원들은 입체시와 색채감은 발달했지만 야간 시력이 굉장히 떨어졌다. 그래서 밤이 되면 자는 것 외에는 달리 할 일이 없다. 불은 이런 취약점을 없애줬다. 해가 떨어진 이후에도 하루 일과를 계속 이어나갈 수 있게 된 것이다. 현생인류는 그때까지 유지해오던 하루 일과를 재구성하기 시작했다.

초저녁 화톳불 주위에서의 모임은 소규모 혈연사회로 확장됐다. 화톳불을 중심으로 하는 본거지(Home-base)가 만들어진 것이다.[56] 이제 본거지를 지키기 위한 일들이 시작된다. 본거지의 중심은 화덕이다. 화덕을 유지하기 위해서는 누군가가 매일 상당량의 땔감을 구해와야 한다. 불씨가 꺼지지 않도록 지피고 감시하는 사람도 필요하다. 불의 관리는 사냥, 채집, 육아에 이은 새로운 중요 과업으로 자리를 잡는다. 불을 지키는 것(Fire-keeping)에서 시작된 일이 가사(Housekeeping)로 확대됐다.

게다가 음식을 구워 먹는 화식(火食)이 자리를 잡으면서 요리하고 먹는 행위가 일상의 과업이 됐다. 식사와 그 준비를 위해 시간과 노동이 소모되기 시작하고, 이를 기준으로 일상이 분절됐다. 초저녁을 기준으로 낮에는 사냥과 채집, 가사가 서로 분담되어 수행되었고 저녁에는 화톳불 앞에 둘러앉아 음식을 준비하고 사회적 교류를 하게 됐다. 낮에는 움직이고 밤에는 생각을 하게 됐다.

다른 유인원들이 죽음 같은 잠에 빠진 저녁 시간에 불가에 모여 앉은 선행인류는 무엇을 생각했을까? 매일 밤 화톳불 너머로 얼굴을 마주하는 이들은 서로에게 어떤 존재였을까? 불은 그들을 하나로 묶어줬고 그들의 마음은 화톳불에 고정됐다. 신비로운 밤은 입을 열기 시작했고 그들의 정신은 가상의 세계를 여행하기 시작했다.

불은 실질적인 면에서도 인간의 정신에 기여했다. 뇌의 크기를 키워줬기 때문이다. 앞서도 언급했지만 불을 사용해 사냥한 고기를 구워 먹기 시작한 호모에렉투스는 진화의 기간 동안 조그만 유인원의 뇌를 포유류에서 가장 큰 현생인류의 크기로 키워냈다. 그렇다면 익혀 먹는 습관이 어떻게 지능의 하드웨어인 뇌를 크게 만들었을까? 이제 그 이야기를 해보자.

4 뇌의 혁명

비싼 기관과 요리

인간의 뇌는 같은 크기의 포유류에 비해 서너 배 크며 침팬지보다도 3배 크다. 팀 버튼(Tim Burton, 1958~)의 〈화성 침공〉에서는 기이하게 머리가 큰 화성인이 활보하며 지구인에게 무소불위의 힘을 휘두른다. 다른 포유류의 눈에 우리가 그런 존재로 비칠지도 모른다. 다윈의 시대에 큰 뇌는 두 발 보행과 두 손의 사용과 함께 대표적인 인간의 상징이었다.

뇌가 이 정도로 커지려면 두 가지 문제를 해결해야 한다. 하나는 방열 문제다. 이것은 컴퓨터를 설계하는 사람들도 항상 고민하는 문제다. 컴퓨터와 달리 언제든 발화될 준비가 되어 있어야 하는 뇌는 70W(와트)의 전구를 계속 켜놓고 있는 상태와 같다. 늘 켜져 있는 노트북처럼 뜨거워진 뇌를 식히는 것은 중요한 문제다. 다행히 인류는 이 문제를 사바나 초기 시대에 해결했다. 앞서도 언급했던 300만 개의 땀샘으로 열기를 날려버리는 고효율 냉각 시스템을 구축한 것이다.

그다음 문제는 영양 공급이다. 인간은 능숙한 사냥꾼이 되면서 뇌에 공급 가능한 영양을 대폭 늘렸다. 하지만 그것으로는 모자랐다. 인간의 뇌는 체중의 2%에 불과하지만 전체 에너지의 5분의 1을 소모한다. 웬만한 장기의 20배에 달하는 에너지를 잡아먹는 기관이다. 그 때문에 진화인류학자 레슬리 아이엘로(Leslie Aiello, 1946~)와 피터 휠러*는 뇌를 '비싼 조직(Expensive tissue)'이라 불렀다.[57]

대형 유인원들은 소화를 시키기 위해 하루 종일 잎과 줄기를 씹는다. 그렇기 때문에 두개골과 연결된 측두근(側頭筋, Temporal muscle)과 턱이 엄청나게 발달했다. 측두근이 발달해 두꺼워지면 두개골이 꽉 조여 그 안의 공간이 더 이상 커지기 어렵다. 대부분의 초식동물들은 하루 종일 소화하는 데 에너지를 소모한다. 극단적인 예는 되새김질을 하는 반추동물들이다. 이들의 소화관은 크고 긴데 소의 경우에는 위를 4개나 가지고 있다.

육식은 이 모든 부담을 해방시켜줬다. 형제 유인원의 뇌가 변화 없이 강건한 턱과 두개골에 속박되어 있는 동안 선행인류의 뇌가 꾸준히 커진 것은 육식을 시작했기 때문이다. 거기에 또 하나 가속 인자가 더해진다. 바로 불을 이용한 요리다.

---

* 앞서 체온조절에 대해 '똑바로 서서 시원하게 사는 것'이라는 이론을 제시했던 그 휠러다.

불은 독소와 세균, 기생충을 제거해 생존 확률을 높여줄 뿐만 아니라 식물의 텁텁한 녹말과 질긴 섬유질을 녹여 먹을 만하게 해준다. 생감자를 한 입 깨물어 먹어보면 불이 얼마나 유용한 것인지 깨달을 수 있으리라. 또한, 불은 육류의 단백질을 부드럽고 맛있게 분해해준다. 익힌 음식은 영양 추출률이 50% 이상 증가되고 소화시키는 데 필요한 시간과 노력도 대폭 줄어든다.

아이엘로와 휠러는 인간의 소화관이 일반 포유류에 비해 60%밖에 안 된다는 점을 주목했다. 뇌가 5배 커진 대신 소화관은 절반 가까이 줄어든 것이다. 이들은 현생인류가 소화 효율이 높은 익힌 음식을 먹게 됨에 따라 소화관이 작아지면서 여기에 쓰였던 에너지가 뇌를 키우는 데 추가로 기여했다고 결론을 내렸다. 불로 익혀 먹는 것은 외부에 소화관을 하나 더 가진 셈이나 마찬가지다.

하버드대학교의 고인류학자인 리처드 랭엄(Richard Wrangham, 1948~) 역시 음식을 익혀 먹음으로써 뇌 진화에 필요한 대량의 에너지를 확보했으며 음식을 준비하고 나눠 먹는 과정은 사회화와 조직화를 촉진했다는 '요리 가설(Cooking hypothesis)'을 주장한다. 인간이 다른 종과 달리 진화할 수 있었던 계기는 단연코 요리를 하기 시작하면서부터라는 것이다.[58]

홀연히 나타난 변화

20만 년 전의 아프리카 오모 강가에서 호모사피엔스 아이 한 명을 현 시대로 데려온다고 가정해보자. 외모로만 봐서는 오늘날 아프리카 꼬마와 차이를 못 느낄지도 모른다. 하지만 이 아이가 다섯 살이 넘으면 우리와 다르다는 점을 알게 될 것이다. 더 이상 정신이 발달하지 못한 모습을 보여주고 세밀하게 분절음을 구사하지 못할 것이기 때문이다.

이 아이가 더 나이를 먹어 체격이 커지면 다섯 살 아이의 지능에 거친 완력과 다소 공격적인 행동으로 인해 다루기 어려워져서 이 아이를 계속 집 안에 두어야 할지 우리에 가둬야 할지 심각한 고민을 하게 될지도 모른다.

다시 과거로 돌아가 이번에는 2만~3만 년 전 유럽 지역의 호모 사피엔스 아이를 데려온다고 치자. 이 아이는 앞의 아이와 달리 오늘날의 우리처럼 말을 배우고, 사춘기를 겪고, 학교를 다닐 것이다. 평범한 시민이 될 수도, 범죄자가 될 수도 있다. 어쩌면 의사나 변호사 같은 전문직에 종사하게 될지도 모른다.

두 사례는 실제 고고학자들의 연구 결과를 반영한 예시다. 고고학자들의 연구에 따르면 두 시기의 호모사피엔스는 겉모습은 같지만 정신 능력은 마치 다른 종인 듯 차이가 났다. 이런 차이는 5만~4만 년 전을 전후로 돌연 나타났다.[59] 이 시기의 현생인류 유적지에서는 그전에는 없던 아름다운 벽화, 잘 다듬어진 장신구 그리고 여성과 동물의 형상을 빚은 작은 조각들이 쏟아지듯 출토됐다.

스페인 알타미라(Altamira)와 프랑스 라스코(Lascaux)의 동굴에서 발견된 아름다운 벽화들은 이 그림을 그린 사람이 상징을 포착하고 무엇인가를 기념하거나 전달하려 했으며 기록의 가치를 아는

알타미라 동굴벽화.

존재임을 보여줬다.

같은 시대의 유적지에서 쏟아져 나온 달팽이 껍질, 새 발톱, 타조알 껍데기 장식물들은 마치 '석기시대 샤넬(CHANEL)과 티파니(Tiffany)' 같다. 자신을 의식하고 과시가 필요할 때 사용했던 장신구 유물들은 사회적 관계가 발달했음을 보여주는 증거다. 풍만한 여성과 동물의 모습을 섬세하게 조각한 작품들은 그들에게 갈구의 마음이 싹텄음을 보여준다.

같은 시대 호모에렉투스가 손도끼를, 네안데르탈인이 돌창을 손에 들고 근접 사냥을 하는 동안 이들은 정교한 전술을 세우고 사슴뿔 날을 단 창을 투창기로 날리며 군사작전과 같은 원거리 사냥을 했다. 현대인들이 플라스틱을 사용하듯 이들은 동물 뼈를 가공해 창의적인 도구를 제작했다.

송곳과 바늘로 가죽을 뚫고 꿰어서 형제 종들이 걸친 거적에 비하면 슈트라 할 만한 것을 몸에 딱 맞게 지어 입었다. 또한, 바위 밑이나 굴속이 아니라 바닥에 자갈을 깔고 기둥을 세운 정교한 '집'을 만들었다.

우연과 혁명

5만~4만 년 전 갑작스레 나타나기 시작한 현생인류의 변화는 굉장히 예외적인 현상이었다. 1987년 케임브리지대학교에 모인 인류학, 고고학 분야의 전문가 55명은 진지한 토론 끝에 이 변화를 '행동의 현대성'이라 부르고 이 사건을 '후기 구석기 혁명(Late upper paleolithic revolution)'이라 명명했다.[60] *

그런데 스탠퍼드대학교의 리처드 클라인(Richard Klein, 1941~)은 현생인류가 보여준 행동의 현대성이 너무 갑자기 나타났다는 점을 근거로 들어 당대로서는 파격적인 주장을 했다. 현생인류의 진화는 점진적인 진화가 아니라 돌연변이의 결과라는 것이었다. 뇌를 관장하는 유전자의 우연한 돌연변이가 신경회로의 변화를 일으켜 현생인류의 정신의 문을 열었다는 것이다.[61]

돌연변이가 자리를 잡는 데는 오랜 진화적 시간이 필요하다. 돌연변이가 집단 전체로 퍼진다는 보장도 없다. 그렇지만 클라인은

---

* 재레드 다이아몬드는 《총, 균, 쇠》에서 이 사건을 '대약진(Great leap)'이라 칭했고, 유발 하라리는 《사피엔스》에서 '인지혁명'이라 불렀다.

현생인류가 병목현상을 겪은 한 줌의 이주자 집단에서 출발했기 때문에 그런 일이 가능하다고 생각했다. 클라인의 돌연변이설은 처음에 학계에서 수용되지 못했다. 위대한 인류의 지성이 어떻게 돌연변이의 결과일 수 있단 말인가?

새로운 세기가 되자 클라인의 생각을 지지하는 듯한 유전자 변이가 연달아 발견됐다. UC버클리대학교 연구진들은 뇌를 키우고 피질의 주름을 만든 것으로 생각되는 유전자 변이 영역**을 발견했으며[62] 옥스퍼드대학교의 연구진들은 언어 관계 뇌 연결망과 후두 구조를 관장하는 유전자***를 발견했다.[63] 이런 유전자 변이는 '지능을 만든 유전자', '언어를 만든 유전자'라는 이름으로 미디어의 주목을 끌었다.

유발 하라리는 《사피엔스》에서 인지혁명이 일어난 이유는 '우연히 일어난 유전자 돌연변이가 사피엔스의 뇌의 내부 배선을 바꿨'기 때문이라고 서술했다.[64] 유전자 돌연변이설은 그 파격성과 흥미로움 때문에 대중 저술가들에 의해 많이 다루어져 대중들에게도 많이 알려졌다.

하지만 최근 중석기 아프리카 호모사피엔스의 유적에서도 상징의 흔적이 발견되고[65] 네안데르탈인에게서도 초보적인 형태의 행동의 현대성이 발견되면서[66] 정신의 혁명이 5만 년 전 현생인류에게만 단독으로 단번에 일어난 사건이라고 단정 짓기는 어렵게 되

** 'HAR-1(Human accelerated regions-1)'이라 불린다. 2장에서 자세히 다룰 것이다.

*** 'FOXP2'라 불린다. 역시 2장에서 자세히 다룰 예정이다.

었다.

아마 자연선택보다는 빠르고 돌연변이보다는 느린, 점진적인 정신적 혁명이 초기 호모사피엔스와 네안데르탈인들 모두에서 진행되고 있었지만, 현생인류에게만 어떤 계기가 있었던 것으로 보는 편이 합리적일 것이다.[67] [68]

그것은 클라인의 주장처럼 돌연변이라는 순전한 우연(또는 신이 내린 행운)일 수도 있고, 종의 생존을 벼랑까지 밀어붙인 맹렬한 후기 구석기 시대의 추위와 극한 환경 속에서 현생인류가 획득해낸 승리의 전리품일 수도 있다.[69]

현생인류의 정신적 성공이 우연한 돌연변이의 결과인지, 치열한 투쟁의 보상인지 말한다는 것은 어떤 사람이 운에 의해 성공했는지 혹은 재능과 노력으로 성공했는지 따지는 것과 같은 문제일 것이다. 재능도 없고 노력도 하지 않는 사람이 운만으로 성공할 가능성도 거의 없겠지만, 재능이 있고 노력을 한다고 해서 모두가 정상을 차지하는 것도 아니다. 뇌 회로의 돌연변이는 노력도 하고 재능까지 갖춘 종이 대약진에 성공하는 데 마지막 한 방의 역할을 했을 가능성이 높다. 다른 형제 종의 혁명이 미완으로 끝난 것은 그 한 방의 혜택을 받지 못한 탓일 것이다.

새로운 문(門, Phylum)의 탄생

발톱과 이빨 대신 뇌를 키우고, 불을 집으로 가지고 들어와 밤마다 화톳불 주변에 모여 결속을 다지던 비상한 혁신 종족은 지구, 사실상 전 우주에 존재하지 않던 것을 만들어내기 시작한다. 바로 상징과 관념이다.

이들은 예술과 장식을 창조하고 음악과 춤에 빠졌다. 과시를 시작하고 가치를 매기기 시작했다. 물건이 교환되기 시작하고 자원이 이동하기 시작했다. 사물에 저마다의 이름이 붙고 상징이 만들어지고 가상의 세계가 나타나기 시작했다. 그렇게 신화, 종교, 정치, 예술이 탄생했다.

인류는 문화 형질이라는 새로운 전달자를 만들고 이것으로 유전자의 굴레를 깨고 진화의 속박을 벗어났다. 생물학적 진화는 문화적 진화에 경도되어 더 이상 진행을 중단했다. 빙하기 말 정신의 문이 열린 호모사피엔스는 지구에 처음 나타난 전무후무한 종이 됐다. 이들은 빙하기의 '메타 휴먼'*과 같았다. 50억 년간 정신적 빈 공간이었던 지구상에 '마음'을 탄생시킨 이 혁신 종족은 컴퓨터에 운영체제를 깔 듯 지구에 새로운 세계와 규칙을 구축하고 자신과 지구를 새로운 세계로 포맷해나갔다.

UC버클리대학교의 신경인류학자 테런스 디컨의 말대로 인간은 생물학적으로 유인원의 한 종이지만 정신적으로는 하나의 문(門, Phylum)'이 되었다.[70] 이제 인간의 경쟁자는 그 자신일 뿐이다.

---

* DC 코믹스에 나오는 초능력자들.

2장

———

각성

: 깨어난 정신

지능과 자아

탑

오래전 홍콩 무술영화에는 탑의 모티프가 녹아 있는 것들이 있었다. 주인공이 한 층을 격파하고 올라가면 다음 층에는 더 강한 무술의 고수가 도사리고 있는 그런 내용이었다. 미국 철학자 대니얼 데닛(Daniel Dennett, 1942~)이 그런 영화를 봤는지는 모르겠지만 그는 그와 비슷한 탑의 알레고리로 지능의 진화를 묘사했다. 데닛은 이 탑을 '생성과 시험의 탑(Tower of Generate and Test)'이라 불렀지만 이해를 위해 여기서는 '지능의 탑'이라 부르도록 하겠다.[1]

이 탑의 1층에 들어가보자. 여기에는 보통 생물이 산다. 이들은 굉장히 오랜 시간에 걸쳐 배운다. 교사는 자연선택이며 학생은 유전자다. 배움은 수만 년에 걸쳐 나타나며 자칫 실수하면 멸종이라는 대가를 치른다. 데닛은 이곳의 생물에게 '다윈의 생물(Darwinian creatures)'이라 이름을 붙였다.

2층에 올라가면 그보다 고수들이 산다. 2층 생물들은 일생 동안 시행착오를 통해 무엇인가를 배우고 즉시 변화를 보인다. 다만 배운 것을 다음 세대로 전달하지는 못한다. 데닛은 이 생물에게 '스키너의 생물(Skinnerian creatures)'이라는 이름을 붙였다. 학습으로 동물의 행동을 바꿀 수 있다고 주장한 행동주의 학습 이론의 창시자 버러스 스키너(Burrhus Skinner, 1904~1990)에서 따온 이름이다.

3층에는 상상하고 예측할 줄 아는 생물이 산다. 이 생물은 먼저 머릿속으로 어떤 일이 생길지 그려볼 줄 안다. 그래서 '스키너의 생물'보다 더 빠르고 효율적으로 환경에 대처한다. 이 생물은 '포퍼의 생물(Popperian creatures)'이라 불린다. '미래를 시뮬레이션 할 수 있으면 우리가 죽지 않고 가설만 죽어도 된다'고 말한 영국 철학자 카를 포퍼(Karl Popper, 1902~1994)의 이름을 딴 것이다.

4층에 사는 생물들은 아래층 생물들과 달리 인공의 환경을 구축할 줄 안다. 4층 생물들은 정보를 전달받고, 배우고, 이용하며 살아간다. 이들은 도끼나 가위 같은 물리적 도구와 언어와 수학 같은 마음의 도구를 가졌다. '지능은 문화적 인공물을 만들고 문화적 인공물은 지능을 높인다'고 말한 브리스틀대학교의 심리학자 리처드 그레고리(Richard Gregory 1923~2010)의 이름을 따 이들을 '그레고리의 생물(Gregorian creatures)'이라 부른다.

많은 포유류가 2층에 살고 머리 좋은 몇몇 종은 3층에 도달했지만 4층에 자리를 잡은 생물은 인간이 유일하다. 그런데 인류는 여기서 한 층 더 올라가 과학과 지식의 세계에서 사는 '과학의 생물'

단계에 도달했다. 그리고 타인과 자신의 마음을 성찰하는 능력을 획득하면서 아예 탑을 깨고 나와 문명과 역사의 시대에 진입한다.

1장에서 우리는 인류가 어떻게 유인원에서 지금의 모습과 삶의 방식을 갖게 되었는지 보았으며, 아프리카의 한 지점을 빠져나와 전 지구로 퍼져 나가는 여정을 살펴봤다. 그 과정에서 이 별난 종은 데닛의 탑을 기어올라가 의식과 지성이라는 전 우주적으로 전무후무한 것을 창조해냈다. 어떻게 인간은 머릿속에 이토록 복잡한 것을 만들어낼 수 있었을까? 그 여정을 지금부터 따라가 살펴보고자 한다. 이를 위해서는 1장에서 다뤘던 시대보다 훨씬 더 오래전으로 거슬러 올라가야 한다.

삼위일체

예일대학교의 신경과학자 폴 맥린(Paul MacLean, 1913~2007)은 포유류의 뇌피질 아래 묻혀 있는 변연계(邊緣系, Limbic system)를 연구하면서 쾌락과 불쾌함을 느끼고 싸우거나 도망가는 본능을 처리하는 이곳이 포유류가 지닌 본능의 중심이 아닐까 생각했다. 그는 우리 뇌가 아래로, 안으로 들어갈수록 좀 더 원초적인 기능을 담당한다는 것에 주목했다.

맥린은 뇌의 구조가 진화를 따라 하나하나 덧씌워진 것이라는 가설을 세웠다. 파충류 시대에 가장 원시적인 '생존의 뇌'가 만들어지고, 초기 포유류 시대의 '감정의 뇌'가 덧붙고, 마지막으로 고등

84

포유류 시대에 '지능의 뇌'가 덧붙여진 것이다. '삼위일체 뇌(Triune brain)' 이론이다.[2]

뇌는 멍게 같은 척삭동물의 신경계 말단이 부풀면서 나타난 기관이다. 뇌의 진화 과정을 살펴보면 먼저 숨 쉬고, 심박 수를 조절하고, 체온을 유지하는 기능을 총괄하는 뇌간과 운동을 관장하는 소뇌가 나타난다. 개체의 생명 유지 기능이 자리잡자 곧 공격성, 지배성, 영토성 같은 생존과 번식에 필요한 본능이 탑재된다. 이곳이 파충류의 뇌, 또는 R-복합체(Reptile-complex)라 불리는 곳이다.

시간이 흘러 파충류의 뇌 위에 새로운 구조가 나타난다. 변연계라 불리는 이 구조에는 기억을 담당하는 해마(Hippocampus), 느낌을 담당하는 편도(Amygdal)가 있다. 시상하부(Hypothalamus)는 감정을 실행하는 자율신경과 호르몬의 작용을 관장한다.

감정과 기억은 포유류의 생존에 가장 중요한 요소다. 뱀을 발견했을 때 발동하는 공포와 불에 데었을 때의 아픔에 대한 기억이 없다면 어떻게 살아남을 수 있겠는가? 사랑하는 마음과 그리워하는 마음이 없다면 어떻게 번식과 양육의 과업을 완수할 수 있을까? 초기 포유류에 나타나기 시작한 이 부위는 감정의 뇌 또는 포유류의 뇌라고도 부른다.

마지막으로 고등 포유류에서 대뇌피질이 나타난다. 이 부위는 변연계를 통제하고, 계획을 세우는 등 이성적인 통제 기능을 수행한다. 뱀을 보면 쥐는 걷잡을 수 없는 공포심이 일어나면서 몸이 굳어버리거나 즉각 도망치기 위해 교감신경계 흥분이 일어나지만 사람이나 침팬지는 대뇌피질이 이러한 공포감을 통제하고 뱀을 퇴치

할 방법을 궁리하게 만든다. 이런 기능을 하는 대뇌피질을 신포유류의 뇌 또는 영장류의 뇌라 부른다.

삼위일체 뇌 이론이 대중에게 널리 알려진 것은 칼 세이건(Carl Sagan, 1934~1996)의 《에덴의 용》 덕분이다.[3] 1977년 출간된 《에덴의 용》은 그해 퓰리처상까지 받았으며 칼 세이건은 이후 《코스모스》로 더 유명해진다. 사람들은 '생존의 뇌-감정의 뇌-통제의 뇌'로 구분한 삼위일체 뇌 이론에서 인간의 자아를 '이드(Id)-자아(Ego)-초자아(Superego)'로 나눈 지크문트 프로이트(Sigmund Freud, 1856~1939)의 이론을 떠올리며 열광했다.

삼위일체 뇌 이론은 진화적 모델로는 논란이 있지만 뇌가 작동하는 방식을 설명하는 데 유용하다. 프로이트의 구조적 모형이 실재(實在)와 관계없이 자아 개념을 이해하고 설명하는 도구로 잘 작동하는 것처럼 삼위일체 뇌 이론은 고등동물의 뇌의 계층적(Hierarchy) 작동 방식을 설명하는 데 유용한 개념적 도구임에 틀림없다.

신피질

그런데 삼위일체의 뇌를 감싸는 정말 중요한 층이 하나 더 있다. 이 층을 가진 것은 엄청난 특권이다. 고등 포유류들도 비슷한 것을 가지고 있지만 인간의 그것은 양과 무게 측면에서 단연 압도적이다. 바로 신피질(Neocortex)이다. 신피질이 없었다면 말하고 상상하고 미래를 예측하는 우리의 능력과 그 능력으로 빚어낸 세상은 모두 존재하지 못했을 것이다.

신피질은 호모사피엔스의 무기다. 다른 동물이 지닌 강한 이빨이나 날카로운 발톱과는 비교할 수 없는 강력한 무기다. 이 무기가 발휘하는 가장 강력한 힘은 범용성에 숨겨져 있다. 말하자면 무기를 하나 고르라 했을 때 칼이나 화살이 아니라 무기고의 열쇠를 잡은 셈이다. 신이 소원을 빌라 했을 때 신이 되게 해달라는 소원을 빈 것과 같다. 즉, 이 무기는 메타 무기이자 궁극의 무기다.

그런데 우리를 다른 종들과 구별해주는 이 두텁고 정교한 신피질이 오랜 진화의 산물이 아니라 돌연변이로 만들어졌을 가능성의 증거들이 나타났다. 노력의 산물이 아니라 우연히 받은 선물일 가능성이 있는 것이다.

돌연변이

20세기 말 인류의 기원을 밝히는 일은 〈인디아나 존스〉 같은 현장의 고고학자들에서 실험실의 분자유전학자들의 일로 넘어가고 있었다. UC버클리대학교에서 생물정보학(Bioinformatics)을 전공한 캐서린 폴라드(Katherine Pollard)도 그런 일에 흥미를 느낀 사람 중 하나다. 그녀는 인간과 침팬지의 게놈 차이를 알면 인간 진화의 비밀을 알 수 있을지도 모른다는 기대로 UC산타크루즈대학교의 다국적 연구진에 합류한다.

유전자 서열 중에는 '진화적 보존 부위(Evolutionarily conserved region, ECR)'라는 것이 있다. 이것은 매우 기초적인 생명 기능을 담당하기 때문에 수억 년 전의 원시 종에서부터 현재의 고등 종까지, 모든 종이 공통으로 가지고 있는 부위다. 이 부위를 비교해 그 차이를 보면 종 간 변화가 일어났는지 여부를 알 수 있다. 폴라드는 닭, 침팬지, 인간의 진화적 보존 부위를 비교하기로 한다.

해롭지도 이롭지도 않은 돌연변이는 쌓이는 속도가 다 비슷하다. 그런데 발생 속도가 이례적으로 빠른 게 있다면 이 돌연변이는 무엇인가 긍정적인 역할을 가지고 있기 때문에 적극적으로 자연의 선택을 받은 것으로 볼 수 있다. 폴라드는 진화적 보존 부위에서 유전자 변화가 빠르게 나타나는 부위가 바로 인간의 특성을 빚어낸 부분일 것이라 생각했다.

폴라드는 UC산타크루즈대학교의 게놈 브라우저를 이용해 세 종의 진화적 보존 부위를 샅샅이 비교했다. 그 결과, 돌연변이가 급속히 축적된 49개의 부위를 찾아내고 이것을 'HAR(Human Accelerated Region, 인간 가속 영역)' 유전자라 불렀다. 이 중 20번 염색체에 있는 106개 염기쌍 길이의 HAR1는 다른 HAR들보다 훨씬 더 빠른 돌연변이 축적 속도를 보였다.

닭의 조상과 침팬지의 조상은 3억 년 전 분리되었다. 그런데 닭과 침팬지의 HAR1 영역에는 단 2개의 변이 차이만 있었다. 침팬지의 조상과 우리 조상은 600만 년 전에 분리되었는데 침팬지와 인간의 HAR1 영역에는 무려 18개의 변이 차이가 발견됐다. 빙고! 이것이 의미하는 바는 침팬지가 닭과 분리된 후 3억 년 동안 단 두 차례의 변이를 일으켰지만, 인간이 침팬지와 분리된 후 600만 년 동안 무려 18번의 변이를 일으켰다는 것이다. 450배나 빠른 속도다.[45]

후속 연구에서 HAR1는 태아기 뇌를 만들 때 신피질의 패턴과 배치를 결정하는 과정과 관련이 있는 것으로 밝혀졌다. 이 유전자에 결손이 있는 쥐는 대뇌피질 주름이 없어지는 대회결손(Lissencephaly)을 일으켰다. 주름 없이 반질반질한 피질을 가진 저능한 쥐가 태어나는 것이다. 즉, HAR1은 600만 년 동안 18번의 변이를 일으키면서 대뇌 신피질을 팽창시켜 유인원과 인간의 차이를 만든 것이다.[6]

두 번째로 변화가 빠른 곳은 2번 염색체에 있는 119개 염기쌍 길이의 HAR2이었는데 이 부위는 엄지손가락 맞대기와 두 발로 걷는데 필요한 발과 발목의 기능과 관계가 있는 것으로 드러났다.[7] HAR1과 HAR2 두 부위가 뇌, 두 발 보행, 도구 사용에 관계된 변이 부위라는 점은 의미심장하다. 다윈이 지목한 인간의 네 가지 특성 중 세 가지와 딱 맞아떨어진다(나머지 하나는 작은 치아다).

얼마 후 영국에서는 발성과 관계된 유전자 변이도 발견된다. 뇌, 언어, 손과 보행의 특성과 관계된 유전자 변이의 발견은 인간만의 특성이 빚어지는 데 돌연변이라는 우연적 요소가 결정적인 역할을 했을 가능성을 강력히 시사한다.

돌연변이가 모든 것을 이룬 것은 아닐 것이다. 1장에서 다루었듯 인류는 이미 수백만 년 동안 착실히 비싼 비용을 치르며 형제 종보다 2배나 더 큰 '비싼 기관'을 만들어놓았다. 이 토대 위에 돌연변이는 치밀한 회로를 깔아놓았다. 이제 각성을 위한 마지막 단계가 남았다. 연결이다. 구슬이 서 말이라도 꿰어야 보배인 것이다.

인식의 흐름

동물이라고 해서 지능이 없는 것은 아니다. 하이에나는 독수리가 날고 있는 곳에 포식자가 먹다 남긴 먹이가 있다는 사실을 안다. 침팬지도 나뭇가지를 이용해 개미를 유인해낸다. 생쥐도 어느 버튼을 눌러야 먹이가 나오는지 알아낸다. 이처럼 모든 포유류는 저마다 나름의 지능이 있다.

홍적세의 선행인류들은 그보다 조금 더 복잡하고 의도적인 지능을 진화시켰다. 주먹도끼를 만들기 위해 적절한 재료를 골라내고 깨야 할 위치와 각도를 계산해내는 것 같은 고도의 지능이다. 《마음의 역사》, 《노래하는 네안데르탈인》과 같은 탁월한 저서를 쓴 영국 인지고고학자 스티븐 미슨(Steven Mithen, 1960~)은 이것을 '마음 속의 직관적 물리학'이라 불렀다.

선행인류의 머릿속에는 포유류의 공통 지능 위에 특수하게 분화된 지능들이 모듈처럼 하나씩 보태졌다. 첫 번째는 '직관적 물리학' 같은 '기술 지능'이다. 두 번째는 '자연사 지능'이다. 먹을 수 있는 것과 먹을 수 없는 것, 물고기가 잡히는 시간, 동물 무리가 이동하는 계절과 길목, 계절과 기후가 바뀌는 순서 같은 것들이 여기에 속한다.

세 번째는 '사회적 지능'이다. 관계 유지 기술과 마음 읽기 기술이 여기에 포함된다. 미슨은 인간의 머릿속에 의식이라는 것이 피어난 것은 사회적 지능이 만들어질 무렵이라고 봤다. 그리고 가장 마지막으로 '언어 지능'이 나타난다.

사바나를 헤매며 땅을 뒤지던 스캐빈저 조상들은 자연사 지능이 풍부했다. 올도완 석기의 사용자들은 탁월한 기술 지능을 체득했다. 형제 중인 네안데르탈인들은 사회적 지능과 언어 지능 등 우리가 가진 모든 지능의 모듈을 갖고 있었다. 그럼에도 불구하고 이들의 인지능력은 우리와 같지 않았다. 그 이유는 무엇일까?

침팬지는 사자에 대한 자연사 지능을 가지고 있다. 다른 침팬지가 무엇인가를 생각하고 있음을 짐작할 줄 아는 사회적 지능도 지녔다. 하지만 '사자가 침팬지처럼 생각할 수 있다'는 생각에는 도달하지 못한다. 두 모듈을 연결하지 못하기 때문이다. 선행인류들도 마찬가지였다. 각 지능 모듈을 필요할 때마다 스위스 아미 나이프처럼 한 번에 한 개씩 꺼내 썼지만 이것들을 합쳐서 사용하지는 못했다.

그런데 홍적세 말 호모사피엔스의 머릿속에서 각 지능의 영역들이 통합되고 섞이는 일이 일어났다. 지능의 모듈 간에 흐름이 생긴 것이다. 미슨은 이것을 '인식의 유동성(Cognitive fluidity)*'이라 불렀다.[8] 인식의 유동성이 생기자 호모사피엔스의 인지능력은 폭발했다. 예를 들어 현생인류는 자연사 지능과 사회적 지능 모듈을 묶어 '생각하는 사자'를 생각해낸다. 여기에 기술 지능이 결합하자 하나

---

* '인식의 가변성' 또는 '인식의 융통성'으로도 번역이 가능하다.

3만 5,000~4만 년 전의 사자 인간상.
이 시기에 인류는 지능에 흐름이 생겨 동물을 의인화해 조각상으로 만들 수 있었다.

의 작품이 탄생한다. 그 결과물인 '사자 인간상'은 현재 독일의 울머박물관에 보관되어 있다.

사고가 연결되고 유연해지자 모든 불가능한 생각이 가능해졌다. 자연사 지능 속 순록이 사회적 지능의 대상으로 바뀌면서 토템 사상이 나타났다. 여기에 도구 지능이 더해지자 알타미라와 라스코의 아름다운 벽화가 그려지게 됐다. 사회적 지능의 표현인 과시욕이 자연사 지능 속 달팽이를 불러내고 기술 지능을 동원해 달팽이 껍데기 장신구를 만들게 했다.

구석기의 동굴벽화와 장신구는 인류가 겪은 인지혁명의 상징이지만, 그것이 인류를 오늘날 전 지구의 지배종으로 부상하게 만든 전부는 아니다. 여기에 또 다른 정신 역량이 더해진다. 그것은 '공감' 능력이다.

2 무덤에 놓인 꽃

노인을 위한 나라

1908년 프랑스 라 샤펠 오생(La Chapelle-aux-Saints)의 작은 동굴의 석회암 암반에서 잘 보존된 네안데르탈인 남성의 유골이 발견됐다. 이 유골은 휘어진 척추와 구부정한 무릎, 정강이뼈를 가지고 있었다. 이것 때문에 한때 네안데르탈인들은 유인원처럼 어정쩡하게 굽은 몸을 가졌다고 여겨졌다.

시간이 지나 분석 기술이 발전하면서 고고학자들은 이것이 퇴행성 관절염의 후유증이라는 것을 깨달았다. 빠져나간 치아 구멍이 메워진 흔적으로 봤을 때 이 유골의 주인공은 치아가 빠지고도 수년을 더 살아낸 노인이었다. 그는 '라 샤펠의 노인'이라 불리게 된다.

이라크 북부 쿠르디스탄 지역에는 6만 5,000~3만 5,000년 전의 네안데르탈인 유적 동굴이 있다. 샤니다르(Shanidar) 동굴들이라 불리는 이 유적들 중 1번 동굴에서는 몇 번의 큰 부상에서 살아남은 노인의 유골이 발견됐다. 이 유골의 주인공은 왼쪽 두개골에 심한 골절 흔적과 왼쪽 눈이 실명한 흔적이 있었다. 왼쪽 귀도 막힌 상태였다. 경추 골절의 흔적도 있었고 오른팔 뼈는 수차례 골절된 흔적이 있었다. 다리뼈도 성치 않은 것으로 보아 절름거렸음이 틀림없다. 노화의 흔적으로 짐작건대 이 유골의 주인공은 이 상태로 오래 살았음이 분명했다.[9]

샤니다르 4번 동굴에서는 더욱 놀라운 흔적이 발견됐다. 태아 자세로 묻힌 남성 유골 주위 토양에서 일곱 가지 꽃의 꽃가루가 발견됐다. 이 남성을 매장하며 꽃을 함께 묻은 것이다.[10] 이 유적은 인류 최초의 장례 의식의 흔적으로 알려졌다. 사랑하는 이를 애도하며 꽃을 함께 묻어주는 고대 네안데르탈인의 모습은 사람들의 마음에 울림을 선사했다.

이전 선행인류의 무덤에서 나온 유골들은 35세를 넘긴 경우가 거의 없었다. 앞서 언급한 두 노인은 노인이라 불렀으나 실제 추정 나이는 40대에 불과하다. 그들의 유골은 환경이 그들에게 얼마나 가혹했는지를 여지없이 보여준다. 전신이 굽고 남은 이빨이 없는 라 샤펠의 노인은 어떻게 살아갈 수 있었을까? 두개골 반쪽이 짓이겨지고 사지의 다발성 골절로 거동이 불가능했을 샤니다르의 노인은 어떻게 살아남을 수 있었을까?

동물의 세계에서 '노인을 위한 나라'는 없다. 혹독한 빙하기에 집단이 생존하려면 불구의 신체와 장애를 가진 타인은 버리는 것이 합리적이다. 선행인류가 무리 이동을 할 때 이동 능력이 없는 동족은 그 자리에 두고 떠났다.

반면, 이 늙고 병든 두 노인에게는 오랜 기간 돌봄을 받은 흔적이 있었다. 언제부터인가 호모 속들이 타인을 돌보고 배려하기 시작했다는 증거다. 이런 일을 동물들은 하지 않는다. 6만 년 전부터 인간은 더 이상 동물이 아닌 존재로 거듭나기 시작했다.

누군가를 보살피려면 공감 능력이 있어야 한다. 이는 타인이 마음속으로 무슨 생각을 하는지, 무엇을 느끼는지 아는 능력이다. 홍적세 말 마지막 호모 속들에게 나타난 이런 능력은 다른 동물이 보기에 독심술 같은 초능력을 가진 셈이나 마찬가지다. 심리학자들은 이것을 '마음 읽기' 또는 '마음이론(Theory of Mind, ToM)'이라 부른다.

마음이론

마음이론은 다른 사람에게도 나와 같은 '마음'이 있음을 아는 것을 말한다. 좀 더 전문적으로 표현하자면 다른 사람도 나처럼 믿음, 의도, 욕구, 감정, 지식이 있고 그것 때문에 행동함을 이해하는 것을 말한다.[11]*

이것은 타인의 행동의 의도나 목적을 알아채는 것과 다르다. 개

---

* 마음이론이라는 용어는 미국 심리학자인 데이비드 프리맥과 가이 우드러프가 1978년에 발표한 논문 〈침팬지는 마음의 이론을 가지고 있는가?(Does the chimpanzee have a theory of mind?)〉에서 유래했다.

나 늑대처럼 무리를 이루는 동물은 알파 수컷의 의도를 알고 그에 복종한다. 소형 유인원들도 상대방의 목적을 눈치채고 이용하고 속이는 마키아벨리적인 지능을 가졌다. 그렇지만 이것은 마음을 이해하는 것과는 다르다. 마음이론이 가능하려면 먼저 자의식이라는 기준점이 있어야 한다. 그리고 내가 나의 마음을 가지고 있는 것처럼 타인도 타인의 마음을 보유함을 이해하는 사회적 지능도 있어야 한다.

최근에는 대형 유인원이 어쩌면 원시적 수준의 마음이론을 가지고 있었을지도 모른다는 소식이 들려왔으나[12] 그 깊이가 인간과 비교할 수 있는 정도는 아니다. 이제 인간의 마음이론이 얼마나 복잡한지 살펴보자.

내가 아는 것, 네가 아는 것, 그가 아는 것, 우리가 아는 것

'여자들은 남자들이 여자들이 느끼는 오르가슴은 다르다고 여자들이 생각한다고 자기들이 생각한다고 여자들이 믿는다고 생각한다.' 이 문장은 마음이론이라는 용어를 만든 데이비드 프리맥(David Premack, 1925~2015)이 인간의 마음이론이 얼마나 복잡한지 보여주기 위해 든 예시다.[13]

우리는 나 자신을 포함해 누군가가 믿거나, 원하거나, 의도하거나, 추측하거나, 이해하거나 하는—마음을 연구하는 사람들은 '의도성(Intentionality)'이라 부르는—심리화 능력을 가지고 있음을 알고 있다.

의도성을 파악할 수 있는 능력은 정신 능력에 따라 점점 깊어지는데 이것을 '의도성의 층위(Orders of intentionality)'라 한다.[14][15] 예를 들어 지능이 있어도 그것을 사용하는 나의 마음을 이해하지 못할 수 있다. 내가 무슨 생각을 갖고 있는지도 모른다면 이 존재의 의도성의 층위는 0단계다. 내 의도를 의식하는 것은 의도성의 층위 1단계다. 최소한 자의식이 발생해야 이 수준에 도달한다. 인간은 생후 두 살 이후에 가능하다.

다음 단계는 다른 사람의 의도를 알 수 있는 것으로 의도성의 층위 2단계다. 마음이론은 이 단계에서부터 작동하기 시작한다. 다섯 살짜리 아이와 일부 대형 유인원은 이 단계에 도달한다.

의도성의 층위 3단계는 다른 사람도 다른 사람에 대한 마음이론을 가지고 있음을 아는 것이다. 가위바위보를 한다고 치자. 이때 상대방이 가위를 내겠다고 예고한다. 이 순간 '저놈은 내가 주먹을 내게 만들고 자신은 보자기를 내려는 속셈이구나'라고 생각한다면 이는 의도성의 층위 2단계가 작동한 결과다. 3단계가 작동하면 이렇게 생각한다. '저놈은 내가 자신의 모든 수법을 파악해 가위를 낼 것을 예상하고는 주먹을 내겠군.' 상대방도 내게 마음이론을 적용한다는 것을 아는 것이다.

의도성의 층위 4단계가 되면 내가 아는 것, 그가 아는 것, 서로가 아는 것들이 돌아다니며 세상을 구축한다. 언어의 매개로 서로 나눈 말들은 스토리가 되고 내러티브가 된다. 조상의 옛이야기를 들으며 어렴풋한 숭배 의식이 생긴다. 장례를 치르고 시신과 함께 꽃을 묻은 네안데르탈인은 이 단계에 진입했다고 볼 수 있다.

의도성의 층위 5단계는 모든 사람들이 각자의 세상에 대해 공통의 내러티브를 가지고 있음을 아는 수준이다. 이것이 가능해지면 신화와 종교, 가상의 세계관이 탄생한다. 현생인류가 이룬 단계다.

의도성의 층위 6단계 이상은 그보다 복잡한 상징의 세계다. 오늘날 평균적인 인간은 5단계까지는 무리 없이 도달한다. 6단계를 넘어서는 것은 상위 20% 정도가 가능하며 소수의 사람들은 7단계까지 올라갈 수 있다고 한다.[16] 상대성 이론이나 양자물리학 이론을 머릿속으로 이해하는 것들이 여기에 속한다고 보면 되겠다.

호모엠파티쿠스

20만 년 전 지구에는 최소한 네 종류의 호모 속이 살았다. 이들은 모두 최소한 자아의식의 진화에 성공한 존재들이었다. 물가에 비친 자신의 모습을 보고 히죽거리며 얼굴에 진흙을 바르는 존재였다. 하지만 그중 두 종족만이 마음이론을 획득하고 공감 능력을 진화시켰다. 호모 네안데르탈렌시스와 호모사피엔스다. 그들만이 호모엠파티쿠스(Homo empathicus), 즉 '공감하는 인간'의 반열에 올랐다.

마음이론, 즉 공감 능력은 그때까지의 어떤 생물체도 보여주지 못한 능력이다. 타인과 감정을 공유할 수 있는 능력은 인류가 서로 공명하면서 문명사회와 문화를 만들도록 했다. 이는 인류가 생물학적 종에서 문화적 종으로 도약하는 데 결정적인 역량으로 작용했다. 공감 능력이 없었다면 지금도 인류는 홀로 외로이 사냥감을 쫓으며 자연의 잔인한 선택 속에서 살아남기 위한 혹독한 생존 투쟁을 하고 있을 것이다.

3 미래의 출현

미래의 탄생

지금까지의 내용을 한번 정리해보자. 200만 년 전 호모하빌리스는 지능은 있었지만 단편적이었고 아직 마음이 없는 존재였다. 180만 년 전 호모에렉투스는 강물에 비친 자신의 얼굴을 보고 그것이 자신인지 알아보는 자의식이 생겼다.[17] 20~30만 년 전 호모네안데르탈렌시스는 아픈 자를 돌보고 사랑하던 이의 무덤에 꽃을 올려놓을 줄 알았다. 그리고 10만 년 전 호모사피엔스는 거침없이 유연한 상상을 하며 장신구와 추상적인 예술품을 쏟아냈다.

이 무렵 호모사피엔스에게는 또 하나의 전무후무한 정신 역량이 나타난다. '시간적 자아(Temporal self)'라는 것이다. 호모사피엔스는 개인적 역사와 사건에 대한 기억을 쌓아가며 하나의 선처럼 순서

대로 연결하기 시작했다. 시간이 인식되며 자아는 시간을 아우르는 연속적인 것으로 변했다. 매일 자신에게 일어난 일을 되새기는 존재라면 그 일들이 또다시 일어나리라 상상하지 못할 이유가 없다. 곧 미래에 대한 의식이 탄생한다.

아직은 일어나지 않았지만 연속하는 시간선 저편에서 또다시 일어나리라 예감하는 것. 물리학자이자 일본의 저명한 과학 저술가 미치오 카쿠(加來道雄, 1943~)의 말처럼 '인류가 자신이 등장하는 미래 모형을 만들어 시뮬레이션 하기 시작한 것'이다.[18]

미래는 그냥 예측하는 것이 아니라 과거의 경험에서 비롯된다. 그런데 실제로도 미래를 예측하는 과정이 기억을 저장하는 과정에서 파생된 결과물이라는 점이 밝혀졌다. 즉, 미래는 기억을 반대로 되돌린 것이다. 이제 그 이야기를 시작해보자.

자전적 기억

기억에는 여러 종류가 있다. 미국의 수도가 워싱턴이라든지, 조선 제3대 왕은 태종이라든지 하는 등 지식과 정보에 대한 기억은 '의미기억(Semantic memory)'이라 부른다. 의미기억을 보존하는 데는 대단한 노력과 재능이 필요하다. 그래서 이것을 잘하는 사람에게 상금을 주는 퀴즈 쇼들이 존재한다.

반면, 그냥 머리에 새겨지는 기억도 있다. 도서관을 갔었다든지, 영화를 봤다든지 하는 등 일어난 사건이나 경험에 대한 기억이다.

이것은 '일화기억(Episodic memory)'이라 부른다.*

일화기억 중 학창 시절, 결혼식 날, 지난해 크리스마스처럼 지극히 개인적인 경험과 삶의 역사와 관계된 기억들이 있다. 이것을 '자전적 기억(Autographic memory)'이라 부른다. 자전적 기억은 굉장히 중요하다. 자전적 기억의 덩어리들은 곧 당신 자체이며 당신과 당신을 사랑하는 사람들을 묶어주는 연결고리이기 때문이다. 만약 누군가 당신의 기억을 지우라 한다면 조선 제3대 왕이 태종이라는 기억과 결혼식 날의 추억 중 어느 쪽을 택하겠는가? 아마 대부분은 전자일 것이다(간혹 후자를 선택할 사람이 있을지도 모른다. 그런 경우조차도 그 기억이 가치가 없어서가 아니라 지우고 싶을 만큼 중요한 어떤 의미가 있기 때문일 것이다).

많은 남편들은 결혼한 날짜를 기억하지 못해 곤욕을 치른다. 이것은 그저 숫자가 의미기억이기 때문에 그런 것뿐이다. 결혼식 날짜가 2월 18일인지, 2월 21일인지 기억을 못해도 사랑하는 마음에는 변함이 없으며, 그날 아내의 모습, 행복했던 느낌, 마음속 맹세 같은 것들은 잊지 않고 삶의 한 부분으로 보관하고 있다. 이것이 자전적 기억이다. 그런데 자전적 기억을 떠올리지 못하는 것은 심각한 문제가 된다. 결혼 자체를 부정하는 것이기 때문이다.

헨리 몰레이슨(Henry Molaison, 줄여서 'HM'이라고 부름, 1926~2008)은 기억의 본질에 대한 실마리를 준 기념비적 환자다. HM은 27세

---

* 기억의 종류에는 단기기억, 장기기억, 서술기억, 암묵기억, 절차기억 등 많은 계층 분류가 있지만 이 책에서 필요한 내용은 아니므로 생략하도록 하겠다.

에 측두엽 절제술을 받고는 해마를 잃었다. 해마는 기억을 뇌 속에 저장하는 문지기 역할을 하는 영역이다. HM은 그날 이후로 새로운 기억을 저장하지 못하게 됐다. 그의 삶은 스물일곱 살에서 멈췄다. 그는 해마를 잃은 후 세상을 떠나기 전까지 50여 년 동안 매일 아침마다 거울을 보면서 처음 보는 자신을 만나야만 했다. 자전적 기억이 쌓이는 일이 중단되자 평생을 스물일곱 살 때의 정체성으로 살아가게 된 것이다.[19]

나라는 인간의 정체성은 개인의 역사와 사건들의 기억 덩어리로 만들어진다. 자전적 기억을 잃는다면 그것은 삶 자체를 잃는 것과 같다. 알츠하이머 환자들은 이런 식으로 정체성을 잃어간다.

시간적 자아

우리는 매일 아침 일어나 의식이 깨어나면 어제까지 쌓인 기억을 지금의 의식에 연결한다. 어제 사건을 겪은 나와 오늘 사건을 겪은 내가 같은 사람이라는 연속성이 있어야 온전히 나라는 정체성이 만들어진다.

3세 아이들에게 몰래 이마에 스티커를 붙인 후 거울을 보여주면 얼른 떼려 한다. 자아 인지력이 있기 때문이다.* 그런데 폴라로이드 카메라로 스티커가 붙은 아이의 얼굴을 찍어 몇 분 후 사진을 보여주면 그때는 자신의 이마를 확인하려 하지 않는다. 사진 속 과거의 나와 지금의 나를 연결하지 못하기 때문이다.

4세 이상 아이들은 다르다. 몇 분 전 찍은 사진을 보고는 얼굴을 찡그리며 얼른 자신의 머리와 이마 주변을 만진다. 4세가 지난 아이들은 자신이 시간을 관통하며 연속성을 가진 존재라는 사실을 알기 때문이다.[20]

자아의 중단 없는 흐름이 생기면 드디어 시간적 자아가 나타난다. 이 자아는 일생 동안 자전적 기억을 업데이트하면서 죽는 날까지 기억을 쌓아나간다. 그 기억의 총체가 나다. 시간적 자아가 없는 동물들은 그렇지 못하므로 굉장히 짧은 현재의 시간 속에 갇혀 있다. 4세 이전의 인간 아이들도 시간적 자아가 발달하지 않았다는 측면에서 다른 동물들과 같다.

시간적 자아는 미래의 일에도 눈뜨게 하는 결과를 가져온다. 사건들은 시간과 연계해 일어난다. 어떤 일은 먼저 일어나고 어떤 일은 나중에 일어난다. 한번 일어난 일은 다음에도 또 일어날 가능성이 있다. 이 사실을 깨우친 인류는 기억을 바탕으로 앞으로 일어날 일을 상상할 수 있게 된다.

---

* 거울 자기인지 테스트(Mirror Self-Recognition test, MSR test)라고 한다. 자아 인지가 되는 개체는 거울 등에 비친 자신의 모습이 자기라고 생각하고 후속 행동을 하지만, 자아 인지가 되지 않는 개체는 거울 등에 비친 자신의 모습을 봐도 아무런 신경을 쓰지 않는다. 아시아코끼리, 침팬지, 보노보, 청백돌고래, 범고래 등 몇몇 동물은 이 테스트를 통과했다. 인간은 18~24개월에 이 테스트를 통과한다.

창작되는 기억

1995년 미국 오클라호마 시청에서 폭탄 테러가 일어났다. 사건 직후 수사 당국은 한 목격자의 제보에 따라 사건 현장에 테러 용의자와 함께 있었던 것으로 생각되는 '존 도(John Doe) 2'라는 남자를 수배했다.[*] 경찰은 결국 존 도 2를 찾아내었고 그가 테러범을 닮은 남자와 함께 있었다는 것도 확인했다. 그런데 이들은 범인이 아니라 목격자가 사건이 일어난 다음날 동네의 어느 가게에서 본 사람들이었다. 목격자의 머릿속에서 두 날의 기억이 합쳐져서 엉켜버린 것이다.[21]

수사 과정에서 사람들이 이런 식의 기억의 오류를 범하는 일은 드물지 않다. 왜 이런 일이 생길까? 기억은 상기해내는 것(Recall)이 아니라 재구성(Reconstruct)하는 것이기 때문이다. 기억을 해내는 과정은 비디오테이프를 꺼내 다시 돌려보는 것과 다르다. 여기저기 분산되어 저장된 정보들을 끄집어내어 다시 재건하는 일에 가깝다.

먼저 기억하는 과정을 한번 들여다보자. 당신은 지금 초여름 시원한 그늘이 드리워진 야외 카페에서 음악을 들으며 커피를 마시는 중이다. 향기로운 헤이즐넛 커피 향기가 코를 간질인다.

이 사건은 먼저 단기기억 영역에 올라온다. 단기기억은 전두엽과 두정엽의 신경세포들이 서로 주고받는 신호 활동으로 유지되는데 이것은 컴퓨터 중앙처리장치(CPU)의 램(RAM)과 같아서 계속 생

---

[*] 미국에서는 이름을 알 수 없는 신원 불명자를 '존 도'라고 부른다.

각하지 않으면 수십 초 안에 사라진다. 이것을 장기기억으로 바꾸려면 데이터를 하드 드라이브에 저장하는 것과 같은 작업을 해야하는데 우리 뇌에서 그 일을 담당하는 곳이 해마다.

노천카페에서의 기억들은 해마에서 여러 개의 조각**으로 분리되어 여러 영역으로 분산되어 저장된다. 따사로운 햇살과 카페의 풍경은 시각을 담당하는 후두엽 시각피질에, 음악 소리는 측두엽 청각피질에, 감미로운 헤이즐넛 향은 안와전두피질의 후각피질에 저장된다. 이렇게 기억은 잘라지고 압축되어 뇌의 여러 피질 영역에 분산, 저장된다.

기억을 회상하는 과정은 이와 반대로 이뤄진다. 여기저기 분산되어 저장된 정보들을 끄집어내어 다시 짜 맞춰 복원하는 것이다. 그날의 햇살과 풍경, 음악 소리, 커피 향기를 뇌의 각 저장 영역에서 끄집어내서 재구성하는 것이다. 이 과정에서 음악은 비발디의 곡에서 헨델의 곡으로 바뀔 수도 있고, 마셨던 커피는 헤이즐넛에서 에티오피아 예가체프로 바뀔 수 있다. 다른 기억 정보를 꺼내어 붙인 것이다.

기억을 재구성하는 과정의 예를 하나만 더 들어보겠다. 나는 좌우를 절대 혼동하지 않도록 훈련받은 의사이지만(수술을 집도할 때나 영상을 판독할 때 좌우를 혼동하면 큰일 난다!) 간혹 영화 속 장면들은 좌우를 바꿔 기억하곤 한다. 〈로마의 휴일〉 속 스페인 광장 계단 장면도 그중 하나다. 이 장면은 주인공인 오드리 헵번과 그레고리 펙이

** '엔그램(Engram)' 또는 '기억 흔적'이라 한다.

영화 〈로마의 휴일〉 속 실제 장면.

손을 잡고 서 있는 유명한 장면인데, 이 영화를 봤다면 오드리 헵번이 어느 쪽에 서 있었는지 기억나는가? 나는 그동안 줄곧 그녀는 왼쪽, 그레고리 펙이 오른쪽에 있다고 생각했었다. 그러나 실제는 그 반대였다.

이런 장면을 회상할 때 우리는 사진을 꺼내 보듯 기억을 떠올리지 않는다. 먼저 계단의 이미지를 만든다. 그다음, 그 위에 두 배우를 배치한다. 나는 여자는 심장에 가까운 왼쪽에 세운다는 선입관이 있어 오드리 헵번을 왼쪽에 세운다. 그리고 '헵번 스타일'의 단발을 적용하고, 의상은 무릎을 덮는 분홍색 치마를 입힌다. 남자에게는 회색의 미국식 박스 양복을 입힌다. 배경에는 야자나무도 한 그루도 있었던 것 같아 이를 올려놓는다. 이로써 나만의 재구성된 기억이 완성됐다.

하지만 확인해보니 오드리 헵번은 팩의 오른쪽에 있었고, 야자나무가 아니라 가로등이 있었으며, 흑백영화였다. 전체적으로 로마의 스페인 광장이 아니라 파리의 몽마르트르 언덕처럼 되어버렸다. 우리는 이런 식으로 기억을 다시 만든다. 그렇기 때문에 우리의 기억은 오류가 흔하고 의도적인 조작도 가능하다.

그런데 기억을 분산해 저장하고 다시 꺼내 과거를 재구성하는, 일견 매우 불안정해 보이는 이 능력은 완전히 새롭고 강력한 능력을 만들었다. 이 방식을 그대로 재현하며 마음의 시간을 반대 방향으로 돌리면 미래를 구성해낼 수 있게 되는 것이다.

거울나라의 하얀 여왕

루이스 캐럴(Lewis Carroll, 1832~1898)의 《거울나라의 앨리스》에는 시간이 거꾸로 흐르는 거울나라가 나온다. 이 나라 사람들은 과거뿐만 아니라 미래도 기억한다. 사람은 지난 일만 기억할 수 있다고 앨리스가 이야기하자 거울나라의 하얀 여왕은 "지난 일만 기억하다니 기억력이 형편없구나"라고 말한다. 앨리스는 반문한다. "여왕님이 가장 잘 기억하는 것은 어떤 일인가요?" 여왕은 이렇게 답한다. "다음다음 주에 일어날 일이지."

우리가 미래를 예측하는 방식은 하얀 여왕과 비슷하다. 미래를 기억하는 것이다. 기억을 바탕으로 과거의 역사를 재구성하고 미래

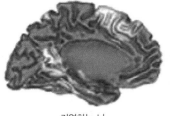
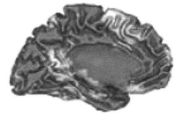

기억하는 뇌   미래를 그려보는 뇌

기억하는 뇌(왼쪽)와 미래를 그려보는 뇌(오른쪽)를 촬영한 사진.
모두 같은 곳이 활성화된다.

의 시나리오를 상상하는 것을 '정신적 시간 여행(Mental time travel)'
이라 부른다.[22] 이것은 호모사피엔스가 지닌 가장 강력한 능력이다.

우리 뇌가 기억을 쪼개 블록처럼 분산, 저장하는 것이 미래를 예
측하는 일을 잘 하기 위해 특별히 진화된 것인지, 아니면 반대로 이
런 기억 방식에서 우연히 미래를 예측하는 능력이 파생되어 나온
것인지 알 수 없다. 분명한 것은 과거를 기억하는 도구 모음이 미래
를 상상하는 데 사용된다는 것이다.

얼마 전까지만 해도 미래 예측은 계획이나 모니터링 같은 고급
과제를 수행하는 전두엽이 담당할 것으로 생각됐다. 그런데 최근
연구에서 미래를 그리는 작업이 기억을 다루는 작업 영역에서 작
동함이 밝혀졌다.[23 24] 기억을 다루는 전두엽 일부와 측두엽 내측 해
마 영역에서 미래를 상상하는 활동도 일어나는 것이다.[25] 실제 해
마가 손상된 환자들은 미래를 상상하는 능력도 떨어진다.[26] 소설가
제임스 조이스(James Joyce, 1882~1941)의 말이 맞았다. "상상력이란
기억이다."

동물들도 미래를 예측하는 능력이 전혀 없다고 볼 수는 없다. 캘리포니아덤불어치(Western scrub-jays)는 미래를 예측해 먹이를 미리 숨겨둔다.[27] 이와 같은 동물의 미래 예측 능력은 극히 예외적인 현상이며, 있다 해도 인간의 정신적 시간 여행 능력과는 차원이 다르다. 인간의 정신적 시간 여행은 상시로 가동되며 제약이 없다. 언제든, 어떤 범위로든, 기억의 재료만 있으면 빠르고 유연하게 전 시간을 돌아다닐 수 있다.

인간이 정신적 시간 여행을 하게 된 데 결정적인 역할을 한 또 다른 능력은 언어다. 언어는 사람들이 보지 않은 과거와 실재하지 않는 미래를 서술할 수 있게 해준다. 언어로 변환하기 위해 머릿속에서 시간과 공간과 사고와 이미지는 더욱 정교하게 다듬어진다. 언어는 정신적 시간 여행 능력을 촉진하고 공진화했다.

4 생각의 발화

말하는 유인원들

1960년대는 침팬지가 인간보다 더 활약한 시대였다. 햄(HAM)과 이노스(Enos)라는 침팬지는 인간보다 먼저 우주선을 타고 대기권 밖으로 나갔다. 미국 대학교들은 아프리카의 대형 영장류들을 잡아와 영장류 연구소를 설립했다. 연구자들은 침팬지에게 인간이 하는 여러 가지를 시켜보는 실험에 열중했다. 거기에 인간 기원의 비밀을 풀어줄 열쇠가 있다고 믿었다.

르네 데카르트(René Descartes, 1596~1650)는 언어가 신이 인간에게 내린 선물이라고 말했지만 행동주의 심리학자 스키너는 생각이 달랐다. 스키너가 보기에 모든 행동은 학습될 수 있다. 언어는 신의 선물이 아니라 인간이 학습과 노력으로 얻은 것이다. 스키너는 1957년 《언어행동》에서 언어도 다른 행동처럼 학습에 의해 습득된다고 주장했다. 아기에게 언어 자극을 주면 아기가 그것을 따라 하거나 알아듣는다. 부모들은 이런 아이의 행동을 북돋우며 강화, 학습시킨다. 이런 과정을 통해 아기들은 말을 배우는 것이다. 그렇다면 이런 일이 유인원에게도 가능하지 않을까? 스키너의 추종자들은 침팬지와 고릴라를 데려다 말을 가르치기 시작했다.

유인원의 성대 구조는 발성이 불가능하다. 그래서 연구진들은 발성 대신 수화 언어를 대안으로 가르쳤다. 최초로 수화 언어를 배우는 데 성공한 유인원은 '워쇼(Washoe, 1965~2007)'라는 암컷 침팬지였다. 서아프리카에서 포획되어 새끼 때 미국 네바다주 동물원으로 옮겨진 워쇼는 네바다대학교 교수였던 앨런과 베아트릭스 가드너(Allen&Beatrix Gardner) 부부의 훈련으로 약 250개의 단어로 의사소통을 할 수 있게 됐다.[28]

워쇼의 성공 이후 수화로 대화가 가능한 유인원들이 속속 등장한다. 컬럼비아대학교의 침팬지 님 침스키(Neam Chimski, 1973~2000), 미국고릴라재단의 고릴라 코코(Koko, 1971~2018), 테네시대학교의 오랑우탄 찬텍(Chantek, 1977~2017) 등이다.

그중 단연 스타는 조지아주립대학교 언어연구소의 보노보 칸지였다. 조지아주립대학교의 수-새비지 럼버(Sue Savage-Rumbaugh, 1943~)는 칸지에게 수화 대신 아이들처럼 그림문자를 사용하게 했다. 예를 들어 칸지 자신은 한자로 '클 태(太)'를 뜻하는 그림문자를 사용했다. 이 방법으로 칸지는 3,000개의 단어를 사용하는 데 성공한다.[29] 칸지가 이룬 위업은 이게 다가 아니다. 앞 장에서 말했듯 칸지는 올도완 석기 비슷한 것을 만들어내는 데도 성공했다.[30] 2011년에는 라이터로 불을 붙이고 마시멜로를 구워먹고 오믈렛을 만드는 모습을 유튜브에 공개해 세상의 주목을 끌었다.[31]

날기와 말하기

유인원에게 말을 가르치던 이들에게 천적이 나타난다. 매사추세츠공과대학교(MIT)의 언어학자 노엄 촘스키(Noam Chomsky, 1928~)다. 촘스키는 1959년 〈스키너의 언어행동에 대한 논평〉이라는 33쪽짜리 비평 논문으로 행동주의자들에게 치명타를 가한다.[32] 촘스키가 보기에 아기들은 배운 것보다 훨씬 더 잘한다. 1개를 가르치면 100개를 안다. 스키너의 이론대로면 100개를 아는 아이들은 100개를 배웠어야 하는데 실제로 그만큼 배운 적이 없다.*

아이들은 조금만 알려주면 그다음부터 스스로 새로운 문장을 쏟아내며 언어를 완성해낸다. 반복과 모방만으로 언어를 배운다면 어떻게 이런 일이 일어날 수 있을까? 이것은 아이들 머릿속에 언어 습득에 관한 특별한 뭔가가 이미 존재하기에 가능한 현상이다.

새는 나는 법을 전수받는 것이 아니라 어미 새가 자신을 둥지에서 밀어 떨어뜨릴 때 깨닫는다. 아이들도 말을 배우는 것이 아니라 부모의 말에 자극을 받으며 자신이 가지고 있는 언어능력을 깨우치기 시작하는 것이다. 언어는 배우는(Learning) 것이 아니라 새가 공

---

* 촘스키는 이것을 '자극의 빈곤 이론(Poverty of stimulus theory)'이라 불렀다.

중을 나는 것처럼 습득(Acquisition)하는 것이다. 촘스키는 새에게 날개가 있는 것처럼 인간의 뇌 속에는 생득적인 언어기관 또는 '언어 습득 장치(Language Acquisition Device, LAD)'가 있고 그 속에 '보편문법(Universal Grammar, UG)'이라는 것이 새겨져 있다고 주장했다.[33] **

촘스키가 보기에 침팬지에게 말을 가르치는 것은 사람에게 나는 법을 가르치는 것이나 마찬가지다. 실험실의 유인원들은 말을 할 줄 아는 것이 아니라 서커스의 동물처럼 표현 기술을 배운 것일 뿐이다. 촘스키의 주장에 반발한 컬럼비아대학교의 허버트 테라스(Herbert Terrace, 1936~)는 자신의 침팬지를 노엄 촘스키를 희화해 '님 침스키(Nim Chimpsky)'라 불렀다.

유인원들의 결말

자, 그럼 이제 말하는 유인원들이 어떻게 됐는지 알아볼 차례다. 이들이 영화 〈혹성탈출〉의 시저처럼 집단을 만들고 혁명을 일으켰다는 후일담은 없다. 어릴 때 동족과 분리되어 최초로 말을 배운 유인원인 침팬지 워쇼는 처음으로 자신의 진짜 동족과 조우했을 때 자신이 인간이 아니었다는 사실을 알고 큰 충격을 받았다고 한다. 인간의 가정에서 키워진 침팬지 님 침스키는 성인이 되면서 포악

** 인간이 선천적으로 언어 규칙에 대한 능력을 타고났다는 촘스키의 이론을 '생성문법(生成文法, Generative grammar) 이론'이라고도 한다.

성이 나타나 집에서 쫓겨났다. 영장류 보호 시설을 옮겨 다니며 어렸을 때 보던 세서미스트리트 그림책과 자신의 사진첩을 꺼내 보곤 하던 침스키는 26세에 심장 문제로 죽었다. 보통 침팬지는 50세가 넘게 산다.[34]

칸지는 어땠을까? 칸지가 불을 피우고 마시멜로를 구워 먹는 놀라운 장면을 유튜브에서 한번 찾아보라.[35] 자세히 살펴보면 칸지의 목은 줄에 묶여 있다. 나는 오래전 원숭이가 덧셈 뺄셈을 하는 동물 쇼를 본 적도 있다. 유튜브에는 개가 두 발로 서서 돌아다니며 장을 보는 모습이 담긴 영상도 올라와 있다. 이것이 결말이다.

우연, 굴절, 적응

촘스키는 언어가 생득적이라는 새로운 기준점을 찍었다. 그런데 '이 생득적인 언어능력은 어떻게 발생했을까?' 촘스키는 이것이 '우연히' 발생했다고 생각한다. 뇌 회로가 복잡해지면서 언어능력이 우연히 나타난 것이다. 전구가 가열되면 빛이 나듯 말이다. 빌라야누르 라마찬드란(Vilayanur Ramachandran, 1951~)은 이렇게 표현했다. "1,000억 개의 뇌세포가 조그만 인간의 두개골 내에 집약되면 어떤 일이 발생할지 누가 알겠는가?"[36] 복잡한 뇌 구조가 임계점을 넘어 언어가 창발(創發)한 것이다.

하버드대학교의 저명한 고인류학자 스티븐 제이 굴드(Stephen Jay Gould, 1941~2002)는 라마찬드란과 생각이 다르다. 굴드는 다른 목적으로 만들어진 뭔가가 언어로 전환되었다고 주장했다. 이것을 '굴절적응(Exaptation)'이라 한다.

굴절적응은 일부러 그 목적을 위해 진화한 것이 아니지만 환경이 바뀌면서 원래 용도에서 다른 용도로 방향을 바꾸는 적응을 말한다. 예를 들어 새의 깃털은 비늘이 단열 기능을 하기 위해 진화한 것인데 이후 날기 위한 기능으로 용도를 바꾼 것이다. 폐는 부양을 하기 위해 진화한 부레가 숨을 쉬기 위한 기관으로 용도가 바뀐 것이다.

굴드는 언어가 처음부터 외부와 의사소통을 하기 위해 진화된 것이 아니라, 내면의 사고를 위해 진화한 독특한 의식의 구조였던 것이* 외부 소통 용도로 굴절적응되어 세상에 나타난 것이라 주장했다.[37]

《빈 서판》,《언어 본능》 등의 저서로 유명한 심리학자 스티븐 핑커(Steven Pinker, 1954~)는 언어가 우연도(촘스키), 부산물도 아닌(굴드), 정교한 진화적 적응의 산물이라 주장했다.

냄비 받침을 던져주고 어떻게 만들어졌냐고 물어본다면 대답하기 곤란하다. 잡지든 플라스틱 조각이든 아무거나 비슷한 물건을 주워다 쓰면 냄비 받침으로 사용할 수 있기 때문이다. 그런데 전기밥솥을 보여주면서 같은 질문을 던진다면 그냥 주워온 것이라고 말할 수 없다. 말을 한다는 것은 냄비를 받치는 것과 같은 동작이 아니라 전기밥솥이 작동하고 밥을 짓는 것처럼 복잡한 작업이다.

---

* 앞서 미슨은 인식 모듈 중 가장 나중에 나타난 언어가 다른 영역의 지식들을 통합하는 통로가 됐다고 말했다.

핑커가 보기에 언어는 우연이나 부산물로 보기에는 너무나 복잡한 것이었다. 언어는 얼굴 구별하기, 관계 형성 본능, 성적 끌림과 같이 특화된 기술이다. 오히려 그것들보다 더 정교하다. 게다가 성대나 혀 근육과 같은 하드웨어가 함께 움직여야만 비로소 가능하다.

이런 고도로 복잡한 능력이 목적을 가진 적응이 아니면 무엇이겠는가? 언어는 처음부터 소통을 위한 진화의 결과이며 결국 모든 관문을 다 통과해낸 성공적인 적응진화였다.[38]

발성기관의 진화

언어를 사용하려면 적어도 세 가지 조건이 갖춰져야 한다. 첫째, 앞서 다루었듯 머릿속에 구문 또는 문법을 이해하는 장치가 있어야 한다. 둘째, 정교한 발성기관이 필요하다. 호흡을 통제해 소리의 형태를 만들고 음절을 정교하게 잘라낼 수 있어야 한다. 구관조는 머릿속 언어 장치는 없지만 발성기관이 있어 말을 흉내 낼 수 있다. 셋째, 언어에 담을 '내용'이 있어야 한다. 복잡한 기술과 노력을 들여 말을 할 만한 가치가 있는 내용 말이다. 만약 모든 동물에게 말할 수 있게 만든다면 가장 먼저 입을 여는 것은 사람과 함께 사는 반려동물들일 것이다. 말할 거리가 많기 때문이다.

언어의 내용에 대해 다루기 전에 발성기관에 대해 조금 더 이야기하고 넘어가자. 인간이 언어를 유창하게 구사할 수 있는 이유는 각별한 발성기관 덕분이다. 1장에서 다루었듯 이 기관은 인류가 나무 위에서 땅으로 내려와 두 발로 걷고 서고 달리는 적응에서 파생된 변화의 산물이다.

직립보행을 하게 된 인간은 후두가 다른 동물보다 훨씬 아래쪽으로 내려오게 됐다. 원래 네 발 보행을 하는 동물이 두 발로 서서 정면을 보게 되면 목이 앞으로 접히는 상황이 된다. 목이 접히면 기도와 식도의 공간이 좁아진다. 이 공간이 확보되려면 후두가 아래로 내려가야 한다. 그 바람에 인간에게는 오히려 숨을 조작할 공간이 부산물로 생겼다. 일종의 굴절적응이다.

또 다른 적응은 성대의 변화다. 보통 힘을 쓰려면 아랫배에 힘을 주고 기합을 넣으라 한다. 후두가 폐를 막아 흉곽을 지지해줘야 힘을 쓸 수 있기 때문이다. 나무를 타거나 네 발로 뛰는 동물들은 앞발을 쓸 때 폐를 단단히 막기 위해 마개 기능을 할 두터운 후두가 필요하다.

그런데 두 발 직립보행으로 전환한 인류는 그럴 필요가 없어졌다. 마개 기능이 필요 없게 된 후두막은 색소폰 리드처럼 얇은 막의 발성기관으로 변모한다. '비싼 조직 가설'을 주장한 레슬리 아이엘로는 인간이 말을 할 수 있게 된 것은 직립보행의 덕이라고 단언한다.[39] 그뿐만이 아니다. 인간의 언어능력에는 우연의 힘도 작용했다.

FOXP2 돌연변이

1990년대 말 영국에서 특이한 가족이 발견됐다. 'KE가족'이라 불린 이 가족은 3대 31명 중 무려 15명이 언어장애를 보였다. 이들이 보인 장애는 '발달적 언어실행장애(Developmental Verbal Dyspraxia, DVD)'라는 것인데 발성에 필요한 혀, 입술, 턱의 근육을 뇌가 잘 조작하지 못하는 장애였다. 이 장애를 겪는 사람들은 자음을 잘 발음하지 못하고, 소리와 음절 사이가 끊어지지 않으며, 운율이 부적절하고 특이한 음조를 보인다.[40]

이 가족의 유전자를 면밀히 조사한 옥스퍼드대학교 연구팀은 FOXP2(Forkhead Box Protein P2) 유전자의 돌연변이가 원인이라는 것을 밝혀냈다.[41] FOXP2는 다른 유전자들을 켜고 끄는 스위치 역할을 하는 유전자인데, 뇌에서 얼굴과 목, 음성기관의 움직임을 통제하는 유전자들의 발현을 총괄 관리하는 듯하다.

FOXP2 변이의 발생 시점은 막스플랑크 진화인류학연구소 연구진들이 밝혀냈다. 12만~20만 년 전 사이였다. 이 변이가 호모사피엔스의 인구 병목을 거쳐 인류의 유전자 풀을 석권했다.[42]

FOXP2 변이 발견은 한때 '언어 유전자'의 발견이라 불리며 매스컴을 떠들썩하게 했지만 최근 네안데르탈인에서도 같은 FOXP2가 발견되고 아프리카인 중 이 유전자 변이가 없어도 언어 문제가 없는 경우가 발견되면서 흥분이 다소 가라앉았다. FOXP2 변이는 언어를 발생시키는 마술을 부린 것은 아니고 기존 발성기관 시스템의 관리 방식을 바꿔 개량하는 데 일조한 정도로 보인다. 즉, FOXP2 변이는 창조가 아니라 혁신의 계기를 제공한 것 같다.

이제 언어를 사용하기 위한 세 번째 조건이었던 내용에 대한 이야기로 넘어가자. 앞서 언어의 진화를 추동하기 위해서는 언어에 담을 풍부한 내용이 있어야 한다고 했다. 무엇을 말해야 했기에 인류는 이토록 복잡한 언어를 만들어냈을까?

우리 아이들이 키우는 그린칙코뉴어*는 두 단어를 쓴다. 하나는 '폴라'라는 자기 이름이고 다른 하나는 '찌익~찍'이라는 분명히 구별되는 음절이다. '폴라'는 우리가 그렇게 부르니 배운 것 같은데 본인은 자신의 이름이라 생각하지 않고 '어이, 이봐' 하는 뜻으로 생각하는 눈치다. 뭔가 필요할 때 이 말을 부르짖는다. '찌익~찍'이라는 소리는 톤이나 사용하는 상황을 종합할 때 하나의 단어가 틀림없다. 해바라기씨를 주면 소리를 멈추기 때문에 해바라기씨를 뜻하는 것 같다. 즉, "폴라, 찌익~찍" 이렇게 '말하면' '이봐, 해바라기씨 줘'라는 뜻이다. 완벽한 문장이다.

그렇지만 나는 이 정도로 이 녀석이 언어를 구사한다고 생각하지는 않는다. '이봐, 네 남편이 네가 없는 동안 접시를 두 개나 깨고 낮잠만 잤다는 거 알아?' 하는 정도로 구사한다면 이 녀석을 언어를 사용하는 동물로 인정할 수 있지만 말이다. 언어의 핵심은 보지 못한 일을 이야기할 수 있는지 여부다. 앵무새뿐 아니라 침팬지들도 이런 말은 하지 못했다. 하지만 인간은 다섯 살만 되어도 아이들이 아빠가 접시 깬 일을 엄마에게 일러바치지 않는가.

---

* 소형 앵무새. 말을 썩 잘하지는 못한다.

5

수다의 시작

경고음과 속삭이는 엄마

원숭이들은 독수리나 사자가 나타나면 무리에게 경고음을 날린다. 비명에 가까운 단발음이기 때문에 구체적 정보를 담아 전달하기보다는 동료들을 그 자리에서 벗어나게 하려는 '조작(Operation)'적 기능을 가지고 있다. 경고음이 '독수리!' 또는 '사자!'를 뜻하는지, '하늘!' 또는 '땅!'을 뜻하는지는 알 수 없지만, 어쨌든 이 소리를 들은 그의 동료들은 즉각적이고 반사적으로 그 자리를 떠난다.

인간은 조금 다르다. 누군가가 "호랑이가 나타났다!"라고 외치면 두 가지 정보로 해석하고 행동한다. '위험한 동물이군(①)', '도망가야겠다(②).' 인간에게 정보가 중요하게 된 것은 사바나에서 다른 동물들의 먹잇감에 비해 턱없이 희박한 밀도로 퍼져 있는 먹거리를 찾아 나서야 했기 때문이라는 가설이 있다. 자연스레 먹거리와 포식자의 위치, 지형과 날씨 등 정보의 교환이 간절해졌으리라. 이러한 이유로 언어가 시작됐다고 보는 견해를 '사실적 정보교환 가설'이라고 한다.

그래서 한때 최초의 언어는 숲, 곰, 먹이, 사람과 같은 단어를 늘어놓은 것이리라고 생각했다. 예를 들면 '숲-먹이'나 '곰-죽이다-사람' 같은 식이다. 이것을 '구성적(Compositional) 언어'라고 한다. 1960년대 행동주의 연구진들이 유인원들에게 가르치려 한 것이 이런 언어였다.

그런데 언어의 기원에 대한 새로운 시각이 등장한다. 인류의 언어가 엄마가 아이를 어르는 유아어 같은 아름다운 노래에서 시작됐다는 주장이다. 이것을 '전일적(Holistic) 언어'라 부른다.[43]

엄마가 사랑하는 아기를 어를 때 쓰는 유아어를 생각해보라. 목소리의 높낮이를 과장하면서, 모음을 중심으로 길게 빼고, 강약의 변화를 주며 정겨운 소리를 낸다. 예를 들어 '빠아아아~~압 빠(빠빠)'라든지 '마아아아암~ 마(맘마)'라든지 하는 식이다. 아기들은 이 소리를 좋아하고 즉각 반응한다.

엄마의 언어는 아기의 주의를 유도하고 감정을 조절한다. 아기들은 엄마의 언어를 통해 엄마의 감정과 의도를 알아낸다. 스티븐 미슨은 인류 언어의 원형이 이런 식의 감정을 움직이는 전일적 언어라고 봤다.[44] 언어의 목적은 정보를 교환하는 것이 아니라 사회적 작용을 하기 위함이었다는 말이다.

던바의 수

말콤 글래드웰(Malcolm Gladwell, 1963~)의 《티핑 포인트》에서 조
직의 가장 적절한 인원이 150명이라는 이야기를 한다. 종교 공동체
는 150명이 넘으면 새로운 공동체로 분리되며, 하이테크 회사들도
150명이 넘어가면 새로운 건물과 공간으로 인력을 분할해나가는
경향이 있다. 즉, 150명이 기업에서 가장 통제가 잘되며 관리하기
좋은 적정수라는 주장이다.[45] 글래드웰은 이 아이디어를 영국 리버
풀대학교의 진화심리학자 로빈 던바(Robin Dunbar, 1947~)의 연구
결과에서 얻었다.

로빈 던바는 어떤 종의 뇌 크기가 그 종이 이루는 통상적인 집단
크기와 관계가 있지 않을까 생각했다. 그는 곧 38종의 영장류의 신
피질 크기와 평균 집단 크기를 비교하는 작업에 착수했다.

영장류의 평균 집단 수는 긴팔원숭이가 15마리, 고릴라가 34마
리, 오랑우탄이 51마리, 침팬지가 65마리였다. 이 숫자는 이들의 신
피질 크기와 정확히 비례했다. 그리고 이 데이터로 계산한, 현생인
류의 신피질 크기에 적정한 집단 수는 150명으로 나타났다.[*][46] 다
시 말해 우리 뇌가 잘 다룰 수 있는 인간관계의 범위는 150명까지
라는 것이다.

던바는 이어서 역사적으로 다양한 집단의 크기를 조사했다. 그
결과, 신석기 촌락, 중세 농촌 마을, 종교 공동체, 학과, 군대의 중

---

* 정확하게는 평균 148, 신뢰 구간 95% 내에서는 100에서 230 사이의 수다.

대, 기업의 직원 수, 하다못해 크리스마스카드 발송자 리스트에서도 150이라는 숫자가 나타났다. 페이스북 친구가 5,000명 이상인 유명 인사도 많지만 일반 가입자들의 평균 절친 수는 150명에서 최대 200명을 넘지 않는 것으로 나타났다. 던바에 따르면 사람들은 5명의 소울 메이트, 15명의 절친, 50명의 친한 친구, 150명의 지인을 가지고 있다.[47] 이와 같은 관점을 '사회적 뇌(Social brain)' 가설이라 부르고, '150'은 던바의 수라 불린다. 만약 고릴라와 침팬지가 페이스북을 할 줄 안다면 각각 34마리, 65마리 정도로 페이스북 친구 숫자를 유지할 것이다.

그렇다면 선행인류는 어떨까? 뇌 크기는 화석으로 추정 가능한데 이를 토대로 계산하면 오스트랄로피테쿠스는 55개체, 200만 년 전 초기 호모에렉투스는 80개체, 후기 호모에렉투스는 100개체 정도의 집단을 구성했을 것으로 짐작된다.[48] 호모사피엔스에 이르러 150개체가 집단을 구성하는 적절한 수가 됐는데 이후 뇌는 더 커지지 않았지만 집단의 크기는 점점 더 커져 나가 사회와 국가를 형성하고 80억 명에 달하는 집단이 네트워크로 묶이게 된다. 호모사피엔스는 어떻게 뇌가 더 커지지 않는 상태에서 집단 크기를 더 확장할 수가 있었을까? 던바는 이에 대해서도 한 가지 이론을 제시했다.

소리로 하는 그루밍

사회적 동물이 집단을 묶는 수단 중 하나는 그루밍(Grooming,

털 고르기)이다. 그루밍은 영장류 집단을 유지하는 접착제다. 던바는 영장류 집단이 커질수록 그루밍에 드는 시간도 늘어남을 알아냈다.[49]

문제는 현생인류다. 연구 결과로 산출한 비례에 따르면 적정 집단 구성원 수가 150명인 현생인류는 하루 중 12시간을 그루밍에 할애해야 한다.[50] 이 정도 시간을 그루밍에만 쓸 수는 없다. 잠을 자고 먹이도 구해야 하기 때문이다.

영장류가 먹고사는 데 지장을 주지 않고 그루밍 할 수 있는 시간의 최대 한계선은 하루의 20%다. 깨어 있는 시간의 반인 하루 4~5시간을 그루밍에 쏟을 경우 유지할 수 있는 개체 수는 80개체 내외다.[51] 유인원 중 가장 큰 집단을 구성하는 침팬지의 경우 65개체 정도이니 문제가 없지만, 호모 속들은 이미 출현할 때부터 모두 80개체를 넘어갔고 후기 호모에렉투스는 100개체까지 증가됐다.

혹독한 빙하기 환경에서 사냥, 채집, 양육 문제를 해결해야 했던 선행인류는 그루밍 시간을 늘리기는커녕 오히려 줄여야 할 판이었다. 호모사피엔스는 집단 수를 150개체까지 늘릴 수 있었을까? 던바의 주장은 이렇다. 선행인류는 그루밍에 필요한 시간이 한계선을 넘어서자 새로운 대안을 찾아냈다. 물리적인 그루밍보다 유용하고 효율이 좋은 방법이다. 바로 언어라는 소리 그루밍이다.

육체적 그루밍은 일대일로만 가능하다. 그러나 언어를 통한 그루밍은 동시에 4명까지도 가능하다. 카페의 테이블이 대부분 4인석인 이유다. 게다가 소리 그루밍은 다른 일을 하면서도 함께 할 수 있다. 즉, 호모사피엔스는 육체적 그루밍을 소리 그루밍으로 바꾸

면서 한 집단의 크기를 150명까지 확장했다. 그 시기는 15만 년 전으로 추정된다.[52]

노래하는 네안데르탈인

이제 던바의 가설은 앞서 언급한 미슨의 이론—인류 언어의 원형이 사회적 작용을 하기 위한 전일적 언어라는 이론—과 접점을 이룬다. 얼굴을 맞댄 인류는 어떤 소리를 내며 서로의 마음을 그루밍 했을까? 엄마는 어떻게 아이를 달래고 가르쳐 비범한 감정과 인지능력을 가진 존재로 키워냈을까? 일부일처의 길을 택한 인류는 어떻게 이성을 유혹했을까? 그 비결은 음악이었다.

미슨은 음악이 아직 덜 발달한 언어의 빈 부분을 채워주고 호모 속의 특징인 공감과 소통 능력을 풍부하게 만들었다고 생각했다. 태초에 음악과 언어는 하나였고 훗날 그 기능이 분리된 후에도 둘은 공진화했다고 봤다.[53]*

최초의 호모 속인 호모에르가스테르 때부터 성대는 이미 풍부한 발성이 가능하도록 진화했고, 이것을 잘 사용하는 개체가 생존하게끔 선택압력이 작동했다. 심금을 울리는 발성은 강한 팔뚝이나 빠른 다리만큼 생존에 중요한 문제가 된 것이다.

---

* 반면, 스티븐 핑커는 음악을 언어의 부수적인 것으로 봤다. 음악은 언어의 부산물이며 적응이라기보다 하나의 테크놀로지라 했다.

음악적 언어는 네안데르탈인의 시대에 이르러 절정에 달한다. 미슨은 고도로 완성된 네안데르탈인의 언어에 'Hmmmm'이라는 명칭을 붙인다. 얼핏 의성어 같은 이 이름은 '전일적(Holistic)', '다중적(Multi-moda)', '조작적(Manipulative)', '음악적(Musical)', '미메시스적(Mimetic)'의 첫 글자를 따 조합한 것이다. '전일적'은 전체가 통째로 이해된다는 뜻이고, '다중적'은 몸과 표정을 동원해 사용된다는 뜻이며, '조작적'은 타인의 감정과 행동을 바꾸려 한다는 뜻이다. '음악적'은 음정과 리듬을 사용하기 때문이며, '미메시스적'이란 크게 "아~" 하면 뭔가 큰 것, 작게 "오~" 하면 뭔가 작은 것을 뜻하는 식으로 본능적인 느낌을 이용한다는 의미다.

감성적이고 다정다감한 종족이었던 네안데르탈인들의 뇌 속에는 절대음감의 회로가 있었던 것으로 생각된다. 바흐나 모차르트가 보여준 천재적인 음악성과 절대음감은 네안데르탈인의 유산일지도 모른다. 소규모 혈연사회 집단에서는 'Hmmmm'만으로도 소통에 문제가 없었다. 'Hmmmm'이라는 음악적 의사소통 체계 덕분에 네안데르탈인은 빙하기 유럽의 엄혹한 환경 속에서도 서로를 돌보며 적어도 25만 년 동안 살아남았다.

그런데 호모사피엔스의 세계는 이보다 커졌다. 이질적 집단과의 접촉이 다른 종과 비교할 수 없이 늘어났다. 다른 집단과의 교역과 교류가 시작되어 '낯선 이들'과의 대화와 '다른 세상'에 대한 정보가 필요해지면서 'Hmmmm'만으로는 감당할 수 없게 됐다. '나와 너'에서 '그들'에 대한 대화가 필요해졌고 "~했다더라" 하는 식의 이야기가 나타난다.

그 결과 'Hmmmm'은 단어로 분절되고* 그 안에 의미가 담기기 시작했다. 머릿속에 문법 모듈이 새겨지기 시작하고 순서를 통해 내용을 다양하게 변주하게 됐다. 여기에 FOXP2 돌연변이와 같은 우연의 힘이 더해지고 5만 년 전 병목현상이 유창한 집단을 선별해 냈다. 이와 같은 과정을 거치며 더욱 정교해진 언어에 인류는 무엇을 담기 시작했을까?

말하는 즐거움: 가십의 시작

한때 언어는 정보교환을 위해 시작됐을 것이라 봤다. 이를 '사실적 정보교환 가설'이라 한다. 정보 같은 가치 있는 것을 담기 위해서가 아니라면 왜 그토록 복잡한 언어를 진화시켜야 했겠는가? 그런데 미슨과 던바의 이론은 모두 언어가 집단의 결속을 다지기 위해 만들어졌다고 주장한다. 이것이 최근 부상한 언어의 '사회적 용도 진화설'이다.

언어는 화석을 남기지 않는다. 지금 사람들이 사용하는 말이 유일한 흔적이다. 어떤 전문가들은 지금 우리가 무엇을 잘하는지 관찰하면 언어가 무엇을 위해 진화했는지 추측할 수 있다고 가정한다. 그렇다면 이렇게 반문할 수 있으리라. 우리는 듣는 것을 더 좋아하는가? 말하는 것을 더 좋아하는가?

---

* 이전에는 단어가 모여 문장을 만들었다고 생각했다.

만약 언어 진화의 목적이 정보 전달이었다면 우리는 듣는 것을 좋아해야 한다. 들어야 정보를 더 확보하기 때문이다. 말하는 것은 오히려 손해다. 그런데 우리는 말하는 쪽을 훨씬 더 좋아한다. 사람들은 술자리에서 한마디라도 더 하려다 싸운다. 자신이 말을 많이 해야 좋은 대화였다고 느낀다. 소통 전문가들은 입을 모아 공감의 비법은 들어주는 것이라 가르치며 미국의 한 병원에서는 "Oh(오)", "Yes(네)", "Really?(정말요?)" 세 단어 외에는 영어를 말하지 못하는 여성이 최고 도우미 상을 받았다는 유명한 이야기를 인용한다. 진화적 관점에서도 인간은 청각기관은 점점 퇴보하고 발화기관은 점점 진화해왔다.

결론은 우리가 말하는 쪽으로 진화했다는 것이다. 즉, 우리 언어는 모여 앉아 수다를 떠는 것이 목적인 셈이다. 이야기의 내용도 정보교환과는 관계없는 경우가 훨씬 더 많다. 던바는 런던대학교 교내 카페테리아에서 오가는 대화를 체크해보았는데, 그 결과 대화의 70% 이상이 신변 잡담이었고, 그중 절반은 그 자리에 없는 사람에 대한 이야기였다는 것을 확인했다.[54]

학문의 전당인 대학 내에서도 교수와 학생들은 학문적 정보는 거의 나누지 않았다. 제3자를 둘러싼 뒷말과 수다로 서로 결속을 다졌다. 이처럼 우리는 하루 대화의 64%를 실생활 정보와 관계없는 가십에 사용하면서 사회적 그루밍을 한다.[55] 이것을 '가십 가설(Gossip theory, 소문 가설 또는 뒷소리 가설)'이라 부른다.

시라노와 셰에라자드: 성 선택

사회적 용도 진화 이론에는 몇 가지 가설이 더 있다. 그중 하나는 언어가 수컷 공작의 꼬리 깃털처럼 이성을 유혹하기 위해 발달했다는 설이다. 화려한 언변은 자신이 좋은 유전자를 가진 개체이자 우수한 형질을 자손에게 물려줄 수 있는 개체임을 이성에게 보여줄 수 있는 표식이었다. 언어를 잘 구사하는 자는 자신의 유전자를 후세에게 물려줄 많은 기회를 확보했다.

진화심리학자 제프리 밀러(Geoffrey Miller, 1965~)는 두 가지 재미있는 알레고리를 들었다.[56] 첫 번째 알레고리는 프랑스 극작가 에드몽 로스탕의 시극 〈시라노 드 베르주라크〉 속 이야기다.

시라노는 큰 코로 인해 외모가 엉망이지만 수려한 문장력을 가졌다. 시라노의 친구 크리스티앙은 잘생겼지만 말재주가 없어 흠모하는 아가씨 록산느에게 사랑을 거절당한다. 시라노는 실연당한 친구를 위해 연애편지를 대신 써준다. 록산느는 아름답고 시적인 언어에 매료되어 크리스티앙에게 마음을 연다.

록산느처럼 여자들은 말솜씨로 상대방의 능력을 판단하곤 한다. 남자들에게 말주변은 수컷 공작의 예쁜 꼬리와 같다. 어리바리하던 소년들이 사춘기에 접어들면서 갑자기 달변가가 되는 것은 소녀들에게 선택받기 위함이다. 남자들은 나이를 불문하고 한마디라도 말을 더 해서 대화를 차지하려 든다. 진화의 결과다.

그럼에도 불구하고 보통 언어능력 테스트 결과는 여성이 남성보다 훨씬 더 높은 것으로 나타난다. 왜 그럴까? 여성에게는 남성의 말을 제대로 판단하는 것이 중요한 문제였기 때문이다. 인간이 말을 시작한 이래 수십만 년 동안 여성은 남성의 언어 구사력을 평가해왔다. 대부분 언어능력 평가는 말하는 능력보다 말하거나 쓰인 것을 이해하는 능력을 본다. 여성들이 언어능력 평가에서 뛰어난 점수를 획득하는 것은 이상한 일이 아니다.

두 번째 알레고리는 《아라비안나이트》에 나오는 셰에라자드 이야기다. 부정한 왕비 때문에 상처받은 왕 샤흐리야르는 매일 밤 새로운 처녀와 동침하고 다음 날 죽이기를 반복한다. 3년 동안 이 참극이 계속되자 재상의 딸 셰에라자드는 자청해서 왕의 침실로 들어간다. 셰에라자드는 매일 밤 재미있는 이야기를 들려줘서 왕이 다음 날 밤을 기대하게 한다. 이야기는 1001일 동안 이어졌고 그사이 셰에라자드는 이미 세 아이의 어머니가 됐다. 마침내 셰에라자드의 이야기가 끝나자 왕은 목숨을 거둬들이겠다던 맹세의 무효를 선언하고 셰에라자드와 혼약을 치른다.

다음 장에서 다루겠지만 턱없이 길어진 양육 기간을 유지하기 위해 인간 여성이 전략적으로 택한 방법은 아이의 아버지를 묶어두는 것이었다. 붙들린 남성에게 가장 중요한 문제는 부성 확실성(Paternity), 즉 내 아이가 확실하냐는 문제다. 잘못하면 다른 남성의 아이를 위해 자신의 노동과 자원을 소모할 수도 있으므로 그렇다. 진화심리학적으로 남자들이 샤흐리야르 왕처럼 배우자의 부정에 극도로 예민한 이유는 부성 확실성의 문제가 걸려 있기 때문이다.

그래서 여성은 남성이 자신과 아이들을 위해 헌신하도록 자신의 충실성과 부성 확실성을 설득해야 했다. 셰에라자드처럼 남성의 불안을 잠재울 수 있는 언어능력을 가진 여성은 자손을 남길 확률이 높아졌다.

비슷한 가설이 또 하나 있다. '사회적 계약 가설'이다. 이 가설은 일부일처제가 자리를 잡으면서 이것에 대한 약속, 합의, 고지를 위해 언어가 진화했다는 견해를 골자로 한다.[57] 집단이 커지고 사냥의 규모가 커지면서 남성은 수일간 사냥을 나가게 됐는데, 그 기간 중 여성 배우자는 자의로 부정을 저지르거나 타의로 성적 착취의 대상이 될 수 있었다. 이런 일은 부성 확실성을 위협했기에 중대한 문제였다.

이런 문제를 피하기 위해 호모사피엔스는 짝짓기 파트너와 상호 합의를 하고 자신들의 계약을 집단 내부에 알려 다른 개체가 자신의 파트너에게 접근해서는 안 된다는 경고 신호를 보내야 했다. 이런 내용들은 모두 추상적 개념이기 때문에 언어가 필요했다는 것이다.

모든 가설의 승자

옥스퍼드대학교 연구팀은 언어가 진화한 이유를 설명하는 모든 가설을 한 번에 테스트하는 굉장히 흥미로운 실험을 했다.[58] 연구팀은 먼저 여러 형태의 이야기를 만들었다. (1) 가십거리(사회적 가십), (2) 의무와 배신의 이야기(사회적 계약), (3) 연애담(로맨틱 가설), (4) 벌집에서 안전하게 꿀을 따는 요령(실용적 정보), (5) 꿀을 따오는 것을 현란하게 꾸민 무용담(시라노 식의 화려한 문체)이었다. 이 이야기를 사람들에게 기억하게 하고 얼마 후 얼마나 잘 기억하는지 조사했다. 사람들이 가장 잘 기억하는 이야기가 언어의 목적일 터다.

실험 결과, 사람들은 사회적 가십, 로맨틱 가십, 사회적 계약 이야기를 가장 잘 기억했다. 실용적 정보는 거의 기억하지 못했고, 그것을 아무리 현란하게 꾸며 전달해도 기억하지 못했다. 그러니까 우리 뇌는 쓸모 있는 정보보다 누가 누구와 작당을 했다든지, 누가 배신을 했다든지, 누가 몰래 바람을 피운다든지 하는 이야기에 더 작동을 잘하는 것이었다. 사실적 정보교환 가설에 대해 사회적 용도 진화설이 판정승을 한 셈이다.

언어의 진화에 불을 붙인 것은 남에 대한 이야기였다. 뒷말을 하기 시작한 인류는 '한번 말문이 트이자 그칠 줄 모르게 됐다.'[59] 구애하고, 배우자를 얽어매고, 소문을 퍼뜨리고, 더 나아가 사기를 치고 다른 사람을 조종하는 데 활용되면서 언어는 진화를 거듭한다. 하지만 가십에는 또 다른 중요한 기능이 있었다.

가십과 스토리가 창조한 세계

가십은 눈앞에 보이지 않는, 몇 다리 건너 일어난 사실을 전달하는 능력의 표출이다. 인간 언어가 지닌 최고의 성능은 복문(複文)이다. 하나의 문장 속에 몇 겹의 이야기를 담는 능력인데, 다음 문장을 읽어보자.

'철수 생각에 그때 아버지가 자신에게 순이 이야기를 꺼내지 않은 것은 어머니가 순이가 두 번 다시 철수를 만나고 싶어 하지 않는다는 것을 눈치채고 아버지에게 넌지시 신호를 줬기 때문인 것 같았다.'

어떤 사람은 단번에, 어떤 사람은 두어 번 정도 읽으면 이 문장의 의미가 이해될 것이다. 문장으로 읽는 것보다 말로 들으면 이해가 더 쉬울 것이다. 우리는 읽는 것보다 듣는 것을 더 잘하기 때문이다.

이 문장에는 5단계의 층위가 있다. (1) 순희의 생각에 대한, (2) 어머니의 추정에 대한, (3) 아버지의 파악에 대한, (4) 철수의 상상에 대한, (5) 화자의 이야기다. 이 정도의 층위를 액자 속의 액자, 또 그 안의 액자로 겹겹이 쌓아 한 문장으로 담아낼 수 있는 것은 인간 언어의 가장 강력한 기능이다.

깊은 층위의 마음이론 역량과 그것을 담아낼 수 있는 도구의 존재는 복잡하고 다층적인 사회적 관계망을 거침없이 진화시켰다. 여기에 현실과 상상을 넘나들 수 있는 정신적 시간 여행 역량이 더해지면서 그때까지 지구에 존재하지 않았던 새로운 세상이 탄생한다. 스토리와 상징과 세상이다.

5만 년 전 어두운 북위도의 겨울 저녁, 화톳불 너머로 서로를 마주 보면서 호모사피엔스는 어떤 수다를 떨었을까? 아마도 우리는 누구인지, 어디서 왔는지 그리고 저 먼 산 너머 누가 있는지, 이 세상은 무엇으로 이뤄졌는지 등에 대해 이야기 나누었을 것이다.

스토리는 공통의 세계관을 만들어내고 세상을 보는 방식을 공유하게 한다. 소리 그루밍으로 80개체라는 집단 수의 한계를 넘어선 인류는 스토리텔링을 통해 150개체의 한계도 뛰어넘는다. 그리고 신석기 혁명 이후 드디어 신화와 종교, 이데올로기가 발명된다. 가십과 스토리가 만든 상상의 세계관을 타고 도시가 만들어지고, 제국이 건설되고, 대륙이 연결되고, 급기야 80억 명의 인류가 하나의 네트워크로 통합된다.

새로운 유전자

'오르가슴'이라는 단어가 없었다면 전 세계 여성의 반 이상은 오르가슴을 알지도, 느끼지도 못했을 것이라는 말이 있다.[*] 언어로 인해 개념이 실재화한 예다. 언어가 없으면 실천하기 어려운 행위도 생겼다. '내면'이나 '성찰'이라는 단어를 모르는 사람은 '내면의 성찰'이 무엇인지 알 수 없고, 이를 실천하기도 힘들다.

언어는 눈앞에 보이지 않거나, 상상 속에 존재하는 사실, 자신의 머릿속에만 있는 생각 등을 머릿속 밖으로 끄집어내어 타인과 공유할 수 있는 도구다. 머리 밖으로 나온 말은 생명을 얻는다. '말씀이 육신이 된'[**] 것이다.

---

[*]   저널리스트이자 여성운동가 글로리아 스타이넘(Gloria Steinem, 1934~)이 한 말이다.
[**] 〈요한복음〉 1장 14절.

136

어느 순간 언어는 살아서 스스로 전달되고 생각은 독자적으로 진화하기 시작했다. 유전자가 생물학적인 프로세스를 통해 유용한 형질을 후대에 전하듯 언어를 통해 문화의 전달과 진화가 일어나기 시작한다. 신경인류학자 테런스 디컨은 언어를 뇌와 공진화하는 생명체에 비유했다. 그는 '인류가 생존하고 번식하기 위해 언어를 필요로 하는 것처럼 언어도 번식을 위해 인간을 필요로 한다'고 말했다.[60] 유전자처럼 자기 복제를 하는 문화 유전자 '밈(Meme)'***은 그렇게 인간으로 가득 찬 지구에 출현한다.

이번 장에서는 파충류와 포유류의 뇌에 대뇌 신피질이 입혀지면서 지능이 피어나고, 공감 능력이 발달하고, 마음속에 미래가 출현하고 언어가 발달한 과정을 이야기했다. 오모 강가에 나타난 이래 숨 가쁜 정신의 확장을 이룬 인류는 지금껏 지구에 없던 세계를 창조할 준비를 마쳤다. 이제 종교와 철학, 계급과 이념, 지식과 화폐 같은, 눈에 보이지는 않지만 실재하는 것들로 구축된 가상의 생태계가 나타날 터다. 이제 인류는 역사를 시작할 준비가 됐다.

하지만 본격적으로 인류의 역사 이야기로 넘어가기 전, 호모사피엔스를 포유류의 삶에 묶어둔 생물학적 본성에 대해 먼저 알아보자.

*** '미메시스(Mimesis)'와 '유전자(Gene)'를 합성한 단어다.

3장

결속

: 성과 양육과 협력

토너먼트의 시작: 유성생식

사바나 원칙

우리는 간혹 비합리적이고 이상한 행동을 한다. TV를 보면서 허구임을 알면서도 눈물을 흘리고 마음을 설레 한다. 폭락장에서 뱀을 만난 쥐처럼 얼어붙어 손절매를 하지 못하고 큰 손실을 입기도 한다. 기름진 음식이 몸에 심각하게 해로움을 뻔히 알면서도 어쩔 수 없이 입으로 가져간다.

런던정치경제대학교의 진화심리학자 가나자와 사토시(Kanazawa Satoshi, 1962~)는 논리적으로 설명할 수 없는 우리의 행동이나 취향은 우리의 뇌가 석기시대 사바나의 환경에서 만들어졌기 때문이라고 설명했다. 그는 현대인의 심리와 행위를 알려면 사바나 시대로 거슬러 올라가야 한다고 주장하며 이것을 '사바나 원칙(Savanna Principle)'이라 불렀다.[1]

선행인류가 숲을 떠나 사바나에 정착한 후부터 오늘까지의 시간을 1년으로 치환해 살펴보면, 우리는 12월 31일 아침 6시경부터에서야 농사를 짓고 도시를 만들기 시작했다. 산업혁명이 일어난 것은 밤 11시 40분경이다. 즉, 우리는 한 해 내내 벌거숭이로 주먹도끼를 들고 뛰어다니다가, 1년의 마지막 날 아침 곡괭이를 들어 땅을 일궜고 제야의 종이 울리기 20분 전 양복을 입고 책상에 앉은 셈이다. 우리는 양복을 입었지만 여전히 홍적세의 뇌를 가진 석기인이다.[2]

빈 서판

2장 말미에서도 밝혔지만 이번 장에서는 인간의 마음을 관찰하면서 그것의 기원을 추적하고, 포유류로서 인간의 생물학적 본성을 되짚어보려 한다. 이 장의 내용은 사회생물학과 진화심리학 연구자들의 노력과 헌신에 빚진 바가 크다.

영국 철학자 존 로크(John Locke, 1632~1704)는 인간이 '빈 서판(Tabula rasa)', 즉 백지 상태로 태어났다고 말했다. 따라서 인간은 모두가 동등하며 본성은 양육을 통해 만들어진다. 이 이론의 반대쪽에 선 사람들은 대부분 인종주의자, 우생학 신봉자, 성차별주의자들이었다.

그런데 1970~80년대 사회생물학과 진화심리학이 빈 서판에 반대하기 시작했다. 이들은 인간이 오랜 진화의 필터를 통해 만들어진 본성을 타고났다고 주장한다. 인종은 서로 다른 환경에 최적화된 형질을 타고났으며, 부모와 자식은 자원을 두고 경쟁하고, 남자와 여자는 다른 선택과 적응을 겪었기 때문에 서로 다른 본성을 가졌다고 말했다. 이런 주장들은 진화론에 버금가는 논쟁을 일으켰다. 인간은 모두 평등하다고 믿었던 사람들이 분노했다. 한때 사회심리학자는 인종주의자로, 진화심리학자들은 반페미니스트로 치부되며 두 학문은 유사과학으로 매도됐다.

이러한 역사적 맥락이 있기 때문에 이 장을 시작하기 전에 우리는 한 가지 사실을 전제해야 한다. 인간은 백지로 태어나지 않는다는 점을 인정해야 한다. 이 견해는 어디까지나 생물학적인 관점에서 그렇다는 것임을 분명히 하자. 인간에게는 유전자라는, 어찌 바꿀 수 없는 제한이 새겨져 있기 때문이다. 그것은 지난 수백만 년간 우리 종이 견뎌낸 진화적 투쟁의 전리품이기도 하다. 스티븐 핑커는 "인간의 본성을 인정하는 진보주의자가 더 나은 세상을 만들 수 있다"고 했다.[3] 그럴 것이라 믿고 이번 장을 시작해보자. 첫 번째 주제는 섹스 이야기다.

섹스 본능

원래 섹스의 목적은 자손을 갖기 위한 것이지만 현대인이 자손을 낳기 위해 섹스를 하는 일은 거의 없다. 미국에서 진행된 한 조사에 따르면 성관계의 70~80%는 피임 상태에서 이뤄지며 임신으로 연결되는 경우는 1%도 안 된다. 일부일처제도 잘 지켜지지 않아 미국의 한 조사에서는 미국 남성은 평균 6.1명, 미국 여성은 4.2명 의 섹스 파트너를 가지고 있다고 나타났다. 이쯤 되면 난혼에 가깝 다.[4] 당신이 이 책을 읽고 있는 이 순간에도 16만 6,000명의 사람들 이 어디선가 섹스를 즐기고 있다.[5]

따지고 보면 섹스만큼 위험하고 많은 대가가 따르는 일은 별로 없다. 의학이 발달하기 전에는 한 번의 성관계로 인해 일생이 망 가지기도 했다. 독일 철학자 프리드리히 니체(Friedrich Nietzsche, 1844~1900)는 매독의 후유증으로 정신병의 고통을 받으며 평생 비 소를 복용했다. 실속도 없는 욕망의 덫에 걸려 스스로 목숨을 끊거 나 신세를 망친 명망가들을 보면 학식이나 사회적 지위도 이 맹목 적 욕망을 제어하지 못하는 듯하다. 무엇이 사람들을 그토록 맹목 적으로 섹스에 매달리게 할까?

우리는 30만 세대가 이어지는 동안 유전자가 벌인 서바이벌 토 너먼트에서 어떤 대가와 수고도 마다하지 않고 짝짓기에 모든 것 을 건 사람들의 후손이다. 당신의 조상이 섹스에 무관심한 고결하 고 점잖은 사람이었다면 지금의 당신은 존재하지 않았으리라.

우리 뇌의 회로와 호르몬 체계에는 수백만 년간 조상이 갈고 닦은, 맹목적으로 짝짓기를 추구하는 전략이 숨겨져 있다. 짝짓기 에 매달리는 것은 본능이다. 그러면 우리는 왜 짝짓기를 하게 됐을 까? 이 질문은 곧 유성생식(Sexual reproduction)의 기원에 대한 질문 이다.

손해 보는 유성생식

유성생식이 지구에 나타난 이유를 밝히는 것은 오랫동안 난제였다. 섹스가 주는 쾌락을 포기한다면 혼자 조용히 반으로 쪼개지는 무성생식(Asexual reproduction)도 종 번식 방법으로 꽤 괜찮았을 테니 말이다. 우선 유성생식이 개체에게 얼마나 손해인지부터 짚어보자.

첫째, 유성생식은 생산성이 떨어진다. 무성생식은 하나의 개체가 둘로 쪼개지는 방식이므로 분열을 시작하면 이후 2개체, 4개체, 8개체, 16개체, 32개체……로 그 수가 기하급수적으로 늘어난다. 반면, 유성생식은 2개체가 만나 일정 수의 개체를 낳는 방식이다. 유성생식과 무성생식의 생산성 차이는 어마어마하다. 복리와 단리이자의 차이다.

둘째, 유성생식은 전달할 수 있는 유전자 양의 측면에서 손해다. 유성 생식체는 염색체를 두 벌 가지고 있다가* 난자와 정자로 분열할 때 유전자를 한 벌로 줄인다(감수분열). 둘이 만나 합쳐지면 다시 새로운 조합의 두 벌이 된다. 무성생식을 하면 자신의 유전자를 100% 그대로 남길 수 있지만, 유성생식을 하면 자신의 유전자를 반만 남기게 된다.**

---

* 염색체를 두 벌 가진 생명체를 '2배체'라 한다. 사람은 부모 양쪽으로부터 염색체를 23개씩 받아 2×23=46, 총 46개의 염색체를 가졌다.
** 미국 진화생물학자 조지 윌리엄스는 이를 두고 유성생식의 '감수분열 비용'이라고 불렀다.

셋째, (남자들은 자존심이 상하겠지만) 유성생식은 쓸데없이 수컷을 만드는 비용이 든다. 영양이 풍부한 난자를 제공하고 수정시키고 이것을 발육시키는 암컷에 비해 유성생식 과정에서 수컷이 하는 일이라고는 정자를 암컷에게 넘겨주고 떠나는 것밖에 없다.

영국 진화생물학자 존 메이너드 스미스(John Maynard Smith, 1920~2004)는 유전자 수도 반으로 줄고 수컷도 만들어야 하는 손해를 '유성생식의 두 배 비용(Twofold cost of sex)'이라 불렀다.[6]

이론적으로 무성생식종이 효율성 측면에서 유성생식종을 압도함에는 의문의 여지가 없다. 그렇다면 왜 무성생식을 하는 진핵생물은 대부분 사라졌을까? 유성생식에는 어떤 장점이 있기에 지구에 존재하는 대부분의 생명체는 유성생식을 하게 됐을까?

자연이 섞는 패

영국 극작가 조지 버나드 쇼(George Bernard Shaw, 1856~1950)를 만난 미국 무용가 이사도라 덩컨(Isadora Duncan, 1878~1927)이 이렇게 말을 걸었다. "선생님의 두뇌와 제 미모가 합쳐지면 이상적인 아이가 태어나지 않을까요?" 버나드 쇼는 이렇게 대답했다고 한다. "제 외모와 당신의 두뇌가 합쳐지면 어떻게 합니까?"

버나드 쇼가 실제로 이런 무례한 말을 했다면 그는 지옥에 떨어져도 할 말이 없겠지만, 최소한 이 이야기는 유성생식의 중요한 일면을 보여준다. 두 개를 섞는 것은 다양성의 측면에서 해봄직한 시도라는 점이다. 유성생식은 자연이 섞는 카드 패다.

우리는 돌연변이라 하면 결함이나 질병을 떠올리지만, 집단 차원에서는 돌연변이는 다양성이 확보되고 좋은 형질을 얻을 기회를 주는 순기능을 한다. 말하자면 종의 입장에서 돌연변이는 복권 구매 같은 것이다. 신(新)다윈주의의 거두 조지 윌리엄스(George Williams, 1926~2010)는 유성생식은 매번 서로 다른 두 개의 복권을 사는 것과 같다고 비유했다. 이른바 '복권 원리(Lottery principle)'다.[7]

다양성이 확보되면 어떤 조합이 나타나도 큰 틀에서 봤을 때 집단에는 이득이다. 자연선택이 알아서 나쁜 조합은 제거하고 좋은 조합은 남길 테니 말이다. 예컨대 덩컨이 제시한 조합은 남고 버나드 쇼가 걱정한 조합은 사라진다. 덩컨의 제안은 영국 사회 차원에서 아주 좋은 일이다. 시간이 갈수록 그와 그녀의 후손들은 외양은 점점 멋져지고, 지능은 점점 더 좋아질 것이다. 유성생식은 개인보다 집단에 득이 되기 때문에 선택된 전략이다.

보수의 기회를 얻을 수 있는 것도 유성생식의 또 다른 장점이다. 수리가 필요한 차들은 저마다의 이유가 있다. 엔진이 망가진 경우, 조향 장치가 망가진 경우 등 고장 난 부분이 서로 다르다. 능숙한 기술공은 망가진 두 차로부터 멀쩡한 부분을 떼어내고 조합해 사용 가능한 새 차를 만들어낸다. 유성생식이 하는 역할이 그와 같다.[8]

신약의 방식

영국 진화생물학자 윌리엄 해밀턴(William Hamilton, 1936~2000)은 또 다른 기발한 설명을 덧붙였다. 이른바 '기생충 가설(Parasite hypothesis)'이다. 기생충은 숙주를 공격하기 위해 변화무쌍하게 탈바꿈한다. 숙주 역시 이 공격에서 벗어나고자 끊임없이 변화한다. 그렇지 않으면 멸종하기 때문이다. 치열한 진화적 군비경쟁 속에서 숙주는 기발한 전략을 찾아낸다. 원래 개체가 죽고 새로운 개체로 바뀌면서 기생충을 떨구는 방법이다. 바로 유성생식이다.[9][10]

이 방법은 바이러스에 감염된 컴퓨터를 포맷하는 것과 같다. 게다가 세대를 거듭하면서 유전자가 계속 섞이고 새 개체가 탄생한다. 이 변화를 기생충이 따라가기 어렵다. 무성생식종이 비밀번호가 바뀌지 않는 문(門)이라면 유성생식종은 수시로 비밀번호를 바꾸는 문과 같다.

분자생물학자들과 유전학자들은 기생충을 돌연변이로 대체해 비슷한 가설을 세운다. 살아 있는 동안 생명체에는 돌연변이가 쌓인다. 청소하지 않는 방처럼 세대를 거듭할수록 해로운 돌연변이가 끝없이 누적된다. 이런 특성이 마치 한쪽 방향으로만 돌아가는 톱니바퀴(래칫)와 같다고 해서 '멀러의 래칫(Muller's ratchet)'이라고도 부른다.* 무성생식을 하는 생명체는 축적한 돌연변이를 고스란히

---

* 방사능 돌연변이를 발견해 노벨생리의학상을 받은 미국의 유전학자 허먼 멀러(Hermann Muller, 1890~1967)의 이름에서 땄다.

후대로 넘겨주지만 유성생식은 이 래칫을 되돌려 해로운 돌연변이를 제거한다.[11]

치명적인 돌연변이가 쌓이면 전부 사멸한다. 그럼에도 불구하고 무성생식종이 모두 멸종하지 않는 것은 숫자의 힘, 즉 인해전술 덕분이다. 이에 비해 유성생식을 하는 생명체는 유전자를 나누고 섞으면서 돌연변이를 제거하고 깨끗하고 새로운 생명으로 다시 태어난다.

영국 저술가 마크 리들리(Mark Ridley, 1956~)는 이 점을 성경에 견줘 재미있게 비유했다. 그에 따르면 무성생식은 구약의 방식이다. 방주만 남기고 다 쓸어버리는 식이다. 유성생식은 신약의 방식이다. 모든 죄를 속죄양에게 대속시키고 새 삶을 살게 하는 것이다.[12]

유성생식이 남긴 세 가지

진화의 시간을 뛰어넘어 이제 인간의 시대로 돌아오자. 진화의 적응인 유성생식은 우리 삶에 무엇을 가져왔을까?

첫째, 죽음이다. 무성생식을 택했더라면 우리는 아메바나 히드라처럼 영원히 살 수도 있었으리라. 식물들도 불멸한다. 멋진 와인의 재료인 카베르네 소비뇽 품종은 800년 전부터 가지치기로 이어온 클론(Clone)이고, 모하비 사막을 굴러다니는 작은떡갈나무덤불은 천년을 살아낸 존재다. 우리는 그렇게 사는 대신 우리의 생명을 갓 태어난 아기의 신선한 살냄새와 맞바꿨다.

둘째, 끝없는 경쟁이다. 유성생식을 선택한 순간 우리는 토너먼트에 진입한 셈이었다. 섹스의 본질은 경쟁이다. 이성의 선택을 받아 후손을 낳기 위해 우리는 수만 년 전부터 경쟁자를 살해하고, 노래를 부르고, 현란한 말기술을 단련해왔다.

지금도 대부분의 살인은 재산이나 권력 다툼이 아니라 사랑과 질투, 짝짓기, 배우자 강탈, 성적 통제권 확인, 버림받음 등의 문제와 결부되어 벌어진다. 본질적으로 거의 모두 유전자 경쟁과 관계된 문제다.[13]

셋째, 노화와 질병이다. 모든 유성생식종의 존재 목적은 성공적인 번식이다. 자연선택은 번식 연령까지 잘 살아남아 임무를 완수하는 데까지만 작용하고, 번식이 끝나면 그 후 어떻게 되든—오래오래 잘 살든, 금방 죽어버리든—관여하지 않았다. 영국 생물학자 피터 메더워(Peter Medawar, 1915~1987)에 따르면 이런 자연선택의 근시안적 '무시(Neglect)'가 번식 연령 이후의 질병과 노화를 허용하고 사실상 조장했다.

당장 번식에 유리하다면 나중에 해로울 수도 있는 유전자도 서슴없이 받아들여졌다. 피가 잘 굳는 형질, 지방과 염분을 몸에 축적하는 유전자 등은 생식을 마칠 때까지 잘 생존하기 위해 우리 조상들이 오랜 시간에 걸쳐 선택해온 형질이지만 과학기술과 의학의 발달로 인간의 수명이 전례 없이 늘자 심근경색, 뇌졸중, 당뇨, 고혈압 등의 부메랑이 되어 돌아왔다.

2 가족의 탄생

예외적인 인간의 삶

인간의 양육 기간은 20년에 달한다. 성인이 되면 한 사람과 결혼해 적당한 수의 자식을 낳고 20년을 함께 키운다. 자식이 아이를 낳을 무렵이 되면 여성은 폐경이 오고 조부모가 된 인간은 손자 양육을 돕거나 쉬면서 여생을 보내다 늙어 죽는다. 다른 동물들은 그렇지 않다.

생쥐는 생후 5주부터 새끼를 낳기 시작한다. 그것도 2개월마다 한 번에 10마리씩 낳는다. 평균수명인 1~2년 동안 죽을 때까지 이 일을 반복한다. 물론 수명을 다 채우지 못하고 기아나 사고, 포식자의 습격 등으로 그전에 죽는 생쥐가 부지기수다.

침팬지는 네 살까지 젖을 먹는다. 인간과 달리 젖을 끊자마자 혼자 돌아다니기 시작하고 생후 5~6년 정도 지나면 성장이 끝난다.

생후 10년 후부터는 번식을 시작해 4~5년마다 한 번에 한 마리씩 새끼를 낳는다. 침팬지 암컷은 폐경을 맞이하지 않기 때문에 평균 수명(40년)까지 새끼를 낳으며 살다가 생을 마친다.

인간의 수명은 꽤 길 뿐만 아니라 생활사가 굉장히 특이하다. 견고한 일부일처제, 긴 성장 기간, 많은 구성원이 참여하는 양육, 이른 생식능력의 소멸(폐경)과 그 이후에도 오래 이어지는 수명이 그렇다. 이 특이한 생활사의 중심에는 '양육 문제'라는 중심점이 존재한다.

딜레마: 우선 낳고 키운다

유인원들도 다른 동물들에 비해 성장 기간이 긴 편이지만 그래도 5~6세 정도면 끝나고 10세 정도면 자손을 낳기 시작한다. 오스트랄로피테쿠스나 호모에렉투스도 비슷했을 것으로 생각된다. 그런데 호모사피엔스에 이르러 성장 기간이 18세까지 연장됐다. 영유아기, 청소년기의 사이에 다른 동물에는 없는 유년기가 추가된다. 이 성장 기간이 호모사피엔스의 삶과 사회의 기본 틀을 변화시켰다. 그렇다면 호모사피엔스의 성장 기간은 왜 이렇게 길어졌을까?

인간 성인의 뇌는 다른 대형 유인원보다 3배나 크다. 태아의 뇌가 이 정도로 커지려면 21개월을 기다려야 한다.[14] 반면, 서서 걷는 데 적응하면서 인간의 골반은 다른 동물보다 좁아졌다. 머리는 커지고 골반이 작아지자 출산이 굉장히 위험한 일이 됐다. 이것은 인간만이 가지는 '산과적 딜레마'다.

그래서 취하게 된 전략이 일단 미성숙한 상태로 먼저 낳고 오랫동안 키우는 것이다. 수정 후 10개월은 태아가 태어나도 목숨을 부지할 수 있으면서 출산 시 엄마의 생명도 위험하지 않은 타협 시점이다. 사실 이때 이미 신생아는 어른 침팬지 크기의 뇌를 가진 상태다. 침팬지는 출산할 때 빠져나오는 새끼 얼굴을 마주 보면서 아래로 쑥 잡아 뺀다. 반면, 인간은 누군가가 옆에서 신생아의 머리를 산도 형태에 끼워 맞춰가며 비틀어 빼야 할 정도로 고통스럽고 위험한 출산을 한다.

앨버트로스의 예

신천옹이라 불리는 앨버트로스의 삶은 조류보다는 인간에 가깝다. 50년의 삶을 사는 신천옹은 철저한 일부일처제를 유지하면서 생후 20년이 지나야 1~2년마다 알을 하나씩 낳는다. 인간과 유사한 패턴을 사는 앨버트로스는 생애 초기에는 무엇을 하는 것일까?

앨버트로스는 하루 최고 900km 거리를 비행하는데, 이 강행군의 여정을 50일간 쉬지 않는다. 때로는 새끼를 위해 일주일 동안 수천 킬로미터를 날아가 먹이를 가져온다. 인간의 대항해에 버금가는 비행이다. 앨버트로스가 생존하려면 대항해시대에 인간이 축적했던 해양학, 항해술, 기상학에 비견되는 방대한 자연사 지식과 생존 기술이 필요하다. 앨버트로스는 생애 초기 기간 동안 바로 이 생존

기술을 배운다.

앨버트로스에게는 긴 학습 기간이 생존 가능성을 높이고 자손을 낳을 확률을 높이는 인자가 된다. 자연선택은 생식을 연기하고 충분한 학습 기간을 가지는 개체들이 우세하도록 작동한다. 그 여파로 수명도 길어진다.

인간은 앨버트로스보다 더 극단적이다. 진화의 어느 시점부터 자연에서의 생존보다 사회적 경쟁에서의 생존이 더 중요한 문제가 됐다. 자연선택이 사회적 선택으로 바뀐 것이다. 미숙하게 태어난 인간의 뇌는 사춘기 즈음 성장이 마무리되지만 인지능력과 사회적 기술을 습득하는 데는 추가적인 시간이 필요하다. 사회의 규모와 축적된 지식의 규모가 커질수록 이 기간은 점점 길어진다.

한 아이를 키우려면 온 마을이 필요하다

지나가던 아기를 쳐다보고 있으면 나도 모르게 미소가 흐른다. 아기 엄마는 활짝 웃는 얼굴로 경계심을 풀고 사람들에게 아기를 보여준다. 인간은 다른 사람에게 자식을 보여주는 유일한 동물이다. 자연계의 어떤 동물도 자신의 새끼를 다른 개체에게 보여주는 '위험한' 행동을 함부로 하지 않는다.* 특히 영장류는 번식을 위해 다른

---

* 일부 반려동물은 예외로 하자. 반려동물, 특히 개는 여러 가지 면에서 일반 동물들과 다르다고 본다.

개체의 영아를 살해하는 일도 서슴지 않는 본성을 가지고 있다.[15]

아이를 타인에게 보여주는 행위는 양육을 공동의 작업으로 여기는 마음이 인간의 본성에 자리 잡았다는 증거다. '한 아이를 키우려면 온 마을이 필요하다'라는 아프리카 격언처럼 인류는 그 어떤 생물 종보다 길고 힘든 양육이라는 과업에 많은 구성원을 끌어들이는 데 성공했다. 이를 위해 인류가 고안해낸 독창적인 비결은 두 가지다. 하나는 일부일처제의 확립으로 남성을 자식 양육에 헌신하도록 묶어놓은 것이다. 다른 하나는 때가 되면 자식의 자식을 돌봐주는 것이다.

숨겨진 배란기

남자는 언제든지 관계를 갖고 수십 명의 자손을 가질 수 있다. 반면, 여자는 아무리 많은 관계를 갖는다 해도 임신은 그중 한 번으로부터만 가능하다. 평생 임신 가능한 자손의 수도 한계가 있다. 이처럼 인간의 남녀는 짝짓기에 따르는 비용과 노력이 매우 비대칭적이다. 기회비용을 생각하면 남자는 관계를 마친 후 얼른 자리를 뜨고 다른 여자를 또 찾는 것이 훨씬 더 생산적이다. 양육이라는 속박에 남자들이 자진해서 뛰어들 가능성은 거의 없다. 어떻게 남자들은 기회비용을 지불하며 여성과 함께 자식을 양육하는 삶에 끌려들어가게 되었을까?

1981년 《사이언스》에 미국 켄트주립대학교 인류학자 오언 러브

조이(Owen Lovejoy, 1943~)가 이 문제에 대해 설명하는 충격적인 논문을 발표했다. 러브조이는 '인류의 기원'이라는 제목의 이 논문에서 홍적세의 여성이 배란기를 숨기기 시작함으로써 일부일처제와 오늘날과 같은 가족 형태가 만들어졌다고 주장했다.[16]

포유류 암컷들은 배란기를 전후로 수컷에게 신호를 보낸다. 수컷들은 이 신호를 민감하게 관찰하고 이 신호를 보내는 암컷에 반응한다. 영장류도 마찬가지다. 그런데 인간 여성은 이 신호를 없애버린 것이다. 신호가 사라지자 인간 수컷들은 어느 암컷이 임신 가능성이 있는지 판별할 방법이 없어졌다. 이로써 두 가지 상황 전환이 나타났다.

첫째, 여성의 배란기를 알 수 없게 되었으니 남성 입장에서는 자손을 가지려면 여기저기 돌아다니기보다 길목을 지키는 것처럼 한 여성과 지속적으로 관계를 갖는 것이 나은 상황이 됐다.

둘째, 짝짓기의 횟수를 높이는 전략이 출현한다. 어느 때부터인가 여성 자신도 본인의 배란기가 정확히 언제인지 모르게 됐다. 따라서 번식의 가능성을 높이기 위해서는 수시로 짝짓기를 하는 수밖에 없다. 앞서 던진 질문, '인류가 왜 유독 맹목적으로 섹스에 집착하는가?'에 대한 해답이 바로 여기에 있다. 짝짓기 횟수가 종족 번식 전략의 중요한 요인으로 부상하면서 그 진화적 유인책으로 성적 쾌락이 강화된 것이다.

이것이 인간 남성이 일부다처적 본성을 포기하고 한 가정에 둥지를 틀고 식구들에게 헌신하게 되었는지 설명하는 오언 러브조이의 가설이다. 러브조이의 가설은 인간의 성 분업, 일부일처제, 핵가족 제도를 한 번에 설명하는 꽤 명쾌한 이론이다. 하지만 이 가설을 강의할 때는 도망갈 문을 미리 확인해두고 시작해야 한다는 농담이 있을 정도로 굉장한 반발과 지탄도 받고 있다. '남자(man)의 기원'에 대한 가설일 뿐 '인간(man)의 기원'을 설명해주는 이론은 아니라는 주장도 있다.

막다른 골목: 일부일처

일부일처 종의 삶은 그렇지 않은 종에 비해 훨씬 복잡하다. 짝을 골라내야 하고, 배우자와 매일 타협해야 한다. 또한, 배우자의 부정을 감시하고 다른 개체의 접근을 막는 데 막대한 심리적 비용을 지불해야 한다. 한마디로 머리를 많이 써야 한다. 포유류 중 일부일처를 유지할 수 있는 종은 3%에 지나지 않는다. 일부일처는 너무 복잡해 한번 건너면 돌아오기 어려운 강이다.

그럼에도 우리는 틈만 나면 다른 상대를 찾고, 조금만 여력이 생기면 일부다처를 시도한다. 생물학적으로 고환이 크거나, 수컷의 체격이 암컷보다 클수록[*] 난혼이나 일부다처의 경향이 커진다고 한다. 고릴라나 물개가 대표적인데, 이는 강한 수컷이 선택된 결과다.[**]

---

[*] '성적이형(性的二形, Sexual dimorphism)'이라 한다.
[**] 이와 관련해서 흥미로운 역사적 기록이 있어 부연한다. 어떤 연유인지 19세기 말 조선은 남자가 여자보다 훨씬 컸다는 외국인의 기록이 존재한다.

이런 표식들을 가지고 분석하면 인간은 약간의 난혼 성향이 있는 일부일처 경향을 띨 것이라고 추정된다.[17][18] 앞서 미국 통계 자료에서 미국 남성은 평균 6.1명, 여성은 4.2명의 섹스 파트너를 가지고 있다고 이야기했었다. 이런 데이터들을 보면 아직까지도 유인원의 난혼의 피가 꿈틀거리는 기회주의적 일부일처가 인간의 본성인 듯하다.

일부일처에서 다른 형태의 짝짓기로 변할 가능성이 있을까? 어쩌면 두 가지 가능성이 있다. 인간의 수명이 지금보다 훨씬 길어지면 한 사람이 평생에 걸쳐 일부일처이되 자발적 또는 비자발적으로 배우자를 교체하는 연속적 일부일처제(Serial monogamy)가 자리를 잡을 수 있다.

또 다른 가능성은 비혼이다. 비혼이 자리 잡는 결정적인 원인을 제공하는 것은 바로 남자의 가치 저하다. 남자의 (생물학적) 가치는 정자 제공과 양육 능력 두 가지였는데 후자가 여성에게 넘어가면서 남자에게는 정자 제공의 가치밖에 남지 않았다. 그런데 이제는 의학의 발전으로 시험관 생식도 가능해졌다. 우월한 정자는 정자은행에 차고 넘친다.

그나마 결혼하는 이유는 뇌 속에 남은 과거의 흔적인, 이성이 주는 안락감과 성적 만족에 대한 기대감 정도 때문인데 오늘날 이런 감정들은 반려동물이나 다양한 문화적 콘텐츠 등으로 대체 가능하다. 2022년 통계청에서 조사한 결과를 살펴보면 반드시 결혼을 해야 한다고 생각하는 미혼 남성은 36.9%, 미혼 여성은 22.1%에 불과했다.[19] 결혼을 하지 않는 이유 중 1위는 성별에 따라 달랐는데, 남성은 결혼 자금이 부족해서, 여성은 필요성을 느끼지 않아서였다. 일부일처의 다음 단계의 후보는 연속적 일부일처제와 비혼이다.

폐경의 수수께끼

인간 여성이 폐경 이후에도 30여 년을 더 사는 것은 정말 특이하고 예외적인 현상이다. 인간을 제외한 동물에게는 폐경, 즉 생식의 중단이 없다. 다른 동물들은 나이가 들수록 몸집이 계속 커지며 생식 효율도 오히려 늘어난다. 침팬지의 경우 죽는 날까지 생식을 유지한다. 포유류 가운데 폐경이 나타나는 동물은 범고래(Orca)와 이빨고래(Toothed whale) 정도다.

그렇다면 인간 여성이 다른 동물들과는 달리 생식을 중단하고 더 오래 살아가는 이유는 무엇일까? 그런 전략에는 어떤 적응적 이득이 있을까? 이 주제는 진화 연구자들이 오랫동안 매달려온 딜레마였는데 진화학자 조지 윌리엄스가 아이디어를 제시했다.

그에 따르면, 인간은 진화의 어느 시기부터 낳는 것만큼이나 잘 키우는 것이 중요한 진화 적합도(Fitness)* 요인이 됐다. 아이가 잘 성장해 다음 대를 이어가는 것도 중요해진 것이다. 그런데 앞서도 언급했지만 인간의 출산은 다른 동물과 비교할 수 없이 위험하다. 인간의 출산은 목숨을 건 일일 뿐 아니라 타인의 도움 없이 혼자 할

---

* 유전자가 자신을 다음 세대로 전달할 수 있는 적응 능력을 말한다.

수도 없다. 나이를 먹을수록 출산으로 인한 사망 가능성은 높아지고 태아의 위험도 크다. 게다가 이미 태어난 어린 아이들의 생존도 위태로워진다. 이런 삼중의 위험을 감수하느니 더 이상 임신을 중단하고 딸의 출산과 양육을 돕는 것이 훨씬 낫다. 적당한 시점은 마지막 자녀를 독립시킬 수 있고 자신이 수명을 다하기 20년 전쯤인 무렵이 이상적이다.

이런 관점은 남자가 죽는 날까지 생식을 멈추지 않는 이유도 설명해준다. 남자는 출산하다 죽을 위험이 없기 때문이다.

하드자의 할머니

미국 유타대학교의 인류학자 크리스텐 호크스(Kristen Hawkes)는 탄자니아의 토착 수렵·채집족인 하드자(Hadza)족 생활을 관찰했다. 아프리카 대륙의 건조화로 기후가 척박해지고 먹을거리가 줄어들자 하드자족은 홍적세의 수렵·채집인들이 겪었던 것과 같은 상황에 처한다. 엄마들은 점점 양육이 더 힘들어졌으며 새로운 아이를 갖는 것도 어려워졌다.

하드자족이 이런 상황에 내몰리자 할머니들이 팔을 걷고 나섰다. 폐경이 지난 여성들이 덩이줄기, 알뿌리 등을 캐오고 견과를 깨어 아이들을 먹였다. 양육은 할머니들의 몫이 됐다. 덕분에 가임기의 젊은 여성들은 젖먹이 양육과 새로운 아이를 출산하는 쪽으로 에너지를 돌릴 수 있었다.

하드자족의 사례처럼 나이 든 여성이 더 이상의 생식을 중단하고 딸이나 가까운 혈족 또는 부족의 자손을 돌보기 시작함으로써 얻는 이익은 다음과 같다. 첫째, 아이들의 생존을 보장한다. 둘째, 건강한 여성에게 자원과 기회를 양보한다. 셋째, 가족이나 혈연 결속의 매개체가 된다. 할머니의 존재는 인류 특유의 사회적 결합을 촉진한다. 네 번째 이익은 덤으로 얻어진 이익인데, 할머니들의 수명이 연장됐다. 이것을 '할머니 가설(Grandmother hypothesis)'이라 부른다.[20]

할머니 양육(Grandmothering)이 인간의 진화를 주도하고 인간의 수명을 연장시켰다는 이 가설은 반론이 있긴 하지만 학계에서 중요하고 의미 있는 이론으로 받아들이고 있다. 우리는 생식을 중단하고 자손들을 도와주면서 오랫동안 수명을 이어온 할머니들의 후손인 것이다.

가족의 힘

80억에 이르는 개체 수를 확보한 인간은 굉장히 성공한 종이다. 한 번에 한 명의 자식을 낳는 인간이 어떻게 이런 성공을 거둘 수 있었을까? 그 비결은 짧은 터울이다.

침팬지나 코끼리는 5년에 한 번 자손을 낳는다. 수렵·채집 시대가 되자 인류는 그보다 짧아진 3~4년마다 자손을 낳게 됐다. 무리가 이동할 때 먼저 낳은 아이가 제 발로 무리를 쫓아서 따라올 수 있는 정도의 터울이다. 농업혁명을 겪으며 정착 생활을 하게 되자 터울은 1~2년으로 단축됐다.

게다가 인간의 시스템은 우리네 전래동화 속 흥부네 집처럼 한 번에 여러 터울의 아이를 키우는 것도 가능하게 만들었다. 자연계에서 한 터울의 여러 새끼를 키우는 동물은 있어도 여러 터울의 새끼들을 한 번에 모아 키우는 동물은 없다. 이것이 인류 폭증의 비결이 된다. 우리나라는 심각한 인구 절벽에 봉착한 상태지만 인구 전문가들은 전 세계 인구가 100억 명에 도달할 것이라 우려한다. 가족의 발명은 인류를 가장 성공적인 종으로 만드는 데 결정적인 역할을 했다.

그런데 가족 시스템 외에 우리를 지구에서 가장 강력한 종으로 만든 특성이 또 있다. 이것 역시 다른 종에서 찾아볼 수 없는 것이다. 바로 이타심과 협력이다.

지금쯤이면 독자들은 생명의 궁극적 목적이 유전자의 보존과 전달임을 충분히 이해했을 것이다. 유전자 보존의 욕망이 얼마나 강력한지, 그것을 후손에게 전달하기 위해서라면 어떤 형질도―설사 그것이 개체의 유전자 전달 이후의 삶을 날려버린다 해도―서슴없이 받아들인다는 것을 앞서 이야기했다. 이런 '이기적 유전자'의 집단 안에 서로를 돕는 이타성이 나타난다는 것은 불가능한 일이며 협력이 피어난다는 것이 기적적인 일일 것이다. 그런데 이 기적이 인류에게서 일어났다. 이제 그 이야기를 해보자.

3 이타성의 출현

유전자의 시선

이 장에서 이미 세 번이나 등장한 조지 윌리엄스는 다윈만큼 기억되어야 할 인물이다. 해양생물학자로서 뉴욕주립대학교 스토니브룩 캠퍼스에서 평생 후학을 가르쳤던 그는 수더분한 모습에 수줍고 말수가 적은 학자였다. 그는 《다면발현, 자연선택 그리고 노화의 진화》[21]와 《적응과 자연선택》[22], 단 두 개의 저술로 현대 진화학의 기틀을 세운 '제2의 다윈'이라 불린다. 그가 남긴 최고 업적은 '유전자의 시선(Gene's eye view)'이라는 개념을 만들고 신(新)다윈주의의 문을 연 것이다.

'유전자의 시선'이란 자연선택의 단위가 개체도, 집단도 아닌 개체의 유전자에 작동하기 때문에 개체는 자신의 안녕이나 존립이 아니라 자신이 운반하는 유전자의 생존을 위해 적응한다는 이론이다.

어디서 많이 들어본 이야기 같지 않은가? 아마도《이기적 유전자》가 생각날 것이다. 그도 그럴 것이《이기적 유전자》는 조지 윌리엄스 이론에 경도된 리처드 도킨스가 대중을 위해 쓴 주석서이기 때문이다.

이타성의 수수께끼

다윈에게는 알 수 없는 수수께끼가 하나 있었다. 어떻게 자신의 생식을 포기하고 오로지 여왕개미를 위해 희생하는 일개미 같은 이타적 존재가 자연에 존재할 수 있는지의 문제였다.

유전자 개념이 없던 시대의 다윈은 이것이 자연선택이 집단(종)의 차원에서 일어나기 때문일 것이라 추정했다. 이 생각은 영국의 동물학자 V. C. 윈-에드워즈(V. C. Wynne-Edwards, 1906~1997)에 의해 '집단선택 이론(Theory of group selection)'으로 발전한다. 자연선택이 집단 단위로 작용해 이타적인 집단은 살아남고 이기적인 집단은 멸종한다는 관점이다. 하지만 유전자의 시선에서 이 이론은 어불성설이다.

먹이를 남에게 양보하는 개체나 위험한 어두운 숲에 앞장서 뛰어드는 개체가 많은 집단을 생각해보자. 이런 집단은 이기적인 개체만 득실거리는 집단보다 번영할 것처럼 보인다. 그러나 유전자의 시선에서 이타적 개체는 자손을 남기지 못하고 죽는, 환경에 부적응한 존재일 뿐이다. 이들은 자손을 남기지 못하고 집단에서 제일 먼저 사라진다. 자연 상태에서 이타적 집단은 그냥 이기적 집단으로 바뀌어버릴 뿐이다.

그런데 왜 자연에는 일벌이나 일개미 같은 이타적 개체들의 집단이 발견되는 것일까? 네덜란드 철학자 바뤼흐 스피노자(Baruch Spinoza, 1632~1677)의 말에 힌트가 있다. "덕은 결국 자기 자신을 보존하고자 하는 노력이다." 이타적 행동은 주도면밀한 유전자의 계산인 것이다. 겉으로 볼 때는 이타적인 것 같아 보이는 개체의 행동이 사실은 유전자의 주도면밀한 속셈인 것이다.

두 명의 형제와 여덟 명의 사촌: 포괄적합도

영국의 진화생물학자 존 홀데인(John Haldane, 1892~1964)은 대학가 선술집에서 술이 거나해진 상태에서 "형제 한 명을 위해서 죽을 수는 없지만 형제 두 명 이상이나 사촌 여덟 명 이상을 위해서라면 생각해볼 수 있겠다"라는 말을 내뱉었다. 이 말은 다윈의 수수께끼에 대한 해답에 결정적인 힌트를 던졌다.

이론생물학자 윌리엄 해밀턴[*]은 이 전설적인 술주정에서 유전자 입장에서는 자식을 통하지 않아도 유전자 전달의 총합만 충분하다면 마찬가지일 것이라는 사실을 깨닫는다. 홀데인의 말대로 유전자의 시점에서는 내 유전자의 50%를 가진 형제 두 명이나 12.5%를 가진 사촌 여덟 명이나 유전적 가치는 같은 것이다. 그들을 통해 유

---

[*] 앞서 기생충 가설을 주장한 학자다.

전자를 후세에 전달해도 유전자의 시점에서 결과는 같다. 다시 말해 '포괄적'으로도 유전자 적합도를 올릴 수 있는 것이다.

'포괄적합도(Inclusive fitness)'라 불리는 이 이론으로 혈연 간 이타성은 설명이 가능해졌다. 해밀턴은 이 이론으로 다윈의 수수께끼였던 일개미의 이타성을 설명했다. 개미나 벌 같은 벌목과 곤충의 경우, 암컷들은 우리처럼 두 벌 세트의 염색체를(2n) 가지고 있지만 수컷은 마치 살아 있는 정자인 것처럼 염색체를 한 벌(n)만 가진다.

이들의 여왕은 결혼 비행을 하면서 가장 경쟁력 있는 수컷으로부터 정자를 받는다. 난자와 정자가 수정되면 여왕 염색체(2n)의 반 + 수컷 염색체(n)의 전부 = 2벌 염색체의 '딸'이 된다. 반면, 수정되지 못한 여왕의 난자는 염색체 반을 받은 '아들'이 된다. 여왕은 자신과 염색체가 50% 일치하는 딸과 100% 일치하는 아들을 갖게 되는 것이다.

그런데 자매 간 관계를 따져보자. 엄마(여왕)에게 받은 염색체는 50% 일치하고 아빠에게 받은 염색체는 100% 일치하기 때문에 자매 간 전체 유전자 일치도는 75%나 된다. 부모-자식(50%)보다 자매 간(75%)의 일치도가 더 높은 묘한 상황이 생긴다.

정리하면 이제 일개미들의 입장에서는 자기 자식(50%)을 낳는 것보다 여왕이 자매(75%)를 갖도록 돕는 것이 유전적으로 월등히 이득이 되는 상황이 된 것이다. 여왕개미를 뒷바라지하는 아름답고 눈물겨운 일개미들의 헌신 뒤에는 이런 냉철한 유전적 계산이 숨어 있다. 어쩌면 일개미들은 우리가 자식에게 느끼는 애정과 뿌듯함을 자매들에게서 느끼는지 모른다.

벌목과 곤충들뿐 아니라 프레리독이나 미어캣처럼 동족을 위한 자발적 경계 행동이나 인간 사회의 친족-족벌주의 같은 혈연 간 보호와 이타적 행위는 포괄적합도라는 유전자의 시선으로도 설명이 가능하게 됐다.

그런데 어떤 사람들은 모르는 사람이 물에 빠져도 구하려고 뛰어든다. 유전적으로 엮인 관계가 아님에도 불구하고 상대를 선의로 도와주는 모습이 인간 사회에는 비일비재하게 발견된다. 이것은 또 어떻게 설명할 수 있을까?

기브 앤 테이크: 상호 호혜적 이타주의

비혈연 관계에서의 이타성에 대한 단서를 찾은 사람은 미국의 사회생물학자 로버트 트리버스(Robert Trivers, 1943~)다. 우리는 착한 행동을 하면 그 대가가 언젠가는 내게 돌아오리라 배운다. 트리버스는 이런 순진무구한 기대가 실제로 작동한다고 보았다. 정말로 이타적 행동이 이익으로 되돌아오기 때문에 이타적 행동이 진화적으로 선택되기 시작했다는 것이다. 다만, 그것이 돌아오는 데 시간의 간격이 있어 당장에는 이타적으로 보일 뿐이라는 것이다.[23]

즉, 이타적 행동은 미래에 이익을 돌려받을 것을 기대하고 지금 자신의 비용을 지불하는 전략적인 행동이다. 즉, 저축인 셈이다. 시간이 걸릴 뿐 본질적으로는 서로에게 호혜를 제공하기 때문에 이 행동은 진화적으로 선택될 수 있다. 트리버스는 처음 이 가설을 '지연된 보상의 이타주의(Delayed return altruism)'라 불렸지만 훗날 해밀턴의 제안으로 '상호 호혜적 이타주의(Reciprocal altruism)'로 변경했다.*

상호 호혜적 이타성이 나타나려면 몇 가지 조건이 필요하다. 첫째, 은혜를 갚을 만큼 충분히 수명이 긴 종이라야 한다. 오늘 태어나 내일 죽을 운명에게 호혜성이 생기기는 어렵다. 둘째, 개체가 자주 만날 수 있도록 집단이 조밀하고 확산율이 낮아야 한다. 타향 사람보다 고향 사람에게 친절한 것은 또 만나야 하는 사람이기 때문이다. 셋째, 상호 의존성이 높아야 한다. 군집 생활을 하는 초식동물들이나 조류 집단의 경우가 대표적이다. 넷째, 당연한 말이지만 도와준 일을 기억할 만큼 지능이 있어야 한다.

홍적세의 인류의 선조들은 이 조건에 딱 맞는 종이었다. 포유류 중에는 장수하는 종에 속했으며, 아프리카 사바나라는 국한된 지역에서 발생했으며 심각한 인구 감소도 겪었다. 또한, 공동 사회를 이루어 함께 사냥하는 집단생활을 하면서 사회적 지능과 탁월한 기억력, 학습 능력을 갖춘 종이었다. 상호 호혜적 이타주의가 자리 잡기에 딱 맞는 종이었다.

이후 인류가 문화 종으로 전환하면서 이타적 행동은 생물학적 기제에서 문화적 선호로 변모한다. 이타적 인간은 추앙을, 이기적

---

* 이 장에서 조지 윌리엄스, 존 메이너드 스미스, 윌리엄 해밀턴, 로버트 트리버스가 여러 에피소드로 엮이며 등장하는데, 리처드 도킨스는 이들이 유전자 중심주의를 확립한 현대 진화론의 4인의 거두라고 언급했다.

인 행위를 하는 인간은 응징을 받게 됐다. 이로써 이타적 유전자는 더욱더 발달하고 이기적인 유전자는 점차 퇴출됐다.

사기꾼을 잡는 기술

상호 호혜성의 적은 배신과 얌체 행위다. 이득만 챙기고 배신하는 사기꾼을 잡아내지 못한다면 그 집단은 사기꾼과 배신자로 가득하고 이타성의 싹은 피어나지 못할 것이다. 그런데 인류는 이타성을 진화시키는 과정에서 머릿속에 몇 가지 똑똑한 방어 장치를 발달시켰다.[24 25]

첫째, 얼굴을 구별하는 능력이다. 당연한 능력 같지만 이는 다른 동물에 없는 굉장한 능력이다. 개가 냄새로 대상을 구분하고 추적하는 것을 보고 우리 인간은 매우 놀라워한다. 하지만 개가 볼 때는 얼굴만 척 보고 80억 명의 인간을 하나하나 분별해내는 인간의 능력은 초능력에 가깝다.*

둘째, 타인과의 사이에서 일어났던 일을 머릿속에 기록하는 능력이다. 누가 전에 나와 협력했는지 또는 배신했는지, 내가 누구에게 얼마나 빚을 지었고 베풀었는지 등을 추적할 수 있는 '계정 체계

---

* 인간의 뇌 측두엽 방추상얼굴영역(Fusiform face area)이 이 일을 한다. 이 영역이 망가지면 다른 사물은 구분하면서 사람 얼굴만 못 알아보는 얼굴인식불능증 (Prosopagnosia)이 발생한다.

(Accounting system)'가 머릿속에 생겼다.

셋째, 다른 사람의 가치와 필요를 알아챌 수 있는 능력과 교환 대상의 가치를 매기고 저울질하는 능력이다. 점차 인간은 도구, 안정, 지위, 정보와 같은 다양한 교환 가능 품목을 만들고, 그 값어치를 매기고, 기억하고, 마음속에 달아두는 복잡한 정보처리 시스템을 머릿속에 만들었다.

이런 복잡한 사회 기술이 호혜성과 이타성을 촉진하며 공진화했다. 학자들은 도덕관념도 수렵·채집 시대의 협력과 분배, 무임 승차자 축출의 과정에서 기원했을 것이라 생각한다.[26]

평판과 명성: 간접 호혜성

15만 년 전부터 사회적 유대를 만들어내는 방식이 신체적 접촉에서 언어로 바뀌면서 인간 사회에는 가십과 소문이 등장했다. 이때부터 인간 사회에서는 '평판'이 작동하기 시작한다.

가령, 내가 A를 도와줬다고 하자. A에게 그 행동의 대가를 되돌려받는 일이 생기지 않더라도 그 행동으로 인해 나는 좋은 사람이라는 평판을 얻는다. 평판은 돌고 돈다. 좋은 평판이 돌면 사람들이 나를 찾아와 협력자로 선택할 가능성이 높아진다. 이것을 '간접 호혜성(Indirect reciprocity)'이라 한다.[27] 간접 호혜성은 언어 없이 불가능하다. 평판은 좋은 것만 있는 것이 아니다. 나쁜 평판도 돌아다닌다. 인간 사회에서 나쁜 평판은 동물이 팔다리를 잃는 것만큼 위험한 일이다.

파라과이의 수렵·채집 부족인 아체족 사회에서는 고기를 내놓는 사람들만 계속 내놓고 얻어먹는 사람들은 계속 얻어먹기만 한다. 항상 고기를 내놓는 유능한 사냥꾼은 무한히 이타적인 사람들로 보인다. 그런데 실제로는 이들은 배우자 선택에 우선권을 가지며, 심지어 구성원들의 묵인하에 혼외 관계를 갖기도 한다.[28] 이처럼 비용을 들여서 쌓은 명성은 편익을 주고 이성에게 어필하거나 집단의 묵시적 특혜를 받기도 한다. 이것을 '값비싼 신호(Costly signaling) 이론'이라 한다.[29]

인간 사회에 출현한 평판과 명성이라는 보상은 왜 사람들이 생면부지의 사람을 도와주는지, 왜 사람들이 남들 앞에서 이타적 행위를 더 많이 하는지를 설명해준다. 사람들은 평판이 좋은 사람들을 더 잘 도와주고 존경하기 때문이다.

도매로 퍼진 이타성: 집단선택론의 부활

맛있는 육질과 기름기는 소에게 치명적인 형질이다. 제일 먼저 잡아먹히는 이유가 되기 때문이다. 집단 안에 이렇게 맛있고 비만한 개체가 늘어나면 그 집단은 멸종한다. 이것이 유전자의 시선이다. 그런데 인간이 개입하면서 상황이 바뀌었다. 인간이 맛있는 소를 선택하기 시작했기 때문이다. 전 세계 초원에서 날렵한 체형의 소들은 사라지고 지구에는 맛있는 육질과 기름기를 가진 비만한 소들로 가득 차게 됐다. 인간의 선호와 개입이라는 새로운 수준의 선택이 일어났기 때문이다.

앞에서 집단선택이론은 유전자의 시선에서 어불성설이라 이야기했었다. 그런데 식육 소의 예처럼 유전자의 시선을 상회하는 상위 수준에서 집단선택이 일어날 수도 있는데 그것을 과소평가했다는 신(新)집단선택론이 1990년대 등장한다.[30] 이들은 사회적 진화를 시작한 인류 사회에서 집단선택이 일어나기 시작하였다고 지적했다.

인간 사회에서 집단선택이 일어나는 경위는 이렇다. 첫째, 인류는 수백만 년에 달하는 기간 동안 빙하기라는 극한의 환경의 압박을 받았기 때문에 이타성과 협조가 실제로 집단의 생존을 좌우하게 됐다. 둘째, 어느 때부터인가 인간은 단체로 살해하고 싸우는 종이 됐다. 이 작은 분쟁의 치명률은 상상을 초월한다. 원시인의 부족 간 전쟁에서 부족의 남성 사망률은 60%에 달한다.[31] 두 차례 세계 전쟁 때에도 참전국의 남성 사망률은 1~2%에 지나지 않는다. 이런 상황에서는 집단선택이 작동한다. 아이러니하게도 인간의 동족 살해 특성과 폭력성이 이타성을 퍼뜨리는 원동력이 된 것이다.

그렇다면 왜 이타적 개체는 집단 안에서 소멸하지 않는가? 인간은 비슷한 개체끼리 유유상종하기 때문이다. 개체들이 무작위적으로 부딪히면 이타적인 것들이 소멸하겠지만, 이타적 개체들이 동질 그룹을 만들면 힘을 획득할 수도 있다. 일단 인간에게 사회라는 환경이 구축되고 이타성이 도매로 작동하기 시작하자 이타성은 널리 퍼지기 시작한다.

이제 인류의 마음에 어떻게 이타성이 출현했는지에 관한 이야기를 마무리하고, 다음 단계로 인류 사회에 나타난 조직적인 협력을 다루려 한다. 협력은 도시와 국가를 만들고 오늘날 80억 명에 달하는 인류 공동체를 만들었다. 이런 협력이 어떻게 이기적인 개체가 득실거리는 인간 사회에 나타나기 시작했을까? 그 수수께끼의 실마리를 지금부터 풀어보자.

4 협력의 진화

죄수의 딜레마와 반복 게임

이 책을 선택해 읽을 정도의 독자라면 '죄수의 딜레마' 정도는 들어본 적이 있을 것이다. 수학자 존 내시(John Nash, 1928~2015)가 고안해낸 게임 이론의 고전인 죄수의 딜레마는 협력과 배신에 대해 이야기할 때 꼭 언급된다. 죄수의 딜레마를 요약하면 다음과 같다.

두 공범을 각각 다른 방에 수감하고, 각 죄수에게 다음의 조건을 건다.

	동료의 자백	동료의 침묵
나의 자백	모두 3년 형	나는 석방, 동료는 10년 형
나의 침묵	나는 10년 형, 동료는 석방	모두 1년 형

이런 경우 최종적으로 죄수들은 어떤 선택을 할까? 최선의 결과는 두 공범자 모두 침묵을 지켜 1년 형을 선고받는 것이지만, 안타깝게도 인간의 신뢰는 그렇게 두텁지 않다. 두 죄수는 자신의 이익만을 고려한 선택을 한다. 즉, 상대가 침묵하리라 믿지 못하고 양쪽 모두 자신은 석방되고 동료는 10년 형을 받는 선택을 함으로써 결과적으로는 양쪽 모두 자백한 결과가 되어 3년 형을 받는 결말을 맞이한다.

죄수의 딜레마는 협력이 일어나는 것이 얼마나 어려운지 보여준다. 하지만 모두 침묵하게 하는 방법이 전혀 없는 것은 아니다. 첫째, 배신에 대해 철저히 응징하면 된다. 배신한 쪽을 지구 끝까지 찾아가 그 대가를 100% 치르게 하면 모두 자백을 안 하는 쪽을 택할 것이다.

둘째, 게임이 집단 간에 일어날 경우다. 집단은 개인보다 도덕적인 선택을 하는 경향이 있다. 게임에 참여하는 집단 내부에는 집단의 의사를 결정하는 새로운 하위 게임이 파생된다. 이 게임에서 내가 배신을 주장하면 나는 유사시 배신할 수 있는 자의 목록 상단에 오르게 된다.*

셋째, 게임이 계속 반복되는 경우다. 게임이 반복되면 게임 참여자의 성향이 드러난다. 바로 '평판'이다. 상대의 평판은 전략의 수정을 가져오고 게임은 새로운 결과를 가져온다.

---

* 때로는 나치 독일처럼 집단이 오히려 비윤리적인 행위를 결정하는 경우가 있다. 이는 게임이론의 영역이 아닌 집단심리의 영역이다.

반복 게임은 여러 전략이 경합을 벌이며 적자생존 속에서 균형을 찾아가는 진화라는 현상에 잘 맞는다. 그래서 이것을 집중적으로 다루는 진화 게임이론 분야가 생겨났다. 여기서 협력의 수수께끼를 푸는 실마리가 나타났다.

비둘기파의 속셈, 응징자의 승리

동물의 세계에는 인간과는 다른 룰이 있다. 경쟁자와 싸우되 죽이지는 않는 것이다. 수사슴은 크고 멋진 뿔을 부딪치며 힘겨루기를 하지만 상대를 죽이지는 않는다. 영양의 뿔이나 뱀의 송곳니는 뒤쪽을 향해 뻗어 있다. 살상용이라면 인간이 칼을 들 때처럼 정면을 겨누어야 맞다. 죽이기 위한 것이 아니란 뜻이다. 왜 동물들은 경쟁자와 대결은 하되 죽이지는 않는 것일까? 영국의 유전학자 조지 프라이스(George Price, 1922~1975)는 충돌을 피하는 것이 개체에게도 득이 된다는 이론을 내놓는다.

싸우면 죽을 때까지 피를 보고야 마는 강경한 매파와 선을 넘지 않고 조용히 비켜주는 온순한 비둘기파가 섞인 집단을 가정하자. 얼핏 매파가 득세하고 비둘기파는 사라질 것 같지만 실상은 그렇지 않다. 프라이스가 보기에 비둘기파는 매파들이 피 흘리며 싸우는 동안 조용히 반사 이득을 취하려는 영리한 집단이다.

커다란 뿔을 가진 수사슴이 상대를 죽이지 않는 '비둘기 전략'을 취하는 것은 집단의 멸종을 피하려는 목적이 아니라 자신은 안 싸우는 것이 자신에게 득이 되기 때문이다. 평화는 온순하고 이타적인 개체가 아니라 계산이 빠르고 현실적인 개체로부터 싹틀 수 있는 것이다.

프라이스의 이론에 감탄한 존 메이너드 스미스는 프라이스를 설득하여 함께 새로운 진화 게임이론을 만든다.[32] 두 사람은 먼저 '매', '생쥐', '불량배', '응징자', '탐색-응징자'라는 이름을 붙인 전략들을 만들었다. 각 전략은 다음과 같다.

(1) '매'는 만나면 무조건 싸운다.

(2) '생쥐'는 공격만 받으면 물러난다.

(3) '불량배'는 일단 덤빈다. 강한 반응이 나오면 도망가고 약해 보이면 공격한다.

(4) '응징자'는 보수적으로 지켜보다가 상대도 보수적으로 나오면 계속 보수적으로, 상대가 강하게 나오면 강하게 반격한다.

(5) '탐색-응징자'는 기본적으로 응징자와 같지만 간혹 상대를 자극해 상대가 강하게 보복하면 물러서고 상대가 약하면 공격한다.

프라이스와 메이너드 스미스는 이 전략들을 컴퓨터 시뮬레이션으로 2,000회까지 돌려봤다. 반복되는 진화 게임에서 최후의 승리자는 누구였을까? 바로 '응징자'였다. '탐색-응징자'가 다음 순위를 차지했다. '불량배'는 대부분 '매'와 '응징자'에게 모두 처단됐다. '매'는 닥치는 대로 싸우다 자멸한다.

문제는 '생쥐'였다. '생쥐'는 '응징자'가 전체를 평정하면 작은 자리를 차지했지만, 그 존재 때문에 다시 '매'와 '불량배'를 살아나게 만들었다. '생쥐'들이 '매'와 '불량배'를 끌어들이면 '응징자'가 다시 척결하면서 게임은 점차 균형을 잡아간다.

진화 게임이론에서 다루는 대상은 개체 자체가 아니라 개체의 전략이다. 여기서 전략이란 개체의 유전자에 프로그래밍된 행동 방침이다. 자연계에서 생존 게임이 진행되는 동안 수많은 전략들이 치열한 경합을 계속하면서 어떤 구도가 만들어진다. 이 구도가 시험받고 수정되다 보면 어느 순간 더 나아질 수 없는 균형에 도달한다.

프라이스와 메이너드 스미스는 이 균형 상태에서 나타난 가장 높은 적합도의 전략을 '진화적으로 안정된 전략(Evolutionarily stable strategy, ESS)'이라 불렀다.[33] 진화생물학 버전의 '내시 균형(Nash equilibrium)'이다.

프라이스와 메이너드 스미스의 실험은 국제 외교나 개인의 사회생활에도 참고가 된다. 이들의 연구 결과에 따르면 평화롭게 행동하되 상대방의 공격에는 단호히 대처하는 것이 진화적으로 가장 안정된 전략이다. 무턱대고 참으면 '매'나 '불량배'를 불러들여 나뿐만 아니라 주위도 위험하게 한다. 깡패처럼 구는 것은 더 위험하다. 모두 당신을 가만히 두지 않을 것이기 때문이다.

협력의 진화

이제 마지막 이야기를 시작해보자. 세상은 반복 게임이다. 이어지는 만남 속에 배신하는 상대, 의리를 지키는 상대, 호의에 답하는 상대, 호의를 이용하는 상대 등 상대방의 평판이 드러나고 그 정보가 내 머릿속에 기억된다. 그 평판을 다루기 위해 보복과 용서, 배신을 조합한 다양한 전략이 경합한다. 그리고 승자와 패자가 가려지고 세상의 균형이 이뤄진다.

미시간대학교의 정치학자 로버트 액설로드(Robert Axelrod, 1943~)는 컴퓨터를 활용해 이 치열한 진화의 격전장을 구현했다. 그는 '컴퓨터 죄수의 딜레마 토너먼트(Computer prisoner's dilemma tournament)' 개최를 선언하고 각 분야의 게임이론 전문가들에게 전략 프로그램의 출전을 요청한다. 그는 경제, 심리, 사회, 수학 분야 등의 게임이론 전문가들이 보낸 프로그램을 모아 15개의 프로그램이 서로 토너먼트를 벌이도록 했다.

<table>
<tr><td rowspan="2"></td><td rowspan="2"></td><td colspan="2">상대³⁴</td></tr>
<tr><td>협조</td><td>배신</td></tr>
<tr><td rowspan="2">나</td><td>협조</td><td>나 3점, 상대 3점</td><td>나 0점, 상대 5점</td></tr>
<tr><td>배신</td><td>나 5점, 상대 0점</td><td>나 1점, 상대 1점</td></tr>
</table>

각 전략들은 변형된 죄수의 게임을 토너먼트로 치렀다. 단회 죄수의 게임에서는 서로 배신하는 것으로 끝나겠지만 토너먼트로 게임이 반복되니 새로운 국면이 벌어졌다. 참가자의 행위는 기억되고 이를 바탕으로 다양한 평판이 만들어졌으며 다양한 협조와 배신의

전략들이 서로 각축을 벌였다. 결과는 어떻게 나왔을까?

이 게임의 우승자는 '팃포탯(Tit for tat)'이라는 단순한 전략이었다. '팃포탯'은 문자 그대로 '툭 치면 탁 친다'는 뜻이다. '팃포탯'은 첫째, 기본적으로 항상 협력했다. 둘째, 상대가 배신하면 그대로 갚아주었다. 셋째, 상대가 다시 협력으로 돌아오면 용서하고 원래 관계로 돌아왔다. 협력적이면서 상대방의 행동 그대로 되돌려주는 맞대응 전략이 우승을 한 것이다.[35]

액설로드는 첫 대회 결과를 공표하고 두 번째 대회의 개최를 알렸다. 이번에는 6개 국가에서 62개의 프로그램이 참가했다. 팃포탯도 다시 출전했다. 참가자들은 모두 1차 대회에서 우승한 '팃포탯'을 겨냥한 프로그램을 만들었다. 존 메이너드 스미스는 팃포탯보다 한 번 더 참는 '팃포투탯(Tit for 2 Tat)' 프로그램을 제출했다.

흥미롭게도 두 번째 대회의 승리자 역시 '팃포탯'이었다.[36] 두 번째 토너먼트에서도 살아남은 것은 협력하고 응징하는 프로그램이었다. 이기적인 개체들이 각축을 벌이는 과정에서 최후의 승리는 '협력하고, 배신을 용인하지 않되, 반성을 용서하는' 전략에게 갔다. 협력과 응징은 도덕적인 선택이 아니라 '진화적으로 안정된 전략'이었다. 액설로드는 이 대회의 결과를 《협력의 진화》라는 책으로 발표했다.[37]

토너먼트가 보여준 세상

액설로드의 토너먼트 후일담은 무척 재미있다. 대회를 통해 드러난 진실은 승자는 신사들 중에서만 나온다는 사실이다. 상위 등수는 예외 없이 모두 신사적인 전략을 구사하는 프로그램들이 차지했다. 그들 중 순위는 나쁜 놈들을 어떻게 다루느냐에 따라 결정됐다.

예를 들어 '프리드먼'이라는 프로그램은 '팃포탯'과 달리 한번 배신한 상대는 끝까지 용서하지 않았다. '프리드먼'은 1차 대회에서 7등, 2차 대회에서는 52등을 했다. '요스'는 10번에 한 번씩 슬쩍 배신을 하는 전략을 썼다. '요스'는 배신을 할 때마다 복수가 복수를 부르는 배신의 메아리를 일으켜 12등을 했다.

1차 대회 결과가 알려진 후 열린 2차 대회에는 선의를 악용하고 착취하려는 지능적인 사기꾼 전략까지 포함된 62개의 전략 프로그램이 출전했다. 2차 대회 결과는 더 복잡하다.

'트랜퀼라이저'라는 프로그램은 착한 척 협력 관계를 쌓다가 충분히 좋은 평판이 쌓이면 슬쩍 배신했다. 전략을 들키지 않으려고 배신 확률을 25% 이하로 조절하는 교활한 프로그램이었지만 '팃포탯'에게 통하지 않아 27등을 했다.

존 메이너드 스미스는 '팃포탯'이 우발적인 배신까지 보복하는 바람에 잠재적 협력의 기회를 잃어버릴 수도 있지 않을까 생각해서 두 번의 배신까지 봐주는 관대한 전략 '팃포투탯'을 출전시켰다. 만약 '팃포투탯'이 1차 대회에 출전했다면 우승을 했을지 모른다.

그런데 '팃포투탯'은 2회 대회에 처음 출전한 '테스터'라는 프로그램에 유린당한다.

'테스터'는 말 그대로 '간을 보는' 프로그램이다. 몇 번 배신해보고 만만하다 싶으면 계속 배신하고 만만치 않은 상대에게는 즉각 협력하는 전략을 썼다. '테스터'가 보기에 절대 배신을 용납하지 않는 '팃포탯'은 무조건 협력해야 할 상대였다. 반면, 한 번은 봐주는 '팃포투탯'은 그럴 필요가 없는 상대였다. '테스터' 때문에 2차 대회의 우승 유망주였던 '팃포투탯'은 24등에 머물렀다. '테스터' 자신은 47등에 그쳤다.

결국 2차 대회의 승자도 '팃포탯'이었다. 연승을 거둔 '팃포탯'의 전략은 이것이다. 첫째, 기본적으로 우호적인 태도를 견지하여 불필요한 분쟁을 일으키지 않는다. 둘째, 배신은 확실하고 정확하게 응징해서 상대방의 간 보기를 허용하지 않는다. 셋째, 상대가 다시 협력하면 불문에 붙인다. 넷째, 단순 명료하고 투명한 태도를 초지일관 보인다. 이 전략은 '팃포탯'에게 누구나 알아볼 수 있는 명성을 가져다줬다. 우리가 살면서 '팃포탯'과 같은 누군가를 만날 경우 선택은 단 하나뿐이다. 바로 손을 잡고 협력하는 것이다.*

---

* 정치학자이기도 한 액설로드는 저서《협력의 진화》에서 성공을 위해서 다음 네 가지 전략을 구사하라고 충고한다. 남의 성공에 질투하지 말 것, 먼저 배신하지 말 것, 배신은 반드시 되갚을 것, 너무 영악하게 굴지 말 것이다.

미래의 그림자와 응징의 칼

이기적인 집단에서 어떻게 협력이 일어났는지에 대한 답에 접근했다. 협력은 지능과 기억력, 식별 능력이 있는 영리한 무리에서 시작됐다. 이들 집단에서는 충돌이 있을 때마다 협력과 배신의 행위는 확인되고 기억되었다. 그리고 응징자들이 나타나 오늘의 선택이 기억되고 미래에 영향을 미친다는 것을 알게 만들어주었다. 이기주의로 가득 찬 세상에서 협력은 응징의 칼을 쥐고 전체를 설득하고 포섭해나가기 시작했다. 그 결과, 배신이 횡행하는 세상에 협력이 탄생했다.

인간 사회에서 나타난 협력은 그저 우정이나 호의가 아닌, 미래를 담보로 매개되는 호혜주의다. 미래가 얽히면서 협력이 창발한 것이다. '미래의 그림자가 현재까지 드리우고'[38] 응징의 칼날이 눈앞에 번뜩이고 있는 한, 협력 외에 개체가 선택할 수 있는 다른 전략은 없다.

이번 장에서는 성, 양육, 가족의 진화적 기원과 함께 인간 사회에 이타성과 협력이 어떻게 출현했는지 다뤘다. 미래를 의식하고, 서로 협력하는 법을 배우면서 인류는 새로운 세상을 만들 준비를 마쳤다. 이제 사회의 형태를 완성했으니 문명을 구축할 준비가 됐다. 지금부터 우리는 역사 속으로 들어갈 것이다.

4 장

구축

: 새로운 생태계

땅의 개조

빙하

선행인류가 활동한 홍적세는 빙하의 시대였다. 플라이오세에 시작한 빙하기 사이클은 홍적세 내내 계속되어 네 번의 빙하기와 세 번의 간빙기가 교차했다. 우리가 사는 충적세(沖積世)*는 엄밀히 말하면 홍적세 빙하 사이클의 네 번째 간빙기다.

호모사피엔스가 지구에 나타난 것은 홍적세 세 번째 빙하기가 한창일 때였다. 시간이 지나 13만~11만 5,000년 전 따뜻한 간빙기를 만난 호모사피엔스는 이때 열린 초원 지대를 따라 아프리카 밖으로 이동을 시도했지만 성공하지 못한다.[1]

7만 년 전쯤 인류가 두 번째 맞는 빙하기가 찾아온다. 빙하기의

---

* 신생대 제4기의 마지막 시기로 약 1만 년 전부터 현재까지를 이른다.

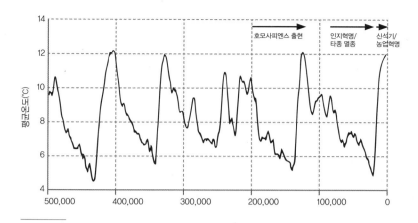

홍적세 빙하기 사이클.
호모사피엔스는 마지막 빙하기에 아프리카를 탈출하고 인지혁명을 일으킨다.
다른 형제 종들이 사라지는 마지막 최대 빙하기가 끝나고 간빙기로 땅이 녹자
인류는 신석기 혁명과 함께 농경을 시작한다.

기후 건조로 아프리카의 사막화가 일어난다. 떠밀리듯 아프리카 밖
으로 이동한 인류는 드디어 유라시아 진출에 성공한다. 처음으로
인류는 아프리카를 벗어나 세상에 진출하게 된다.

　2만 5,000년 전쯤이 되자 가장 혹독한 빙하기가 기승을 부린다.[**]
이때 빙하는 북미 대륙의 절반, 유럽 대륙 위쪽, 아시아의 히말라야
까지 내려왔으며, 당시 유럽 중부는 순록과 매머드가 활보하는 툰
드라 지대였다. 해수면이 지금보다 130m 낮아 영국해협과 우리나
라 황해는 육지였다.[2]

　가장 가혹했던 마지막 최대 빙하기는 최소한 4종 이상이 존재했

[**]　이 시기를 '마지막 최대 빙하기(Last Glacial Maximum, LGM)'라 부른다.

던 인류의 형제 종들을 압박했고, 대부분의 종들이 빙하기 컷오프를 통과하지 못했다. 이윽고 혹한의 시간이 지나자 유일하게 생존한 호모사피엔스는 남극을 제외한 전 대륙을 차지하게 된다.

빙하가 녹다: 농경의 시작

1만 5,000년 전이 되자 지구의 기온은 다시 따뜻해지고 습도는 올라갔다. 빙하는 녹아내리고 툰드라는 초원으로 바뀌었으며 아프리카에는 다시 열대우림이 나타났다. 전 지구적으로 해수면이 상승하면서 대륙을 연결하던 육교들이 끊어지고 영국해협, 지브롤터해협, 베링해협이 생겼다. 영국이 유럽 대륙에서 떨어져나가고, 한반도와 일본열도가 분리되었으며, 인도와 스리랑카가 나뉘었다. 아시아와 아메리카의 연결은 끊어진다.

기온이 따뜻해 지질과 지형이 연쇄반응으로 변한 이 시기를 '충적세'라 부른다. 아프리카를 벗어났을 때 2만 명이었던 호모사피엔스는 1만 년 전이 되자 600만 명으로 개체 수가 늘어났다.[3] 비가 오고 동토가 녹기 시작하면서 따뜻한 기후 속에 호모사피엔스들은 주거지에서 몇몇 곡식을 키우면서 서서히 정착 생활을 하고 순한 동물들을 집 안으로 데리고 들어와 기르기 시작했다. 또한, 석기를 용도에 맞게 정교하게 갈아서 사용했고 흙을 빚어 음식을 보관할 토기를 만들었다. 영국 고고학자 고든 차일드(Gordon Childe, 1892~1957)는 이 변화를 '신석기 혁명(Neolithic revolution)'이라고 이름 붙였다.

신석기 혁명은 농업혁명이었다. 미국 미래학자 앨빈 토플러(Alvin
Toffler, 1928~2016)는 농업혁명을 인류 문명의 '제1의 물결'이라 불
렀다. 인류는 처음으로 고정된 생산량과 잉여량을 만들었으며, 정
착 생활을 통해 본격적인 규모의 사회를 구성하기 시작했다.

조직적인 농경은 시차를 두고 전 세계에서 발생했다. 중국과 남
동 아시아, 아프리카, 메소아메리카 등 최소한 4군데 이상의 지역
에서 각기 농경이 발생하기 시작한 것으로 생각된다. 비옥한 초승
달 지역에서 밀과 보리를 재배종화하는 동안, 강수량이 많은 황하,
장강 지역에서는 쌀과 수수를 작물화했다. 고산지대인 메소아메리
카는 감자와 옥수수를 먹거리로 만들었다. 황하에서 벼를 재배하는
농부는 비옥한 초승달 지역에서 밀을 재배하는 농부의 존재를 알
지 못했을 것이다. 메소아메리카를 마지막으로 서기 1000년경 농
경은 인류의 주업으로 완전히 자리를 잡는다.

최악의 실수

과거에 사람들은 농경이 인류의 탁월함을 보여주는 상징이라고
생각했다. 수렵·채집이나 유목을 하는 민족들은 농경을 접해볼 기
회가 없었을 뿐이지 선택권만 주어진다면 누구든 서슴없이 농경을
택할 것이라고도 봤다. 19세기 제국주의자들은 '수렵·채집과 유목
은 무지의 산물이다. 그러니 이들은 계몽되어야 한다'고 주장했다.

그런데 고인류학 분야에서 그런 생각에 의문을 던지는 사실들이 발견된다. 농경이 인간의 삶의 질을 퇴보시키고 오히려 건강을 해쳤다는 증거들이 나타난 것이다. 농경하는 삶이 너무 비참해 그것을 진보라고 말할 수 없게 된 것이다.[4]

미국의 일리노이주의 딕슨 마운즈(Dickson Mounds)는 서기 1150년경 수렵·채집을 하던 인디언들이 갑자기 옥수수 농사로 전환한 곳이다. 에머리대학교 연구팀은 이곳의 인디언 유골 800개를 조사하면서 농업으로의 전환이 인디언들에게 어떤 대가를 치르게 했는지 생생히 알게 되었다. 인디언들은 농경을 시작한 이후 치아 에나멜 결손이 50% 이상 증가했고 구루병, 괴혈병, 철 결핍성 빈혈 같은 결핍 질환이 4배 증가하는 등 극심한 영양실조를 보였다. 뿐만 아니라 전염병의 흔적과 심한 노동으로 인한 퇴행성 변화의 흔적이 나타났다.[5]

그리스와 터키 지역에서도 비슷한 증거들이 발견됐다.[6] 이곳의 수렵·채집인 유골의 평균 신장은 남성 175cm, 여성 165cm였는데, 농경으로의 전환과 함께 남성은 160cm, 여성은 152cm로 줄어들었다. 그리스인들과 터키인들은 산업혁명 후 평균 신장이 다시 증가했지만 아직도 석기시대 조상들의 수준을 회복하지 못했다.

그동안 수렵·채집이라고 하면 늪이나 툰드라에서 위험한 동물을 사냥하거나 뿌리덩이를 캐내어 먹는 배고프고 가혹한 짧은 삶을 연상했지만 그것은 착각이었다. 실제 그들은 건강한 식단을 누렸고 신체적으로 강건했다. 반면, 목가적이고 풍요롭다고 생각한 농경은 인류를 영양 결핍과 전염병, 퇴행성 질환으로 몰아넣었던 것이다.

현대 아프리카의 기아와 질병은 농업화 또는 도시화된 지역에서 나타나는 현상이다. 1980년대 에티오피아를 위시해 강제로 농업 전환한 아프리카인들이 기아로 죽어 나갈 때 칼리하리 부시맨은 수만 년 동안 살던 방식을 유지하면서 안락한 삶을 이어갔다.

아프리카 수렵·채집족들에게 왜 농사를 짓지 않느냐고 물으면 왜 그래야 하느냐는 대답이 돌아온다고 한다. 아프리카의 쿵(Kung)족은 일주일에 15~20시간 정도를 사냥과 채집을 위해 뛰어다니고 나머지 시간은 빈둥댄다. 이런 삶은 현대인 중에도 상위 일부만이 누릴 수 있는 특권이다.

이에 비해 농부들은 하루 평균 9시간을 땅을 파며 일해야 했다.[7] 창세기의 예언 그대로다. '너는 사는 동안 줄곧 고통 속에서 땅을 부쳐 먹으리라.'* 그렇다면 인류는 왜 해악이 더 많았음에도 불구하고 농경의 길에 들어섰을까?

덫에 걸리다

인류의 무대는 아프리카의 사바나에서 유라시아의 고원과 충적지로 옮겨졌다. 먹거리의 밀도는 낮아진 반면, 거주지의 인구밀도는 점점 조밀해지기 시작했다. 식량의 수요 증가에 대한 타개책이 필요해졌다. 인구압과 식량 부족을 해결할 방법은 두 가지다. 하나

---

* 〈창세기〉 3장 17절.

는 개체 수를 줄이는 것으로 출산율을 조절하거나 영장류들의 특징인 영아 살해를 행하는 방법이다. 그때까지의 인류에게는 출산율을 조절할 만한 지적 능력이 없었지만, 그렇다고 해서 영아를 살해하기에는 마음의 진화가 너무 진행됐다. 두 번째 방법은 늘어난 인구를 먹일 만큼 새로운 식량을 확보하는 것이다.

충적세 인류는 몇 가지 식물 재배와 동물의 가축화에 성공했다. 작은 성공에 고무되어 농경은 점차 확대되고 노동집약적으로 발전해나간다. 수렵과 채집으로 한 명을 부양하려면 $26km^2$의 땅이 필요하지만, 이 정도 면적에 농사를 지으면 50명 이상을 부양할 수 있다.

식량이 늘자 인구는 터보 엔진을 단 것처럼 폭증하기 시작했다. 정착 생활은 아이를 낳고 키우기에 좋은 환경을 만든다. 곡물로 만든 이유식 덕에 아이들은 젖을 빨리 뗄 수 있었다. 터울은 2년 내로 단축됐고 출산율은 2배가 됐다. 그 결과, 인구는 기하급수적으로 증가했다.

1만 년 전 간빙기에 600만 명이었던 세계 인구는 5,000년 전이 되자 5,000만 명으로 늘어난다.[8] 이 정도에 이르자 인류는 출구 전략을 쓰기에는 너무 늦어버렸다. 3,000만 년 전이 되자 지구상의 대다수 인류는 농경에 종사하게 된다. 농경은 한번 시작하면 도저히 빠져나올 수 없는 덫이었다. 산업혁명이 일어날 때까지 인류는 이 덫에서 빠져나오지 못했다.

불평등의 출현

1854년 미국 정부가 수쿠아미(Suquami)족에게 돈을 줄 테니 부족의 땅을 팔라고 제안한다. 이에 추장 시애틀(Seattle)*은 이런 답신을 보낸다. '저 하늘과 땅의 온기를 어떻게 사고팔 수 있단 말입니까? 공기의 신선함과 반짝이는 물을 우리가 소유하고 있지도 않은데 어떻게 그것들을 팔 수가 있다는 말입니까?'⁹ 시애틀 추장의 이 감동적인 문장은 수렵·채집인들의 무소유적 사고를 고스란히 보여준다. 이들에게 땅은 자연의 것이며 애초에 소유권이란 존재할 수 없는 것이다.

농경은 이것을 뒤집는다. 농경은 소유권에서 시작한다. 땅의 소유권이 정해지지 않으면 농사를 시작할 수조차 없다. 수확물의 소유권이 보장되지 않으면 애써 농작물을 기르는 것이 헛수고가 된다. 게다가 농경은 수렵·채집과 달리 저장할 수 있는 잉여물을 만들어낸다. 인류는 곧 잉여물은 힘이라는 것을 깨닫고 잉여물을 축적하고 소유하기 시작한다.

소유권과 잉여 재산의 등장은 인류 역사에 불평등을 탄생시킨다. 프랑스 사상가 장 자크 루소(Jean Jacques Rousseau, 1712~1778)가 《인간 불평등 기원론》에서 설파한 것처럼 '인간이 땅에 대한 소유권을 선언한 순간, 불평등이 시작됐다.'

전체적인 결핍 속에 특정한 곳에 잉여물이 쌓이자 잉여 재산을

---

* 미국 워싱턴주의 도시 시애틀은 그의 이름에서 딴 것이다.

기반으로 건강과 여가를 누리는 계층이 생겼다. 농경은 대부분의 사람들을 혹독한 노동으로 몰아넣었지만 이들에게만은 예외적으로 더 건강하고 많은 여가를 누리게 해줬다.[10] 인간 사회에는 계층 분화가 나타나고 지배 관계가 형성되었다.

원래 평등은 영장류의 본성이 아니다. 영장류 사회에는 철저한 위계가 존재한다. 평등은 인간이 수렵·채집 사회에서 발명해낸 것이었다. 인류가 농경으로 돌아서자 다시 새로운 형태의 불평등이 나타났다. 갖지 못한 자는 갖기 위해, 가진 자는 지키기 위해 투쟁을 시작하면서 역사의 시대가 열렸다. 개인 간, 부족 간, 도시 간, 국가 간에도 불평등이 연료가 되어 끊임없는 투쟁이 불타오른다.

평등한 분배가 얼마나 인간의 본능을 거스르는 일인지는 20세기 말 공산주의 세계가 붕괴된 것을 보면 알 수 있다. 원시사회의 평등한 분배 구조를 꿈꾸며 지구의 절반에 가까운 지역에서 100년 넘게 진행된 이 실험은 결국 실패로 끝났다. 이 실험을 통해 인간은 불평등을 싫어하지만 평등도 인간의 본성이 아님을 인류는 알게 됐다.

농경이 남긴 것들

질병을 진화적 관점에서 탐구하는 의학자들은 농경이 우리에게 무엇을 남겼는지에 관해 관심을 갖는다. 오늘날 우리가 겪는 갖은 질병과 생물학적인 핸디캡은 농경으로 넘어가면서 비롯된 것들이 많기 때문이다. 의학자로서 이 주제에 대한 책도 준비 중이지만, 지금은 이 책의 전개에 도움이 되는 내용만 간략하게 짚어보겠다. 농경은 인류에게 다음과 같은 변화를 불러일으켰다.

첫째, 농경은 먹거리의 기준을 질에서 양으로 바꿨다. 수렵·채집 시절 인류의 주요 식단은 사냥과 수렵을 통해 얻은 육류와 어류, 채집으로 얻은 견과류, 식물 뿌리, 과채 등이었다. 이들은 불포화지방산과 비타민, 식이섬유가 가득한 균형 잡힌 건강식이었다. 그런데 농경생활로 인류의 식단은 밀, 쌀, 옥수수 같은 저섬유질의 고칼로리, 고탄수화물 농산물과 포화지방산이 많은 가축의 고기 같은 질적으로 저하된 식단으로 대체됐다.[11]

둘째, 정착지에 대규모 인구가 모이고 식량 공급원이 하나의 포트폴리오로 묶이면서 주기적인 대규모 집단 기근에 노출됐다. 농경을 시작한 후 인류 역사에는 대기근의 기록이 셀 수 없이 많이 출현한다.

셋째, 기생충과 전염병이 발생하게 됐다. 수렵·채집인들도 유인원 조상에서부터 내려온 헤르페스나 간염 바이러스를 보유했으며 사냥감과의 직접적인 접촉에 의한 기생충과 탄저병, 야토병 같은 미생물 감염은 있었다. 하지만 농경과 더불어 가축 사육이 시작되자 천연두, 홍역, 결핵 등의 질환을 일으키는 병원균이 인간 사회에 유입됐다. 인간 사회에 새로 나타난 병원균은 175종으로, 이 중 75%가 동물로부터 비롯된 것이다.[12] 게다가 도시의 형성과 도시 간 교역은 전염병의 대규모 확산으로 이어졌다.

거부할 수 없는 유혹

지금까지 농경에 의한 부정적인 변화만 다루었다. 농경으로 인류의 삶이 질적으로 저하되고 불평등이 탄생한 것은 사실이지만 정말 농경이 인류가 저지른 최악의 실수라 단언할 수 있을까? 정말 순진무구한 인류가 일방적으로 속은 것일까?

우리는 몸에 좋지 않다는 것을 알면서 달콤한 도넛에 저절로 손이 간다. 몸 안에 새겨진 당분에 대한 욕구가 그렇게 만드는 것이다. 어떤 여성은 나쁘다는 것을 알면서 나쁜 남자에게 끌리기도 한다고 말한다. 그냥 마음이 그렇게 만든다는 것이다. 농경에는 달콤한 도넛이나 나쁜 남자처럼 인간의 본성을 유혹하는 마력이 있는 것은 아닐까?

오랜 시간과 비용을 들여 의사나 변호사 같은 전문직이 되는 것은 그다지 현명한 생각이 아닐 수도 있다. 경제적인 안정은 제공할지 몰라도 그것이 되기 위한 기회비용이 큰 데다 평생 삶의 질 측면에서는 별 실익이 없을 수도 있기 때문이다. 이것을 알면서도 사람들은 그것이 주는 편익들 때문에 열심히 노력하며 어려운 길을 가려 한다. 우리가 농경에 말려든 것은 농경에도 그런 편익이 있기 때문이 아닐까?

2장에서 홍적세 말 호모사피엔스의 머릿속에 '인식의 유동성'이 발생한 것에 대해 다루었다. 충적세의 인류의 머릿속에는 자연과 동식물을 사회적 관계의 대상으로 인식하는 사고가 생겼다. 세상을 길들이고, 통제할 수 있는 대상으로 보기 시작한 것이다. 새로운 사고는 유인원 고유의 지배 성향과 합쳐져 상승작용을 한다. 짝짓기 경쟁자들을 대상으로 하던 낮은 수준의 지배욕은 동식물과 사물과 자연을 통제하려는 원대한 지배욕으로 스케일이 커지게 된다.

거주지 한쪽 구석의 텃밭에 야생식물 몇 줌을 골라다가 심고, 울타리 안으로 야생동물의 새끼를 들여오며 만족감을 느끼던 인류는 충적세가 시작되자 본격적으로 땅을 갈아엎고 물길을 내며 환경을 통제하는 일에 몰두한다. 그렇다. 삶의 질은 어떻게 되든 농경은 인간의 꺾어질 줄 모르는 통제욕과 지배욕을 채우기에 최적의 놀이터를 제공했다.[13]

또 다른 농경의 거부할 수 없는 유혹은 잉여물이다. 사회적 관계가 고도화되고 미래에 눈뜨게 된 호모사피엔스는 잉여물이 미래를 위한 대비일 뿐 아니라 힘의 원천이 된다는 것을 깨닫는다. 농경은 수렵·채집으로는 불가능한 잉여물의 축적을 선물했다.

돌창을 들고 피투성이가 되도록 사냥감을 쫓지 않아도 쌓아놓은 곡물로 사람을 부릴 수 있다는 것을 깨닫자 개인과 집단은 농경 체제에 점점 빠져들게 된다. 한번 농경사회로 전환되고 나자 농업과 소유욕과 권력욕은 서로 공진화했고 인류는 더 이상 돌아올 수 없는 다리를 건너게 된다. 소유와 권력에 대한 욕구가 농경을 선호하게 만든 것이다.[14]

농경은 단순한 실수나 사기가 아니라 빙하기 이후 나타난 호모사피엔스의 지배와 혁신 성향의 표출이었다. 농경으로 인해 전 지구를 대상으로 한 호모사피엔스의 지배와 개조 작업의 막이 올랐다. 이후 시베리아와 아마존의 열대우림을 제외한 대부분의 지구의 숲은 경작지로 바뀐다. 수많은 동물이 멸종하고 많은 동물이 인간 세상에 편입됐다. 이제 지구의 대형 포유류 수는 야생동물보다 가축화된 동물이 훨씬 더 많다.

이 절을 시작하며 던진 질문을 다시 던져보자. 과연 인류에게 농경은 실수였는가? 지금 인류가 소멸했거나, 아직도 대부분이 땅을 갈고 가축을 키우는 세상에 살고 있다면 그렇다고 대답할 것이다. 그러나 인류는 그 후에 몇 번의 도약을 했고, 5만 년 전 수렵·채집인이나 5,000년 전 농경인에 비해 진보된 삶을 살고 있다.

앨빈 토플러는 농업혁명을 '제1의 물결'이라 했지 '마지막 혁명'이라 하지 않았다. 농경은 인류 도약의 첫 번째 발판이었으며, 호모 사피엔스의 혁신적 마음이 가려는 경로의 중간 지점이었다. '인류에게 농경은 실수였는가?'라는 질문에 대해 나는 이렇게 대답하고자 한다. "실수였다면 다시 시간을 되돌려 수렵·채집 시대로 돌아가겠는가?"

상상의 체스판

최초의 도시들

인류 최초의 도시라 부를 만한 곳은 요르단강 서안의 예리코 (Jericho)다. 이곳은 성경에도 등장하는 유서 깊은 도시다. 구약에 여호수아가 이끄는 군대에 의해 성벽이 무너졌다는 기록이 있다. 신약에는 예수가 눈먼 이를 치료하고 삭개오를 만나는 곳이기도 하며, '선한 사마리아인'의 무대이기도 하다. 예리코에서 가장 오래된 지층은 9,000년 전 것이다. 여기에는 약 2,000여 명의 사람들이 모여 살았던 흔적이 있다.

또 다른 가장 오래된 도시 중 하나인 터키 아나톨리아 지역의 차탈회위크(Çatal Höyük)에는 18개 지층이 시간이 흐름에 따라 작은 집단 거주지에서 도시로 바뀌어가는 모습을 보여준다. 그중 7,000~5,000년 전 지층에는 1만여 명의 사람이 살았던 공동 거주지 흔적이 있다.

충적세 초기 이곳은 1만 명 이하의 사람들이 모여 살기에 쾌적
했다. 터키와 시리아의 고원 지대로부터 모든 식량이 자급할 수 있
었고, 조금 부족한 분량은 다른 공동체와의 교역을 통해 얻을 수 있
었다. 그럭저럭 살기 좋은 평화로운 소도시가 드문드문 있던 평화
로운 시대였다.

관개사업

온화한 날씨에 강수량이 많았던 충적세 최적기는 5,000년 전을
전후로 막을 내린다. 다시 기온이 내려가고 건조해지면서 주기적인
한발과 사막화가 나타난다. 그로 인해 아나톨리아에서 레반트에 이
르는 농경 지대에서 아무 어려움 없이 농사를 짓던 인류는 물을 찾
아 큰 강 유역으로 모이기 시작한다.

메소포타미아의 티그리스와 유프라테스 강은 페르시아만에서
만난다. 해안선이 지금보다 낮았던 5,000년 전, 두 강 사이의 지역
은 바닷물과 민물이 뒤섞인, 수면이 낮고 습한 소택지(沼澤地)였다.
이곳은 수시로 홍수가 범람하고 때로는 페르시아만의 조수가 넘쳐
왔지만 비옥한 퇴적토 덕분에 농사짓기에 좋은 땅이었다. 무엇보다
물이 충분했다. 이 지역에서 살아나가기 위해서는 간척, 관개, 배수
같은 복잡한 토목공사가 필요했다.

관개사업은 사회의 복잡성을 증가시키고 체계화한다. 이제 겨우

땅을 개간하기 시작한 인류에게 이 일은 달 탐사 계획이나 마찬가지였다. 이 일을 계획하고 지휘할 리더십이 필요했다. 노역을 담당하는 집단 위에 계획하고, 관리하고, 분배하는 비생산 계층이 한 겹 생겼고, 명령 전달과 물자 분배 기록을 위한 수단으로서 문자가 발명되었으며 교육이 필요해졌다.

잉여물들이 점점 축적되면서 계급은 차츰 분리되었고 군림하는 계급도 생겼다. 왕과 관료, 종교 지도자들이 그들이다. 축적된 잉여 생산물로부터 비롯된 여유는 멋진 건축물과 세련된 의식주, 예술로 나타났다. 서기전 3500년경이 되자 메소포타미아 남부 지역에는 우루크(Uruk), 우르(Ur), 니푸르(Nippur) 등 이런 특징을 보여주는 고대 대도시들이 출현한다.

도시와 제국

최대 도시 우루크에서는 인류 최초의 신화인 길가메시(Gilgamesh) 서사시가 탄생한다. 우르는 구약성서에 나오는 아브라함의 고향이다. 이들은 인류 최초의 법전인 '우르남무 법전'을 만들어냈다. 이들의 문명은 도시를 건설한 사람들의 이름을 따 '수메르(Sumer) 문명'이라 불렸다. 수메르 문명은 오늘날 인류 문명의 거의 모든 원형을 만들었다. 인류 최초의 문자인 쐐기문자를 비롯해, 12진법과 60진법, 태음력, 관개, 건축, 교통, 양조, 해상과 육상 교통수단 등 대부분의 도시 기술이 수메르 문명 아래에서 만들어졌다. 최초의 학교, 청소년 문제, 평등과 정의에 대한 개념도 이곳에서 시작됐다.

이런 변화들이 서기전 3100년경 이집트 나일강 델타 지역, 서기전 2500년경 인도의 인더스 강가, 서기전 1700년경 중국의 황하에서 속출한다. 서기전 3100년대가 되자 나일강 하부의 작은 촌락들과 도시가 통합되면서 수천 제곱킬로미터 넓이의 이집트 왕국이 세워진다. 서기전 2200년 수메르의 도시국가들을 아카드(Akkad)의 사르곤(Sargon) 왕에 의해 복속된다. 이윽고 메소포타미아 지역에 100만 명이 넘는 신민을 거느린 대형 국가 아카드 제국이 건설된다.

서기전 1000년에 들어서자 아시리아, 바빌로니아, 고대 페르시아 등 수백만 명의 국민과 수만 명 단위의 상비군을 보유한 제국들이 중동에서 명멸한다. 중국에서는 서기전 2000년부터 하나라, 은나라, 주나라가 이어졌으며, 춘추전국시대를 겪은 후 서기전 220년 진나라가 인구 4,000만 명 규모의 제국을 건설한다.

거대한 스토리

앞서 언급했지만 인간이 무리 없이 다룰 수 있는 관계는 150명 정도다.[15] 그렇다면 수만 명 이상의 규모에 육박하는 도시와 그보다 더 큰 규모의 제국이 분열되지 않고 유지될 수 있었던 비결은 무엇일까?

인간은 홍적세 말기에 이르러 상상의 세계를 구축하고 추상적인 개념—이를테면 부족, 민족, 국가, 제국 등—을 이해할 수 있는 능력을 이미 갖춘 상태였다. 상상의 공동체를 만들고 이 안에서 살아갈 줄 아는 능력은 인류의 핵심 역량이 됐다.

선사시대 어두운 북위도의 겨울밤, 모닥불 주위에 둘러앉은 호모사피엔스들은 서로의 아버지 이야기, 다른 집단에 맞서 싸운 이야기, 누군가가 집단을 구한 이야기 등을 나눴다. 이야기는 그 이야기를 공유하는 이들이 같은 방식으로 세상을 보게 만든다. 이야기를 통해 집단은 결속하고 공동체 의식을 형성해나갔다. 이런 일이 2,600년 전 바빌론의 유대인들에게 일어난다.

당시 바빌론의 유대인들은 신바빌로니아 제국에 의해 점령된 예루살렘에서 바빌론으로 강제 이주를 당한 포로들이었다.[*] 바빌론의 유대인 포로들은 히브리인 이야기들을 모아 두루마기 문서에 적어나가기 시작했다. 낱낱의 이야기들이 모이자 방대한 서사적 스토리가 만들어졌다. 창세기에서부터 낙원에서의 추방, 반역, 대홍수와 이스라엘의 역사 그리고 바빌론 유수까지…… 스토리가 완성되고 나서 보니 그들은 '선택된 민족'이었다. 바빌론 유수는 자신들이 저지른 죄악의 탓이며 약속의 땅인 시온(Zion), 즉 예루살렘으로 돌아가는 것이 민족의 사명이었다. 그들은 모두 '바빌론의 강가에서 시온을 기억하며 눈물을 흘린다.'[**]

---

[*] 서기전 597년과 서기전 586년, 두 번에 걸쳐 일어난 '바빌론 유수'라 불리는 사건
    이다.
[**] 〈시편〉 137장.

훗날 예루살렘으로 돌아온 이스라엘 민족은 수문 앞 광장에서 에즈라(Ezra)가 들려주는 이야기를 들으며* 유대인의 정체성을 다시 확인한다. 이후 유대인들은 로마시대에 다시 한번 추방되어 수천 년을 이역에서 떠돌지만 이때 만들어진 이야기를 구심점으로 삼아 자신들의 역사를 이어간다. 그 이야기들은 지금도 유대교의 중심이며, 기독교와 천주교의 구약성서로, 이슬람의 세계관으로 남아 있다.

기독교 역시 서기 0년 중동을 떠돌던 한 이야기에서 생겨난다. 예루살렘에서 십자가에 매달려 죽임을 당한 선한 인간이 다시 부활했다는 소문이 이스라엘과 로마 전역을 비롯해 지중해 세계에 퍼지기 시작한다. 이윽고 그가 신의 아들이었다는 증언이 여기저기에서 들려온다. 이 이야기는 바울(Paul)이라는 걸출한 인물에 의해 거대 서사로 엮어진다. 신이 이 땅으로 자신의 아들을 내려 보내 인간의 죄를 짊어지게 하고 세상을 구원했다는 이야기다. 이 이야기는 서기 이후 인류 역사의 큰 줄기가 된다.

새로운 사고: 축의 시대

고대 문명 제국들의 발흥을 촉진한 요인 중에는 4,800년 전 무렵 다시 돌아온 온화한 기후도 있다. 풍부한 식량과 따뜻한 기온은 고

---

* 〈느헤미야서〉 8장.

대 제국들의 존속을 지탱해준 힘이었다. 이 말을 뒤집어 생각하면 기후가 변하면 역사도 바뀐다는 뜻이기도 하다. 약 3,800년 전 무렵 한랭 건조기가 찾아오자 세를 불려나가던 고대 제국들은 위축된다. 사람들은 다시 이동하고 섞이기 시작했다.

한랭 기후변화로 지중해 지역에서는 곡물보다는 포도나 올리브 같은 작물을 키워야 했다. 이들 지역은 작물을 다른 지역의 곡물과 교환하기 위해 바다를 통한 무역을 해야 했다. 지중해를 중심으로 크레타, 미노아, 페니키아 지역에 상업 기반의 해상 청동기 문명이 발흥하게 됐다. 교역에 기반을 둔 이들 문명은 농업 문명에 비해 기후변화와 작황의 영향을 적게 받았고, 보다 진취적이고 융통성 있는 모습을 보였다.

서기전 1000년쯤이 되면 지구의 기후가 다시 온화해지면서 지중해 연안과 인도, 중국의 인구가 늘기 시작한다. 그 결과, 고대 문명을 뛰어넘는 문화가 꽃피운다. 서기전 900년쯤에는 갑자기 인류의 머릿속에 새로운 사고가 동서양에서 각각 동시다발적으로 일어난다. 인간과 자연에 대한 탐구가 시작되고 철학과 고등 종교가 출현한다. 독일 철학자 카를 야스퍼스(Karl Jaspers 1883~1969)는 이 시기를 '축의 시대(Axial Age)'라 불렀다.[16]

'축의 시대'는 서기전 200년까지 계속된다. 지구 곳곳에서 주요 종교와 철학 사상을 쏟아져 나왔다. 그리스에서는 소크라테스, 플라톤, 아르키메데스 같은 철학자들이 출현해 과학의 씨를 뿌린다. 중국에는 공자, 노자, 묵자의 사상이 탄생한다. 인도에서는 고대 경전인 《우파니샤드》가 쓰였으며, 붓다가 죽은 후 불교, 자이나교 등의 고등 종교가 창시됐다. 이집트 왕국의 파라오 아케나톤 (Akhenaton)의 일신교 사상에 영향을 받은 모세의 후예들은 유대교의 원형을 만든다. 팔레스타인에서 이사야, 예레미야, 엘리야 등의 선지자가 나타났다.

유라시아 횡단 네트워크

서기전 500~1000년에 세계 인구는 1억 명을 돌파했다. 알렉산더의 제국을 이어 로마제국(서기전 509~서기 475), 한(漢)나라(서기전 206~서기 220)와 같은 거대 제국들이 흥하고 쇠퇴하는 동안 서기 1년 무렵 세계 인구는 2억 5,000만 명까지 늘어난다.[17] 세계는 높은 인구밀도의 크고 작은 국가와 도시들로 조밀해졌다.

로마, 인도, 중국의 절대 왕조들의 제국적이고 관료적인 통치 체제는 잦은 전쟁과 변방의 불평을 일으켰다. 제국은 외부의 공격과 내부의 불만으로 인해 서서히 붕괴했다. 이 무렵 제국들이 붕괴한 요인 중 하나는 유라시아를 가로지르는 교역 네트워크였다. 새로운 역사의 엔진으로 부상한 교통과 무역의 발전은 역설적이지만 제국들의 붕괴에 일조했다.

서양 역사가들은 서로마 멸망 이후의 중세 역사를 암흑기라 부른다. 이 시기에 유라시아 반대편의 한나라도 몰락했다. 유라시아 양끝의 불빛이 꺼진 것은 사실이다. 그러나 시선을 넓혀 보면 아직 문명의 불이 다 꺼지지는 않았다. 중동과 인도의 제국들은 여전히 건재했기 때문이다. 굽타왕조는 인도 문화의 최전성기를 완성했고 (서기 350~535) 이란 지역에 발흥한 사산조페르시아(서기 224~651)는 옛 메소포타미아의 영광을 재현했다.

6세기 후반에는 메카에서는 새로운 종교가 발흥한다. 이슬람이다. 이슬람은 유라시아 동쪽을 가로지르며 확산됐고 사람들을 세계적 네트워크에 편입시켰다. 이 시기 중국에서는 당(唐)나라(서기 618~907)가 세워져 세계에서 가장 화려한 문화와 번영을 이루며 서방세계를 유혹했다. 때마침 힌두쿠시 서쪽은 이슬람이 패권을 차지했고, 중앙아시아에서는 투르크계 유목민족이 발흥한다. 실리적이고 활동적인 두 집단의 활동으로 중앙아시아 초원을 관통해 유라시아를 가로지르는 길고 긴 무역로가 만들어졌다.

사람들은 이 길을 통해 오고 간 최대 교역물의 이름을 따서 이 무역로를 비단길, 실크로드(Silk road)라 불렀다. 실크로드를 통해 움직인 것은 비단뿐만이 아니었다. 이 길을 따라 문명도 함께 흘렀다. 인류의 중요한 발명품인 제지법, 인쇄법, 화약 제조법, 항해법이 실크로드를 따라 전해졌다. 이 육상 네트워크는 7만 년 전 아프리카 탈출 이후 유라시아 각지로 흩어져 제각기 독자적인 문명을 건설한 호모사피엔스들을 다시 통합하기 시작했다.

몽골, 이슬람, 유럽

중앙아시아 고원의 유목민이던 몽골족은 13세기가 시작될 무렵부터 100년 남짓 되는 시간 동안 동으로는 고려에서 서로는 헝가리에 이르는 250만km² 넓이에 이르는 광대한 유라시아 대제국을 건설했다. 이들은 농업과 도시에 기반을 두지 않은 최초의 제국이다.

유럽 역사에는 악마 같은 살육자로 기록되어 있지만, 당대 상인들이 보기에 이들은 관대한 자유무역주의자였다. 국제 화폐의 창시자였고, 외교적 면책 특권, 종교적 관용을 보여준 최초의 제국이기도 했다. 14세기 중국의 한 상인은 이들을 이렇게 표현했다. '쿠빌라이 칸의 시대에는 사해(四海) 안의 모든 땅이 한 가족이었으며 한 영토였다. 문명은 어느 곳이든 퍼졌으며 어떤 장벽도 존재하지 않았다.'[18][19]

이 시기 세계 문명의 또 다른 주도자는 이슬람 세계였다. 투르크계 이슬람교도들은 궁정 중심의 도시 문화를 발달시켰다. 이들은 상인이자 과학자였다. 당시 유럽에서는 성직자를 제외하고는 왕들조차 글을 읽지 못했지만, 이슬람 세계에서 읽고 쓰기는 인간이 배워야 할 기본이었다. 이들은 중국에서 아프리카, 지중해 세계 그리고 유럽을 연결하는 광역 무역 네트워크를 구축하고 등대 역할을 했다.

유럽 입장에서 유라시아 네트워크는 하늘의 도움이나 마찬가지였다. 유럽인들은 실크로드와 지중해 해상 무역로를 통해 화약, 무기, 항해 기술을 전수받고 덤으로 고대 그리스와 이슬람의 철학과 자연과학의 유산도 물려받았다. 이렇게 전해진 여러 기술 중 인쇄술은 유럽을 종교의 억압에서 해방시켜줬으며 누구나 책을 읽고 지식을 확보할 수 있는 곳으로 변모시켰다. 이슬람의 교육기관인 마드라사(Madrasa)를 흉내 낸 대학교도 만들어져 14세기 유럽에는 20개의 대학교가 생긴다. 무기 제조술의 발달은 총과 대포로 훗날 다른 대륙을 지배하게 만든 물리력을 제공했다. 무역을 통해 부를 축적한 상인들이 경제력을 무기로 힘을 발휘했으며 권력은 봉건 군주에서 왕에게로 이동한다.

지금까지의 이야기를 살펴보면 이때까지는 인류의 역사가 순탄하게 구축되는 것 같았다. 유라시아 세계는 통합되고 부와 문명이 동에서 서로 흘러갔다. 하지만 이 흐름이 끊기는 사건이 발생한다. 1331년 쿠빌라이 칸이 수도로 세웠던 허베이성(河北省)에서 사람들의 90%가 알 수 없는 병으로 사망하는 일이 벌어진 것이다.

전염병의 잔치

태초의 전염병은 썩은 물, 곤충, 짐승의 배설물과의 접촉으로 인한 미생물 감염이었다. 인류가 아프리카를 벗어나 추운 북위도에 올라가면서 오히려 인구가 늘어난 이유 중 하나는 벌레와 열대 미생물로부터 해방됐기 때문이다.

하지만 농경이 시작되면서 물과 습지에 서식하는 병원균에 감염될 위험이 다시 뒤따랐다. 황열, 뎅기열 같은 질병들이 그 예다. 야생동물이 가축화되면서 이번에는 가축으로부터도 병원균이 옮아오게 된다. 소로부터 천연두와 홍역과 결핵이, 오리와 돼지로부터 인플루엔자가, 개와 돼지로부터 백일해와 같은 질병의 원인균들이 넘어오게 됐다.

생물 종으로서 병원미생물의 가장 큰 숙제는 다음 숙주를 찾는 것이다. 한 숙주에 침투해 그 숙주가 죽기 전에 다음 희생물을 찾는 것은 쉬운 일이 아니다. 맹독한 에볼라 바이러스가 작은 마을을 잘 벗어나지 못하는 것도 그런 이유다. 30여 명 정도의 마을 주민들(숙주)이 몰살되면 병원균도 함께 사라지기 때문이다. 그런데 도시가 생기면서 상황이 바뀌었다.

30만 명 이상의 사람이 모여 사는 도시의 출현은 미생물 입장에서 무한 리필이 가능한 잔칫상이 차려진 셈이다. 미생물이 새로운 숙주를 찾는 일은 더 이상 아무런 문제가 아니게 됐다. 그 때문에 전염병으로 치명적인 피해를 입고 몰락한 문명이나 국가에 대한 기록은 매우 많다. 페르시아제국은 서기전 480년대 그리스를 공격하던 중 이질로 몰락의 길을 걷는다. 아테네는 펠로폰네소스전쟁 중 겪은 알 수 없는 괴질*로 돌이킬 수 없이 국력을 손실한다. 로마는 두 번의 천연두와 홍역, 한 번의 페스트로 몰락의 길을 걷는다.[20]

인구 밀집도가 늘어나고 곡식이 쌓이자 쥐와 이가 인간의 주거지에 자리를 잡게 됐고, 이들을 통해 페스트와 발진티푸스가 인간 사회로 유입된다. 유라시아 횡단 네트워크를 오가던 상인들의 짐에는 교역 물품뿐 아니라 병원균들도 함께 실려 있었다.

1331년 허베이성에서 발생한 병은 톈산산맥을 넘고 실크로드를

---

* 이 사실을 기록한 역사가의 이름을 따 '투키디데스(Thukydides)병'이라 한다. 에티오피아에서 시작된 동물 매개 바이러스병으로 추정된다.

따라 흑해까지 흘러간다. 1347년 흑해 무역항 카파(Kaffa, 지금의 우크라이나 페오도시아)에서 출발한 제노바 갤리 함대는 흑사병에 걸린 시신을 가지고 프랑스 마르세유에 입항한다. 이미 유럽에 들끓던 쥐를 매개로 번져나간 흑사병은 유럽에서만 2,500만 명, 전 세계적으로 1억 명의 사망자를 내고 나서야 겨우 사라진다. 이때 감소한 인구는 17세기가 되어서야 겨우 회복됐다.

흑사병은 유라시아 대륙의 인구를 반토막 냈으며 인류의 무의식 속에 공포의 흉터로 남는다. 전염병의 창궐이 부정적인 영향만 있었던 것은 아니다. 흑사병의 세계적 유행은 농노 제도와 중세 교회에 최후의 일격을 가하고 중세의 암흑을 걷어내는 계기로도 작용했다. 이후 유라시아 횡단 네트워크의 수혜와 저주를 동시에 받은 유럽은 가장 먼저 혁신의 길로 들어서고 16세기가 되자 세계의 중심지로 떠오른다.

해양의 시대와 전 지구적 교환 네트워크

16세기는 해양의 시대다. 유라시아 횡단 네트워크 서쪽의 유럽 인들은 대서양으로 눈을 돌려 해상 교역이라는 새로운 길을 뚫는다. 유라시아 세계는 바닷길을 통해 이제 아메리카, 사하라 이남의 아프리카, 호주, 멜라네시아, 폴리네시아와 연결됐다. 한 줌의 인류가 아프리카를 벗어나 각 대륙으로 퍼지기 시작한 지 7만 년 만에 전 지구가 연결된 것이다.

대항해의 동력은 왕과 상인들의 탐욕, 군인들의 공명심과 모험심이었다. 새로운 해양 네트워크에는 부가 흘러 다녔다. 1500~1600년 유럽의 금과 은의 유통량은 여덟 배로 늘어났다.[21][22] 이 부의 원천은 과거와 달랐다. 땅에서 나온 부가 아니라 재화의 흐름에서 창출되는 부였다. 이것은 실물이 아니라 인간의 관념과 상상력의 산물이었다. 이런 종류와 규모의 부는 지금껏 지구에 존재한 적이 없었다.

불평등의 엔진

창출된 부만큼 상인과 자본가의 힘은 강력해졌다. 그만큼 누군가는 가난해지고 비참해져야 했다. 가진 자와 못 가진 자, 뺏긴 자와 뺏은 자의 차이는 크게 벌어졌다. 여기에 미처 빼앗지 못한 자들의 초조함까지 가세했다. 부의 차이는 전압의 차이처럼 엄청난 동력이 되어 전 지구적인 경제의 엔진을 돌렸다.

유럽과 아시아, 아프리카와 신세계는 서로 다른 속도로 변화했다. 부의 불균형으로 대륙 간 자원 약탈이 심해졌으며, 변방이던 유럽은 전 세계적인 교환 네트워크의 중심으로 부상했다. 엄청나게 많은 생각, 기술, 부, 물건들이 유럽으로 집결했다. 세계적 차원에서 이뤄진 재화의 흐름은 땅과 그로부터 비롯된 세금에 의존하던 경제체제에 상업 국가와 자본주의의 씨앗을 심는다.

독일 경제학자 카를 마르크스(Karl Marx, 1818~1883)는 16세기에

"세계무역과 시장이 열렸으며 자본의 역사가 시작됐다"고 이야기했다.[23] 뿐만 아니라 네트워크를 통해 교환되는 정보의 양과 속도, 인간이 사용할 수 있는 지식의 총량도 급격히 증가했다.

상상의 체스판

머릿속으로 체스를 두는 사람들이 있다. 이들의 머릿속에는 게임의 규칙뿐만이 아니라 상상의 체스판과 기물도 설치되어 있다. 그런 사람들끼리는 말(言)과 상상으로도 체스 시합이 가능하다. 한 사람이 퀸을 D4에서 D9로 옮기며 체크 메이트를 부른다. 다른 사람은 킹을 A9에서 A8로 옮긴다고 선언한다. 체스 규칙을 모르고 머릿속에 체스판을 그릴 수 없는 사람은 지금 무슨 일이 일어나는지 전혀 알 수 없다.

자, 그럼 이제 사고실험을 해보자. 상상의 체스를 둘 수 있는 사람이 기하급수적으로 늘기 시작했다고 치자. 그 수가 수만 명이 넘어가면서 상상의 체스 성적이 좋으면 사회적 편익을 조금 주기로 정한다. 이 편익을 누리기 위해 체스를 익히는 자가 수백만, 수천만 명으로 늘어난다. 어느 날 사람들은 체스 성적이 식량이나 물건을 대리해주고 사고파는 거래 대상이 될 수 있음을 깨닫는다. 이윽고 가상의 숫자에 불과했던 체스 성적은 각자의 장부에 기록되고 거래되기 시작한다.

이제 상상의 체스는 세상을 움직이는 규칙이 되고, 수억 명의 사람들은 현실과 분리되어 상상의 체스 안에서 살아남기 위해 전력 투구한다. 어느 날 엄청난 성공을 거둔 상상의 체스 대가 한 명이 이런 말을 했다. "우리가 상상의 체스가 나타나기 이전에 살았더라면 호랑이 아침밥이나 됐을 것이다."* 호모사피엔스는 이런 체스판과 같은 관념의 세계에서 살아남기 위한 삶을 살게 됐다.

---

* 워런 버핏이 빌 게이츠에게 "우리가 석기시대에 태어났다면 아마 호랑이의 아침밥 거리나 되었을 것"이라고 말했다고 전해진다.

3 탄소와 영원한 성장

맬서스 트랩

개체가 늘면 자원은 모자라기 마련이다. 토머스 맬서스(Thomas Malthus, 1766~1834)는 이 문제를 걱정했다. 인구는 기하급수적으로 증가하는데 식량은 산술급수적으로 증가한다. 맬서스는 이대로 인구가 계속 늘면 자원 부족으로 언젠가 인류는 멸종할 것이라고 예견했다. '맬서스 트랩(Malthusian Trap)'이라 부르는 이론이다.

농경사회는 확실히 맬서스적 세계다. 바빌론의 시에는 '세상은 가득 차고, 사람들은 급속히 늘어났다'는 걱정이 담겨 있다.[24] 기원전 세계에서는 맬서스의 이론이 맞아떨어진 증거가 많다. 예를 들어 서기전 2000년 전후 메소포타미아에서는 인구가 늘어나면서 식량 부족이 오고 인구가 급감한 기록이 있다.[25]

서기 1,000년 동안은 역설적으로 맬서스의 위험이 없었다. 살육,

전쟁, 주기적으로 찾아오는 기근, 대규모 전염병처럼 치명적인 문제들이 인구를 줄여줬기 때문이다. 특히 흑사병이 유라시아 횡단 네트워크를 가로지르며 세계 곳곳에 창궐해 수차례 인구수를 대폭 줄였다. 아프리카 탈출 이후 쉬지 않고 증가해 서기 원년 2억 5,000만 명에 도달했던 인구는 그 증가세가 갑자기 멎었다. 그리하여 1000년경에도 여전히 세계 인구수는 2억 5,000만 명이었다.[26]

전염병의 시대가 지나자 다시 인구 증가가 나타나 맬서스의 우려가 현실로 나타날 듯했다. 그러나 인류는 혁신의 동물이었다. 관개 기술, 철기 사용, 윤작, 비료의 사용 등으로 농업 생산성을 점점 높여나갔고 혁신이 이뤄질 때마다 인구의 상한선도 조금씩 올라갔다. 여기에 16세기가 되자 전 지구적 교환 네트워크를 통해 재화가 흘러 다니면서 다시 한번 인류를 맬서스의 제약에서 풀어준다.

세계 인구가 80억 명을 넘은 지금, 결과로만 본다면 맬서스는 틀렸다. 그가 《인구론》을 집필했던 18세기의 끝자락은 산업사회가 시작되던 때였다. 땅을 잃은 사람들이 도시에 모여 도시 인구는 폭증했고, 더러운 공기와 오물로 인해 목숨을 잃는 일이 부지기수였다. 마치 내일이라도 세상의 종말이 닥칠 것 같은 시대였다. 맬서스는 농경시대의 사고로 새로운 시대를 해석하는 실수를 저질렀다.

그의 또 다른 실수는 인간의 혁신 능력을 계산에 넣지 않은 것이다. 인간은 문제가 닥치면 새로운 방법을 찾아내거나 필요하면 자기 자신을 개조해 문제를 해결한다. 맬서스의 시대에 인류는 동력을 여전히 인간과 가축, 바람의 힘에 의지하고 있었다. 또한, 세계 총 생산량의 1/3 이상이 농업과 곡물 징수에 기반을 둔 인도와 중국에서 나왔다. 세계가 그대로 흘러갔다면 맬서스의 예측은 틀리지 않았을 것이다. 그런데 완전히 새로운 일이 일어났다.

영국에서 일어난 일

대해양 시대에 세계 교역을 견인한 상품은 모직이었다. 모직 거래 활성화는 원재료인 양모 가격의 급등을 불렀다. 때마침 영국에서는 목축업에 유리한 새로운 농법이 도입됐다. 3년마다 농지를 쉬게 하는 3포제 대신 클로버나 가시완두처럼 사료 작물을 심어 지력을 회복시키는 4년 윤작법이 도입됐다. 여기에 얕은 물살로 목초지를 뒤덮게 해 목초의 성장을 촉진하는 관개목초지 공법도 도입된다. 지주와 중상층은 목초지에 양을 키워 양모를 팔아 엄청난 수익을 거둔다. 이들은 중세식 공동 경작을 거부하고 울타리를 쳐서 토지 소유권을 확실히 하려 했다. 이것이 '인클로저(Enclosure)' 운동이다.

인클로저 운동은 중세의 막을 내리게 만든다. 토지와 부를 소유하게 된 젠트리(Gentry) 계층은 시민혁명을 주도하고 영국 사회의 정치·사회·경제의 주역으로 떠오른다. 반면, 농토를 잃고 내쫓긴 농노와 농민들은 도시로 흘러들어가 빈민이나 저임금 노동자가 된다. 영국 법률가 토머스 모어(Sir Thomas More, 1478~1535)는 "전에는 사람이 양을 먹었지만 지금은 양이 사람을 잡아먹는다"며 개탄했다. 당시 도시는 더러운 공기와 밀집 환경, 오폐수로 말할 수 없이 열악한 상태였다. 도시의 저임금 노동자들은 무자비한 저임금 노동

착취뿐 아니라 이질이나 장티푸스 같은 전염병에 집단 감염되어 희생되기도 했다. 폭력과 범죄 사건도 빈번했다. 도시의 저임금 노동자들은 열악한 환경 속에서 산업혁명의 추진 연료로 몰락한다.

1733년 영국 방직공 존 케이(John Kay, 1704~1764)가 베를 짜는 북을 자동화한 '나는 북(Flying shuttle)'을 만들었다. 1764년 제임스 하그리브스(James Hargreaves, ?~1778)는 8개의 방추를 동시에 작동시켜 실을 자을 수 있는 제니 방적기(Spinning Jenny)를 만든다. 1768년 리처드 아크라이트(Sir Richard Arkwright, 1732~1792)는 방추 수천 개를 동시에 움직이는 수력 방적기를 만들어낸다. 방직 기계의 발전은 엄청난 효율을 가져온 대신 많은 방적공들을 길거리로 내몰았다. 졸지에 실업자가 된 방적 노동자들은 방적기를 부수며 항의하는 '러다이트(Luddite) 운동'을 일으켰다. 그러나 이런 반란에도 불구하고 세상은 아랑곳하지 않고 기술 발전의 길로 계속해서 나아간다.

고대의 에너지, 화석연료

지구 표면에 식물이 나타난 것은 5억 년 전부터다. 이후 수억 년 동안 고생대 식물들은 이산화탄소와 태양에너지를 흠뻑 머금고 지하에 묻혔다. 땅속에서 식물의 유해가 열과 압력을 받자 산소나 수소 분자들이 빠져나가고 탄소만 남게 됐다. 석탄이다. 이 탄소 고리 안에는 막대한 고대의 에너지가 숨어 있다.

고대인들도 석탄을 알고 있었다. 서기전 300년대의 그리스 과학자 테오프라스토스(Theophrastos, 서기전 371~287)는 불이 잘 붙어 '금속쟁이들이 좋아하는 돌'에 대한 기록을 남겼다. 로마인들은 브리타니아(지금의 영국) 지역의 노천 석탄*을 본국으로 가져가 금속 가공이나 시신을 화장할 때 썼다. 13세기에는 해안 절벽이나 해수면 위로 노출된 노천 석탄인 역청탄이 런던까지 정기적으로 운송되기도 했다.

철을 녹이는 데는 굉장한 고열이 필요하다. 나무 장작은 불순물과 수분이 많아 그 정도 열을 낼 수 없다. 그래서 나무에서 불순물을 제거해 열효율을 높인 숯을 사용했는데 숯은 구하기도 어렵고 비쌌다. 1709년 영국 주조공 에이브러햄 다비(Abraham Darby)는 석탄의 불순물을 제거하여 '코크스(Cokes)'를 뽑아내는 방법을 발명했다. 코크스는 제철 산업이 발전하는 계기가 된다. 바야흐로 철강의 시대가 시작됐다.

장신구나 무기 제조에나 사용되던 철은 대규모로 생산되어 한 철강회사 광고처럼 건물, 다리, 철도, 기관차, 자동차 등 새로운 모든 것의 재료가 되어 지구를 '쇠의 행성'으로 만든다. 석탄의 수요를 감당하기 위해 이제 인류는 땅속 깊이 묻힌 석탄을 캐내기 시작한다. 땅속 화석연료의 발견은 나무 땔감과 같은 이전 시대의 자원의 양으로 치환해 환산하면 몇 개의 신대륙을 발견한 것과 같은 효과를 가져왔다.[27]

---

* 지면에 노출되어 있어 갱도 없이 표면을 파서 쓸 수 있는 석탄.

맬서스적 세계의 종식, 성장의 시작

1698년 영국 발명가 토머스 세이버리(Thomas Savery, 1650~1715)는 석탄을 캐낼 때 갱도로 들어오는 물을 퍼내기 위해 증기를 동력으로 하는 '펌프'를 발명한다. 이 펌프는 하루에 사람 200명이 퍼내는 양의 물을 퍼냈다. 2년 후 제임스 와트(James Watt, 1736~1819)는 이 펌프를 개량해 피스톤 운동을 회전 운동으로 바꾸는 '엔진(Engine)'을 만들어낸다. 증기기관이다. 증기기관은 엔진의 회전운동을 구동할 수 있었기 때문에 인류 문명에서 중요한 변혁을 가져온다. 증기 내연기관은 수십 마리의 소와 수백 명의 사람이 해야 할 작업을 단숨에 해냈고, 말의 수십 배 속도로 사람들을 실어 날랐다.

영국에서 시작되어 18세기까지 진행된 혁신은 생산성을 폭발적으로 증가시켰다. 면직을 만드는 속도는 50배 늘어났으며, 철을 만드는 속도는 15배 빨라졌다. 영국에서는 역사상 처음으로 인구와 1인당 생산성이 동시에 증가하는 일이 나타난다.[28] 인구 증가가 생산성을 견인하는 세상이 열린 것이다. 맬서스적 세계는 종식되고 근대적 경제성장이 시작된다.

헨리 포드가 발명한 것

한 꼬마와 노인이 한참 무엇인가로 논쟁을 벌이고 있었다. 도저히 말이 안 통한다고 생각한 꼬마가 노인에게 이렇게 말했다. "지금은 현대라고요. 이제는 시대가 달라졌어요." 그러자 노인이 빙그레 웃으며 이렇게 대답했다. "그 현대, 내가 만들었단다(I invented the modern age)." 이 말을 던진 노인은 헨리 포드(Henry Ford, 1863~1947)였다.

찰리 채플린(Charlie Chaplin, 1889~1977)의 무성영화 〈모던 타임즈〉에는 노동자들이 컨베이어 앞에 서서 나사를 조이는 한 가지 동작만 수행하는 장면이 나온다. 움직이는 것은 사람이 아니라 부품이었으며 모든 작업은 벨 소리와 함께 동시에 시작하고 동시에 끝난다. 헨리 포드가 20세기 전환기에 세운 자동차 공장에서 노동자들은 이런 모습으로 일했다. 이런 방식의 노동은 인류 역사상 처음 등장한 것이었다.

'찍어내듯' 생산하는 포드의 '동시관리(Management by synchronization)' 생산 방식은 엄청난 생산성을 보였다. 미국 전역의 자동차를 다 합쳐 20만 대가 채 되지 않았던 1900년 초에 포드 사는 매일 9,000대의 '모델 T'를 찍어냈고 단종이 될 때까지 1,500만 대를 팔았다.[29] 그렇지만 포드가 만든 대단한 것은 '모델 T'가 아니었다.

고용 문제로 골머리를 앓았던 포드는 미국 근로자 평균 일당이 2~3달러였던 당시, 오늘날 가치로 15만 원에 해당하는 5달러를 일당으로 지불한다. 이렇게 파격적인 임금은 포드 사의 높은 생산성 때문에 가능했다. 예상대로 높은 임금은 고용을 안정화하고 생산성을 더욱더 올렸다. 경쟁사가 6만 5,000명의 숙련 직원으로 연간 28만 대를 생산하는 동안 포드 사는 1만 3,000명의 반숙련 직원으

로 30만 대의 차량을 생산해냈다.[30]*

그런데 고생산성과 고임금이 결합하자 생각도 못한 결과가 나타났다. 생산성 증가로 1908년 825달러였던 포드 T형의 가격은 1920년에는 255달러까지 떨어진다. 월 100달러를 모을 수 있는 포드의 노동자들은 생활비를 제외하고 서너 달 월급만 모으면 포드 T형을 살 수 있게 됐다. 노동자들은 훨씬 더 단순하고 지겨운 일을 하는 대신 더 많은 임금을 받아 그전에는 귀족이나 부자만 탈 수 있었던 차를 사기 시작했다. 헨리 포드는 대량생산과 함께 그것을 사줄 두터운 '소비자' 층까지 창조한 것이다.

산업혁명 초기에, 자본가에게 착취되던 도시 빈민층의 어두움을 목도한 자본주의 반대자들은 대량생산이란 미명하에 무산계급 노동자들이 가축과 같은 길을 걸을 것이라고 생각했다. 끝없이 제품을 쏟아내며 돌아가는 공장은 그것을 구입할 소비자를 더 이상 구하지 못하게 되는 날 멈춰버리고, 자본주의는 이내 붕괴될 것이 뻔해 보였다. 1870년대 세계가 처음 겪은 경제공황은 그 징조처럼 보였다.

그런데 상황이 바뀌었다. 무산계급이 자동차를 소유할 만큼 잘살게 됐고, 노동자들이 소비의 주인공으로 부각됐다. 마르크스주의자들이 예상하지 못한 상황이었다. 여전히 불평등하지만 덜 불평등해졌고, 기술이 발달하면서 못 사는 사람도 고대 왕국의 왕보다 안락

---

* 이처럼 시장보다 높은 임금으로 인해 생산성이 높아져 이익이 늘어나는 것을 '효율임금(Efficacy wage)'이라 한다.

한 삶을 살게 됐다. 머슴이나 농노만큼 일하는 대신 높은 급료를 받으며 자동차를 사고 TV와 에어컨을 설치하고 외식을 즐기며 여행을 다니는 '산업적 중산층(Middle class)'이 출현한 것이다.[31] 세상은 대량생산이라는 톱니바퀴와 대량소비라는 톱니바퀴가 맞물려 쉬지 않고 돌아가기 시작했다. 포드는 20세기의 대량생산, 대량소비 시대를 열었다. 세계는 맬서스의 저주를 떨쳐내고 끝없는 성장의 길을 시작한다.

타인의 욕망

대량생산, 대량소비 시대에는 사람들로 하여금 끊임없이 소비하게 하는 것이 중요해진다. 이런 세계에서 임금은 모으라고 주는 것이 아니라 쓰라고 주는 것이다. 곧이어 발명된 라디오나 TV 등은 광고를 통해 끊임없이 사람들을 세뇌시키며 대량소비를 부추겼다.

현대인들은 '자신에게 필요한 것(Need, 욕구)'과 '다른 사람이 원해야 한다고 하는 것을 따르는 것(Desire, 욕망)'을 구분하지 못한다. 프랑스 정신분석학자 자크 라캉(Jacques Lacan, 1901~1981)은 "인간은 타자의 욕망을 욕망한다"고 말했다. 관계를 맺고 인정을 받기 위해 현대인들은 자신의 욕망을 타자의 욕망에 종속시키고 끝없이 '타인의 욕망을 욕망하며' 살아간다.

유발 하라리는 이것을 '상상의 질서가 우리의 욕망의 형태를 결정'하는 것이라 표현했다. 그 결과, 서구인들은 '교외의 주택에 두 대의 자동차를 가지고 아이들을 좋은 학교에 보내고 해외여행을 다니는' 획일화된 삶을 꿈꾼다.[32] 한국인들은 강남에 아파트를 소유하고 비싼 입시 학원에 아이들을 보내며 연봉보다 비싼 수입차를 몰기 위해 농노보다 못한 삶을 마다하지 않게 됐다.

산업혁명과 자본주의는 인류의 머릿속에 완전히 새로운 가치와 동기를 새겨 넣었다. 이 가치는 철저히 물질적이며 철저히 개인적이다. 이전 시대에는 규칙과 법과 종교가 인류를 모으는 구심점 역할을 했다면, 이 새로운 가치는 만족감과 성취감을 미끼로 인류 전체를 끝없는 성장이라는 쳇바퀴 속으로 끌어들였다. 외부에서 주입된 욕망을 태우며 우리는 영원한 성장의 길을 달리고 있다.

거대한 가속과 인류세

1650년 5억 명이었던 세계 인구는 1800년 10억 명, 1900년 20억 명으로 늘어난다. 인구가 두 배 되는 시간은 140년, 100년, 74년, 46년으로 점차 그 간격이 줄었다. 1974년에는 40억 명이었던 세계 인구는 2022년 11월, 마침내 두 배인 80억 명을 돌파했다.[33] 지금까지 20만 년간 지구상에 살았던 호모사피엔스의 수는 총 1,170억 명으로 추산되는데,[34] 그렇다면 지구에 존재했던 호모사피엔스의 7%가 바로 지금 현재를 살고 있는 셈이다.

해양 미생물 퇴적물이 변성된 탄화수소 혼합물인 석유는 에너지 효율이나 운반성에서 석탄보다 뛰어났지만 높은 생산 비용 때문에 선뜻 사용되지 못했다. 석유가 연료로 널리 쓰이게 된 것은 영국 수상 윈스턴 처칠(Winston Churchill, 1874~1965)의 덕이다. 해군장관 시절 처칠은 반대를 무릅쓰고 영국 해군의 전함에 석탄 대신 석유를 싣기로 결정한다. 구하기 어렵고 비싸지만 적재가 쉽고 에너지 효율이 강력한 석유를 전함에 실은 영국 해군은 독일의 석탄 전함을 제압해 제1차 세계대전의 승기를 잡는다. 이로써 석유는 새로운 에너지원으로 부상하고 천연가스와 함께 석탄을 제치고 20세기의 중심 동력원이 된다.

이후 석유화학 공업의 발전으로 석유에서 추출된 나일론, 비닐, 플라스틱은 인류의 삶을 완전히 바꿔놓는다. 인류가 본격적으로 화석연료를 채굴하기 시작한 지 300여 년 만에 지구는 탄소와 플라스틱으로 뒤덮이게 된다. 지구의 지질에는 콘크리트, 플라스틱, 비닐과 같은 기술 화석(Technofossils)이 쌓이고, 빙하 코어와 산호, 나이테에는 1945년부터 1960년까지 인간이 실시한 핵실험의 방사성 낙진이 새겨졌다.

확장일로를 걸어오던 세계경제 규모는 제2차 세계대전이 끝나자 더욱 폭등하기 시작한다. 2000년이 되자 세계경제 규모는 이전보다 6배, 총 생산량은 7배, 비료 사용량은 10배, 에너지 사용량은 4배, 원유 생산량은 6배 증가했다. 20세기 전체를 놓고 보면 경제 규모는 14배, 에너지 소비는 16배 증가했다.[35][36]

오존층 연구로 노벨화학상을 수상한 폴 크루첸(Paul Crutzen, 1933~2021)과 미시간대학교의 유진 스토머(Eugene Stoermer,

사회경제적 지표

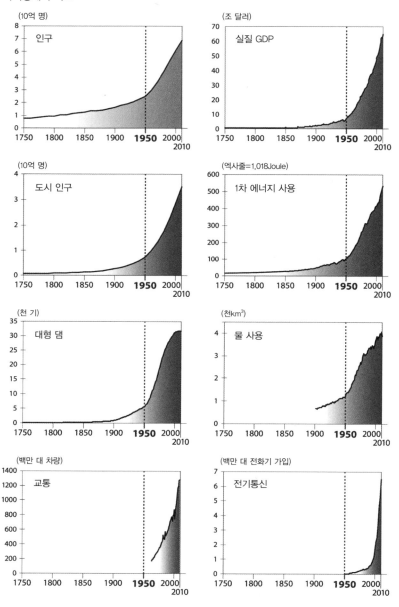

(10억 명)

인구

(조 달러)

실질 GDP

(10억 명)

도시 인구

(엑사줄=1,018Joule)

1차 에너지 사용

(천 기)

대형 댐

(천km³)

물 사용

(백만 대 차량)

교통

(백만 대 전화기 가입)

전기통신

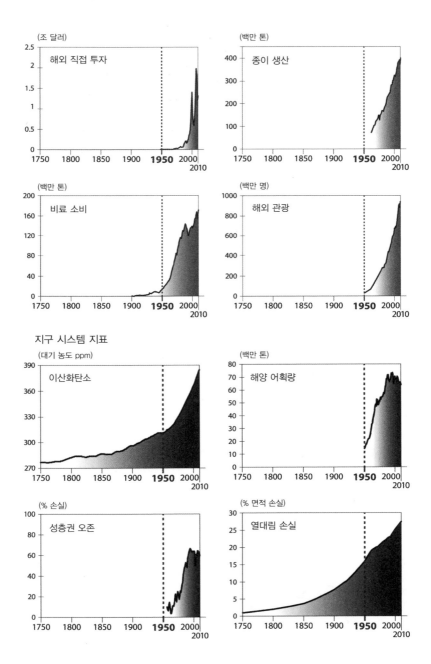

(조 달러)
해외 직접 투자

(백만 톤)
종이 생산

(백만 톤)
비료 소비

(백만 명)
해외 관광

지구 시스템 지표

(대기 농도 ppm)
이산화탄소

(백만 톤)
해양 어획량

(% 손실)
성층권 오존

(% 면적 손실)
열대림 손실

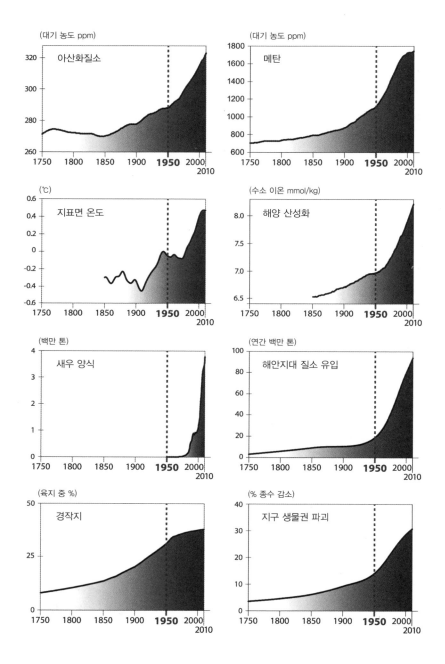

1750년부터 2010년까지의 사회경제적 지표와 지구 시스템 지표의 비교
(출처: Steffen W, Broadgate W, Deutsch L, Gaffney O, Ludwig C. The Trajectory of the Anthropocene: The Great Acceleration. The Anthropocene Review. 2015: 2; 81~98)

1934~2012)는 산업혁명 이후 지구의 기후와 생태계가 완전히 바뀌었기 때문에 오늘날 인류가 살아가는 시대는 새로운 지질시대로 구분해야 한다고 주장한다. 그 이름을 '인류세(The Anthropocene)'* 라 부를 것을 제안하며[37] 시작 시점을 산업혁명이 시작한 18세기 말, 더 정확히 1784년 와트가 증기기관을 발명한 해로 잡았다.

세계 기후변화를 다루는 연구 프로젝트인 국제 지구권-생물권 프로그램(International Geosphere-Biosphere Programme, IGBP)의 연구자들은 크루첸의 주장에 영감을 받아 인간의 활동이 지구 시스템에 어떤 흔적을 남겨놓았는지 살펴보기로 한다.

이들은 수집 가능한 사회경제적 지표와 지구 시스템에 대한 지표 자료들을 모두 모아 1750년부터 최근에 이르는 변화의 궤적들을 그려냈다. 그 결과, 1950년을 기점으로 세계 인구, 각 국가별 총생산량, 에너지 사용, 비료, 종이 등 12개의 사회경제적 지표와 이산화탄소, 오존, 지구 온도, 열대우림 손실, 해양 산성화 등 12개의 지구 시스템에 관한 지표 그래프를 얻는다. 이 그래프들은 마치 무수한 로켓들이 동시에 발사되는 것처럼 1950년대를 기점으

---

* '인류'를 뜻하는 영어 접미사 'anthro-'와 지질학의 '세(世)'를 의미하는 영단어 'epoch'를 합성해 만든 신조어다.

로 일시에 폭증하는 충격적인 모습을 보인다. 폭주하는 자동차의 계기판 같은 이 인상적인 그래프들의 모습은 '거대한 가속(Great acceleration)'이라 불리며 인류세의 상징이 됐다.

4 연결과 통제

전기가 너를 자유롭게 하리라

인간이 땅과 물을 통제하면서 문명과 제국이 건설됐다. 인간이 사물의 이치를 이해하고 통제하면서 기계를 만들어내고 화석연료를 땅에서 끄집어내자 거대한 가속이 시작됐다. 이제 통제 본능은 사물의 가장 미세한 현상으로 눈을 돌렸다. 바로 전기다.

전기에 대한 최초의 기록은 서기전 600년경 밀레투스의 탈레스 (Thales, 서기전 625/624~547/546)가 남긴, 호박에서 발생하는 정전기에 대한 관찰이다. 이탈리아 물리학자 볼타(Volta, 1745~1827)는 최초로 화학전지를 만들어 전기가 에너지로 사용될 수 있다는 것을 보여줬다.

1880년 미국 발명가 토머스 에디슨(Thomas Edison, 1847~1931)은 뜨겁게 가열된 금속은 전자를 방출한다는 사실을 알게 된다.

전류다. 1904년 영국 전기공학자 존 앰브로즈 플레밍(Sir Johnson Ambrose Fleming, 1849~1945)은 조그만 진공 튜브 속에 전류를 만들고 그 흐름을 통제하는 법을 발견한다. 이 진공관은 교류 전류를 직류 전류로 바꾸고, 전파를 걸러내어 수신하고, 전류를 증폭해 소리나 영상으로 만들었다. 이 작은 물건 덕분에 세상에 존재하지 않았던 것들이 세상에 나오게 됐다. 무선통신기, 라디오, 레이더, TV 등이 그것들이다.

전기는 어둠도 완전히 몰아냈다. 엘리베이터의 발명은 도시의 마천루를 만들어냈다. 세탁기는 수많은 여성을 가사 노동에서 해방시켰고, 에어컨은 열대지방에서도 일할 수 있게 해 선진국이 될 기회를 줬다. 전신과 전화기의 발명으로 인류는 실시간으로 연결됐다. TV는 현대의 화톳불이 됐다. 사람들은 국경과 민족을 떠나 TV 앞에서 하나의 생각으로 묶이기 시작했다.

전기회로 기판 위의 논리

영국 논리학자 조지 불(George Boole, 1815~1864)은 모든 명제와 논리를 0과 1로 표시해 다룰 수 있다는 이론을 만든다. 불대수(Boole代數, Boolean algebra)다. 인간의 생각을 0과 1로 나타내어 도대체 어디에 써먹는다는 말인가? 그런데 20세기 들어 인류가 전기회로 기판 위의 전류 흐름을 제어할 수 있게 되자 MIT를 다니던 한 영민한 학생이 그 가치를 깨닫는다.

수학자이자 컴퓨터공학자였던 클로드 섀넌(Claude Shannon 1916~2001)은 불대수의 0과 1의 논리를 전류의 온(on)과 오프(off)로 바꾸면 전기회로 기판 위에서 인간의 논리연산을 펼 수 있다는 천재적인 아이디어를 창안한다.[38] 학위를 마치고 벨 연구소로 자리를 옮긴 섀넌은 이번에는 디지털 정보를 전기회로와 배선을 통해 오류 없이 다른 장소로 정확히 전달할 수 있다는 것을 입증해낸다.[39] 이로써 인류는 이제 모든 논리와 정보를 0과 1의 이진수(Binary digit), 즉 비트로 전기회로 위에서 펼치고, 그것을 전달하고 보관할 수 있는 방법을 갖게 된다. 이윽고 인간의 특성이자 무기인 계산하고 기억하는 능력을 밖으로 꺼내 대신할 수 있는 장치가 만들어진다. 컴퓨터의 발명이다. 이 일은 인지혁명에 버금가는 사건인지 모른다.

무어의 법칙

1940년대 벨 연구소의 연구자들은 반도체의 특성을 이용해 전류를 통제하는 트랜지스터를 만들었다. 작고 가벼운 트랜지스터는 출시되자마자 크고, 뜨겁고, 깨지기 쉬운 진공관을 대체했다. 반도체 덕분에 전기제품들은 가볍고 작아졌는데, 그 혜택을 가장 크게 받은 것은 컴퓨터다. 1만 8,000개의 진공관에 200kw의 전기를 소모하는, 30톤 규모의 조그만 건물만 했던 1세대 컴퓨터 에니악(Electronic Numerical Integrator And Computer, ENIAC)은 20~30평 내외의 방에 너끈히 들어가는 2세대 기업용 컴퓨터로 바뀐다.

1950년대 말 미국의 텍사스 인스트루먼트(Texas Instruments) 사는 수십 개의 트랜지스터를 조그만 회로판 하나에 집어넣는 데 성공한다. 집적회로(Integrated Circuit, IC)다. 집적회로의 등장으로 IBM System/360과 같은, 오늘날 컴퓨터와 거의 비슷한 3세대 컴퓨터가 만들어진다. 이윽고 1971년에는 한 개가 1~2세대 대형 컴퓨터의 능력과 맞먹는 작은 마이크로프로세서가 세상에 나온다. 인텔(Intel) 사가 만든 '인텔 4004'다. 마이크로프로세서의 등장은 4세대 컴퓨터, 퍼스널 컴퓨터의 시대를 연다.

인텔의 공동창업자 고든 무어(Gordon Moore, 1929~)는 1965년 '반도체 집적 능력은 18개월마다 2배로 기하급수적 증가할 것'이라 예언한다. 사람들은 이것을 '무어의 법칙'이라 불렀다. 그의 말대로 2000년이 되자 반도체 하나에 메모리 트랜지스터가 수백 억 개가 들어가게 됐다. 오늘날 사람들은 1960~70년대 아폴로 계획 때 사용됐던 컴퓨터보다 몇 백 배 높은 성능의 컴퓨터로 문서를 작성한다. 그뿐인가. 1950년대의 전 세계 컴퓨터를 긁어모은 것보다 더 큰 용량을 가진 스마트폰을 통해 전 세계와 실시간으로 연결되어 있다. 인류의 역량은 이제 지구상의 가장 미세한 부분까지 연결하고 통제할 수 있는 기반을 만들어냈다.

연결의 시대

10년의 격차를 두고 영국의 스페인 무적함대 격퇴 사건(1588)과

명량대첩(1597)이 일어났다. 이 사건이 영국과 우리나라에 서로 알려지는 데에는 300년이 걸렸다. 1865년 링컨 대통령이 암살되고 이 사건이 영국 정부에 알려지는 데에는 12일이 걸렸다. 1912년 빙산에 부딪혀 침몰하는 타이타닉 호에서 보낸 구조 신호는 즉각 인근 해상으로 전달됐고 이를 듣고 달려온 선박들에 의해 713명이 구조됐다. 이 소식은 다음 날 신문을 통해 전 세계로 알려졌다. 그러고 보면 타이타닉의 생존자를 구한 것은 굴리엘모 마르코니(Guglielmo Marconi, 1874~1937)라고 할 수 있다. 그는 타이타닉이 침몰하기 27년 전, 공기 중으로 전파를 내보내고 그것을 잡아내는 기술 개발에 성공했다.

미국 보스턴의 발명가 알렉산더 그레이엄 벨(Alexander Graham Bell, 1847~1921)은 1887년 소리를 전기로 바꾸고 그것을 다시 소리로 만드는 데 성공한다. 최초의 전화기로 전달된 말은 "왓슨(Watson)군, 이리로 와보게"라고 전해진다. 실험액을 쏟아 다급해진 벨의 음성이었다.

1906년 캐나다 물리학자 레지널드 페센덴(Reginald Fessenden)은 목소리와 음악을 실어 보내는 최초의 라디오 방송을 진행했다. 최초의 상업적 라디오 방송국은 1920년대에 등장했으며 제2차 세계대전이 끝날 때까지 황금시대를 구가한다. 미국 RCA(Radio Corporation of America) 사는 1936년 초당 343개의 회선/30프레임의 텔레비전을 선보이고 그해 여름 베를린올림픽을 전 세계에 중계했다. 올림픽 개회식에서 연설하는 아돌프 히틀러(Adolf Hitler, 1889~1945)의 모습은 최초의 전파를 타고 우주를 가로질렀다.

라디오 덕분에 1963년 케네디의 암살 소식은 그날 저녁 전 세계에 바로 알려졌다. TV 덕에 우리는 1981년 총에 맞고 쓰러지던 레이건의 모습을 현장에 있는 사람처럼 생생하게 목격할 수 있었다. 정보에 관한 한, 공간과 거리는 더 이상 의미가 없게 되었으며, 이제는 미국에 있는 손자와 한국에 있는 할아버지가 바로 옆에 있는 것처럼 이야기를 나눌 수 있다. 인터넷 덕분이다.

아르파넷, 최초의 인터넷

1957년 소련은 스푸트니크 1호를 발사해 인류 최초로 우주에 발을 들인다. 이 소식은 당시 소련과 냉전 중이던 미국에게 큰 충격을 가져다준다. 위기의식을 느낀 미국 아이젠하워 대통령은 이듬해 '고등연구계획국(Advanced Research Projects Agency, ARPA)'을 설립한다. 훗날 '국방부고등연구계획국(Defense Advanced Research Projects Agency, DARPA)'으로 이름을 바꾼 이 조직은 말 그대로 '현대사회를 만들었다.' ARPA가 만든 것에는 인터넷, 기상위성, GPS, 인공지능, 뇌-기계 인터페이스, 외부골격, 드론, 심지어 코로나19 백신까지 포함된다.

ARPA 정보처리 책임자 J. C. R. 리클라이더(Joseph Carl Robnett Licklider, 1915~1990)는 혁신적인 생각을 가지고 있었다. 그는 컴퓨터를 하나하나 연결하면 언젠가는 연산장치를 넘어 인간 정신의 확장물이 되고 인류의 파트너가 될 것이라 믿었다. 리클라이더는 자신의 생각을 실현하는 첫 단계로 '은하네트워크(Galactic

Network)'라는 이름으로 세 개 대학교의 컴퓨터를 연결해본다. 최초의 소박한 실험은 1969년 '아르파넷(Advanced Research Projects Agency Network, ARPANET)' 프로젝트로 확장된다. 1,000곳을 연결한 대규모 네트워크인 아르파넷은 인류 역사상 최초의 인터넷으로 기록된다.

1983년 아르파넷은 일부는 군사용 네트워크 'MILNET(Military Network)'으로 분리되고, 나머지는 모두 민간에 개방되어 5년 후 다섯 개의 슈퍼컴퓨터를 연결해 만든 미국국립과학재단의 네트워크 'NSFNET(National Science Foundation Network)'에 흡수된다.

진화와 확장을 거듭해 거대한 네트워크가 된 이 망은 '여러 네트워크를 연결했다(Inter-network)'는 의미의 '인터넷(Internet)'이라는 이름으로 불리게 된다.

월드와이드웹

1980년대 유럽입자물리연구소는 유럽에서 가장 큰 인터넷 노드였다. 6,000여 명의 과학자들이 최첨단 분야를 다루는 이곳에서 서로 무엇을 하고 있는지 정보를 공유하는 일은 중요한 문제였다. 이곳의 컴퓨터 엔지니어였던 티모시 버너스 리(Timothy Berners Lee, 1955~)는 이 문제를 해결하기 위한 방법이 담긴 제안서를 제출한다. 그가 제시한 해법은 '하이퍼텍스트(Hypertext)'라는 것이었다.[40]

백과사전은 제목 순서대로 일목요연하게 선형적으로 정보가 정리된 매체다. 반면, 하이퍼텍스트는 링크를 통해 정보들이 비선형적으로 연결된 구조다. 방대한 정보를 특정 공간에 저장해두고 링크를 매개로 점프하듯 원하는 정보로 건너가는 검색 방식이다. 우리의 뇌가 작동하는 방식도 백과사전보다는 하이퍼텍스트에 더 가깝다. 버너스 리가 제안한 아이디어의 핵심은 인터넷에 하이퍼텍스트 방식을 장착하는 것이었다.

그의 아이디어가 그럴싸하다고 여긴 유럽입자물리연구소는 그에게 6,500달러짜리 최신형 NeXT 컴퓨터를 지급한다.[41] 이 작은 컴퓨터로 인터넷을 통해 전 세계에 분산되어 있는 정보와 문서, 미디어를 하이퍼텍스트 방식으로 찾아볼 수 있는 정보망의 구조가 생겨났다. 이 세계 최초의 웹사이트는 지금도 확인이 가능하다.[42] 버너스 리와 동료들은 이 시스템에 '세계 규모의 망'이란 뜻의 '월드와이드웹(World Wide Web, WWW, 3W)'이라는 이름을 붙였다.[43] 월드와이드 웹은 NESUS, 모자이크, 넷스케이프, 인터넷 익스플로러로 진화하는 브라우저에 힘입어 점점 세상의 모든 지식을 통합해나갔다.

아이폰

구텐베르크의 인쇄 혁명을 책의 대중화로 연결한 인물은 알두스 마누티우스(Aldus Manutius, 1449/1452~1515)일 것이다. 마누티우스는 '책이란 모름지기 말안장의 작은 행낭에 들어가야 한다'고 생각했다. 이를 위해 작고 읽기 쉬운 이탤릭 서체를 만들고 주머니에 쏙 들어가는 크기의 포켓북을 만들었다. 가독성과 휴대성을 확보한 덕분에 책은 이제 누구나 소유할 수 있는 매체가 되었고, 이는 유럽의 르네상스를 열었다.

월드와이드웹의 구축이 구텐베르크의 인쇄 혁명과 같다고 본다면 그것을 누구나 이용 가능하도록 만든 마누티우스와 같은 사람은 바로 스티브 잡스(Steve Jobs, 1955~2011)다. 그는 과거의 슈퍼컴퓨터보다 더 강력한 성능을 지닌 인터넷 연결기기를 호주머니 속에 넣을 수 있을 만큼의 크기로 만들었다. 그는 2007년 샌프란시스코 모스코니(Moscone) 센터에서 세상을 바꿀 이 기기를 직접 세상에 소개한다. 그에 따르면 이 기기는 '혁명적인 휴대전화'이자 휴대하는 '인터넷 교신기'였다. 아이폰(iPhone)의 역사적인 등장이다.[44]

스마트폰은 정보화 혁명의 임계점을 단번에 뛰어넘었다. 모든 개인이 컴퓨터를 보유하고, 그것들이 서로 연결되어 지식을 공유하는 세상을 꿈꿨던 리클라이더의 꿈이 현실이 된 것이다. 2010년이 되자 매일 3억 명이 블로그를 읽고, 10억 개의 구글 검색이 이뤄지고, 20억 개의 유튜브 동영상이 시청됐다.[45] 전 세계 인터넷 사용자 수는 2000년 4억 명에서 2008년 16억, 2022년에는 세계 인구의 66%인 53억 명으로 증가했다.[46] 미국 사이버 보안업체 시스코(Cisco Systems)는 2023년 전 세계 인터넷 사용자 수는 53억 명에 달할 것으로 전망했다.[47] 그런데 사람만 인터넷에 연결된 것이 아니다.

사물과 인터넷

1982년 카네기멜론대학교의 한 코카콜라 자동판매기가 아르파넷에 연결됐다. 이 자동판매기는 아르파넷을 통해 콜라가 몇 개 남았는지, 온도가 충분히 차가운지를 알려줬다. 이 자동판매기 이후 많은 사물들이 인터넷에 연결되기 시작했다. 신용카드 단말기, 공장의 기계, RFID와 같은 식별 센서, 스마트 빌딩의 공조기, TV, 인공지능 스피커 등 많은 기기들이 지금도 인터넷에 연결되는 중이다.

2008년에서 2009년 사이의 어느 날, 인터넷에 연결된 기계의 수가 처음으로 사람의 수를 추월했다. 2003년에는 사람 100명당 사물/기계 8대가 인터넷에 연결됐지만, 2010년에는 사람 1명당 사물/기계 1.84대가 인터넷에 연결됐다.[48] 2022년 말 인터넷에는 전 세계에서 131억 개의 디바이스가 연결되어 있다. 2030년이 되면 인터넷에 연결된 디바이스의 수는 두 배인 250억 개로 늘어날 것으로 예상된다.[49]

새로운 자원, 빅데이터

사람들이 의식하지 못하는 사이 스마트폰과 스마트 기기들은 인터넷 너머로 특정 기업들과 정보를 주고받는다. 나의 검색 기록, 내 비게이터에 기록된 이동 경로, 모든 결제 정보 등을 비롯해 심지어 웨어러블 기기를 통해 나의 건강 데이터까지도 지금 이 시각 어디

론가 공유되고 있다. 2022년 말 페이스북을 이용하는 사람은 29.6억 명이며,[50] 인스타그램에 참여하는 이용자는 12.8억 명이다.[51] 유튜브에는 매달 26억 명의 이용자가 활동에 참여하고 있다.[52] 페이스북만 해도 1분에 300만 개의 정보가 업로드된다. 통신망과 클라우드 기술의 비약적 발전으로 인해 불과 수년 전까지만 해도 불가능했던 일이 이제는 일상이 됐다.

사물인터넷(Internet of Things, IoT)을 포함해 세상의 모든 인터넷으로부터 올라오는 데이터의 양을 상상해보라. 이런 정보들이 모이면 의미가 생긴다. 빅데이터(Big data)다. 빅데이터는 사람들이 겉으로 표현하지 않은 욕망을 고스란히 보여주기도 한다. 2017년 미국 대선 결과가 대표적 사례다. 당시 모든 여론조사 기관은 여론조사 결과를 바탕으로 힐러리 클린턴의 승리를 점쳤다. 하지만 온라인에서 도널드 트럼프에 대한 검색량 트렌드를 살펴본 '구글 트렌드'는 트럼프의 당선을 예측했다. 결과는 모두가 다 아는 바다.

빅데이터는 '새로운 자원'이다. 마치 원유와 같은 존재다. 원유에서 석유를 뽑고 그것으로 새로운 제품을 만들 듯 데이터를 채굴하고(Data mining), 가치 있는 의미를 분석해 통찰(Insight)을 얻어낼 수 있다. 이런 식으로 만들어진 인사이트는 정제된 석유나 플라스틱처럼 가치 있는 상품이 된다. 그게 다가 아니다. 정보는 힘이다. 빅데이터는 그것을 가진 자에게 권력을 선사한다.

5

가상의 생태계

4차 산업혁명

매년 스위스 동부 휴양지 다보스에는 저명한 기업인, 정치인, 경제학자 등이 모여 세계경제를 토론한다. 다보스 포럼(Davos Forum)이다. 2016년 1월 다보스 포럼에서 설립자이자 회장인 클라우스 슈밥(Klaus Schwab, 1938~)이 '4차 산업혁명'이라는 기념비적인 단어를 세상에 처음 선보였다.[*] 슈밥은 이날 사물인터넷, 인공지능, 로봇공학, 가상현실(VR), 자율주행차, 드론 같은 혁신적인 기술이 이

---

[*] 미국 경제학자이자 문명비평가인 제레미 리프킨(Jeremy Rifkin, 1945~)은 인류가 이룩한 산업혁명을 크게 세 시기로 나눴다. 그에 따르면 석탄과 증기기관의 시대는 1차 산업혁명, 석유와 전기 기반 시대는 2차 산업혁명, 컴퓨터와 인터넷 그리고 새로운 재생 에너지의 시대를 3차 산업혁명이라고 봤다. 리프킨은 슈밥이 언급한 4차 산업혁명은 없으며, 3차 산업혁명의 연장이라 생각했다.

끄는 4차 산업혁명이 우리 삶의 방식을 완전히 바꿀 것이며 인류는 지금껏 경험해보지 못한 세상을 만나게 될 것이라 선포했다.

4차 산업혁명을 특징 짓는 단어는 '초지능(Hyper-intelligence)', '초연결(Hyper-connectivity)', '초융합(Hyper-convergence)'이다. 초지능은 가전제품, 공장 기계, 자동차, 드론 등에 인공지능이 결합해 스스로 판단하는 것을 말한다. 초연결은 사람과 기계 그리고 세상의 모든 사물이 네트워크와 클라우드로 연결된 세상을 말한다. 초융합은 모든 것들이 사이버물리시스템(Cyber Physical System, CPS)에 융합되어 온라인과 오프라인의 구분이 없어지는 것을 말한다.

호모사피엔스는 인지혁명 이후 수만 년 동안 정신 속에 법, 종교, 질서, 국가, 사회, 돈과 같은 상상과 관념 속의 규칙을 만들었다. 이 규칙들은 인간의 삶을 좌우하고 실제 세상을 움직여왔다. 우리 뇌 속 정신에 구축한 이 가상의 개념들은 이제 새로운 시스템에 담기기 시작했다. 물리적 시스템 속 전기 부호로 복제되기 시작한 것이다.

메타버스

닐 스티븐슨(Neal Stephenson, 1959~)이 1992년 발표한 기념비적 SF 소설 《스노 크래시》에는 컴퓨터가 고글에 투영해 만든 가상의 거리 '스트리트'가 나온다. 지구 둘레보다 긴 이 가상의 세계는 '메타버스(Metaverse)'라 불린다. 사람들은 고글과 이어폰을 착용하고 아바타를 통해 메타버스의 세계에서 들어가 놀이를 하고 돈을 벌고 집을 산다. 주인공 히로는 현실에서 작은 창고에 몸을 의지하고 살지만 이 가상의 세계에서는 번화한 동네에 멋진 집을 소유하고 있다.

《스노 크래시》의 가상 세계는 많은 IT 기업가에게 영감을 줬다. 구글 창업자 세르게이 브린(Sergey Brin, 1973~)은 현실 세상을 그대로 가상 세계에 옮겨놓은 미러 월드, '구글 어스(Google Earth)'를 개발했다. 미국 IT 벤처기업 린든랩(Linden Lab)의 필립 로즈데일(Philip Rosedale, 1968~)은 2003년 《스노 크래시》의 세계를 그대로 본뜬 '세컨드 라이프(Second Life)'를 만들었다. 이 인터넷 기반 3차원 그래픽 게임 안에서는 일상을 벗어나기를 꿈꾸는 사람들이 모여 가상의 물건과 토지를 사고 공연을 보고 온라인 토론회를 한다.

'세컨드 라이프'의 가상공간 안에서 사회·문화·경제 활동이 이루어지자 소니나 아디다스 같은 대기업들은 사이버 점포를 오픈했다. 상거래를 하려면 화폐가 필요하다. 이윽고 가상화폐인 린든 달러(L$)가 그 세계 안에서 거래되기 시작했다. 현실의 거래소에서 이 가상화폐를 실물 화폐로 바꿔주기 시작하자 현실 세계와 가상 세계의 경계는 이내 무너졌다. 하루에 100만 달러의 상거래가 이루어지고 맨해튼 면적의 4배에 달하는 가상 토지가 매매되자 2005년 이 가상의 공간에 백만장자가 나타난다. 앤시 청(Anshe Chung)이라는 전설의 아바타가 가상의 부동산 거래를 통해 100만 달러 이상을 벌어들인 것이다.

이 아바타의 실제 인물인 에일린 그래프(Ailin Graef)는 가상 세계에서 번 돈을 실물 화폐로 전환해 현실의 백만장자 대열에 합류한다. 가상 세계에서 거부가 된 에일린은 '세컨드 라이프'의 록펠러라 불렸다. '세컨드 라이프'는 작은 나라의 국내총생산에 필적하는 경제 규모를 창출해냄으로써 가상 세계 안에 새로운 지평을 열었다.

'세컨드 라이프'를 이어 '포트나이트(Fortnite)', '로블록스(Roblox)', '제페토(Zepeto)' 같은 게임들이 연달아 발표되면서 메타버스의 세계를 선보였다. 2018년 8월 서비스를 시작한 '제페토'는 구찌, 발렌시아가 같은 글로벌 패션 대기업이 그 안에서 패션쇼와 쇼케이스를 진행했으며, 걸그룹 블랙핑크의 가상 팬 사인회에는 4,600만 명이 넘는 이용자들이 다녀갔다. '제페토'는 MZ세대를 대표하는 문화로 급부상했다.[53]

물리적 매체에 의해 만들어진 가상 세상이 눈과 귀의 감각을 통해 뇌로 스며들자 인간은 그것 역시 실제로 존재하는 세상으로 인식하기 시작했다. 이것을 착각이라 할 수 없다. 따지고 보면 지금 우리가 인식하는 세상도 외부 세계에서 일어나는 일의 감각 정보가 우리 뇌 안에 투영된 결과이기 때문이다.

놀이에서 시작한 메타버스의 세계 안에서 사회적 교류가 이뤄지고, 거래가 시작되고, 그 경제적 산물이 흘러나오자 호모사피엔스는 이 세계를 새로운 생태계로 인식하기 시작했다. 인류가 지구 위에 구축한 인공의 세계, 머릿속에 구축한 흙과 목재와 철의 관념과 상상의 세계에 이어, 메타버스는 전선과 실리콘 기판 위에 만든 세 번째 생태계가 될 가능성이 있다. 관념적 규칙과 계좌에 찍힌 숫자가 오늘날의 현실을 지배하듯 메타버스 속 지위와 자산이 현실을 규정하는 일이 벌어지지 않으리라고 어떻게 장담하는가?

사토시 나카모토 씨의 기발한 생각

2008년 전 세계는 서브프라임 모기지 사태로 인한 금융 충격에 휩싸여 있었다. 사람들은 금융 시스템에 대한 회의와 불신에 빠졌다. 그리고 그해 10월 사토시 나카모토(Satoshi Nakamoto)라는 가명의 인물이 9쪽짜리 짧은 논문을 세상에 던진다. 정부나 중앙은행의 개입 없이 전 세계 사람들이 직접 주고받는 전혀 새로운 개념의 가상화폐에 대한 내용이었다.[54] 비트코인(Bitcoin, BTC)의 시작점이다.

비트코인은 '분산 네트워크형 암호화폐'라고도 불린다. 비트코인은 블록체인 기술을 기반으로 하는데 이런 것과 비슷하다. 한 마을에 거래가 생길 때마다 동네 사람들이 모여 '몇 월 며칠 누가 누구에게 얼마'라고 각자 수첩에 똑같이 적어놓는다.

수십 명의 수첩에 기록된 이 거래 내역은 속일 수도 바꿀 수도 없고, 설령 한두 명이 잘못 적거나 일부 내용을 누락해도 문제가 없다. 블록체인은 이런 식으로 데이터를 블록으로 만들고 연결고리를 끼워 전 세계 개인 컴퓨터들의 서버에 P2P 방식으로 분산 저장하는 기술이다. 국가나 특정 단체의 통제나 간섭이 원천적으로 불가능하다.

전통적으로 화폐는 금이나 은과 같은 실물 가치가 있는 금속을 활용하거나, 정부의 신용을 기반으로 발행한 종이 화폐 형식이었다. 반면, 암호화폐는 다소 납득하기 어려운 방법을 기반으로 만들어진다. 많은 시간을 소모해서 복잡한 연산 문제 하나를 풀면 새로운 비트코인 하나가 만들어지는 것이다.* 이것을 '채굴(Mining)'이라 한다. 비트코인의 경우 100년 동안 2,100만 개만 만들어지도록 정해져 있으며 4년마다 공급량이 반으로 줄어 2140년에는 발행이 끝난다.

이 암호화폐는 기존 화폐와 달리 정부나 중앙은행의 통제를 벗어나 있다. 이것이 암호화폐의 장점이자 단점이다. 통제를 받지 않는 대신 인증된 기관으로부터 합법성을 보장받지 못하기 때문이다. 그런 이유로 아직 대부분 나라들은 가상화폐를 인정하지 않거나 유보적인 입장을 보이고 있다.

'대체불가능토큰(Non-Fungible Token, NFT)'이라는 가상 자산도 나타났다. NFT는 디지털 콘텐츠에 복제 불가능한 고유 디지털 증명서를 다는 것이다. 말하자면 가상 콘텐츠의 진품 증명서인 셈이다. 이 방식으로 마치 예술 작품을 소유하듯 디지털 작품을 소유하고 수집할 수 있게 만들었다.

2017년 '크립토키티(CryptoKitties)'라는 펫 수집 게임이 유행한다. 가상의 고양이를 사서 교배해 완전히 랜덤한 특성을 가진 고양

---

* 이 과정에서 전기를 엄청나게 소모해 지구온난화의 원인으로 지목될 정도다.

이를 만들어내는 게임인데, 그렇게 만들어진 고양이 캐릭터에 고유 NFT를 붙여 이더리움(가상화폐의 한 종류)을 기반으로 구매하고 거래할 수 있게 만들었다. 이 게임에서 1억 원이 넘는 희귀 고양이들이 속출했으며, '크립토키티 드래곤'이라는 고양이는 무려 18억 원에 팔렸다.

2021년 3월에는 디지털 아티스트 비플(Beeple, 본명은 마이크 윈켈만[Mike Winkelmann])의 〈일상: 첫 5,000일〉이라는 이미지 파일의 NFT가 785억 원에 팔렸다. 이 이미지는 인터넷에서 누구나 보고 다운로드를 할 수 있다. 하지만 이 그림의 고유 디지털 값은 785억 원을 지불해 산 사람만의 소유다.

암호화폐는 정규 통화로 유통되고 NFT가 새로운 자산 시장으로 자리를 잡아 인류의 삶에 영구히 편입될 것인가? 아니면 이는 '튤립 파동(Tulip mania)'과 같은 파탄으로 끝날 것인가?* 이 책의 초고를 한참 쓸 무렵, 암호화폐는 역사상 최고점을 기록하고 코인이 없는 사람은 바보가 될 지경이었다. 하지만 초고를 탈고하고 교정을 시작할 무렵, 디지털 자산 시장은 붕괴됐고 2021년 역사적인 상승장 이후의 추락으로 수많은 사람들이 손실을 보았다.

그럼에도 불구하고 돈이라는 상상의 개념에 가치를 붙여 실제화시킨 전력이 있는 인류이기 때문에 가상화폐와 디지털 자산의 미래

---

* 17세기 경제 호황을 겪던 네덜란드에서 벌어진 과열 투기 현상으로 당시 튤립 구근의 가격이 일반 장인이 벌어들이는 연간 소득의 10배 가까운 금액까지 거래되다가 이후 가격이 급락했다. 튤립 파동은 인류 최초의 투기로 인한 거품 현상으로 알려졌다.

를 부정적으로만 예단할 수 없다. 최고가 NFT를 판매한 윈켈만조 차 자기 작품에 붙은 가격을 버블로 본다고 토로했지만 다음과 같 은 말을 덧붙였다. "인터넷 시대가 처음 열렸을 때도 이런 거품이 끼었고 결국 버블이 터졌지만 인터넷은 사라지지 않았다. NFT 기 술 자체는 지속 가능한 강력한 힘이 있는 것은 사실이다."[55] 암호화 폐와 디지털 자산은 많은 사람에게 실망을 주고 희생자를 만들고 있지만, 튤립 파동의 성격이라기보다는 인터넷 버블에 가까운 모습 을 보이리라 생각된다.

20세기 말이 되자 호모사피엔스는 통제 본능의 시선을 자기 자 신에게로 돌린다. 생명의 근원인 유전자의 신비와 호모사피엔스를 지구의 지배종으로 끌어올려준 최고의 무기인 뇌의 비밀을 파헤치 기 위해 진력을 다하기 시작한다. 인류는 스스로 신이 되기를 꿈꾸 기 시작한다.

5 장

해독

: 판도라의 상자

열린 비밀

생명과 정보

이 장은 인류가 생명의 근원을 밝혀나가는 데 초석이 되었던 세 가지 장면에서 시작해볼까 한다. 생명의 근원을 밝히는 비밀의 첫 조각을 찾아낸 인물은 수도원에서 조용히 밭을 일구며 완두의 색깔을 유심히 관찰하던 오스트리아의 성직자, 그레고어 멘델(Gregor Mendel, 1822~1884)이었다. 당시 사람들은 피부색이나 머리카락색 같은 특징(형질)들이 물감처럼 섞여서 자손에게 전해진다고 생각했다. 멘델은 이러한 특징들이 섞이지 않고 입자처럼 조합됨을 알아냈다.

멘델은 매끈한 완두와 주름진 완두를 교배하면 두 가지 특징이 섞인 완두가 나타나는 것이 아니라는 것을 깨달았다. 첫 세대에서는 매끈한 완두만 나타났다가 다음 세대에서는 매끈한 완두와 주

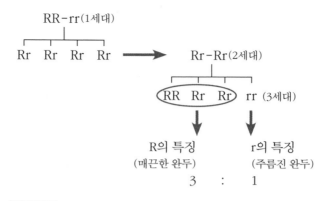

멘델이 발견한 유전법칙.
멘델은 유전 형질이 물감처럼 섞이는 것이 아니라 입자처럼 조합됨을 알아냈다.

름진 완두가 3:1의 비율로 나타났다. 멘델은 알쏭달쏭한 이 현상을 기호로 풀어 정리해냈다. 매끈하게 둥근 형질을 대문자 'R('Round'의 약자)'로 표기하고 주름진 형질을 소문자 'r'로 표기하기로 규칙을 정하고 앞서 설명한 내용을 기호로 표기하면 위의 그림과 같다. 멘델의 발견에 따르면 유전은 파동이 아니라 입자의 방식, 아날로그가 아니라 디지털 방식으로 이뤄졌던 것이다.

이제 또 다른 장면으로 넘어가보자. 1943년 나치의 탄압을 피해 오스트리아에서 아일랜드로 망명한 이론물리학자 에르빈 슈뢰딩거(Erwin Schrödinger, 1887~1961)는 더블린의 트리니티대학교에서 생명의 본질에 대한 강연을 한다. 물리학자의 시각에서 본, 통찰력으로 가득 찬 이 강연은 이듬해 '생명이란 무엇인가'라는 제목의 책으로도 출간됐다. 그의 강연과 책이 과학계에 불러일으킨 파급력은 대단했다.[1]

슈뢰딩거는 생명체가 수백만 년 이상 변하지 않고 유지되는 것은 보존된 '정보'가 있기 때문이라고 설파했다. 모든 생명 활동은 기록된 설계도에 따른 물질들의 물리적·화학적 활동의 결과다. 그런 면에서 생명과 무생명의 경계는 없다. 슈뢰딩거는 유전자가 생물 현상의 핵심이며 그것을 찾는 데 모든 생물학적 역량이 집중되어야 한다고 말했다. 슈뢰딩거의 통찰은 분자생물학의 탄생을 불러온다.

이제 마지막 장면이다. 20세기 초, 폐렴구균은 많은 이들의 목숨을 앗아간 무서운 존재였다. 많은 세균학자들이 이 작은 균의 연구에 매달렸다. 그런데 영국 보건성의 프레더릭 그리피스(Frederick Griffith, 1877~1941)가 이상한 사실을 발견했다. 표면이 매끄러운 S형 폐렴구균의 찌꺼기가 표면이 주름진 R형 폐렴구균에 섞이면 R형의 후손 중 S형이 나타나는 것이었다. 그리피스는 이 현상에 '변형 원리(Transformation principle)'라는 이름을 붙였다.

록펠러의학연구소의 오즈월드 에이버리(Oswald Avery, 1877~1955)는 변형 원리를 일으키는 물질을 찾아 나선다. 그는 S형 폐렴구균 추출물에서 물질을 하나하나 제거하면서 무엇이 형질 변환을 일으키는지 탐색했다. 당대 학자들처럼 에이버리도 단백질이 유전물질일 것이라 예상했다. 그런데 단백질을 없앤 추출물로도 형질 변환이 일어났다. 에이버리는 실험을 멈추지 않고 물질들을 계속 제거해나갔다. 그 결과, 최종 DNA(Deoxyribo Nucleic Acid, 디옥시리보핵산)만 남은 추출물이 형질 변환을 일으킨다는 사실을 알아낸다. DNA가 유전물질임이 최초로 확인된 것이다.[2]

이중나선 구조에 담긴 생명의 정보

1950년대 영국 킹스칼리지런던대학교와 캐번디시 연구소(케임브리지대학교 부설 연구소)에는 젊고 패기만만한 과학자들로 가득했다. 두 연구 기관은 X선 분석으로 분자의 3차원 구조를 풀어내는 기술에서 세계 최고였다.

미국 시카고대학교 출신의 제임스 왓슨(James Watson, 1928~)은 인디애나대학교에서 생물학 학위를 마친 뒤 캐번디시 연구소의 연구원으로 들어갔다. 이곳에서 왓슨은 유니버시티칼리지 런던(UCL)에서 물리학을, 케임브리지대학교에서 생물학을 전공한 프랜시스 크릭(Francis Crick, 1916~2004)을 만난다. 현대 생명과학의 흐름을 바꾼 두 콤비의 역사적 만남이었다. 슈뢰딩거의 《생명이란 무엇인가》에 깊이 경도됐던 12살 터울의 두 사람은 금세 의기투합하고, 이후 DNA의 구조를 밝히기 위한 공동 연구에 착수한다.

당시는 캘리포니아공과대학교의 대가 라이너스 폴링(Linus Pauling, 1901~1994)이 단백질의 알파나선 구조와 베타병풍 구조를 막 밝혀낸 참이었다. 폴링이 밝힌 단백질의 3중 나선 구조는 다른 거대 분자들에도 적용될 것 같아 보였다. 왓슨과 크릭도 DNA가 3중 나선 구조일 것이라 생각했다. 두 콤비는 자신들의 가설을 바탕으로 당과 인산이 뼈대를 이루고 염기가 바깥쪽을 향하는 3중 나선 구조의 모형을 만들었다. 그런데 이리저리 맞춰도 구조의 아귀가 잘 맞지 않았다. 이들이 세운 가설은 실패한 듯 보였고 이들의 연구를 지원했던 연구소 측으로부터 이제 DNA 연구를 그만두라는 권고까

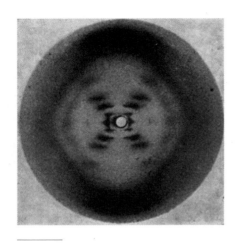

이중나선 구조 발견의 결정적 힌트가 된 '51번 사진'.

지 받았다.

그러던 중 과학사를 바꿔놓는 계기가 이들에게 찾아온다. 1953년 1월 말, 왓슨은 폴링이 발표한 3중 나선 구조를 논의하기 위해 킹스칼리지의 모리스 윌킨스(Maurice Wilkins, 1916~2004)를 방문한다. 윌킨스는 뉴질랜드 출신 과학자로 미국 맨해튼 프로젝트*에 참여하던 중 회의를 느끼고 귀국하여 킹스칼리지의 생물물리학 그룹에 합류한 인물이었다. 이 그룹에는 X선 결정학 전문가인 로절린드 프랭클린(Rsalind Franklin, 1920~1958)도 있었다. 그녀는 보수적인 영국 과학계에서 살아남았을 만큼 뛰어난 실력과 강인한 성격을 가진 여성 과학자였다. 로절린드와 윌킨스는 평소 사이가 좋지 않았

---

* 제2차 세계대전 중 미국이 추진했던 원자폭탄 제조 프로젝트의 암호명이다.

는데, 이날 윌킨스는 로절린드 프랭클린의 연구팀이 찍은 X선 회절 사진 한 장을 보여준다. '51번 사진'이라 불리는 이 유명한 사진을 보는 순간 왓슨은 DNA가 이중나선 구조임을 깨닫는다.

케임브리지로 돌아온 왓슨은 크릭과 함께 다시 이중나선으로 DNA 구조 모델을 만들기 시작했다. 하지만 이번에도 썩 만족스러운 결과가 나오지 않았다. 그해 2월 28일, 두 사람은 다소 이상하지만 염기(A, G, C, T)를 나선의 안으로 향하도록 넣어봤다. 놀랍게도 염기를 안으로 집어넣자 염기 A와 T 그리고 G와 C가 퍼즐처럼 들어맞으며 자연스럽게 이중나선 구조가 만들어졌다. 이 완벽한 구조는 DNA 구조 자체뿐만 아니라 어떻게 DNA가 자기 복제가 가능한지까지 단번에 설명해줬다. 그렇게 1953년 3월 7일, 높이 180cm가 넘는 DNA 분자 모형이 완성됐다.

후일담

왓슨과 크릭은 자신들의 발견을 정리해 한 달 만에 논문을 작성했다. 하지만 문제가 생겼다. 윌킨슨이 프랭클린의 허락 없이 무단으로 '51번 사진'을 보여줬기 때문이다. 최종 모델을 생각해낸 것은 왓슨과 크릭이었지만, 이들이 DNA 분자 모형을 규명하는 데 결정적 역할을 한 자료의 출처는 로절린드 프랭클린의 연구팀이었다.

이 문제를 해결하기 위해 캐번디시 연구소의 로런스 브래그 경(Sir Lawrence Bragg)과 킹스칼리지의 존 랜달 경(Sir John Randall)이 만났

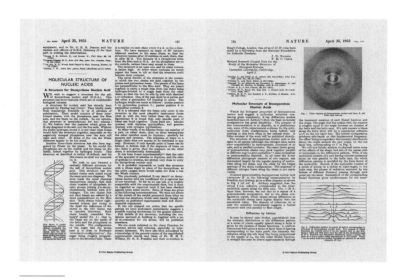

《네이처》에 실린 최초의 DNA 구조 논문. 1쪽짜리 왓슨과 크릭의 논문 뒤에 윌킨슨의 논문과 프랭클린의 논문이 3부작처럼 연이어 실려 있다. 희귀본 서적 판매상(Manhattan Rare Book Company)의 홈페이지에 실린 사진이다.[3]

다. 두 연구소의 수장은 왓슨과 크릭의 논문과 함께 윌킨스의 논문과 프랭클린의 논문을 동시에 투고하도록 한다. 그 결과, 1953년 4월 《네이처》에는 세 개의 논문이 '핵산의 분자 구조'라는 제목하에 나란히 실린다.[4]

단 1쪽 분량의 왓슨과 크릭의 세기적 논문은 다음과 같이 끝난다. '우리가 제시하는 특정한 결합이 유전물질이 복제되는 방식도 의미함을 우리는 놓치지 않았다.' 이는 《종의 기원》의 '훗날 인간의 기원과 역사에 한 줄기 빛으로 비춰지게 될 것'이란 문장에 비견되는 과학사적 문장으로 등극한다. 이후 프랭클린은 난소암으로

1958년 37세의 나이에 사망하고, 왓슨, 크릭, 윌킨스 세 사람만이 1962년 노벨생리의학상을 수상한다.

센트럴 도그마

DNA의 구조를 알아냈지만 아직 그것이 어떤 방식에 의해 생명 활동으로 연결되는지는 아직 모르던 1958년, 크릭이 하나의 가설을 가정한다. 그의 가설을 간략히 설명하면 이렇다. 생명의 정보는 DNA에 담겨 자가 복제(Replication)를 통해 대대로 전달된다. 생명체는 필요할 때마다 DNA의 정보를 RNA(Ribonucleic Acid, 리보핵산)로 전사(Transcription)한다. RNA에 전사된 정보는 번역(Translation)되어 단백질을 만든다. DNA에 저장된 정보대로 단백질을 이루는 아미노산 서열이 만들어지면 그 서열에 의해 3차원 입체 구조가 형성된다. 단백질의 3차원 구조에 의해 생명체의 형태가 만들어지고 생명 활동이 일어난다.

'DNA→RNA→단백질'의 방향으로 정보가 전달되어 생명 활동이 일어난다는 이 가설은 '센트럴 도그마(Central dogma)'라 불렸다. 분자생물학의 중심원리라는 뜻이다. 훗날 독자적인 RNA의 역할이 밝혀지고, 최초의 생명이 RNA에서 먼저 시작됐다는 가설이 제시될 때까지 센트럴 도그마는 그 이름처럼 분자생물학에서 중심의 위치를 지켰다.

다음으로 DNA의 부호 해독이 이루어진다. DNA는 '아데닌

(Adenine, A)', '구아닌(Guanine, G)', '사이토신(Cytosine, C)', '타이민(Thymine, T)'이라는 4개의 염기가 선형을 이루는 구조다. A, G, C, T라는 4개의 알파벳으로 이루어진 문자 체계인 셈이다. 어떻게 4개의 부호에 그토록 방대하고 복잡한 생명현상의 정보가 담길 수 있을까?

우크라이나 출신 미국 물리학자 조지 가모프(George Gamow, 1904~1968)가 이 의문에 간단하게 답을 제시했다. 그에 따르면 세 개의 문자가 한 단어가 된다는 것이었다. 이 방법을 사용하면 총 64개의 인코딩이 가능하다($4^3 = 64$). 가모프는 세 개의 염기로 이뤄진 유전암호의 단위를 '코돈(Codon)'이라 불렀다. 첫 번째 코돈은 1966년 미국 생물학자 마셜 니런버그(Marshall Nirenberg, 1927~2010)에 의해 너무 쉽게 풀렸다. 그는 'UUUUU……'를 계속 붙인 DNA를 만들었는데, 그 결과 '페닐알라닌-페닐알라닌-페닐알라닌-……'의 아미노산 서열이 만들어진 것이다. 바보가 아닌 이상, 'UUU'는 페닐알라닌임을 누구나 추측할 수 있었다. 그런 방법을 통해 'AAA'는 라이신, 'CCC'는 프롤린, 'GGG'는 글리신이라는 사실을 알아내며 인류는 가장 단순한 코돈부터 차근차근 생명의 암호를 해독해나갔다.

해독과 증폭

케임브리지대학교의 생화학자 프레더릭 생어(Frederick Sanger, 1918~2013)는 본인이 두 번의 노벨상을 수상했을 뿐만 아니라 자신의 제자 중 두 명의 노벨상 수상자를 배출한 걸출한 과학자다. 그는 세계 최초로 인슐린의 단백질 서열을 밝혀낸 공로로 1958년 생애 첫 노벨생리의학상을 수상한다.

22년 후 생어는 생애 두 번째 노벨상을 수상한다. 바로 DNA 염기서열 순서를 밝히는 방법을 만들어낸 것이다. 그 방법은 다음과 같다. 먼저 DNA를 시작은 같지만 끝은 다르게 모든 길이로 조각낸다. 이 조각들을 전기영동을 건다. 그러면 조각들은 2개 길이, 3개 길이, 4개 길이······ 등 길이 순으로 배열된다. 이제 마지막으로 길이 순으로 맨 끝의 염기를 적어내면 전체 순서를 알 수 있다. 이 방법은 그의 이름을 따서 '생어 염기서열 분석(Sanger sequencing)'이라 부른다.[5] *

현대 유전학에 기여한 또 하나의 기술이 더 있다. DNA를 증폭하는 기술이다. 생어 염기서열 분석을 하려면 DNA의 양이 엄청 많아야 한다. DNA를 증폭하는 것은 대부분의 유전학 연구에서 가장 필요하면서 힘든 작업이다. DNA를 세균 유전자에 집어넣어 불리는 '클로닝(Cloning)'이라는 방법이 있긴 했지만 엄청나게 손이 가는 수작업이다. 이 문제를 미국의 세투스 사(Cetus coopreartion)의 생화학자 캐리 멀리스(Kary Bans Mullis, 1944~2019)가 '중합효소 연쇄반응(Polymerase Chain Reaction, PCR)'이라는 방법으로 해결한다.

---

* 전하를 갖는 물질들을 용액이나 젤에 넣고 전장(電場)을 가하면 모두 한 극을 향하여 이동을 시작한다. 이때 물질들은 전하나 분자량의 차이에 따라 이동 거리가 달라지면서 서로 분리된다. 이 원리를 이용해 단백질이나 DNA 같은 고분자들을 분리하여 분석할 수 있다.

DNA 복제는 이중나선이 풀어지면서 시작된다. 갈라진 나선에 프라이머(Primer)가 붙고 여기부터 DNA중합효소가 DNA를 붙여나가면 복제가 일사천리로 일어난다. 문제는 이중나선의 분리가 쉽게 일어나는 온도가 90°C인데 이 온도에서 작동하는 DNA중합효소가 없다는 점이었다.

멀리스는 이 효소를 미국 옐로스톤의 뜨거운 온천에서 사는 호열성 세균 테르머스 아쿠아티쿠스(Thermus aquaticus)에서 찾아낸다. 이 효소는 호열성 세균의 이름을 따 'Taq 중합효소(Taq polymerase)'라고 부른다.[6] 세균 속 효소 덕분에 한 가닥의 DNA를 수십만 가닥의 DNA로 증폭시킬 수 있게 된 것이다.

생명의 비밀을 해독할 기술을 확보한 호모사피엔스의 머릿속에는 인간의 전체 유전정보 게놈(Genome)* 지도를 그리고자 하는 야심이 피어난다. 이 일은 상상을 초월하는 방대한 작업이 될 것이다. 30억 개에 육박하는 인간 DNA 염기서열을 생어의 방식으로 분석하는 것은 여의도 면적을 뒤덮은 1cm 크기 퍼즐 조각들을 손으로 일일이 맞추는 작업과 같다.

때마침 인류에게 이런 어려움을 타개할 돌파구가 생겼다. 전산과학의 발전이다. 슈퍼컴퓨터를 활용하면 수작업에 가까운 일을 단번에 해결할 수 있었다. 이제 인간 게놈 지도를 그리는 것은 기술의 문제가 아니라 돈과 시간의 문제가 됐다.

---

* '유전자(Gene)'와 '염색체(Chromosome)'의 합성어다.

2 탐사의 시작

휴먼 게놈 프로젝트

1980년대에 염기 하나를 분석하는 비용은 1달러 정도였다. 인간 게놈 염기는 30억 개이므로 단순 계산으로도 30억 달러(약 3조 6천억 원)가 소요된다. 게다가 생어 염기서열 분석 방법은 염기를 단순히 일렬로 세워놓고 번호를 부르는 작업이 아니었다. 여의도 넓이의 퍼즐을 맞추는 일과 같았다. 얼마나 많은 돈과 시간이 필요할지 모르는 일이었다.

캘리포니아주립대학교 산타크루즈 캠퍼스의 생물물리학자 로버트 신스하이머(Robert Sinsheimer, 1923~2017)는 천문학과 물리학 분야에서 대규모 프로젝트를 진행한 경험이 있는 사람이었다. 신스하이머는 생물학 분야에서도 대규모 프로젝트를 하지 못할 이유가 없다고 생각했다. 그는 1985년 5월, 인간 게놈 서열 전체를 밝혀내는 계획을 추진하는 데 필요한 재정 문제를 해결하기 위해 사람들을 산타크루즈로 끌어모아 워크숍을 개최한다.[7]

계획에 먼저 나선 것은 미국 에너지부 소속 보건환경연구국 (Office of Health and Environmental Research, OHER)이었다. 생명의학자이기도 한 OHER의 수장 찰스 델리시(Charles DeLisi, 1941~)는 이 계획이 의회를 통과하도록 다방면으로 노력했다. 여기에 노벨생리의학상 수상자인 레나토 둘베코(Renato Dulbecco 1914~2012)와 제임스 왓슨이 힘을 보탰다.

그동안 미국국립보건원(National Institutes of Health, NIH)이 수차례 요청했음에도 불구하고 프로젝트의 방대한 규모에 난색을 표하던 미국 의회는 에너지부까지 나서자 입장을 바꿔 두 기관이 함께 예산을 배정해 1990년 계획을 시작하도록 결정한다. 이렇게 해서 '인간 게놈 프로젝트(Human Genome Project, HGP)'가 출범하게 됐다.

시장으로 나간 게놈 프로젝트

인간 게놈 프로젝트의 수장을 맡은 왓슨은 그 명성과 지도력으로 미국, 영국, 독일, 프랑스, 일본, 중국 등 6개국의 이해가 얽힌 복잡한 다국적 컨소시엄을 잘 이끌어갔다. 그런데 특허 문제를 둘러싸고 의견 충돌이 발생한다.

NIH의 유능한 연구원이었던 존 크레이그 벤터(John Craig Venter,

1946~)는 유전자 연구의 경제적 가치는 제대로 인정받아야 한다는 실용적인 생각을 가지고 있었다. 그는 연구원 시절 '발현 배열표식(Expressed Sequence Tag, EST)'* 기술을 개발했지만, 그것은 발명이 아니라 발견이라는 이유로 특허를 받지 못한 전력이 있다.

프로젝트 참가자들 중에는 프로젝트로 밝혀진 인간 게놈은 특허화가 진행되어야 한다고 믿는 사람들이 있었다. 벤터는 이들을 대표하는 인물이었고, 특허에 반대하는 왓슨과 논쟁을 피할 수 없었다. 치열한 논쟁은 두 사람 모두에게 상처를 남겼다. 왓슨은 프랜시스 콜린스(Francis Collins, 1950~)에게 수장 자리를 넘겼고, 벤터 역시 프로젝트를 떠나 개인 연구소를 설립한다. 왓슨의 뒤를 이은 콜린스는 그의 뜻을 따라 공익사업으로서 프로젝트의 방향성을 유지한다. 벤터는 유전학 분야에서 스티브 잡스나 일론 머스크 같은 존재로 변신한다. 시장성을 중요시하고 대중들의 관심을 불러일으키는 데 더 큰 초점을 두었다.

벤터는 개인 연구소를 차리자마자 먼저 조그만 생명체의 전체 게놈을 연이어 발표한다. 그는 180만 쌍의 염기를 가진 세균 헤모필루스 인플루엔자[8]와 초파리의 전체 게놈을 발표한다.[9] 이 발표로 최초의 진핵생물 전체 게놈을 발표하려 했던 NIH의 계획은 찬물을 뒤집어쓴 상황이 됐다. 이어서 벤터는 '셀레라 제노믹스(Celera Genomics)'를 설립하고 독자적으로 인간 게놈을 분석하겠다고 선포한다.

---

* mRNA를 상보 결합해서 그것을 코딩한 DNA 유전자를 찾아내는 기술.

생물정보학 시대의 개막

인간 게놈 프로젝트 컨소시엄은 유전자 지도를 짚어가며 염기서열을 하나하나 해독해나가고 있었다. 그런데 벤터의 셀레라 제노믹스는 '전체 게놈 샷건(Whole genome shotgun)'이라는 파격적인 방식을 도입한다. 전체 게놈 샷건은 전체 게놈을 여러 벌로 복제한 후 샷건을 쏜 것처럼 무차별적으로 수천만 조각으로 잘라내 각 조각들의 서열을 분석하고 슈퍼컴퓨터를 이용해 다시 순서대로 짜 맞추는 방식이다.

컨소시엄의 방식이 책을 순서 그대로 분철해 하나하나 해독하고 다시 모으는 방법이라면, 벤터의 셀레라 제노믹스가 사용한 방식은 여러 벌 복사해 갈기갈기 찢고, 찢어진 조각들을 닥치는 대로 해독한 후 다시 한 권의 책으로 짜 맞추는 방법이었다. 이 방법의 가장 어려운 부분은 짜 맞추는 것인데, 이 문제를 해결하기 위해 벤터는 컴퓨터 과학자 유진 마이어(Eugene Myers, 1953~)를 영입한다. 마이어는 통계학적 방법과 슈퍼컴퓨터를 총동원해 수천만 개로 쪼개진 게놈 조각을 다시 맞추는 일을 해결한다. 셀레라 제노믹스의 방식으로 전산과학이 생물학의 영역으로 들어오면서 생물정보학(Bioinformatics)의 시대가 열렸다.

개인 연구소였던 셀레라 제노믹스는 18개국의 과학자들이 모인 프로젝트 컨소시엄과 NIH의 작업 속도를 추월하기 시작한다. 민간 기업의 선전포고로 프로젝트 컨소시엄과 NIH의 작업 속도도 가속되는 긍정적인 결과가 나타났지만 셀레라 제로믹스가 노리는 특허 문제에 대해서는 정부의 개입이 필요해졌다. 결국 2000년 3월, 당시 미국 클린턴 대통령은 게놈 서열은 특허를 얻을 수 없으며 누구나 자유롭게 이용할 수 있도록 해야 한다고 선언했다. 이 선언으로 인해 셀레라 제노믹스의 주가는 폭락했다. 그로부터 3개월 뒤인 2000년 6월 26일, 정부의 중재로 양쪽 기관의 대표는 백악관에서 서로에 대한 불편한 감정을 감추고 인간 게놈 지도가 완성됐음을 공동 발표한다.

인간 게놈 프로젝트의 수장 프랜시스 콜린스는 "창조자의 영역을 어렴풋이 경험한 사실에 겸허함을 느낀다"고 소감을 말했다. 벤터는 "새로운 도전이 시작되는 역사적 사건"이라 선언했다. 이듬해 2월에는 그동안 이뤄진 인간 게놈 프로젝트의 세부 연구 결과가 각 기관의 명의로 각각 《네이처》와 《사이언스》에 발표됐고,[10][11] 최종적으로 완성된 인간 게놈 지도는 2년 후 발표됐다.[12] DNA 이중나선의 구조가 밝혀진 지 50년 만의 일이다.

원점으로 돌아오다

인간 게놈 프로젝트는 인간 게놈의 서열을 알아냄과 동시에 게놈 시대와 생물정보학의 시대의 서막을 열었지만 동시에 중대한 수수께끼도 남겼다. 인간 게놈의 98.5%가 의미 없는 암흑 지대라는 사실이다.

생명 활동은 단백질의 활동이고, 단백질에 대한 정보를 가지고 있어야 유전자라 불릴 수 있다. 전통적인 의미에서 유전자는 1개의 단백질을 코딩하고 있는 DNA 서열이다. 인간 게놈 프로젝트를 시작할 때만 해도 과학자들은 인간의 단백질 코딩 유전자 수가 10만 개는 넘을 것이라 추정했다. 그런데 프로젝트가 진행됨에 따라 예상치는 5만 개로, 다시 3만 5,000개로 떨어졌다. 2003년 최종 게놈 지도에서는 22,333개로 발표됐고, 서열분석 기술이 점점 정밀해진 2013년 공개된 인간 유전체 레퍼런스에는 단백질 코딩 유전자 수가 2만 개도 안 되는 19,950개로 기록되어 있다.[13]

인간 게놈이 30억 개의 '문자(DNA 염기)'로 된 23권의 '책(염색체)'이라고 치자. 인간 게놈 프로젝트는 결과적으로 의미 있는 문장이 2만 개가 채 되지 않고 나머지 98.5%는 의미 없는 문자가 반복되거나 무작위로 쓰인 책 23권을 필사해낸 것과 같이 되어버렸다.

더 충격적인 것은 인간의 유전자 수가 닭의 유전자 수(16,700여 개)와 비슷하다는 사실이다. 세포 수가 1,000개밖에 되지 않는 예쁜꼬마선충조차 우리와 유전자 수가 비슷하다(18,400여 개). 식물과 비교하면 더 기가 막히다. 옥수수는 3만 2,000개, 쌀은 5만 개의 유전자를 가지고 있다. 그래도 대장균(4,420여 개)과 초파리(14,900여 개)보다는 조금 많으니 이 사실이 위로가 될지 모르겠다. 그나마 우리가 가진 유전자의 90%는 우리에게만 특별한 것이 아니라 다른 무척추동물들도 가지고 있는 것들이고 그중 수백 개는 세균이 가진 유전자들과 동일했다.

인간 게놈 프로젝트가 알려준 것은 우리가 아무것도 몰랐다는 사실이었다. 유전자 수로는 닭과 차이가 없고 게놈의 98.5%는 의미를 알 수 없는 암흑 지대였다. 이 무의미해 보이는 지역의 서열들을 '정크 DNA(Junk DNA)', 즉 '쓰레기'라고 불렀다. 이렇게 광대한 지역이 어떻게 그저 쓰레기 더미일 수 있을까? 인간 게놈 프로젝트는 인류에게 더 어려운 질문을 던졌으며, 여정의 끝이 아니라 시작점이 됐다.

3 암흑 지대

재료와 레시피

재료의 수가 많다고 고급 요리는 아니다. 그것처럼 고등동물일수록 유전자 수가 많을 것이라는 생각은 실수인지 모른다. 절실한 마음에 호주의 한 연구진은 생물학적 복잡성이 유전자 수와 관계가 있는지 조사했다. 세균, 원생동물에서부터 계통을 따라 인간에 이르기까지 유전자와 전사체(Transcriptome)의 수를 모두 비교했다.[14] 유전자는 전통적인 의미의 단백질 코딩 유전자를 말한다. 전사체는 DNA로부터 전사된 모든 RNA들의 총합을 말하는데, 여기에는 우리가 알고 있는 유전자뿐 아니라 어디에 쓸지 모르지만 어쨌든 정크 DNA 더미에서 전사된 RNA들도 모두 포함되어 있다.

연구 결과, 유전자 수는 세균에서 원생동물, 즉 아메바 수준까지는 수가 꾸준히 늘어나지만 일단 다세포 생명체가 되면 어느 선에서 더 이상 증가하지 않음이 확인됐다. 반면, 전사체는 진화 과정을 따라 계속 증가한다. 연구진 추산으로는 인간의 게놈은 77%가 전사되고 있었다. 전사가 된다는 것은 어딘가에 필요하다는 뜻이다. 무엇인지 모르는 역할을 하는 것들이 고등동물로 갈수록 계속 증가한다는 이야기다. 암흑 지대가 쓰레기 더미라는 생각은 속단일지 모른다는 말이다.

인간 게놈 프로젝트로 인류가 얻은 것은 요리의 재료 목록에 지나지 않은 것인지 모른다. 그렇다면 레시피는 어디에 있을까? 이윽고 암흑 지대 탐사가 시작되고 과학자들은 그 안에서 의미 있는 서열들을 사냥하기 시작한다.

마스터와 유전자 스위치

손톱 세포와 뇌세포는 똑같은 유전정보를 가졌다. 그런데도 손톱이 손톱처럼 생기고, 뇌가 뇌처럼 생긴 것은 이것들이 만들어지는 과정에서 어떤 유전자는 켜지고 어떤 유전자는 봉인되기 때문이다. 손톱 세포에서 케라틴이 나오고 뇌세포에서 신경전달물질이 나오는 것은 각각 필요한 유전자가 선택되어 발현되고 나머지는 침묵하기 때문이다.

스위스 바젤대학교의 발생학자 발터 게링(Walter Gehring, 1939~2014)은 더듬이가 날 자리에 다리가 자라는, '안테나페디아(Antennapedia)'라 불리는 초파리 돌연변이의 원인 유전자를 찾고 있었다. 어느 날 게링은 이 돌연변이가 더듬이나 다리를 만드는 단백질 유전자의 문제가 아니라 그것들을 조절하는 상위의 '무엇'이 아닐까 하는 데 생각이 미치게 되었다. 그리고 결국 이들을 총괄하는 '마스터' 유전자인 'HOX 유전자(Homeobox gene, HOX gene)'를 찾아낸다.[15] HOX 유전자는 모든 동물에서 각자 버전이 발견된다. 사람 버전의 HOX 유전자는 더듬이와 다리 대신 척추와 사지를 만드는 유전자들을 켜고 끄면서 사람의 형태를 만들어간다.

또 다른 예를 살펴보자. 'Eyeless 유전자'는 초파리에서 눈을 만드는 유전자다. 이것을 생쥐에 이식하면 생쥐의 눈이 만들어진다. 반대로 생쥐에서 눈을 만드는 'Pax6 유전자'를 초파리에 이식하면 초파리의 눈이 만들어진다. 두 유전자는 어떤 주방을 가도 필요한 재료를 찾아 똑같은 요리를 만드는 요리사인 것이다. 이들은 유전자의 스위치들, 즉 프로모터(Promotor)나 인핸서(Enhancer)라 불리는 조절DNA서열(Regulatory DNA sequences)들*을 지휘하여 요리를 만들어낸다. 그런 면에서 HOX나 이들 유전자들을 마스터 유전자라 부른다.

이 같은 방법은 발생 과정뿐 아니라 생체 내에서 일어나는 영양-대사 반응이나 호르몬 반응, 면역 반응 같이 복잡한 생물학적 반응에도 사용된다. 마치 군대의 동시 작전 수칙과 같다. 전황에 따

---

* 프로모터는 DNA 서열 중 유전자가 발현하기 위해 RNA 전사가 시작되는 부분이다. 인핸서는 멀리 떨어진 위치에서 프로모터와 비슷한 일을 하는 부분이다. 모두 전사인자(Transcription factor)의 지시를 받아 유전자를 발현하거나 시키는 조절 DNA 서열이다.

라 정해진 깃발을 올리면 각 부대는 진격이나 후퇴를 규칙대로 수행한다. 그러면서 전체 작전이 펼쳐지는 것이다. 고등 생물의 생물학적 반응은 자연선택이라는 오랜 전투를 통해 축적한 작전 규칙들인 셈이다. 즉, 고등 생물로의 진화는 재료의 증가가 아니라 레시피의 복잡화이며, 부대 수의 증가가 아니라 작전 수칙의 고도화로 보는 것이 적절하다.

드러난 암흑 지대

2003년 본격적으로 암흑 지대를 탐사하기 위해 미국국립인간게놈연구소(National Human Genome Research Institute, NHGRI)의 지원으로 전 세계 32개 연구팀 450여 명의 과학자들이 모여 인간게놈 프로젝트 규모에 버금가는 'ENCODE(Encyclopedia of DNA Elements)' 프로젝트를 출범했다. 이 프로젝트의 목표는 아직 밝혀지지 않은 서열들의 기능을 알아내는 것이었다. 이를 위해 147종류의 인간 세포에서 각각 유전자의 발현과 유전체를 분석하고 전사체와 기능을 추적했다.

그 결과, 암흑 지대로 알려진 곳 안에 7만여 개의 프로모터와 40만여 개의 인핸서 유사 지역이 있음을 알아냈고,[16] 인간 게놈의 80%는 실제로 생화학적 기능을 가지고 있음을 알아냈다.[17] 새로운 기능은 지금도 발굴되고 있다. 아무것도 없는 황무지로 생각했던 암흑 지대가 사실은 수많은 열쇠와 스위치, 프로토콜이 보관된 통제실이었던 셈이다.

인간 게놈 프로젝트 이전까지 인류가 유전자에 대해 가졌던 시각은 자동차 공장을 처음 방문해 생산 라인의 부품들과 그것을 조립 중인 직원들이 자동차 회사의 전부라고 생각하는 아이와 같았다. 그런데 이제 우리는 생산 라인 뒤의 보이지 않는 곳에서 영업부, 재무부, 감사부 등 수십 배가 되는 상위 조직이 일하고 있음을 알게 된 것이다.

선충과 초파리와 닭과 인간을 구분하는 것은 유전자의 변화가 아니라 사용 방법의 변화였다. 오랜 진화의 세월 동안 우리가 한 것은 새로운 재료를 추가한 것이 아니라 재료의 다양함과 배합의 미묘함을 발전시켜나간 것이었다.

그뿐만이 아니다. 암흑 지대에서는 우리가 상상도 하지 못한 생명의 비밀과 의학적 보물이 숨어 있었다. 그중에는 DNA의 복제에 간섭해 캐스팅보트를 행사하는 '꼬마 RNA 서열'들도 있다.

캐스팅보터, 작은 RNA 조각

정크 DNA의 일부는 이상한 '작은 RNA'를 코딩한다. 이 RNA는 아무 단백질도 코딩하지 않아 '비번역 RNA'라고도 불렸다. 이런 쓸모없어 보이는 작은 RNA 조각들이 왜 만들어지는지는 미스터리였다. 문제의 실마리는 선충의 성장을 연구하던 하버드대학교의 빅터 앰브로즈(Victor Ambros, 1953~)에 의해 풀린다. 앰브로즈는 예쁜꼬마선충*에서 성장과 관련된 유전자들을 찾고 있었다. 그는 결국 성장을 유도하는 유전자를 찾아냈는데, 그것이 아무 뜻이 없는 작은 RNA 조각을 코딩한다는 것에 당황했다. 굉장히 이상한 일이었다.

연구 끝에 앰브로즈는 이 작은 RNA 조각이 성숙지연 유전자의 mRNA에 가서 붙어버려 못 쓰게 만들어버린다는 사실을 알아내게 되었다. 즉, 작은 RNA 조각이 성숙지연 유전자의 발목을 잡아 개체의 성장을 촉진한 것이다. 그는 이것을 'miRNA(microRNA)'라 불렀다.[18]

고전적 센트럴 도그마 안에서 RNA가 하는 일은 그저 DNA의 정보를 잘 베껴 전달하고(전령 RNA[Messenger RNA]), 배정받은 아미노산을 제대로 물고 와서(전달 RNA[Transfer RNA]), 조립하는(리보솜 RNA[Ribosomal RNA]) 일이었다. RNA는 그저 심부름꾼에 불과했다. 그런데 유전자들의 발목을 잡고 캐스팅보터 역할을 하면서 복제 과정을 중재하는 RNA가 발견된 것이다. 'RNA 간섭'이라 부르는 이 현상의 발견은 암흑 지대에서 전사된 수많은 의미 없어 보이는 RNA 조각들이 사실은 유전자 발현 조절의 배후 중재자들임을 알려줬다.

그로부터 몇 년 후 카네기과학연구소의 연구진들은 이 작은 RNA 간섭현상을 인위적으로 만들 수도 있음을 확인했다. 단백질 정보를 코딩해 넣은 이중 RNA(Double strand)를 예쁜꼬마선충에 집

---

* 선충의 일종으로 학명은 Caenorhabditis elegans, 한국 이름은 예쁜꼬마선충이다. 장수, 수명, 신경 등 수많은 연구에 쓰이고 있다.

어넣자 이 조각들이 같은 정보를 코딩한 mRNA에 결합해 분해해 버린 것이다. 이것을 연구자들은 '작은 간섭 RNA(Small interfering RNA, siRNA)'라 불렀다.[19]

RNA 간섭현상의 발견은 치료 분야에 큰 의미를 가져왔다. 원하는 단백질 발현 과정을 의도적으로 차단할 수 있는 수단을 가질 수 있게 됐기 때문이다. 예를 들어 바이러스나 암세포의 특정 단백질의 mRNA를 발현하지 못하게 억제하는 치료제를 만들 수 있다. 어떤 경우는 RNA 간섭이 질병을 일으키기도 하기 때문에 그 자체가 치료의 타깃이 되기도 한다.

RNA 간섭은 센트럴 도그마의 위상을 무너뜨리고 생명현상의 이해에 새로운 지평을 열었다. 생명현상은 암호문의 해독 과정이 아니라 무수한 분자들이 상호작용하는 조절의 네트워크 과정이었다. 게다가 생명의 기원은 RNA에서 시작됐을지도 모른다는 증거마저 나타난다.

태초의 RNA 세계

태초의 생명이 어디에서부터 시작했는지 알아내는 것은 과학자들의 오래된 과제였다. 유전정보는 DNA에 담겨 있고, 생명 활동은 단백질에 의해 일어난다. 단백질 정보를 가지고 있는 것은 DNA이지만, DNA를 만드는 것은 단백질이다. 한마디로 'DNA냐, 단백질이냐'는 '닭이 먼저냐, 달걀이 먼저냐'와 같은 문제였다.

그런데 엉뚱한 데서 실마리가 나타났다. 닮으면서 달걀인 물질이 발견된 것이다. '리보자임(Ribozyme)'이라는 것이다. 리보자임은 'RNA'와 '효소(Enzyme)'를 합성한 단어('Ribo-'+'-zyme')다. 유전정보를 가지고 있으면서 촉매작용도 하는 'RNA로 만들어진 효소'다. 이 물질은 원생동물의 RNA를 연구하던 콜로라도대학교의 토마스 체크(Thomas Cech, 1947~)가 '테트라하이메나(Tetrahymena)'라는 생물에서 발견했다. 단백질 효소 없이 스스로 자르고 붙이는 RNA가 존재했던 것이다.[20]

리보자임의 발견으로 최초의 생명 물질은 무엇인가에 대한 논란이 마무리되려는 듯 보인다. 태초의 세계는 생명체가 스스로 자기 복제를 하며 정보를 보관하고 전달할 수 있는 'RNA 세계(RNA World)'였을 가능성이 높다.[21] RNA 세계 가설에서 상상하는 생명의 탄생 과정은 이러하다. RNA가 가득 찬 세상에 리보자임이 나타나 자기 복제를 시작한다. 어느 날 리보자임이 물속에 우연히 만들어진 기름 거품 안으로 들어간다. 그 안에서 단백질과 인지질을 합성되기 시작한다. 기름 거품은 자기 조직화되기 시작하고 그 안에 많은 분자들이 축적된다. 시간이 지나면서 기름방울은 세포라는 형태로 빚어져간다.

그리고 시간이 흘러 생명체의 정보는 RNA의 융통성 있는 구조보다는 단단히 잠겨 정보의 손실이 없는 DNA에 보존하는 쪽으로 진화된다. 어느 시점이 되자 생명체의 원본 정보는 DNA에 보관하고 필요할 때만 RNA가 베껴 쓰는 방식이 자리를 잡게 됐다. 이것이 과학자들이 추정하는 생명 발생의 전모다.

4

복제의 시작

개량

오늘날 전 세계에서 경작 중인 벼, 보리, 호밀은 사실 정상적인 환경에서는 번식할 수 없는 종이다. 낟알이 커져도 떨어지지 않고 버티기 때문이다. 야생식물은 때가 되면 열매나 알이 땅에 떨어져야 번식이 가능하다. 반면, 다 익은 알을 떨어뜨리지 않고 추수 때까지 지탱하는 이 작물들은 벌써 멸종했어야 마땅하지만, 인간에 의해 경작용 작물로 선택됐고 그 덕에 지구의 옥토를 점령했다.

홀스타인 소(젖소의 한 품종) 역시 자연에서 자력으로 생존이 불가능한 종이다. 온순한 성격과 느릿한 움직임, 여기에 우유를 만들어 내는 큰 유방은 포식자의 사냥 대상이 되기 딱 좋은 특성이다. 게다가 맛있기까지 하다. 이런 '이상한' 종을 만든 것은 다름 아닌 인간이다. 인간이 야생 소를 잡아 가두고 수천 년의 세월 동안 선별 과정을 거쳐 이런 기이한 품종을 만들어냈다.

이와 같은 농작물이나 홀스타인 소의 특성은 우연히 나타난 돌연변이를 포착해 인위적인 교배를 해서 만들 수 있다. 이런 작업이 지금의 결과를 거두기까지 수백, 수천 년의 오랜 세월이 걸렸다. 그런데 인간이 유전자를 건드리기 시작하면서 상황이 달라진다. 화학 물질이나 방사선 물질로 수백 년에 한 번 일어날 법한 돌연변이를 단번에 대량으로 일으키고, 그중 원하는 것을 골라낼 수 있게 된 것이다. 이것만 해도 굉장한 일인데 1960년대가 되자 상상도 못한 일이 가능해진다. 바로 유전자를 자르고 붙이는 일이다.

유전공학 시대의 개막

박테리오파지(Bacteriophages)는 에일리언처럼 세균의 몸에 침입해 자원을 착취하고 증식한 후 곧 세균을 폭파시켜버린다. 세균도 당하지만은 않는다. 자신의 몸에 들어온 박테리오파지의 DNA를 조각조각 잘라내며 역공한다.

스위스 미생물학자 베르너 아르버(Werner Arber, 1929~)는 박테리오파지의 DNA를 잘라내는 것이 '제한효소(Restriction enzyme)'라는 것을 밝혀낸다. 이로부터 10년이 채 지나기 전, 존스홉킨스 대학교의 생물학자 해밀턴 스미스(Hamilton Smith, 1931~)는 처음으로 특정 서열을 포착해 잘라내는 제한효소를 인플루엔자균에서 추출해낸다. 그리고 곧 생물학자 대니얼 네이선스(Daniel Nathans,

1928~1999)는 제한효소들의 목록과 절단하는 부위의 지도를 만들어낸다. 가위와 표식과 지도를 발견한 이 세 사람은 그 공로를 인정받아 1978년 노벨생리의학상을 공동 수상한다.

이후 수많은 제한효소들이 추출되면서 제한효소의 서열 인식 목록만 알면 대략적으로 DNA에서 원하는 위치를 잘라낼 수 있게 됐다. 마침 자른 DNA를 다시 이을 풀 역할을 하는 DNA리가제(DNA ligase)도 확보된 터였다. 생물학자들은 가위와 풀을 두 손에 쥔 아이들처럼 DNA를 재단하기 시작한다.

1970년대의 샌프란시스코는 유전자 재조합 실험의 메카였다. 1972년 스탠퍼드대학교의 화학자 폴 버그(Paul Berg, 1926~)가 바이러스의 DNA를 세균의 DNA에 붙여 최초로 DNA를 조립하는 데 성공한다. 같은 해 캘리포니아주립대학교 샌프란시스코 캠퍼스의 허버트 보이어(Herbert Boyer, 1978~)는 잘라낸 DNA 조각을 보관하고 증식시킬 벡터를 찾고 있었다. 보이어는 우연히 학회에서 플라즈미드(Plasmid)를 연구하던 스탠퍼드대학교의 스탠리 코언(Stanley Cohen, 1935~)을 만난다. 플라즈미드는 박테리아가 가지고 있는 링 모양의 독립적인 DNA이다. 두 사람은 서로의 기술이 결합했을 때의 잠재력을 알아본다.

두 사람은 개구리의 DNA를 잘라내 대장균의 플라즈미드에 끼워 넣어봤다. 예상은 들어맞았다. 플라즈미드는 증식하면서 개구리의 DNA를 공장처럼 복제해냈다. 이 실험은 유전공학 시대의 개막을 의미하는 신호탄이었다.

유전자가 대량 증식된다면 그 유전자가 코딩한 단백질도 대량

생산이 가능하다는 이야기다. 보이어는 이 기술로 단백질 치료제 생산이 가능함을 깨닫는다. 이 기술을 활용하기에 가장 적격인 대상은 인슐린(Insulin)이었다. 인슐린이 혈당을 낮추는 호르몬임이 알려지면서 동물에서 추출한 인슐린이 사용되었는데, 당뇨병 환자가 늘면서 생산량의 한계로 수급에 문제가 생겼다. 이런 상황에서 유전자 재조합 기술은 인공 인슐린의 대량생산의 길을 연 것이다.

보이어는 1975년 벤처 사업가 로버트 스완슨(Robert Swanson, 1947~1999)과 함께 생명공학 회사 제넨텍(Genentec)을 세운다. 제넨텍은 3년 만에 인간 인슐린 DNA를 삽입한 대장균이 대량으로 인슐린을 만들어내게 하는 데 성공한다. 인슐린은 인류가 최초로 유전공학 기술을 활용해 대량생산한 치료제로 이후부터 지금까지 수많은 당뇨병 환자들을 살렸다.

유전자 변형 생물

미국처럼 넓은 지역에서는 유통에 시간이 소요되어 농산물이 쉽게 손상된다. 캘리포니아주립대학교 데이비스 캠퍼스의 농업생명학과학자 레이 발렌틴(Ray Valentine)은 벤처 기업 칼진(Calgene, 'California[캘리포니아]'와 'Genetics[유전학]'의 합성어)을 설립해 유전자 재조합으로 오랫동안 보관이 가능한 토마토를 만들어낸다. 1994년 시판된, 인류 최초의 유전자 변형 토마토, '플라브르 사브르(Flavr Savr, CGN-89564-2)'다.

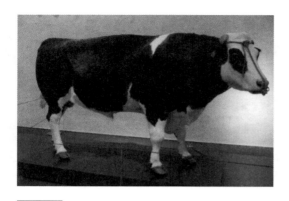

인간의 유전자를 이식받은 최초의 동물 허먼.

 아쉽게도 플라브르 사브르는 시장에서 큰 인기를 끌지 못한다. 보관은 쉽지만 맛이 떨어지는 토마토를 누가 사 먹겠는가? 이후 칼진은 농산회사 몬산토(Monsanto Company)에 인수된다. 몬산토는 인수를 하면서 얻게 된 칼진의 기술로 병충해에 강하고 수확량이 증강된 옥수수, 콩, 감자, 밀 등을 생산해낸다. 이들 제품들은 미국식품의약국(Food and Drug Administration, FDA)의 승인을 받고 시장에 판매되기 시작한다. 사람들은 이것들을 '유전자 변형 생물(Genetically Modified Organism, GMO)'이라 불렀다.

 동물의 유전자 변형은 그보다 앞서 시작됐다. 최초의 유전자 변형 동물은 연구를 위해 질병 유전자를 삽입한 실험용 동물들이었다. 이후 1980년대에 들어 우리에게 좀 더 친밀한 유전자 변형 동물들이 만들어진다. 카세인(단백질의 일종)이 많은 우유를 만드는 소, 젖 속에 혈전 치료제가 들어 있는 쥐, 형광 유전자를 넣어 어둠 속에서 빛을 내는 제브라 피시 등이 그것들이다.

1990년에는 세계 최초로 인간의 유전자를 이식받은 소가 탄생한다. '젠팜인터내셔널(Gen Pharm International)'이라는 회사는 '허먼(Herman)'이라는 이름의 황소에 배아 단계에서 인간 락토페린 유전자를 심었다. 이 유전자는 허먼의 후손 55마리에게 전해졌지만 그 이상의 번식은 중단됐으리라 짐작된다. 만일 번식이 이어져서 먼 훗날 인간 DNA를 가진 후손들이 허먼의 후손을 발견한다면 영문을 모르는 사람들은 미노타우로스(Minotauros)*의 전설을 떠올리며 깜짝 놀랄지도 모른다.

시험관 아기의 탄생

1977년 11월 '커쇼 박사네 시골집 병원(Dr Kershaw's Cottage Hospital)'이라는 소박한 이름을 가진 영국의 작은 병원에서 자연의 순리를 뒤엎는 일이 일어난다. 이날 이전까지 모든 호모사피엔스는 남녀 간의 성행위에 의해서만 태어났다. 그런데 이곳에서 생리학자 로버트 에드워즈(Robert Edwards, 1925~2013)와 산부인과 의사 패트릭 스텝토(Patrick Steptoe, 1913~1988) 그리고 발생학자 진 퍼디(Jean Purdy, 1945~1985)가 배양접시 위에서 인간의 배아를 만들어 낸 것이다.[22]

---

* 그리스 신화에 등장하는 '인신우두(人身牛頭)'의 괴물.

인류 최초의 시험관 아기 루이스 브라운.

　세 사람은 불임 여성의 난자를 배양접시 위에서 수정시키고 배아로 발생시키는 데 성공했다. 이 배아는 어머니의 자궁으로 옮겨져 이듬해 건강한 여자아이로 태어났다. 인류의 첫 시험관 아기 '루이스 브라운(Louise Brown)'이다. 시험관 아기의 탄생 소식을 알린 에드워즈와 스텝토는 케임브리지대학교에 체외수정센터를 설립하고 전 세계에 '체외수정 및 배아 이식(In Vitro Fertilization-Embryo Transfer, IVF-ET)' 기술을 전수한다.

　시험관에서 사람을 만들어내는 이 기술은 많은 논란을 가져왔지만, 에드워즈 박사는 이 기술이 단지 불임 여성들을 돕기 위한 것이라 일축했다. 그의 말은 분명 사실이었다. 최초의 시험관 아기 루이스 브라운이 자신의 스물다섯 살 생일에 에드워즈와 스텝토에게 감사의 편지를 보냈다. 브라운의 가족들처럼 체외수정 기술은 수많은 불임 가정의 빛이 되어왔다.

　하지만 그 의도가 선하다고 할지라도 생명을 인위적으로 탄생시킬 수 있는 기술은 중대한 윤리적 문제를 수반한다. 올더스 헉슬리 (Aldous Huxley, 1894~1963)의 소설《멋진 신세계》처럼 착상 전 진단 등을 통해 인간을 선별하는 것이 가능해졌기 때문이다. 더 심각한 것은 생식을 실험실에서 조작할 수 있는 성질의 것으로 만들었다는 점이다. 체외수정 기술은 유전자 편집과 복제 실험의 토대가 됐다. 이 기술은 긍정적이든 부정적이든 인류 진화에 중요한 변곡점의 가능성을 만들었다.

체세포 복제

영국 발달생물학자 존 거든 경(Sir John Gurdon, 1933~)은 이튼스쿨을 다닐 당시 생물학에서 250명 중 250등을 했다. 교장은 거든 경의 학적부에 '본인은 과학자가 되고 싶은 모양이지만 턱도 없다'라고 써놓았을 만큼 과학 성적이 엉망이었다.[23] 그랬던 그는 옥스퍼드대학교에 진학해 생물학을 전공했는데, 그의 지도교수는 그에게 '올챙이의 핵을 개구리의 난자에 이식하라'는 과제를 부여한다. 이미 많은 전임자가 실패한 일이었다. 숟가락 하나를 주면서 긴 터널을 뚫으라는 것이나 마찬가지였다. 그런데 1958년 거든 경은 이 일을 해낸다.

그는 손톱개구리(Xenopus laevis)의 체세포 핵을 다른 개구리 난자에 집어넣는 데 성공한다. 원래 체세포 핵은 이미 분화를 끝냈기 때문에 다시 분화할 수가 없다. 그런데 난자로 들어간 체세포 핵은 시간을 거슬러 역분화되어 최초의 상태로 리셋이 됐다.* 그리고 이후 정상적인 분화 과정이 재개되어 제대로 된 개구리가 탄생했다. 이 기술을 '체세포핵치환(Somatic-cell nuclear transfer, SCNT)' 또는 간단히 '체세포 복제'라고 부른다.[24]

체세포 복제 기술로 이제 인류는 어떤 동물이라도 체세포나 그 안의 DNA만 얻으면 클론을 만들 수 있게 됐다. 영화 〈쥐라기 공원〉에서처럼 말이다. 이 영화 속에서 과학자들은 고대 호박 화석에서 발견된 모기 배 속의 혈액에서 공룡 DNA를 채취해 파충류의 난자에 심어 공룡으로 분화시켰다. 실제로 미국의 한 생명공학 회사는 이와 비슷한 방법으로 1만 년 전 멸종한 매머드를 다시 만드는 일을 시도하고 있다. 시베리아 얼음에서 꺼낸 매머드의 시신에서 체세포 DNA를 채취해 아시아코끼리의 난자에 넣겠다는 것이다.[25]

복제 양 돌리

최초의 포유류 체세포 복제는 1996년 스코틀랜드 에든버러대

---

* 존 거든은 체세포 복제에 성공한 공로가 아니라 체세포 핵이 초기 단계로 돌아갈 수 있음을 발견한 공로로 2012년 노벨생리의학상을 수상한다. 공동 수상자는 2006년 성체세포를 역분화하여 '유도만능줄기세포(Induced Pluripotent Stem Cell, iPSC)'를 만드는 데 성공한 야마나카 신야였다. 야마나카는 44년 전 거든의 실험에서 영감을 얻었다고 한다. 노벨위원회는 '성체가 되어 이미 기능이 정해진 세포를 다시 모든 조직으로 자랄 수 있는 줄기세포로 되돌릴 수 있음을 발견'한 공로로 두 사람에게 노벨상을 수여했다고 밝혔다.

학교와 로슬린 연구소(Roslin Institute)의 연구진들이 성공시킨다. 이들은 얼굴이 하얀 양 품종인 핀 도셋(Finn Dorset) 암컷의 유방의 유선세포에서 핵을 빼냈다. 이것을 얼굴이 까만 양 품종인 스코티시 블랙페이스(Scottish Blackface)의 난자에 집어넣고, 그것을 또 다른 스코티시 블랙페이스 양의 자궁에 심었다. 이와 같은 과정을 277회 시도한 끝에 드디어 건강한 양이 태어나게 하는 데 성공한다.[26] 이렇게 해서 태어난 세계 최초의 체세포 복제 양의 이름은 '돌리(Dolly, 1996~2003)'다.

체세포 복제는 유전자를 50%만 물려주는 생식과 달리 100% 그대로 물려주게 된다. 즉, 복제 양 돌리와 체세포 핵을 준 핀 도셋은 부모 자식의 관계가 아니라 쌍둥이 형제다. 이 방법으로 당신이나 당신이 사랑했던 반려견의 쌍둥이를 만드는 일이 가능하다. 영화 〈아일랜드〉에서처럼 클론을 만들어놓고 위중한 병이 생겼을 때 세포나 장기를 떼서 사용하는 비정한 일도 가능하다.

복제된 생명체가 어떤 핸디캡이나 결함을 가지고 있는지는 아직까지 모른다. 돌리는 6마리의 자손을 낳고 6.5세가 되는 해에 폐렴으로 사망했다. 핀 도셋 품종의 평균 수명이 12년 정도이니 사람으로 치면 40세에 죽은 셈이다. 또한, 돌리는 네 살 때부터 관절염을 앓았다. 연구진들은 복제로 인한 것은 아니라고 발표했지만 관절염은 노화의 한 과정이다. 체세포를 공여한 양이 6세였다는 점에서 돌리는 처음부터 6세의 텔로미어를 가지고 태어났을 것이라는 추측도 있다. 체세포에서 기원한 복제 동물들의 염색체는 태어날 때부터 제공자가 산 만큼 텔로미어(Telomere)가 짧다고 알려져

있다.[27] *

돌리 이후에 고양이, 말, 소 등 포유류 복제 실험이 이어졌다. 그 중 개 복제는 유독 어려운 것으로 정평이 났는데 2005년 우리나라에서 아프간하운드의 귀의 조직에서 뗀 체세포로 개를 복제해내는 데 성공했다.[28] 영장류 복제는 개보다 훨씬 어렵다. 2018년 상하이 중국과학원(Chinese Academy of Sciences)에서 최초의 영장류(짧은꼬리원숭이) 복제에 성공했지만 이 연구에서는 성체가 아닌 태아의 체세포 핵을 사용했다.[29] 어른이 아닌 태아를 복제한 것이다.

미디어에서는 인간 복제가 실용화가 될 것처럼 떠들지만 사실 인간 복제는 그렇게 쉬운 문제가 아니다. 우선 굉장히 어렵고 비효율적이다. 스포트라이트를 받는 단 한 번의 성공 뒤에는 엄청나게 많은 실패가 숨겨져 있다. 돌리는 277번의 시도 끝에 겨우 성공한 한 마리의 복제 양이다. 스너피는 1,095개의 배아 중 유일하게 성공한 한 마리다. 중국의 복제 원숭이는 태아에서 체세포 핵을 가져오는 편법으로 확률을 끌어올렸지만 이 역시 109개의 배아 중 2마리가 성공했을 뿐이다. 그뿐만 아니라 윤리 문제와 결부되어 있음을 잊어선 안 된다. 폐기되거나 사산된 276개의 양과 1,094개의 개, 107개의 원숭이 배아들을 생각해보라.

3장에서 생명체가 어떻게 유성생식을 기반으로 우연과 선택의

---

* 텔로미어는 염색체의 양 끝에서 마개처럼 말단을 보호하는 특수한 반복 서열이다. 사는 동안 세포가 분열하는 횟수에 따라 점점 짧아지면서 세포의 노화를 일으킨다고 알려져 있다.

과정 속에 진화해왔는지 살펴봤었다. 이 과정은 인간의 수명을 기준으로 했을 때 영겁에 가까운 진화의 세월이 소요됐다. 하지만 인류는 유전자의 화학구조를 알아낸 지 한 세기도 지나지 않아서 체외수정과 체세포 복제 기술까지 터득했다. 인류는 이제 자연으로부터 선택의 주도권을 가져왔다. 우연은 실험 계획서로 바뀌었고, 영겁의 세월은 몇 주의 일정표로 대치됐다. 여기에 유전자를 워드 프로세서처럼 자유자재로 편집할 수 있는 완벽한 가위까지 등장한다.

5 판도라의 상자

이상한 회문 구조

1980년대 말 일본 오사카대학교의 이시노 요시즈미(Ishino Yoshizumi, 1959~)는 대장균 유전자에서 일정하게 반복되는 이상한 구조를 발견했다. 회문 구조(Palindrome), 예를 들면 '가나다라마사~'라는 서열과 '~사마라다나가'라는 대칭 회문서열이 어떤 서열을 앞뒤로 감싸고 있는 구조였다.[30]

이 특이한 구조는 다른 연구자들에 의해서도 최소한 20종 이상의 세균에서 확인됐다. 네덜란드 분자생물학자 루드 얀센(Ruud Jansen, 1959~)은 이 구조를 '규칙적으로 간격을 두고 반복되는 회문 구조 서열의 집합체(Clusters of Regularly Inter-Spaced Palindromic Repeats)'라는 뜻의 '크리스퍼(CRISPR)'라고 부르자고 제안한다.[31]

이 미스터리한 구조의 비밀을 밝혀낸 것은 덴마크의 한 유업회사

연구원들이다.

요구르트 회사가 공장에 불이 나는 일보다 더 두려워하는 일은 바이러스의 습격으로 발효균이 전멸하는 일이다. 덴마크 유업회사 다니스코(Danisco) 사의 루돌프 바랑구(Rodolphe Barrangou, 1975~)와 필리페 오르바트(Phillipe Horvarth, 1970~)는 이런 일을 예방하는 연구에 몰두 중이었다. 이들은 바이러스 감염에서 살아남은 발효균을 열심히 연구하던 중 생존한 균들이 크리스퍼 구조를 가지고 있음을 발견했다. 조사해보니 놀랍게도 크리스퍼가 감싸고 있었던 것은 바이러스의 DNA 서열이었다. 두 사람은 이 구조를 없애버리면 바이러스에 대한 저항력이 사라질 것이라 생각했다.[32] 이들의 생각은 들어맞았다.

크리스퍼는 일종의 지명수배 전단과 같은 것이었다. 침입한 바이러스의 DNA를 잘라 회문 구조 안에 보관해두면, 같은 서열의 바이러스가 다시 침입했을 때 이 서열을 RNA로 전사해 모종의 제거 시스템을 끌고 표적을 찾아내 제거하는 것이었다. 사람들은 이 기발한 방어 전략에 감탄했지만, 목표를 정확히 구분해 잘라내는 이 기능이 얼마나 가공할 만한 잠재력을 가진 것인지는 아직 깨닫지 못했다.

크리스퍼-캐스9

캘리포니아주립대학교 버클리 캠퍼스의 생화학자 제니퍼 다우드나(Jennifer Doudna, 1964~)는 대부분 학자들이 DNA 연구에 매달리던 시절에 당시로선 그다지 전망이 밝지 않아 보이던 RNA를 연구했다. 그러던 어느 날 우연히 실험실에서 동료들이 크리스퍼에 대해 이야기하는 것을 듣고 굉장한 흥미를 느낀다. 그는 크리스퍼가 세균 버전의 RNA 간섭현상이 아닐까 생각했다.

비슷한 무렵, 파스퇴르연구소에서 박사 과정을 마치고 미국과 유럽의 연구실을 떠돌던 에마뉘엘 샤르팡티에(Emmanuelle Charpentier, 1968~)는 스웨덴 우메오대학교 분자감염의학연구소 연구원으로 막 경력을 시작했다. 이곳에서 그는 크리스퍼 시스템이 작동하는 데 모종의 역할을 하는 'tracrRNA(trans-activating CRISPR RNA)'라는 것을 막 발견한 참이었다.[33]

두 여성 과학자는 2011년 푸에르토리코에서 열린 미생물학회에서 처음 대면한다.[34] tracrRNA의 기능과 크리스퍼가 바이러스 DNA를 어떻게 절단하는지 알고 싶었지만 실험 자원이 모자라 더 진행을 하지 못하던 샤르팡티에는 처음 만난 다우드나에게 이 문제를 토로했다. 두 사람은 산후안 거리를 산책하며 이야기를 나눈 끝에 공동 연구를 결심한다. 두 사람은 크리스퍼 연구의 초점을 '기억' 능력에서 '찾아서 잘라내는' 능력으로 전환했다. 이런 관점의 변화는 두 사람의 운명과 생명과학의 미래를 바꿔놓았다.

이들은 먼저 DNA를 절단하는 단백질, 'Cas9(CRISPR associated protein 9)'를 분리해내는 데 성공한다. 'Cas9'와 'tracrRNA'에 수배 전단인 크리스퍼 보관 RNA(crRNA), 이 세 분자를 결합하자 타겟 DNA가 깨끗하게 절단됐다. crRNA가 표적을 찾으면 Cas9가

절단해버렸다. tracrRNA는 crRNA와 CAS-9가 결합하는 과정을 도왔다. 다우드나와 샤르팡티에는 이 구조를 더 단순화해 아예 tracrRNA와 crRNA를 하나로 만든 sgRNA(single guide RNA)를 만들어 여기에 Cas9를 붙였다. sgRNA에 타깃 서열만 프로그램 해서 넣으면 그 서열을 찾아가 잘라내는 엄청나게 단순하고 완벽한 가위가 이렇게 탄생했다. 이들의 성과는 2012년 6월《사이언스》에 발표됐다.[35] 8년 후 다우드나와 샤르팡티에는 노벨화학상을 공동 수상했다.

정교한 가위

제한효소는 20세기 유전공학 시대를 견인하며 혁혁한 공을 세웠지만 그다지 정밀한 가위는 아니었다. 기성복처럼 인식할 수 있는 특정 서열들이 정해져 있어서 원하는 부분을 자르려면 수천 개의 제한효소 목록에서 가장 근접하는 서열을 인식하는 것을 찾아 사용해야만 했다. 한 단어를 없애려고 그 앞뒤에 쓰인 몇 문장이나 페이지를 통째로 들어내는 것처럼 잘라야 했다.

제한효소 이후에 절단 부위를 조금 더 정밀하게 타깃팅 하는 것들이 개발됐다. 비유하자면 단어 하나의 수준으로 찾아 자를 수 있는 징크핑거 뉴클레아제(Zinc Finger Nucleases, ZFN)나 문자 하나 수준으로 찾아 자를 수 있는 탈렌(Transcription Activator-Like Effector Nucleases, TALEN) 같은 것들이 있었다. 이 가위들은 꽤 정밀했지만 염기서열 인식 장치를 만드는 것이 문제였다. 이 부분이 단백질로 되어 있어 제작이 굉장히 복잡하고 다루기가 무척 까다로웠다. 반면, 크리스퍼-캐스9는 인식 장치가 RNA로 만들어져 있어 타깃 DNA에 쉽게 붙었다. 다루기도, 만들기도 쉬워 인터넷에서 키트를 구입해 집에서 실험할 수 있을 정도다.

2019년에는 크리스퍼-캐스9의 몇 가지 구조를 바꿔 철자 하나를 바꾸듯 염기를 바꿔 넣을 수 있는 4세대 유전자 가위 '프라임 에디터(Prime editor)'가 발표됐다.[36] 크리스퍼-캐스9와 프라임 에디터는 유전자 편집에 대한 기술적 한계를 돌파해냈다. 이 정도로 정교한 유전자 편집 기술은 동물이나 사람의 점 돌연변이(Point mutation) 수준의 결함을 교정하는 데도 사용이 가능해서 현재 겸상적혈구병, 낭포성섬유증, 근디스트로피 같은 질환, 알츠하이머 같은 퇴행성 신경병들의 치료 방법이 연구 중이거나 임상 시험 중이다. 뿐만 아니라 유전자 편집 기술은 암 치료제 제조에도 사용된다. 환자의 T세포를 끄집어내어 암세포를 찾아 공격하도록 몇 개의 유전자를 편집하는 것이다.[*] 이것을 다시 환자의 몸에 넣어주면 암세포를 찾아 제거해나갈 것이다.[37][38]

상용화 이전이긴 하지만 실험실에서는 DNA에 숨어 있는 HIV 바이러스[**]의 DNA를 포착해 잘라내는 기술도 성공했다.[39] 'CCR5'이

---

[*] 이것을 '키메라 항원 수용체 T세포(Chimeric antigen receptor T cell, CAR-T cell)'라 한다.

[**] 후천성면역결핍증(에이즈)을 일으키는 바이러스.

라는 유전자는 HIV 바이러스가 침입할 때 경로로 사용하는 세포 단백질을 코딩하는데 이 유전자를 제거해버리면 HIV 바이러스가 침입해 들어오지 못한다. 환자의 조혈모 세포에서 이것을 제거하는 실험도 성공했으며,[40] 곧 다루겠지만 한 중국 연구자는 이 유전자를 인간의 배아 상태에서 제거해버리는 실험도 감행했다.

악몽

1939년 어느 날, 아인슈타인은 핵물리학의 발전을 되짚어보다가 전율을 느꼈다. 원자핵 이론에서, 우라늄의 정제, 연쇄반응의 통제까지, 지금까지 축적된 기술들을 집약하면 엄청난 위력의 폭탄을 만들 수 있는 조건이 모두 갖춰졌음을 깨달은 것이다. 아인슈타인은 즉시 조만간 누군가—나치 독일—가공할 무기를 만들어낼 것이라는 경고의 편지를 루스벨트 대통령에게 보낸다. 하지만 아이러니하게도 이 편지는 미국의 원자폭탄 제조 계획인 맨해튼 프로젝트를 출범시킨다. 오늘날 유전공학 분야에서는 그때와 같은 일이 벌어지는 중이다. DNA의 구조와 인간 게놈 지도 규명, 배아세포 조작, 체외수정 및 체세포 복제술, 유전자 가위까지…… 인류는 우리 자신의 유전자를 마음대로 바꿀 수 있는 시대의 입구에 다다랐다.

유전자 편집 기술이 불러올 수 있는 가장 위험한 결과는 의도치 않은 유전자를 잘못 잘라냄으로 인해 나타나는 '표적 이탈 작용(Off target effect)'이다. 이런 실수는 한 사람의 게놈을 바꾸는 것에서 끝나지 않고 후손에게까지 영구적으로 영향을 미친다. 잘못된 유전자가 인간이라는 종의 유전체에 섞이면 어떤 영속적인 결과를 초래할지 현재로서는 알 수 없다. 이런 위험성에도 불구하고 부주의하거나 명성을 노리는 연구자들이 어떤 일을 저지를지 우리는 역시 모른다.

크리스퍼-캐스9 시스템을 만든 제니퍼 다우드나는 언제부턴가 자신이 만든 기술 때문에 인류에 돌이킬 수 없는 일이 일어나지 않을까 두려워 잠을 잘 이루지 못한다고 《네이처》에 고백하기도 했다.[41] 2015년 봄, 다우드나는 생명과학자, 법·윤리 전문가들과 미국 나파밸리에 모여 유전자 가위 기술이 인류에게 끼칠 위험을 주제로 진지하게 의견을 나눴다.[42] 이들은 이 모임에서 영구적인 영향을 줄 수 있는 생식세포 변형 실험은 중단할 것을 결의하고 그 취지를 '유전체 공학과 생식세포 유전자 변형에 대한 신중한 계획'이라는 제목으로 《사이언스》에 발표했다.[43]

같은 해, 중국의 한 실험실에서는 선을 넘는 실험이 진행 중이었다. 광저우중산대학교의 연구자들은 베타지중해성빈혈의 원인 유전자를 교정한다는 명목으로 86개의 인간 배아를 모아 유전자 교정 실험을 감행한다. 이 실험에서 의도대로 유전자가 교정된 배아는 4개에 불과했다. 그나마도 이 배아들은 교정된 것과 교정되지 않은 유전자들이 섞인 모자이크 현상을 보였다. 나머지 모든 배아들은 죽었거나 생각지 못한 돌연변이가 발생했다. 이 무모한 실험은 유전자 실험의 공포를 제대로 보여줬다. 과학자들은 경악했다.

《네이처》,《셀》,《사이언스》는 윤리적 문제가 짙은 이 실험 논문의 게재를 거부했고, 이 논문은 한 온라인 잡지에 가까스로 실렸다.[44] 과학자들은 그해 12월 워싱턴에서 다시 모여 제1차 국제인간유전자편집정상회담(International Summit on Human Gene Editing)을 열고 유전자 편집 아기에 대한 연구를 금지하는 '인간 게놈 편집에 대한 모라토리엄'을 선포한다.[45]

유전자 편집 인간의 탄생

2018년 홍콩에서 열린 제2차 국제인간유전자편집정상회담에 참석한 연구자들은 중국 센젠에서 온 한 젊은 과학자의 발표에 충격을 받는다. 남방과학기술대학교의 허젠쿠이(賀建奎, 1984~)가 세계 최초로 유전자 편집 아기 쌍둥이 자매 출산에 성공했다고 발표한 것이다. 앞서 인간의 CCR5 유전자가 HIV 바이러스의 통로가 되는 단백질을 만든다고 이야기했다. 이 유전자를 제거하면 HIV 바이러스가 침입하기 어려워진다. 허젠쿠이는 HIV 양성 남성과 HIV 음성 여성인 부부들을 모집해 배아를 기증받았다. 아마도 그는 아이가 HIV 바이러스에 걸리지 않도록 CCR5를 제거한다고 설득했을 것이다.

그의 연구팀은 크리스퍼-캐스9로 배아에서 CCR5를 제거하고 이를 착상시키는 실험을 반복했다. 시행착오 끝에 가까스로 한 쌍의 쌍둥이 자매가 탄생했다.[46] 이 사실을 접한 전 세계의 과학자들은 놀라움을 금치 못했다. HIV 양성인 아버지에게 태어났다고 해서 자녀 역시 에이즈에 걸리는 것이 아님을 보여준 실험 결과가 이 실험의 시도 자체를 합리화할 수 없는 노릇이었다. 실험 결과에는 윤리위원회를 속인 흔적도 있었다. 이 과정을 통해 태어난 아이 중 하나는 CCR5가 다 제거되지 않은 모자이크 상태인 것으로 알려졌다. 이외에 두 아이에게 다른 어떤 표적 이탈 부작용이 나타났는지 여부는 밝히지 않았다.

중국 당국자들도 이 사건에 당황스러워했다.[47] 중국 과학자들은 서둘러 공동성명을 발표해 해당 실험이 비윤리적이며 중국 과학계 명성을 실추했다고 비난했다. 허젠쿠이는 중국 과학계에서 퇴출되어 징역형을 살고 있다. '루루'와 '나나'라 불리는 이 쌍둥이 자매들은 신원이 정확히 밝혀지지 않았고, 현재 어디에서 어떤 상태로 살고 있는지 아무도 모른다.

중국은 아이가 출생하기 전까지는 생명으로 보지 않는 전통이 있다. 게다가 중요한 국가 과제인 생명과학 분야에 성과를 보인 사람에게 영웅의 대우와 지위를 부여해왔다. 다우드나는 한 인터뷰에서 허젠쿠이가 발표 전 뿌린 이메일을 자신도 보았는데, "아마 그는 순진한 기대를 했던 것 같다. 상을 받을 것이라고 기대했던 것 같다"고 회고했다.[48] 이 사건을 계기로 다음 해 3월, 세계 7개국의 생명과학자와 윤리학자들은 안전성이 입증되기 전까지 최소 5년간 배아의 유전자 편집과 착상과 같은 연구를 전면 중단하는 '인간 게놈 편집에 대한 모라토리엄' 선언문을 《네이처》에 게재했다.[49]

원자폭탄은 1945년 8월, 인류 역사를 통틀어 처음이자 마지막으로 일본 히로시마와 나가사키에서 20만 명을 몰살시키고 더 이상 사용되지 않았다. 유전자 편집 인간 실험도 허젠쿠이 사건이 처음이자 마지막이 사건이 될 것인가? 안타깝게도 그렇지 않을 위험이 크다. 유전자 편집은 즉각적으로 수많은 사상자를 내는 원자폭탄보다 덜 무서우면서도 편익도 제공한다. 따라서 이 기술을 활용하고자 하는 유혹이 너무도 크다.

6 새로운 창조주

신의 언어, 정보의 강

인간 게놈 프로젝트의 수장 프랜시스 콜린스는 저명한 기독교인이자 유신론적 진화론자다. 콜린스는 신이 자신의 의도를 DNA에 담았다고 생각하고, 저서 《신의 언어》에서 유전자는 신이 인간을 창조하는 데 쓰인 언어라는 견해를 밝혔다.[50]

대표적인 무신론자 리처드 도킨스는 《에덴의 강》*에서 지구의 모든 종은 30억 년의 시간을 관통해 흘러나온 '디지털 신호의 강(the digital river)'의 수많은 지류이며, 생명의 본질과 진화의 역사는 DNA에 새겨진 디지털 정보의 흐름이라 말한다.[51]

---

* 〈창세기〉의 '에덴에서 강 하나가 흘러나와 그 동산을 적시고……'에서 따와 제목을 지었다.

무신론과 유신론을 대표하는 두 사람은 하나의 사실에 동의한다. 생명을 빚어내고 끌어간 것은 DNA에 새겨진 정보라는 것이다. 한 세기 전 슈뢰딩거의 통찰력 있는 예측이 맞았다. '생명은 곧 정보다.'

인간 게놈 프로젝트에서 셀레라 제노믹스의 맹활약을 통해 생물학을 정보과학으로 바꾼 것으로 평가되는 크레이그 벤터는 그보다 더 급진적인 생각을 가지고 있다. 그가 보기에 모든 살아 있는 세포는 DNA 운영체계의 명령에 의해 수백, 수천 개의 단백질 로봇이 활동하는 기계다.[52]

벤터는 2006년 'J 크레이그 벤터 연구소(J. Craig Venter Institute, JCVI)'를 세우고 본격적인 디지털 생명공학 작업에 착수한다. 그가 하려는 일은 이런 것이다. 게놈 정보를 컴퓨터 파일에 저장한다. 그리고 원할 때 이 파일을 열고 그대로 DNA 합성기로 게놈을 재구성하고 합성 생명체를 만드는 것이다.[53] 신이나 할 수 있을 것 같은 이 일이 실제로 성공한다.

디지털 복제 생명체

아서 콘버그(Arthur Kornberg, 1918~2007)는 DNA를 복제하는 DNA중합효소를 분리해낸 업적으로 노벨의학상을 받은 인물이다. 콘버그는 DNA중합효소를 발견한 지 10년 만에 5,400여 개 염기 길이의 박테리오파지 ΦX174의 DNA를 꺼내 자신이 발견한 DNA중합효소로 똑같이 복제해낸다.* 그가 복제된 DNA 링을 대장균에

넣자 그 안에서 새로운 ΦX174가 쏟아져 나왔다.[54] ΦX174는 인류 역사 최초로 사람이 만든 생명체다.

이 소식을 접한 린든 존슨 대통령은 위대한 미국의 업적을 대대적으로 세상에 공표하도록 했다. 온 세상이 인류가 최초로 만든 생명체로 시끄러울 때 벤터는 베트남 다낭에서 해군 의무병으로 근무하고 있었다. 그는 훗날 온 미국이 이 사건으로 들떠 있는데 자신은 그 뉴스를 전혀 알지 못했다고 회고했다.[55]

30년이 지나 벤터는 이 ΦX174를 완전히 다른 방식으로 만들기로 한다. 콘버그는 살아 있는 ΦX174의 DNA를 꺼내 복제했지만, 벤터는 컴퓨터 파일에 저장된 X174의 유전자 정보를 보고 DNA 합성기로 ΦX174의 DNA를 만들었다. 이 합성 DNA를 대장균 속에 집어넣자 ΦX174가 만들어지기 시작했다.[56] ΦX174는 컴퓨터 파일이 아버지인 최초의 생명체였다.

콘버그의 방식이 원본 테이프를 가져다 LP를 찍어내는 아날로그 방식이라면, 벤터의 방식은 디지털로 전환된 데이터로 CD를 굽는 디지털 방식인 셈이다. 이 방법은 원본이 없어도 데이터만 있으면 생명체를 만들 수 있다. 필요하면 음악이나 영화처럼 생명체를 리마스터링 할 수도 있다. 여기에 더해 벤터는 생명체가 빛의 속도로도 이동할 수 있다고 주장했다.[57] 그의 말에 따르면 만일 화성에서 생명체가 발견돼 DNA 서열 분석기가 그 생명체의 염기서열 정보

---

* 박테리오파지는 세균 속으로 들어가 자신의 DNA를 주입하고 세균의 자원을 이용해 자신을 복제하는 생명체다.

를 지구로 전송해준다면 지구에서 그 생물을 그대로 재현해낼 수 있다는 뜻이다.

디지털 생명 합성 기술은 인류에게 큰 위협이 될 수도 있다. 천연두 바이러스의 살아 있는 샘플은 미국질병통제예방센터(Centers for Disease Control, CDC)와 러시아의 한 연구소 두 군데에만 보관되어 있지만 전체 게놈 정보는 이미 공공연하게 공개되어 있다. 공개된 정보에는 천연두 바이러스의 독성을 결정하는 부위까지 알려져 이들 기관에서 샘플을 폐기해도 게놈 정보를 이용해 천연두 바이러스를 다시 합성해내는 것이 가능하다. 실제 스토니브룩스 뉴욕주립대학교 연구진은 소아마비를 일으키는 폴리오 바이러스의 유전체를 실제로 조립해냈다. 정밀도 문제로 자연 상태의 바이러스에 비해 활성은 떨어졌지만 독성 바이러스의 조립이 현실적으로 충분히 가능하다는 사실이 입증되자 연구진들조차 충격에 빠졌다.[58]

이메일이 새겨진 생명체

벤터의 다음 계획은 직접 디자인한 새로운 생명체를 창조하는 것이었다. 이 생명체는 기본 생명 기능을 유지하는 데 필요한 최소한의 유전자**만으로 이루어질 터다. 자동차로 치면 엔진과 바퀴와 섀시 프레임만 있는 차를 만드는 것이다. 이것을 '최소 게놈 프로젝

** '하우스 키핑 유전자'라고도 부른다.

트(Minimal Genome Project)'라 불렀다.

이 계획에는 원대한 의도가 숨겨져 있었다. 프레임만 가진 합성 생명체를 만들고 그 위에 무궁무진한 생물학적 기능의 탑재를 하겠다는 것이다. 예를 들면 이산화탄소를 흡수하는 기능이나, 인슐린 같은 치료제나 백신을 만드는 기능, 연료를 만드는 기능 같은 것을 이 생명체에 얹을 수 있다. 벤터는 이런 가능성을 홍보해 자본을 끌어와 '신테틱 제노믹스(Synthetic Genomics, Inc, SGI)'라는 회사를 설립한다.

이 회사는 먼저 작은 유전체를 가진 마이코플라즈마 마이코이데스(Mycoplasma mycoides)의 서열을 분석해 파일로 만들었다. 이 파일로 합성 게놈을 만들어 마이코플라즈마 카프리콜럼(M. capricolum)에 집어넣자 컴퓨터 파일을 아버지로, DNA 합성기를 어머니로 둔 새로운 합성세포가 탄생했다. 이 세포의 정식 명칭은 'JCVI-syn1.0'이었지만 사람들은 이 합성세포를 '신시아(Synthia)'라 불렀다.[59] 연구진은 DNA 염기 세 개를 알파벳 한 문자로 지정해 신시아의 게놈에 워터마크를 새겨 넣었다. 'J. 크레이그 벤터 연구소', '신테틱 제노믹스', 연구진 멤버 이름들 그리고 이메일 주소 'MROQSTIZ@JCVI.org'가 그것이다. 여기에 더해 세 개의 인용문도 들어갔다.

첫 번째 인용문은 제임스 조이스의 소설 《젊은 예술가의 초상》에서 가져온 '살기 위해, 실수하기 위해, 몰락하기 위해, 승리하기 위해, 삶으로 삶을 재창조하기 위해(To live, to err, to fall, to triumph, to recreate life out of life)'라는 문장이다. 두 번째는 미국 물리학자

로버트 오펜하이머(Robert Oppenheimer, 1904~1967)의 "사물을 있는 그대로 보지 말고 그 가능성을 보라(See things not as they are, but as they might be)"다. 마지막은 미국 물리학자 리처드 파인만(Richard Feynman, 1918~1988)의 말이다. "만들어낼 수 없는 것은 이해한 것이 아니다(What I cannot build, I cannot understand)."[60]

생물학적 플랫폼, 최소 게놈 생명체

벤터의 회사는 다음 단계로 신시아의 게놈을 잘라내기 시작했다. 유전자를 하나씩 제거해 살아남는지 확인하는 방법으로 불필요한 유전자들을 없애나갔다. 지루한 작업 끝에 473개의 필수 유전자만 남았고, 그 결과 53만 염기쌍의, 세상에서 제일 짧은 인공 게놈이 만들어진다.[61] 'JCVI-syn3.0'으로 이름 붙여진 이 생명체는 진정한 의미에서 인간이 창조한 최초의 인공 생명체다.

필수 유전자만 가진 이 최소 게놈 생명체는 무엇이든 탑재가 가능한 생물학적 플랫폼이다. 신테틱 제노믹스의 CEO 올리버 펫저(Oliver Fetzer)는 이 합성 생물을 '의약품과 바이오 연료를 만드는 혁신적인 생산 시스템'이라 불렀다.[62] 이 계획의 최대 공동 투자자는 세계 최대 정유회사인 엑슨모빌(ExxonMobil)이다. 벤터와 신테틱 제노믹스가 내세운 비전은 다음과 같다. '치료제나 백신을 만드는 유전자를 삽입해 인류의 건강을 증진한다. 이산화탄소를 흡수하는 기능이나 광합성으로 연료를 만들어내는 기능을 탑재해 인류가 직면한 기후변화와 에너지 문제를 해결한다.' 이보다 더 원대한 비전도 있다. '최소 게놈 생명체를 화성에 보내 25억 년 전 남세균이 지구를 산소의 행성으로 만든 것처럼 화성을 인간이 살 수 있는 행성으로 만드는 것'이다. 반면, 이 플랫폼에는 악의적인 자들에 의해 위험한 것들이 실릴 수도 있다. 이미 인류는 스페인 독감이나 천연두 바이러스의 독성을 결정하는 서열 정보도 알고 있다.

새로운 생명체가 자연에 풀릴 때 어떤 재앙을 초래할지 현재로서 우리는 예측할 수 없다. 벤터는 유사시 이 창조물을 폐기할 수 있다고 주장한다. 특정 영양분이 없으면 자랄 수 없도록 하거나, 복제에 특수 성분이 필요하도록 만들어 자연계에서는 복제하지 못하도록 하거나, 특정 신호에 사망하는 킬 스위치를 묻어두는 방법이 있다고 강변한다. 하지만 '생명은 위험을 무릅쓰고 영역을 확장하고, 고통을 무릅쓰고 장벽을 깨서 자유를 얻는다.'* 그러니 위험을 제재할 방법을 통해 위험을 100% 피할 수 있다고 장담할 수 없다.

합성 생물이 인류의 문제를 해결하는 희망이 될지, 멸망으로 이끄는 프랑켄슈타인의 괴물이 될지 알 수 없다. 분명한 것은 인간은 초보적인 단계이지만 유전자 정보만으로도 생명체를 만들 수 있게 됐다는 사실이다. 자신이 원하는 대로 디자인한 원시 생명체를 만들 수 있게 된 것이다.

---

* 영화 〈쥬라기 공원〉의 주인공 중 한 사람인 맬컴 박사가 한 말이다. 쥬라기 공원에서는 자연 번식을 통제하기 위해 모든 공룡을 암컷으로 만들었지만 성 변이가 나타나면서 번식이 이루어지고 만다.

6 장

——

초월

: 역설계

범용 기계

보편적 용도의 범용 무기

인류의 한쪽에서 총력을 다해 게놈 탐색과 유전자 공학에 몰두하고 있는 동안 다른 한쪽에서는 호모사피엔스를 지금의 지위에 올려놓은 범용 무기인 '뇌'의 신비를 탐색하고 그 기능을 모방하는 데 모든 역량을 쏟고 있었다. 전자가 생물학적 종으로 육신을 개선하는 것이 목표라면, 후자는 정신적 종으로서 잠재력을 강화하고 능력의 외연을 넓히는 것이 목표다.

인류가 생물학적 굴레를 떨치고 지구를 지배하는 정신적 종이 될 수 있었던 것은 펼쳐놓으면 신문지 한 장 정도 넓이에 지나지 않는 분홍빛 신피질 덕분이다. 신피질의 학습 능력은 우연히 발견한 쓸모 있는 정보, 어쩌면 종의 운명을 좌우할 수도 있는 정보를 포착하고, 체득하고, 여기에 창조성을 덧붙여 보편화시켜 다음 세대에 넘겨주는 일을 가능하게 했다.

북극곰은 추위에 적응하기 위해 수천 세대를 거치는 동안 하얀 털을 진화시켰다. 하지만 인간은 서너 세대 만에 그것을 빼앗아 뒤집어쓰는 방법을 터득하고 동족과 후손에게 전수했다. 만약 북극곰을 적도 지역에 데려다 놓는다면 환경에 재적응하는 데 또다시 수천 년이 걸리거나 그전에 멸종할 것이다. 그러나 사람은 다르다. 그늘막을 짓고 옷을 벗어버리는 지혜를 발휘해 금방 환경에 적응할 것이다. 신피질의 역량 덕분이다. 인류는 이 범용 무기로 자연을 지배했다. 느린 다리를 극복하기 위해 야생마를 길들이고 자동차를 만들었고, 약한 팔을 대신해 소를 길들이고 기중기를 만들었다.

계산을 대신해줄 기계

원래 신경 기관은 다세포 생명체가 체내 세포들을 함께 움직이기 위해 만들어진 운동기관이었다. 그런데 2장에서 다룬 것처럼 점차 고등동물로 진화하면서 뇌가 나타나고 여기에 필요한 정보를 기억하고 예측하는 장치가 담기기 시작했다.

호모사피엔스와 그 선조들은 20만 년 동안 뇌를 직관적이고 예측적인 기계로 단련시켰다. 시야를 스치는 얼룩무늬에서 맹독한 뱀을 떠올리고, 나뭇가지 사이의 움직이는 그림자에서 포식자를 떠올리며 다음에 벌어질 일을 예측하는 기관으로 말이다. 5만 년 전 호모사피엔스의 머릿속에 인지의 불꽃이 피어오른 후부터 인간이 꾸준히 개발해온 능력들은 복잡한 것을 단순화하는 능력, 아름다움을 찾아내는 능력, 사기꾼을 구별하는 능력과 같이 직관과 관계된 능력이었다.

우리 뇌가 숫자를 세고 계산을 시작한 것은 얼마 되지 않았다. 작물을 수확하고 가축을 키우고 관개 사업을 시작하면서부터다. 그 기간은 불과 수천 년밖에 되지 않아 우리의 뇌는 아직도 숫자와 계산을 그다지 좋아하지 않는다. 그렇다 보니 인류는 이를 보강해줄 무언가를 찾기 시작했다. 가령, 숫자를 기록하기 위해 점토판에 쐐기를 찍고 파피루스에 줄을 그었다. 숫자를 다루고 기록할 사람을 따로 교육하고 특별한 대우를 해줬다. 고대 중국에서 발명해낸 주판도 계산을 대신하기 위한 도구였다. '컴퓨터(Computer)'도 본래는 검수를 위해 숫자를 계산하는 사람들을 가리키는 명칭이었다.

17세기가 되자 복잡한 계산을 대신 해줄 그럴듯한 기계가 발명된다. 프랑스 수학자 블레즈 파스칼(Blaise Pascal, 1623~1662)과 고트프리트 라이프니츠(Gottfried Leibniz, 1646~1716)는 정교한 톱니바퀴가 돌아가면서 계산을 해주는 아날로그 계산 기계를 만들었다.

영국 천문학자 찰스 배비지(Charles Babbage, 1791~1871)는 천문학 자료 계산이 너무 지겨워 기계에 떠맡길 방법이 없을까 궁리하다가 '해석기관(Analytical engine)'을 고안해낸다. 이 기계는 증기기관을 동력으로 삼아 천공카드에 방정식을 집어넣어 연산을 수행했는데 그 작동 원리가 오늘날 컴퓨터와 거의 비슷했다.

튜링과 폰 노이만의 기계

수학자들은 신비로운 난제를 만들고 풀면서 희열을 느끼는 것 같다. 그것은 학문적 한계를 뛰어넘기 위함이기도 하겠지만, 때로는 명성을 얻기 위해, 자신의 천재성을 드러내기 위해서이기도 한 것 같다. 어쨌든 전설적인 수학자들은 '세계 7대 난제' 같은 어려운 문제를 내놓곤 한다.

독일 수학자 다비트 힐베르트(David Hilbert, 1862~1943)도 '모든 수학 문제들을 풀 수 있는 일반적 방법이 존재할 수 있는가'라는 논제를 낸다. 흔히 '결정문제(Entscheidungs)'라 불린 이 문제를 푸는 데 케임브리지대학교를 갓 졸업한 앨런 튜링(Alan Turing, 1912~1954)도 나섰다. 튜링은 〈계산 가능한 수에 대하여〉(1936)라는 논문에서[1] 이 문제를 다루기 위해 개념적인 계산 모델로 '보편 컴퓨팅 기계(Universal computing machine)'라는 가상의 기계를 상정한다.

이 기계는 (1) 정보가 들어 있는 무한히 긴 테이프가 있고, (2) 테이프의 정보를 판독하고 바꿔 쓰기도 하는 헤드가 있고, (3) 헤드의 활동을 제어하는 작동규칙부로 이뤄졌다. 어디서 들어본 기계 설명서 같지 않은가? 이 논문에서는 그런 기계는 존재하지 않음을 증명함으로써 결정문제를 부정해버렸지만, 하지만 아이러니하게도 현대 컴퓨터의 메모리와 중앙처리장치, 운영체계 프로그램을 연상시키는 이 기계는 '튜링 기계(Turing machine)'라 불리며 모든 수학 문제들을 풀 수 있는 현대 컴퓨터의 원형으로 자리매김한다.

10년 후 프린스턴고등연구소의 폰 노이만(Von Neumann, 1903~

1957)은 케임브리지대학교로부터 자동 연산을 할 수 있는 장치의 구조가 어떠해야 하는지 컨설팅을 받는다. 그는 기억장치에 프로그램과 데이터를 내장하고 그것들을 중앙처리장치로 불러내 순차적으로 명령을 실행시키는 구조를 제안한다.[2] * 튜링의 보편 컴퓨팅 기계와 거의 같은 이 구조는 '폰 노이만 구조(Von Neumann architecture)'로 불리며 영국의 에드삭(EDSAC), 미국의 에드박(EDVAC), 최초의 상업용 컴퓨터 유니박-I(UNIVAC-I) 같은 제1세대 컴퓨터로 구현된다.

최초의 컴퓨터들이 한 일은 자료를 계산하고 암호를 풀고 탄도를 계산하는 일이었다. 폰 노이만식 컴퓨터는 인간이 가장 못하고 하기 싫어하는 일인 계산 업무를 대신했다. 지금 우리가 쓰고 있는 컴퓨터나 스마트폰 등은 모두 이 구조를 기반으로 만들어진 것들이다. 폰 노이만 기계들은 오늘날의 세계를 만들었다. 하지만 이 기계들은 사실 우리의 뇌의 작동 방식과 그다지 닮지 않았다.

다트머스 콘퍼런스

1950년대가 되자 과학자들은 인간처럼 '생각할 수 있는' 기계를 만드는 일이 가능한지 묻기 시작한다. 다트머스대학교의 젊은 교수

---

* 튜링은 결정문제에 대한 논문인 〈계산 가능한 수에 대하여〉를 쓴 직후 노이만으로부터 박사 과정 지도를 받았다. 따라서 노이만은 튜링 기계도 알고 있었을 것이다.

2006년 다트머스 콘퍼런스 기념 모임에서 다시 만난 인공지능의 아버지들. 왼쪽에서부터 트렌차드 모어, 존 매카시, 마빈 민스키, 올리버 셀프리드, 레이 솔로모노프.

존 매카시(John McCarthy, 1927~2011)는 '생각하는 기계'에 대한 제한 없는 토론을 위해 1956년 여름 다트머스대학교에 클로드 섀넌, 마빈 민스키, 나다니엘 로체스터 등 당대의 대가들을 불러 모은다.

이 시대에는 생각하는 기계에 대한 개념이 정립되지 않았다. 사이버네틱스, 오토마타, 정교한 정보처리(Sophisticated information processing) 같이 다양한 분야에서 제각각의 이름으로 다루고 있었다. 한 달에 걸친 브레인스토밍 끝에 학자들은 생각하는 기계를 '인공지능(Artificial Intelligence, AI)'으로 부르기로 결의한다.[3] 이 이름은 생각하는 기계가 '인간의 지능을 모방한다'는 지향점을 결정했다. 인공지능 연구의 시작점이 된 이 모임은 '다트머스 콘퍼런스'로 불리게 된다.**

** 정식 명칭은 'Dartmouth Summer Research Project on Artificial Intelligence'다.

존 매카시는 다트머스 콘퍼런스 최종 보고서에서 '학습 측면이나 지능 특성을 기계적 단계까지 세분화하고 그것을 기계가 재현토록 하면 인공지능을 만들 수 있을 것'이라고 선언했다.[4] 다트머스의 선구자들은 인간의 마음을 논리적 연산 절차로 생각했다. 사람이 생각을 말로 표현하거나, 의사가 진단을 내리거나, 수학자가 공식을 증명하는 것은 모두 알고리즘이고, 그것을 컴퓨터의 회로 기판 위에 디지털 논리로 구현될 수 있다고 본 것이다.

이런 생각은 선형적·순차적 처리 방식의 튜링 기계적 사고를 바탕으로 한다. 즉, 논리적 연산 법칙에 따라 기호를 조작하는 사고 규칙 기반 프로그래밍으로 인공지능을 만들겠다는 생각인 것이다. 이것을 '기호주의(Symbolism)라 일컫기도 한다.[*] 하지만 인간의 뇌는 선형적, 순차적으로 문제를 풀지 않고 경험적이고 직관적으로 문제를 해결한다. 우리 뇌는 답을 '계산해내는' 것이 아니라 '찾아내는' 것이다. 이런 직관적이고 패턴 지향적인 뇌의 특성이 뉴런 같은 연결 속에서 더 잘 구현될 수 있다고 생각하는 사람들이 나타난다. 이런 흐름을 '연결주의(Connectionism)'라 한다.

---

[*] 이런 방식으로 작동하는 인공지능은 훗날 'GOFAI(Good Old Fashioned AI)'라는 인공지능의 한 분야를 이룬다.

헵 이론과 인공 신경망

우리의 뇌는 새로운 것을 배우는 순간, 동시에 활성화된 뉴런의 시냅스 연결들이 새로이 신경망에 추가된다. 이후 자극이 반복해 들어오면 이 연결망이 점점 강화된다. 이것이 곧 학습이자 기억이다. 만일 반복 자극이 지속적으로 이뤄지지 않으면 이 연결망의 강도가 점점 약해져 소실된다. 잊어버리는 것이다. 1949년 캐나다 심리학자인 도날드 헵(Donald Hebb)은 학습과 기억이 이처럼 뉴런 연결망 구성을 통해 일어난다는 이론을 제시한다.[5] 이른바 '헵 학습 이론(Hebbian learning)'이다.

인공지능 연구자들은 이 학습 과정을 전기회로에 모사할 수 있음을 깨닫는다. 활성화 상태를 0과 1로 표현하고, 시냅스 강도를 연결 가중치(Weight)로 모사하는 회로를 만들면 학습하는 뇌를 닮은 '인공 신경망(Artificial Neural Network, ANN)'으로 구현할 수 있는 것이다. 1958년 코넬대학교의 한 심리학자가 최초로 이런 인공지능 신경망을 구현했다. 프랑크 로젠블라트(Frank Rosenblatt, 1928~1971)의 '퍼셉트론(Perceptron, '인지[Perception]'와 '뉴런[Neuron]'의 합성어)'이 그것이다.[6]

퍼셉트론은 정보가 들어가는 '입력층'과 나오는 '출력층'이 있고 그 사이에 우리 뇌의 시냅스 같은 노드들이 있는 '은닉층(Hidden layer)'이 있다. 정보가 은닉층 안으로 들어가면 시냅스처럼 다양한 강도가 부여되는데 다음에 같은 패턴의 정보가 들어올 경우 은닉층이 그 사실을 알아차린다.

예를 들어 남자의 얼굴이 입력됐다고 치자. 그러면 은닉층 안에서 짧은 머리카락, 콧수염, 큰 코에 대한 노드의 강도가 높게 형성된다. 이때 퍼셉트론에게 그것이 남자라고 알려준다. 이 과정을 반복하면 패턴이 자리를 잡게 되고 다음에 퍼셉트론은 남자 사진을 보면 사진 속 인물이 남자라는 결론을 내릴 수 있다. 만일 퍼셉트론에게 여자 사진을 보여주면 사진 속 인물이 남자가 아니라는 결론을 내리고, 콧수염이 없는 남자 사진을 보여주면 남자일 가능성이 몇 %라고 대답할 수도 있다. 이로써 머신러닝(Machine Learning, ML)의 시대가 열렸다.

인공지능의 첫 번째 겨울

사람들은 퍼셉트론에 열광했다. 인공지능이 인간을 대신할 날이 얼마 남지 않았을 것이라고도 기대했다. 그러나 성과는 기대보다 미미했다. 퍼셉트론은 문서 번역 같은 간단한 과제조차 매끄럽게 수행해내지 못했다. 여기에 인공지능에 대한 관심에 찬물을 끼얹는 사건들이 생긴다. 다트머스 콘퍼런스의 대표 인물 중 하나였던 MIT의 마빈 민스키(Marvin Minsky, 1927~2016)가 퍼셉트론이 일부 논리적 문제를 해결하지 못함을 지적한 것이다.[7]

기호논리학에서 'AND'는 둘 다 참일 경우 참이고, 'OR'은 둘 중 하나만 참이면 참을 가리키는 연산기호다. 'XOR'이라는 연산기호도 있는데 이는 '하나는 참이고 다른 하나는 거짓이라야 참이 되는'

배타적 논리합(Exclusive OR)을 말한다. 민스키는 퍼셉트론이 XOR 문제를 해결하지 못함을 지적했다. XOR 문제를 해결할 수 없는 인공지능은 나눗셈이 안 되는 계산기나 마찬가지다. 은닉층을 여러 층으로 늘인 다층 퍼셉트론(Multi-Layer Perceptron)을 만들면 이 문제를 해결할 수 있었지만 당시 기술 수준으로는 다층 퍼셉트론을 학습시킬 방법이 없었다.

동시에 영국에서는 인공지능이 간단한 장난감에 이용되는 수준을 넘기 어려울 것 같다는 응용수학자 제임스 라이트힐 경(Sir James Lighthill, 1924~1988)의 보고서도 발표된다.[8] 인공지능이 알고리즘의 폭발적인 조합 증가(Combinational explosion)를 감당하기 어렵기 때문에 더 이상 발전이 불가능할 것이라는 이유였다. XOR 문제와 '라이트힐 보고서'로 인공지능에 대한 관심은 급격히 얼어붙는다. 정부 기관의 인공지능 연구 예산은 대폭 삭감되고 프로젝트들이 중단된다. 인공지능 연구는 1980년대 말까지 기나긴 침체기에 빠진다. '인공지능의 겨울'이었다.

다층 퍼셉트론 그리고 다시 맞이한 두 번째 겨울

인공지능의 겨울이 매섭던 1980년대 중반, 다층 퍼셉트론을 학습시킬 해법이 나타난다. 영국 인지심리학자이자 컴퓨터과학자인 제프리 힌턴(Geoffrey Hinton, 1947~)이 '역전파 알고리즘(Backpropagation algorithm)'이라는 방법을 제시한 것이다.[9] 이는 출력 정보를 입력 쪽으로 거꾸로 보내 가중치를 수정해나가며 오류를 줄이는 방식이다. 답이 틀리면 맞는 답이 나올 때까지 앞쪽을 조금씩 조정해보는 것과 같다. 이로써 피드백 및 지도를 받는 머신러닝인 '지도형 기계 학습(Supervised learning)'이 출현했다.

힌턴은 인공지능을 군사적 목적에나 쓰려는 미국을 떠나 '인공지능의 겨울'에도 조용히 기초 연구가 지속되던 캐나다 토론토대학교로 적을 옮긴다. 그런 학풍으로 지금도 캐나다는 인공지능 분야의 강대국이다. 이곳에서 힌턴에게 지도받은 얀 러컨(Yann LeCun, 1960~)은 손으로 쓴 우편번호를 인공지능이 읽게 하는 데 성공한다. 동시에 전통적인 규칙에 기반한 프로그래밍의 GOFAI 방식의 전문가 시스템의 인기도 가세하며 인공지능의 붐이 다시 일어나는 듯했다.

그런데 역전파 알고리즘에서도 결점이 발견된다. '기울기 소실 문제(Vanishing Gradient Problem)'라 불리는 것이다. 간단히 말하면 은닉층이 깊어질수록 앞쪽의 학습이 잘 안되는 문제였다. 은닉층을 깊이 만들면 더 어려운 문제를 풀어내리라 기대했는데 학습이 오히려 더 안되는 결정적인 문제가 나타난 것이다. 기술력 부족도 문제였다. 컴퓨터 성능이 너무 떨어져 은닉층을 한두 층만 추가해도 계산 시간이 너무 오래 걸렸다. 데이터 부족도 문제였다. 매 시간 전 세계에서 수십억의 데이터가 만들어지는 오늘날과 달리, 당시에는 인공지능을 학습시킬 데이터가 별로 없었다.

데이터 부족은 '과적합(Overfitting)' 문제를 일으켰다. 개를 10마리만 본 아이는 1만 마리를 본 아이만큼 개를 잘 알지 못한다. 이 아이는 자기가 본 서너 종에만 '과적합' 되어 약간만 다른 새로운 견종을 봤을 경우 그것이 개가 아니라고 우길 수 있다. 이와 같은 여러 문제로 인해 인공지능 연구는 다시 소강상태에 빠져 두 번째 겨울을 맞이한다.

GPU, 빅데이터, 딥러닝

게임이나 멀티미디어의 그래픽은 엄청나게 많은 정보를 동시에 빠르게 처리해야 하므로 특별한 프로세서가 필요하다. 순차적으로 데이터를 처리하는 중앙처리장치(CPU)와는 다른, 대량의 데이터를 병렬로 처리할 수 있는 프로세서가 필요한 것이다. 1999년 그래픽 카드 제조회사 엔비디아(NVIDIA)는 이러한 작업이 가능한 '지포스 (GeForce)'라는 그래픽 컨트롤러를 출시했다. 시장에서는 이 제품을 'GPU(Graphics Processing Unit)'라 부르기 시작했다.

그런데 GPU의 고속 병렬처리 방식은 인공지능의 딥러닝에 딱 들어맞았다. 사실 우리 뇌도 정보를 병렬로 처리한다. GPU는 그래 픽 작업뿐만 아니라 범용 작업에 동원되기 시작했고, 이를 계기로 인공지능 연구의 숨통이 트였다.[*]

2000년대가 되자 인터넷이 전 지구적으로 확대·사용됐다. 여기 에 모바일 기기, 소셜 네트워크, 사물인터넷, 클라우드가 연결되면

---

[*] 그래픽 카드를 만들던 엔비디아가 주식시장에서 인공지능 회사로 분류되는 이 유다.

서 데이터의 양이 인류 역사상 전례 없이 방대해졌다. 100년마다 두 배가 되던 인류의 정보량은 12시간마다 두 배가 되기에 이르렀고, 최근 20년간 쏟아진 정보량은 이전의 인류 역사를 통틀어 만든 양을 넘어섰다.[10] 빅데이터 시대가 본격적으로 열린 것이다.

대량의 정보를 고속으로 병렬처리하는 능력과 유례없는 대량의 데이터가 결합하자 인공지능 연구에 돌파구가 마련됐다. 2006년, 힌튼은 진일보된 머신러닝 방법인 '딥러닝(Deep Learning)'을 제시한다.[11]

규칙 기반의 전통적인 튜링 컴퓨터가 한 일은 인간이 규칙을 정해주고 데이터를 주면 이를 바탕으로 해답을 내는 작업이었다. 머신러닝은 데이터를 주고 해답을 주면 규칙을 찾아냈다. 딥러닝은 데이터를 던져주면 거기서 특징을 추출해 답을 분류하고 규칙을 만든다. 비유를 하자면, 튜링 컴퓨터는 고양이를 찾는 법을 알려주면 고양이를 찾았다. 머신러닝은 고양이가 무엇인지 알려주면 고양이 찾는 법을 알아냈다. 딥러닝은 여기서 한발 더 나아가 알려주지 않아도 고양이를 스스로 분류해낼 줄 알았다.

힌튼이 이끄는 토론토대학교 인공지능 연구진은 65만 개의 뉴런으로 이뤄진 5층의 '심층 컨볼루션 신경망(Deep Convolutional Neural Networks, deep CNN)'을 만든다. '알렉스넷(AlexNet)'이라 불린 이 인공지능은 2012년 '이미지넷 대규모 이미지 인식 콘테스트(ImageNet Large Scale Visual Recognition Challenge, ILSVRC)'에 출전한다. 이 콘테스트는 120만 개의 이미지를 1,000개의 카테고리로 분류해내는 알고리즘 콘테스트인데, 그때까지 오차율 20~30%만 기록해도 우승 후보에 올랐다. 알렉스넷은 이 콘테스트에서 15.3%의 오차율을 보이는 경이로운 기록을 세우며 인공지능의 목표 수준을 한 단계 올려놓았다.

같은 해 스탠퍼드대학교의 컴퓨터과학자 앤드류 응(Andrew Ng, 1976~)은 구글과 함께 1,000대의 컴퓨터 속에 들어 있는 1만 6,000개의 처리장치를 이용해 10억 개 이상의 신경망을 구축한 '심층 신경망(Deep Neural Network, DNN)'을 구현했다. 응의 신경망은 유튜브에서 얻은 1,000만 개의 이미지를 인간의 지도 없이 혼자 학습해 사람과 고양이를 분류하는 데 성공했다.

컴퓨터의 승리

컴퓨터가 처음으로 인간의 인지능력을 이긴 것은 1997년 IBM의 '딥블루'와 체스 챔피언 가리 카스파로프(Garry Kasparov)의 대결에서였다. 인간과의 체스 대결에서 승리했다고는 하지만 당시 딥블루는 인간이 입력한 수천 개의 예측 함수와 70만 개의 기보를 바탕으로 이긴 것이었다. 스스로 창조적으로 묘수를 생각해낸 것은 아니었다.

2011년 미국의 TV 퀴즈 쇼 〈제퍼디!〉에 출연해 두 명의 인간 챔피언을 이긴 IBM의 '왓슨(Watson)'*은 '딥블루'보다는 더 영리했다.

---

* IBM의 초대 회장 토머스 왓슨(Thomas Watson Sr, 1874~1956)의 이름에서 따온 명칭이다.

왓슨은 인간의 언어를 이해했다. 〈제퍼디!〉의 진행 방식은 보통의 퀴즈 쇼와 달리 독특했다. 답을 주면 질문을 찾는 방식이었다. 가령, "조선왕조 제4대 왕으로 집현전을 설치해 학자를 양성했다"고 '물어보면' "세종대왕은 누구인가?"라고 '답'을 해야 하는 식이다. 이런 진행 방식은 인간에게는 아무것도 아니지만 컴퓨터에게는 굉장히 어렵다. '세종대왕이 누구인가?'라고 물으면 검색을 통해 답을 찾을 수 있겠지만, 〈제퍼디!〉처럼 물어보면 인간의 자연언어를 '해독'해내고 답을 '유추'해내야 하기 때문이다. 왓슨은 이 일을 해냈다.

왓슨의 성공은 이런 의미가 있다. A라는 항암제의 특성을 알고 싶다면 일반인도 금방 알아낼 수 있다. 인터넷에 키워드를 써 넣기만 하면 몇 페이지에 걸쳐 정보가 즉각 나오기 때문이다. 하지만 '폐암 3기인 40대 남성 환자의 환부를 절제했지만 임파선 전이가 생겼다. 그가 B라는 항암제에 저항성이 있을 경우 어떤 항암제가 유용한가?'라고 묻는다면 전문가도 답하기 어렵다. 왓슨은 이런 질문을 해독하고 모든 정보를 검토해 A라는 항암제를 제시해주는 기계였다. 이것을 '전문가 의사결정 지원체제(Decision Support System)'라 한다.

〈제퍼디!〉에서 승리한 이듬해, 왓슨은 의료용으로 특화돼 '왓슨 포 온콜로지(Watson for Oncology)'라는 이름으로 미국 메모리얼슬로언케터링암센터에 투입됐다.

알파고의 여정과 알파 스타

케임브리지대학교 퀸즈 칼리지 출신의 데미스 하사비스(Demis Hassabis, 1976~)는 어린 시절 영국 체스 대회를 휩쓸고 열다섯 살에 컴퓨터 체스 게임을 출시한 컴퓨터 천재다. 하사비스가 보기에 딥 블루나 왓슨이 인간을 이겼다고는 하지만 사실 이들은 이미 입력된 규칙에 기반한 알고리즘 시스템에 불과했다. 인공지능이라면 그보다 높은 수준에서 스스로 학습하고 사고할 수 있어야 했다. 하사비스는 '딥마인드(Deep Mind)'라는 회사를 세우고 '심층 큐-네트워크(Deep Q-network)'라는 것을 개발한다.[12] 이 시스템은 동기부여를 하는 Q-러닝을 한다. 인공지능이 어떤 행동이 최적인지를 보상을 통해 학습하는 것이다.*

이 방법의 놀라운 점은 인공지능이 당장은 보상이 적더라도 나중에 보상의 총합이 더 크다고 판단하면 그쪽을 선택한다는 사실이다. 즉, 성숙한 어른처럼 더 큰 보상을 위해 작은 보상을 포기할 줄 알았다. 하사비스는 그 수(手)가 천문학적이라 기계가 인간을 이길 가능성이 없다는 바둑에서 이 기계의 능력을 시험해보기로 한다. '알파고(Alpha Go)' 프로젝트 여정의 시작이다.

2015년 알파고는 유럽 바둑 챔피언 판후이(樊麾, 1981~)와의 대결에서 첫 승리를 거둔다. 그 기세로 버전을 올려가면서 2016년 이

---

* '지도학습', '비지도학습'에 이은 세 번째 머신러닝 방법인 '강화학습(Reinforcement Learning)'이다.

세돌('알파고 리'), 2017년 중국 커제('알파고 마스터') 등 세계 챔피언들을 대상으로 승리를 거머쥔다. 그리고 2017년 딥마인드는 인간의 데이터 입력이나 훈련 없이 혼자 바둑을 익히는 '알파고 제로 (AlphaGo zero)'의 탄생을 발표한다. '알파고 제로'는 이전 버전의 알파고들을 모두 이겼다.[13]

'알파고 제로'는 인간보다 더 창의적인 면을 가지고 이전에 존재하지 않았던 기묘하고 낯선 수를 보여줬다. 하사비스의 말처럼 '백지 상태(Tabula rasa)에서 스스로 학습해 인간보다 나은 능력(Superhuman proficiency)을 보이는 인공지능'이 드디어 출현한 것이다.[14]

딥마인드는 2017년 12월을 끝으로 알파고 프로젝트의 여정을 마치고 다음 단계의 목표를 향해나간다. 바로 '스타크래프트 II'에서 인간 챔피언을 이기는 것이다. 왜 다음 목표를 '스타크래프트'로 설정했을까? 실시간 전략 게임인 '스타크래프트'는 실제 세계를 모사한다. 딥마인드는 마우스와 키보드만 던져주면 인간처럼 어떤 룰이든 습득하고 마스터해 문제를 해결하는 인공지능을 만들고자 한 것이다.[15] 다시 말해 실세계의 문제를 해결하는 궁극적인 '범용 지능'에 가까운 것을 만들겠다는 것이다. 딥마인드는 2018년 '알파스타(Alpha Star)'라는 알고리즘을 공개하고 그해 말 인간 챔피언을 이기는 데 성공한다. 그리고 이듬해, 드디어 그랜드 마스터 레벨에 진입한다.[16]

알파스타는 무수한 횟수의 경기를 반복하면서 평균적인 인간보다 나은 전략적 모습도 보여주고, 때로는 인간에게서는 보지 못한 창의적 해결책도 내놓았다. 이세돌이 알파고를 상대하며 느꼈던 것처럼 '스타크래프트' 세계 챔피언 그레고리 코민츠(Grzegorz Komincz, 1993~)도 인공지능을 상대할 때 직관을 가진 인간을 상대하는 것처럼 느꼈다고 술회했다.[17]

챗GTP

이 책의 초고를 마친 시점에 오픈 AI(Open AI) 사가 챗GPT(Chat GPT)를 발표하여 전 세계를 떠들썩하게 만들고 있다. 챗GPT의 놀라운 기능에 구글의 시대는 이제 끝났다고 말하는 사람들도 있고, 인공지능이 인간을 대치할 날이 얼마 남지 않았다고 흥분하는 사람들도 있다.

챗GPT는 인간의 자연어를 완벽히 이해하고 감탄스러울 정도로 인간의 말을 정교하게 모사해냈다. 최소한 튜링 테스트를 더 이상 의미 없게 만들고* 촘스키의 언어생득 이론에 균열이 온 것이 사실이다.**

챗GPT는 뛰어난 언어모델이다. '사전 훈련된 생성변환기

---

* 앨런 튜링은 사람이 대화를 하면서 상대가 컴퓨터인지 사람인지 구별할 수 없다면 그 컴퓨터는 지능을 갖고 있다고 봐야 한다고 주장했다. 이것을 훗날 '튜링 테스트(Turing Test)'라고 불렀다. 2014년 영국 레딩대학교의 인공지능 프로그램 '유진'이 처음 통과했다고 일컬어진다.

** 학습에 의해 언어를 배운다는 스키너의 행동주의에 반해 인간이 언어능력을 선천적으로 타고났다는 이론이다. 2장을 참조하기 바란다. 챗GPT는 수억 가지 문장과 단어의 관계를 학습하여 언어의 확률 지도를 만들고 이것으로 언어를 생성한다.

(Generative Pre-trained Transformer, GPT)'라는 이름 그대로 대량의 텍스트 데이터를 딥러닝해 확률에 따라 인간에 가깝게 대화하거나 번역 또는 검색 자료를 요약해 인간처럼 보고하도록 만들어진 좁은 인공지능이다. 검색 서비스 산업의 지형을 크게 바꾸고, 적지 않은 단순 직업들을 대체할 것은 확실하다.

그럼에도 불구하고 챗GPT의 등장으로 인간의 지성을 대신할 무엇이 나타났다고 말하기는 이르다. 자신의 역할에 대해 챗GPT는 이렇게 대답한다. "의사결정, 문제 해결 및 공감을 수반하는 특정 일은 인간의 판단과 직관을 필요로 합니다. 나는 고객 서비스, 정보 검색, 콘텐츠 생성 등 다양한 업무에서 유용한 도구가 될 수 있지만 (…) 인간을 대체할 수는 없습니다."

1950~60년대 '말하는 침팬지'가 유행할 때 그 환상을 무너뜨린 노엄 촘스키는 〈뉴욕타임스〉의 기고에서 챗GPT가 그저 "표준적인 주장을 자동으로 완성하고, 어떤 입장을 취하기를 거부하며, 지식의 부족을 호소하고, 궁극적으로 그저 명령을 따를 뿐이라고 방어하며, 창조자에게 책임을 전가한다"라고 평했다. 그가 보기에, "인공지능이 인간을 추월하는 날이 올지 모르지만, 아직 동도 트지 않았다."[18]

'강한 인공지능'의 출현은 가능할까?

인공지능이 우주의 별만큼이나 그 수(手)가 많다는 바둑을 석권했다고 해도 결국 바둑일 뿐이다. 챗GPT가 아무리 인간에 가깝게 언어를 구사하고, 원하는 자료를 정리하고, 코딩이나 작문을 잘한다 해도 그런 일에 특화된 사전 훈련된 언어 모델일 뿐이다. 아직까지 인간 세상에 존재하는 일반적인 문제를 모두 풀 수 있는 인공지능이 나올 가능성은 불투명하다. 현존하는 대부분의 인공지능은 한 가지 분야의 과제나 문제를 사람보다 더 잘하는 것들이다. 이것을 '좁은 인공지능(Artificial Narrow Intelligence, ANI)' 또는 '약한 인공지능(Weak AI)'이라 부른다.

우리가 살아나가는 현실 세계는 '열린계'다. 고정된 규칙도 없고, 경우의 수는 무한대이며, 직관과 예측으로 살아야 하는 세계다. 현실 세상에서 사람이 하듯 독자적으로 다양한 문제를 인식하고 이해하고 스스로 찾아 해결하는 능력을 가진 인공지능을 '범용 인공지능(Artificial General Intelligence, AGI)' 또는 '강한 인공지능(Strong AI)'이라고도 한다.

영화 〈아이언맨〉의 '자비스'처럼 당신의 감정을 읽고, 인생이나 사랑이나 재무 상담을 해줄 수 있으며, 거시적으로는 시장 변화, 인플레이션, 금융 위기에 이르기까지 복잡하고 일반적인 문제를 자발적으로 찾아내고 다룰 수 있는 범용 인공지능, 이런 것이 과연 등장할까? 인간과 똑같이 세상과 사물을 이해하고 미래를 예측하고 경제 문제나 자원 부족, 기후온난화 같은 난제를 해결할 수 있는 강한 인공지능이 세상에 나타나는 날이 도래할까?

태초의 지능

기억-예측 장치

우리 뇌는 바둑판 앞에서 다음 수를 장고하거나 책상 앞에 앉아 미적분을 푸는 일에 적합하지 않다. 우리 뇌는 전방을 주시하면서 머리로는 과거의 경험을 떠올리며 끊임없이 항로를 결정하는 항법사에 가깝다. 신피질은 계산기가 아니라 패턴을 다루는 곳이자 환경 변화에 즉각적인 반응을 하기 위해 만들어진 기억-예측 장치다.

제프리 호킨스(Jeffrey Hawkins, 1957~)는 1990년대 말을 풍미한 PDA '팜(Palm)'을 만든 엔지니어이자 지금은 인공지능 개발 기업인 '누멘타(Numenta)'를 운영 중인 뇌과학자다. 호킨스는 뇌의 기능을 '기억-예측 기본틀(Memory-prediction framework)'이라는 모델로 설명한다.[19] 그에 따르면 뇌는 다음과 같은 방식으로 작동한다.

회사 우체국에 물품 카탈로그가 하나 도착한다(입력). 카탈로그는 자재부로 전달되고 임원 회의까지 올라간다. 임원 회의에서는 카탈로그를 보고 물품을 구입하기로 결정한다(결정). 결정 사항은 구매부로 전달되어 구입이 이뤄진다(실행). 동시에 자재부와 사내 우체국에는 다음에 같은 카탈로그가 올 경우, 임원 회의에 즉각 올려달라는 지시가 내려진다(기억). 이제 사내 우체국과 자재부는 새 카탈로그가 도착했을 시 즉각 행동할 준비가 갖춰진다(예측). 이제 이 회사에서 일어난 일련의 일은 하나의 패턴으로 학습됐다. 앞으로 이 회사의 모든 부서들에서는 카탈로그들을 예의 주시하고 있다가 같거나 비슷하고 판단되는 것이 도착하면 즉각 준비된 수칙이 작동될 것이다.

호킨스에 따르면 우리 뇌는 수많은 피질 단위가 만드는 계층 구조(Hierarchy) 속에 세계의 모형을 만들고, 들어오는 지각과 대조하고 예측하면서, 세상과 상호작용한다.[20] 누멘타는 이런 원리를 소프트웨어로 모델링한 계층형 시간 메모리인 'HTM(Hierarchical Temporal Memory)'이라는 오픈소스를 만들어 인공지능 개발을 진행 중이다. 그가 보기에 딥러닝은 그냥 창구 직원 한 명을 가르쳐 훈련하는 데에 지나지 않는다. 강한 인공지능을 만들기 위해서는 신피질이 실제로 활동하는 방식을 모사해야 한다는 것이 그의 주장이다. 이런 생각을 하는 사람은 그뿐만이 아니다.

패턴 인식기

다음 쪽의 그림은 1965년 미국의 《라이프》에 실린 사진작가 로널드 제임스(Ronald James, 1937~2013)의 사진[21]을 영국의 심리학자 리처드 그레고리(Richard Gregory, 1923~2010)가 변용하여 소개해 유명해진 이미지다.[22] 그림에서 무엇이 보이는가? 만일 냄새를 맡는 달마시안이 보인다면 당신의 신피질이 제대로 작동하고 있음을 뜻한다. 당신은 석기시대로 돌아가게 되더라도 숲속에 숨어 당신을 노리는 호랑이의 털빛이나 풀밭 위에 드리워진 살모사 그림자도 놓치지 않고 목숨을 부지할 수 있을 것이다.

우리는 수백만 년 동안 망막을 스쳐가는 그림자나 바람에 묻어오는 냄새, 바스락거리는 소리로부터 순간적으로 유사한 경험을 뽑아내 반응을 시작하는 기전에 의지해 생존해왔다. 깨어 있는 동안 뇌는 항시 어떤 신호나 패턴이 들어오기를 대기하고 있다가 신호가 들어오면 자동 연상을 시작한다.

미국 컴퓨터과학자이자 미래학자인 레이 커즈와일(Ray Kurzweil, 1948~)은 인간의 뇌를 수많은 패턴이 저장되어 있으며 그것을 인식해내는 기계라고 생각한다. 이른바 '마음의 패턴인식 이론 (Pattern Recognition Theory of Mind, PRTM)이다. 커즈와일에 따르면 뇌의 패턴 인식기는 약 100개의 뉴런으로 이뤄진다. 신피질은 약 50만 개의 피질 칼럼(Cortical column)으로 이뤄져 있는데 한 칼럼에 약 600개의 패턴 인식기가 담긴 것으로 추산되므로 뇌 전체에 약 3억 개의 패턴 인식기가 존재하는 셈이다.[23]

이 그림에서 무엇이 보이는가?

　이 패턴 인식기들은 호킨스의 모델처럼 계층 구조를 이룬다. 하부 패턴 인식기들의 신호가 일정치를 넘어가면 상부 레벨로 전달된다. 각 레벨에서 신호들이 취합되어가면서 점점 상부로 올라가면 마지막 최상부 패턴 인식기는 그것이 무엇이라는 결론을 내린다. 이런 식이 반복되어 한 패턴이 기억되면 다음에는 패턴의 일부분만 들어와도 전체를 다 본 것처럼 미리 작동하기도 한다. 이런 일이 달마시안 그림을 봤을 때 우리 뇌 속에서 일어난다. 흰 종이에 뿌려진 점들이 신피질 시각 패턴 인식기의 계층 구조를 따라 위아래로 오르락내리락하면서 빈틈을 메꿔 최종적으로 이 그림에 담긴 대상이 달마시안이라는 결론을 내리는 것이다. 이런 능력은 진화를 통해 구축된 생존 능력이며 예측 기계로서 우리 뇌가 강력한 힘을 발휘하게 한다.

　커즈와일은 이 신피질 시스템의 개념을 바탕으로 '계층형 은닉

마코프 모델(Hierarchical Hidden Markov Models, HHMM)'이라는 인공지능 개념을 만든다. 호킨스와 커즈와일의 공통된 주장은 우리의 신피질이 '연산' 장치가 아니라 '연상' 장치라는 것이다. 진화의 어느 시점에서 이런 신경 신호의 움직임 속에 '사유'라고 부르는 것이 발생했고, 신피질의 계층 구조 속에 하나의 세계가 생겼다. 신피질이 없거나 미약한 동물은 이런 정신적 능력을 갖지 못한다. 만약 의식을 가진 강한 인공지능이 나타난다면 튜링 기계가 아니라 신피질 같은 계층 구조를 가진 연상 장치에서 나타날 가능성이 높다. 그런데 이 구조를 소프트웨어 모델링이 아니라 하드웨어로 만드는 시도가 시작된다.

뉴로모픽 칩

캘리포니아공과대학교의 카버 미드(Carver Andress Mead, 1934~)는 아날로그 신호를 디지털 신호로 변환하는 기술에 지대한 공헌을 한 사람이다. 인공 망막이나 우리가 많이 쓰는 노트북의 터치패드는 그의 아이디어에서 비롯된 제품이다. 미드는 1990년에 뉴런과 시냅스 구조를 실리콘 칩 안에 구현할 수 있다는 개념을 보여주었다. 이 칩에는 연결 상태를 기억하는 소자인 '멤리스터(Memrister, '메모리[Memory]'와 '레지스터[Resistor]'의 합성어)'가 있다. 앞서 학습은 뉴런의 연결 강도 기억이라 했는데, 여기에 그것을 기억시킬 수가 있는 것이다. 이것을 '뉴로모픽 칩(Neuromorphic chip)'이라 불렀다.[24] 이것이 있으면 뇌와 같은 계층 구조를 만들고 헵 학습을 시킬 수 있는 것이다.

그로부터 20년 후 미국국방부고등연구계획국(DARPA)은 포유류의 뇌를 닮은 '인지 컴퓨터(Cognitive computer)'를 만드는 계획을 세우며 여기에 뉴로모픽 칩을 실제로 만들어 사용하기로 한다. '시냅스(Systems of Neuromorphic Adaptive Plastic Scalable Electronics, SyNAPSE)'라 부른 이 계획에 휴렛팩커드, IBM 연구소 등이 참여했다. 2014년 IBM 연구진은 총 100만 개의 전자 뉴런과 2억 5,600만 개의 시냅스가 들어가 있는 '트루노스(TruNorth)' 칩을 만들었다.[25] '트루노스 칩'은 미 공군의 '블루 레이븐(Blue Raven) 시스템'에 들어가 위성과 드론의 영상을 판독하고, 표적을 인식하고, 자율 비행하여 공격하는 일을 수행했다.

인텔(INTEL)은 2017년 '로이히(Loihi)* 칩'을 만들고 이를 64개 연결해 800만 개의 뉴런을 구현한 '포호이키 비치(Pohoiki Beach) 시스템'을 만든다. 이 시스템은 카메라 객체 추적, 자동 테이블 축구 게임, 로봇 보행, 로봇 손 제어를 위한 촉감 추론 등에 사용됐다.[26] 여기서 끝이 아니다. 곧이어 인텔은 '로이히 칩' 768개를 집적해 1억 개의 뉴런과 998억 개의 시냅스를 조성한 '포호이키 스프링스(Pohoiki Springs)'를 제작했다. 2020년 코넬대학교 연구진은 이를 이용해 유해 물질을 탐색하거나 마약, 무기, 폭발물을 탐지하는 탐지견의 일을 대신할 수 있는 장치인 '전자 코(Electronic nose)'를 만들기도 했다.

---

* 하와이의 해저 분화구 명칭에서 따온 이름이다.

태초의 지능

뉴로모픽 칩을 사용하는 인공지능은 미리 주어진 프로그램이 없다. 대신 사람이 그러하듯 외부 정보를 받아들여 시냅스에 저장한다. 마치 어린아이처럼 처음에는 백지 상태이지만 학습에 의해 시냅스들 간의 연결망이 축적되는 것이다. 새로운 지식을 발견하면 추가로 기억하고 잘못된 학습 내용은 삭제한다. 그렇기 때문에 뉴로모픽 인공지능은 직감이 좌우하는 분야, 무작위로 발생하는 문제의 해결에 강하다. 이미지나 소리 같은 아날로그 신호 패턴을 인식하고 이를 바탕으로 직관적으로 예측하고 판단하는 일을 잘한다.

뉴로모픽 인공지능은 시각, 촉각, 후각, 운동의 제어 같은 것에 유용하고, 특히 미지의 공간을 이동하면서 주변을 탐색하고 자신의 위치를 파악하는 일에 상당한 효율성을 발휘한다. 이것을 장착한 드론이나 자동차는 적어도 날아다니는 곤충이나 길을 찾는 쥐 정도의 지능은 가질 수 있다는 뜻이다. 또 작업 현장의 기계나 사물인터넷의 말단 기계에 탑재되어 현장에서 생기는 무작위적인 문제를 학습하고 해결하는 엣지 컴퓨팅 분야에서도 유망하다.

뉴로모픽 인공지능은 태초에 나타난 뇌와 비슷할 것이다. 무작위로 벌어지는 환경의 변화에 직관적으로 대처하고, 위험을 회피하고, 생존 가능성을 올리는 '운동' 기관으로서의 뇌 말이다. 뉴욕대학교 의과대학의 뇌과학자 로돌포 이나스(Rodolfo Llinás, 1934~)는 뇌는 운동을 위해 진화됐다고 믿는다. 그의 말을 빌리면 마음은 운동이 내면화된 것이고 자아는 예측의 기준점이며, 사유는 내적인

움직임이다.[27]

　수억 년 전 다세포 생명체 안에서 일어난 것처럼, 기계에서 의식이 피어난다면 아마도 이런 형태의 장치가 가장 유력할 것이다. 가장 진보된 칩도 1,000억 개의 뉴런과 125조의 시냅스로 이루어진 인간의 뇌에 비하면 턱없이 그 능력이 모자라지만 적어도 곤충이나 쥐 정도의 수준은 따라잡은 셈이다. 인류는 이제 지능의 본질에 가장 근접한 것을 만들어내기 시작했다.

3 역설계

탁월한 물건

탁월한 물건을 발견하면 우리는 그 물건을 뜯어본다. 호기심 때문이기도 하지만 그 물건과 비슷하거나 더 뛰어난 것을 만들고 싶은 욕망 때문이기도 하다. 이처럼 장치나 시스템의 구조를 분석해 재조립하면서 작동 원리를 규명해내는 것을 '역설계(Reverse engineering)'라 한다.

우리는 아직도 뇌에 대해 잘 모른다. 마음과 의식이 무엇인지 그 본질조차 알지 못한다. 그래서 어떤 연구자들은 뇌를 역설계 방법으로 이해하려 한다. 뇌를 그대로 모사하기 위해 뇌세포를 수만 조각을 내 들여다보는 수고도 아끼지 않고, 슈퍼컴퓨터에 피질 구조를 구현하는 데 수조 원의 예산을 투입하는 일도 마다하지 않는다.

뇌 역설계 연구 중 가장 착실하게 성과를 쌓고 있는 분야는 뇌

지도 제작 분야다. 2010년에는 마이크로소프트의 공동 창립자 폴 앨런(Paul Allen, 1953~2018)의 후원으로 인간 뇌 지도 'Allen Human Brain Atlas'가 완성되어 발표됐다.[28] 2013년에는 오바마 정부에 의해 인간 게놈 프로젝트의 뇌과학 버전인 '브레인(BRAIN, Brain Research through Advancing Innovative Neurotechnologies) 이니셔티브'가 출범했다.

뇌 역설계의 또 다른 흐름은 슈퍼컴퓨터에 뇌의 구조와 기능을 시뮬레이션 한 디지털 뇌를 만들려는 시도다. 유럽의 '인간 뇌 프로젝트(Human Brain Project)'가 대표적 사례다. 이 분야는 다른 뇌 연구들에 비해 요란하고, 곧 다루겠지만 한 차례 큰 파국도 지나갔으나 여전히 흥미진진하며 앞으로 어떤 혁신적인 일이 벌어질지 모른다.

마지막 그룹은 뉴런의 연결에 성배가 있다고 믿고 이 연결체를 그대로 베껴내려는 사람들이다. 이들은 뉴런 연결의 패턴 속에 새겨진 정보가 우리를 결정한다고 믿고, 그 패턴을 그대로 모사하는 데 총력을 기울이고 있다.

인간 뇌 프로젝트

남아프리카공화국 출신의 신경과학자 헨리 마크램(Henry Markram, 1962~)은 자폐증 아들이 한 명 있다. 아들에 대한 연민은 마크램으로 하여금 뇌과학 연구에 매달리게 했는데, 그는 이스라엘과 스위스의 연구 기관에서 경력을 쌓아가는 동안 학습이 모듈로 일어나며 피질 칼럼이 그 기본 단위임을 입증했다. 이후 스위스 로잔공과대학교에 자리를 잡은 마크램은 2005년부터 슈퍼컴퓨터에 신피질 칼럼을 구현하는 작업에 착수한다. 이를 위해 IBM으로부터 1만 6천여 개의 중앙처리장치를 가진 'IBM 블루진(Blue Gene) 컴퓨터'를 지원받는다. 이른바 '블루 브레인 프로젝트(Blue Brain Project)'다.

프로젝트 시작 첫해에 마크램은 한 개의 뉴런 세포 모델을 시뮬레이션 하는 데 성공하고, 3년 만에 1만 개의 뉴런으로 된 쥐 피질 칼럼을, 6년 후에는 100개 피질 칼럼으로 만들어진 메조서킷(Mesocircuit)*을 만드는 데 성공한다. (참고로 인간에게는 50만 개의 피질 칼럼이 있다.)

2009년 마크램은 테드(TED) 강연에 나서서 10년 이내에 인간의 뇌 전체 또는 부분을 만드는 것이 가능하다고 주장한다.[29] 이 인상적인 연설은 유럽연합의 관심을 끌었다. 유럽연합 집행위원회는 미래기술 주력 사업으로 2013년 1조 5천억 원을 투자해 전 세계에서 80개 이상 기관들이 참여하는 '인간 뇌 프로젝트(Human Brain Project)'를 출범시킨다.

마크램은 이 프로젝트로 만든 디지털 두뇌는 동물 실험을 대체할 수 있으며, 자폐증, 정신분열증, 우울증, 알츠하이머에 연구와 치료법도 테스트할 수 있을 것이라 장담했다. 더 나아가 인공지능 설

---

* 뇌 기능 대영역과 개별 뉴런의 중간 단계에 있는 개별 기능을 가진 뇌 기능 단위.

계에도 영감을 줄 것이며, 의학, 인지과학, 컴퓨터 기술에 혁명적
변화가 일어날 것이라 주장했다.[30]

파국

디지털 뇌에 관심을 가진 이는 마크램뿐만이 아니다. IBM 알
마덴 연구 센터(IBM Almaden Research Center)에서 인지과학 연구
를 이끌던 인도 출신의 컴퓨터공학자 다르멘드라 모다(Dharmendra
Modha)도 비슷한 시기 IBM의 슈퍼컴퓨터에 생쥐 스케일의 대뇌
피질을 모사했고[31] 2009년에는 고양이의 대뇌피질 뉴런 수와 같은
크기의 대뇌피질 시뮬레이터를 만드는 데 성공했다.[32]

모다의 팀이 슈퍼컴퓨터 안의 고양이 대뇌피질 스케일의 시뮬레
이터에 그림을 보여주자, 시뮬레이터는 시각적 자극이 들어올 때
일어나는 뇌의 전기적인 반응—스파이크 뉴런, 축삭 지연, 동적 시
냅틱 채널 등 이름도 낯선 반응—의 파노라마를 보여줬다. 굉장한
모습이었다.

그런데 이런 반응이 슈퍼컴퓨터 안에 어떤 능력이 있다는 것을
뜻하지는 않는다. 모다의 시뮬레이터는 한글의 의미는 모르면서 보
이는 대로 똑같이 따라 그리는 외국인과 같다. 마크램이나 모다가
한 일은 슈퍼컴퓨터 안에 지적 능력을 부여한 것이 아니라 그저 신
경 반응을 모사하는 거대한 기계를 만든 것이다(물론 언젠가 그러한
기계 안에서 갑자기 의식이 생길지는 알 수 없는 일이다).

사실 '인간 뇌 프로젝트'가 출범할 당시 많은 연구자들은 처음부터 이 프로젝트에 의구심을 가졌었다. 신경과학자들이 보기에 이 프로젝트는 '뇌과학'이 아니라 그저 '공학' 프로젝트일 뿐이었다. 어디에 쓸지 모르는 물건을 일단 만들고 보자는 것이나 다름없었기 때문이다. 묻지 않는 질문에 내놓은 해답이었다고나 할까? 분위기가 이렇게 되자 '인간 뇌 프로젝트'는 출범한 지 2년도 안 되어 삐걱대기 시작했다. 2014년 과학자 750명은 유럽연합 집행위원회로 프로젝트의 재검토를 요구하는 공개서한을 보냈다. 그 안에는 이 연구가 실패하면 뇌과학 전체가 후퇴할 수도 있다는 우려가 담겨 있었다.[33]

마크램은 뇌 시뮬레이터가 최소한 실험 뇌로 쓸모가 있을 것이라 방어했지만, 수많은 과학자들의 반발을 산 이상 유럽연합은 그를 하차시킬 수밖에 없었다. 이후에 프로젝트는 원하는 연구자들이 소규모로 자신의 모델을 시뮬레이션 하는 형태로 바뀌었고, 2023년 종료될 예정이다. 모다는 일찌감치 뉴로모픽 컴퓨터 칩을 만드는 일로 연구 방향을 선회해 ARPA(미국고등연구계획국)의 시냅스 프로젝트에 참여했다.

브레인 이니셔티브

유럽연합과는 달리 미국은 정부의 주도로 다소 고리타분하지만 실속 있는 뇌 연구를 시작한다. 이른바 '브레인 이니셔티브(BRAIN Initiative, Brain Research through Advancing Innovative Neurotechnologies Initiative)' 사업이다. 미국 과학자들은 목표를 잘 못 잡으면 기회비용을 날리고 다른 연구까지 위축시킬 수 있음을 미리 인지하고 신경과학자, 컴퓨터공학자, 나노 공학자들이 모여 균형 있는 다학제 프로젝트를 구축했다. 이들은 연구의 기본 목표를 뇌 활동 경로와 지도를 완성한다는 것으로 먼저 정하고, 이것을 위한 연구 기술 개발과 데이터의 분석, 보관, 공유를 위한 인프라 구축 같은 실질적인 추가 목표를 잡았다.

그 결과, '브레인 이니셔티브'는 2018년 기준, 500개가 넘는 연구 논문을 만들어냈다.[34] 브레인 이니셔티브 소속 연구자들은 신경 세포를 분류하고 회로망을 찾아가며 뇌 지도 제작에 필요한 정보들을 쌓아나갔다. 실시간으로 뇌 활동을 측정하고 신경계의 활동을 조작하는 기술들도 개발됐다. 특히 살아 있는 인간의 뇌를 대상으로 실행할 수 있는, 많은 비침습적 기술의 개발을 이뤄낸 것이 큰 성과였다. 인간 뇌 프로젝트 같이 대중의 관심을 끌 만한 자극적이고 흥미로운 포인트는 없었으나 실현 가능한 목표를 설정한 '브레인 이니셔티브'는 인류가 뇌의 생물학적 기전을 이해하는 데 도움이 되는 연구들을 계속 이어나갔다. 이는 뇌과학을 바탕으로 한 기술 특허가 쏟아지고 관련 산업이 성장하는 계기로도 작용했다.

커넥톰

2010년 9월 TED 강연에 앳된 모습의 한국계 미국 과학자 세바스찬 승(Hyunjune Sebastian Seung, 한국 이름은 승현준, 1966~)이 출연한다. 하버드대학교에서 물리학을 전공하다가 신경과학으로 학문적 경력을 전환한 그는 이 TED 연설에서 "나는 나의 커넥톰이다(I am my connectome)"라는 한 문장으로 세상의 주목을 끈다.[35] 커넥톰(Connectome)이란 신경계 안에 존재하는 모든 뉴런 연결망의 총체적 정보를 말하는데 한국어로는 '연결체' 정도로 번역이 가능하다. 커넥톰의 영단어 말미에 붙은 접미사 '-ome'은 '집단', '덩어리'라는 뜻으로 이미 '게놈(유전체)', '프로테옴(단백체)', '메타볼롬(대사체)' 등의 단어를 조어할 때도 활용됐다.

세바스찬 승에 따르면 새로운 경험들은 뉴런의 시냅스 연결을 통해 기억된다고 한다. 자전적 기억들도 마찬가지다. 인간의 자아와 정체성 그리고 삶의 기억이 모두 신경의 연결망 속에 보관되어 있다는 것이다. "나는 나의 커넥톰이다"라는 말은 내가 나일 수 있도록 결정하는 무언가가 유전자도, 뉴런 그 자체도 아닌, 뉴런 연결망의 총체 안에 있음을 뜻한다. 매일 일어나는 신경 활동이 강물이라면 커넥톰은 그 물길의 흔적이 새겨지는 강바닥과 같다. 그 강바닥에 우리의 정신이 새겨져 있다는 것이다.

최초의 완전한 커넥톰 지도가 만들어진 것은 302개의 신경세포와 7,000개가량의 연결망을 가진 예쁜꼬마선충의 뇌다. 1986년 처음 초안이 만들어진 후, 뇌 지도를 모두 완성하는 데 25년 가까

커넥톰 소프트웨어로 재구성한 쥐 대뇌피질의 신경세포.

이 걸렸다.[36] 그 후 쥐 망막과 시각피질 일부의 커넥톰이 그려졌고, 2014년에는 드디어 쥐의 뇌 전체 커넥톰이 완성됐다.[37]

인간의 커넥톰 작성은 2009년 NIH(미국국립보건원) 주도로 시작됐다. 이름하여 '인간 커넥톰 프로젝트(The Human Connectome Project, HCP)'다. 이 프로젝트는 크게 두 갈래로 진행 중인데 한쪽에서는 실제 인간의 커넥톰을 작성하는 연구가 진행되고 있고, 다른 한쪽에서는 커넥톰 연구에 필요한 기기들(주로 영상 기기)의 성능을 높이는 개발 연구가 이루어지고 있다.

커넥톰은 세 가지 수준의 정밀도로 작성될 수 있다. 개개의 뉴런을 살펴보는 미세 규모(Microscale), 피질 칼럼 같은 수백~수천 개 뉴런 단위의 연결을 보는 중규모(Mesoscale) 그리고 뇌의 신경로들의 연결을 보는 거시 규모(Macroscale)가 그것이다. 예쁜꼬마선충과 쥐의 커넥톰은 미세 규모와 중규모로 만들어졌는데, 이 정도 수준의 커넥톰은 뇌 샘플을 세포 수준으로 썰어야 작성이 가능하다. 즉, 커넥톰을 만들려는 대상이 죽어야만 만들 수 있다는 말이다.

인간의 커넥톰은 뇌를 직접 썰지 않고 MRI(Magnetic Resonance Imaging, 자기공명영상) 같은 영상 기기로 뇌의 이미지를 찍어 재구성하는 방법으로 작성된다. 이런 기법으로는 아직까지 거시 규모의 커넥톰만 작성이 가능하다. MRI 같은 영상 이미지의 해상도를 10배 가까이 끌어올리는 것이 '인간 커넥톰 프로젝트'의 중요한 목표인 이유도 여기에 있다. 영상 기기의 해상도가 높아지면 중규모 정도의 커넥톰도 만들 수 있기 때문이다.

정말 커넥톰 안에 '마음'이 담겨져 있을지는 아무도 모른다. 세바스찬 승의 주장과 달리, 커넥톰은 '의식'이라는 흐르는 강물이 제거된 물 빠진 강바닥에 불과할지도 모른다. 진실을 알려면 아직도 많은 시간을 기다려야 할 것이다. 마크램의 꿈은 좌절됐고, 커넥톰의 미래는 아직 요원하다. 하지만 낙관론자들은 언젠가는 기술의 발전으로 뇌 활동 기록이 그대로 슈퍼컴퓨터에 옮겨지고 인간의 마음이 기계 속에서 작동되는 날이 올 것이라 기대한다. 정신을 확장하고 마음을 기계에 업로드하겠다는 꿈은 실로 엄청난 바람이다. 인간이 5만 년 전 동물의 굴레에서 벗어났던 것처럼, 이제는 육체의 굴레에서도 풀려나 새로운 존재가 될 수 있음을 뜻하기 때문이다.

4
확장과 연결

확장되는 감각기관의 경계

고대의 시인들은 모든 노래와 시를 암기했다. 중세 사람들은 중요한 내용을 기억하기 위해 '기억의 궁전'이라는 암기술을 연마했다. 13세기까지 기억술은 수학이나 수사학만큼 중요한 학문 중 하나였다. 오늘날 우리는 더 이상 기억 따위는 하지 않는다. 모든 정보가 스마트폰에 보관되어 있기 때문이다. 스마트폰을 잃어버리고 나서야 우리는 머릿속에 기억하고 있는 정보가 거의 없음을 깨닫게 된다. 말을 배울 때부터 스마트폰을 사용하며 자란 세대들에게 스마트폰은 뇌의 일부나 마찬가지다. 현실보다 더 큰 세상과 연결해주는 외장 뇌 말이다.

기술의 발전은 감각기관의 외연도 확장시켰다. 지금까지는 손가락 끝, 콧속 후각 점막, 눈의 망막이 나와 외부를 나누는 경계선이었다. 기술은 이 경계를 무너뜨렸다. 자동차 핸들을 돌리고 액셀러레이터를 밟을 때면 자동차가 마치 내 일부가 된 것 같다. 마우스나 리모컨도 마찬가지다. 이런 기계들은 손발의 연장으로 느껴진다. VR(Virtual Reality, 가상현실) 헤드셋을 쓰면 내가 서재에 있는지 그랜드캐니언에 서 있는지 구분하기 어렵다. 시간이 갈수록 우리 안으로 파고드는 감각이 늘어나는 중이다. 반대로 우리 의식의 영역은 점점 밖으로 뻗어나간다. 세상과 신체의 경계가 점차 희미해지는 중이다.

뇌파로 움직이는 기계

생각만으로 기계를 움직일 수 있을까? 말을 하지 않고도 마음을 전달할 수 있을까? 캘리포니아대학교 로스앤젤레스 캠퍼스(UCLA)의 컴퓨터과학자 자크 비달(Jacques Vidal)은 뇌파를 이용하면 이런 일이 가능하지 않을까 생각했다.[38] 그는 뇌파를 컴퓨터에 연결해 전기적 신호로 바꾸는 장치를 제안하고 이것을 '뇌-컴퓨터 인터페이스(Brain-Computer Interface, BCI)'라고 불렀다.

비달의 아이디어는 1988년 처음 실현된다. 마케도니아 스코페대학교 연구진이 뇌파로 로봇을 움직이는 데 성공한 것이다.[39] 2000년에는 튀빙겐대학교 연구진들이 손도 까닥하지 못하던 전신 마비 환자로 하여금 뇌파로 컴퓨터를 작동하게 하고 그림을 골라 의사를 표현하게 하는 데 성공했다.[40] 듀크대학교의 미겔 니코렐리스(Miguel Nicolelis, 1961~)의 연구진이 이룬 성과는 더 극적이다.

BCI 분야에서 가장 앞서던 니코렐리스 연구진은 뇌파를 포착해 외골격 로봇 작동장치(Robotic actuator)를 움직이게 하는 '워크 어게인(Walk Again)' 프로젝트를 진행해왔다. 이 프로젝트는 한 브라질 청년의 꿈을 이뤄준다.

불의의 교통사고로 하반신 마비가 된 줄리아노 핀토(Juliano Pinto)에게는 두 개의 꿈이 있었다. 하나는 월드컵 개막식을 보는 것이고, 다른 하나는 자기 힘으로 서는 것이었다. 불가능할 것 같던 꿈은 이뤄진다. 2014년 브라질 월드컵에서 니코렐리스의 연구진이 만든 뇌파를 잡아내는 헬멧과 외골격 장치를 장착하고 볼을 시축하는 데 성공한 것이다. 이후에도 '워크 어게인 프로젝트'는 여덟 명의 하지 마비 환자들을 걷게 하는 데 성공한다.[41] 오래전 '신의 아들'이 예루살렘 성전 앞에서 이룬 기적을 인간의 뇌파 검출 장치와 기계가 이뤄낸 것이다.

꿈과 영상: 뇌 디코딩

2011년 유튜브에 흥미로운 영상이 올라왔다. 왼쪽에는 영화 〈핑크 팬더〉의 스티브 마틴의 얼굴, 코끼리가 걸어가는 장면, 앵무새가 날아가는 장면 등이 돌아간다. 동시에 오른쪽에는 살짝 뭉개지고 흐릿하지만 형태가 비슷한 영상이 돌아간다. 오른쪽의 흐릿한 영상은 캘리포니아대학교 버클리 캠퍼스의 잭 갤란트(Jack Gallant) 연구진이 왼쪽 화면을 보는 사람의 뇌의 활동을 분석해 직접 재구성한

잭 갤란트 연구진이 실험자에게 보여준 영상(왼쪽)과 그것을 보는 실험자의 뇌 활동을 측정해 재구성한 영상(오른쪽).

영상이다.[42]

사람들에게 많은 이미지들을 보게 하고 그때 생기는 시각피질의 fMRI(Functional Magnetic Resonance Imaging, 기능적 자기공명영상)[*]의 활동 패턴을 모아 컴퓨터에 학습시켰다. 그러고 나서 학습된 컴퓨터로 사람들이 무엇인가를 볼 때 나타나는 fMRI의 패턴을 보고 역으로 그 사람이 본 이미지를 추정하게 하는 것이다.[43] 연구진은 같은 방법으로 사람이 본 영화를 뇌를 통해 재구성해내는 데도 성공한다.[44]

그렇다면 꿈도 추출해낼 수 있을까? 2013년 일본 국제전기통신

---

* 뇌의 어떤 부위가 사용될 때 그곳의 혈류량이 증가한다는 사실을 이용하여 어떤 행동이나 생각을 할 때 어떤 부위가 활성화됐는지 보는 기술이다.

기초기술연구소 연구진은 엇비슷한 것을 해냈다고 주장한다. 일본 연구진은 피험자들이 자는 동안 이들의 뇌 fMRI를 찍고 잠에서 깬 뒤 어떤 꿈을 꾸었는지 물어봤다. 이 과정을 반복해 길, 자동차, 남녀, 건물 등 60개 항목의 fMRI 패턴을 데이터베이스화 했다. 그리고 이 패턴을 토대로 피험자들이 꾼 꿈을 역으로 추정한 결과 70% 이상으로 맞추는 데 성공했다는 것이다.[45 46]

이런 기술들을 '뇌 디코딩(Brain decoding)' 기술 또는 '정신 판독 기술(Mind-reading technology)'이라고 부른다. 이 기술들은 아직 개념 증명(Proof of concept) 단계이지만 새로운 기술에 첫발은 들인 셈이다. 만일 생각을 해독하는 기술이 더 발전하면 영화 〈마이너리티 리포트〉에서처럼 생각이나 기억 또는 꿈을 읽어내고 화면에 담아내는 것이 가능할지도 모른다. 생각으로 글을 쓰고, 상상하는 것만으로 영화를 만들어내는 시대는 과연 올 수 있을까?

뇌에 들어간 기계

뇌 속에 직접 전극을 심는 것은 상상만 해도 좀 섬뜩하다. 감염, 전극 부식 등의 위험성도 있어 피하고 싶은 방법이다. 하지만 이 방법을 사용하면 정확한 신호를 얻을 수 있다. 비침습적 방법으로 외부에서 뇌파를 읽어내는 방식이 물론 안전하지만, 신호가 섞이고 잡음과 감쇄가 일어나는 한계가 있다. 게다가 뇌에는 '가소성(Plasticity)'이라는 성질이 있어 전극이나 전기장치가 이식되면 자신의 일부로 받아들여 상호작용 한다는 사실도 알려졌다. 과학자들은 좀 더 과감해진다.

2002년 설립된 브라운대학교 스타트업인 '사이버키넥스 (Cyberkinetics, Inc.)'*는 신경학적 질병이나 사고로 장애를 겪는 사람들을 회복시키는 신경운동보철물(Neuromotor Prostheses, NMP)을 개발하려는 회사였다. 이들은 뇌에 미세 전극을 심어 몸을 움직이려는 신경 신호를 포착하면 컴퓨터가 해독하여 외부 장치를 움직일 수 있는 명령으로 변환하는 것이 가능함을 증명했다.

이를 위해 연구진들은 96개의 머리카락 같은 미세 전극이 달린, 알약만 한 크기의 센서를 만들었다. 이름하여 '브레인 게이트 신경 인터페이스 시스템(BrainGate Neural Interface System)'이다. 이 시스템은 경추 아래를 전혀 쓰지 못하는 24세 청년 매튜 네이글(Matthew Nagle)의 뇌에 심어진다. 네이글은 연습을 거듭해 드디어 생각으로 컴퓨터 커서를 움직여 이메일을 열고 TV를 켜는 일에 성공한다.[47] 6년 후에는 58세 여성 캐시 허친슨(Cathy Hutchinson)에게 연결되어 그녀가 로봇 팔을 통해 15년 만에 처음으로 자기 의지대로 커피를 마시도록 하는 데 성공한다.[48]

2019년 프랑스 클리나텍 연구소(Clinatec research centre) 연구진은 위매진(WIMAGINE®)이라 불리는 64개 전극이 붙은 센서를 개발하고 이것과 외골격 로봇을 연결해 사지마비를 겪고 있는 28세 청년이 걷게 하는 데도 성공한다.[49] 클리나텍 연구진은 이 시스템을

---

* 이후에 'Cyberkinetics Neurotechnology Systems, Inc.'로 사명을 변경한다.

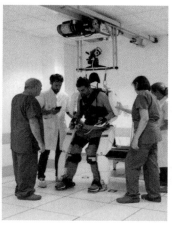

클리나텍 연구소가 만든 위매진(WIMAGINE®)(왼쪽)에 연결된 '마인드 컨트롤 외골격'은 사지마비 환자를 걷게 만들었다(오른쪽).

'마인드 컨트롤 외골격(Mind-controlled exoskeleton)'이라 불렀다. 이런 시스템의 성공은 언젠가는 로봇이나 드론 또는 자동차 같은 외부 기계 장치를 생각만으로 조정할 수 있는 시대가 충분히 도래할 수도 있음을 보여준다.

기억 보철물

인공 망막이나 인공 달팽이관 같은 인공 보철물을 연결하면 뇌는 이를 통해 보고 들을 수 있다. 이런 일이 가능한 이유는 뇌가 새로운 '신체'를 받아들이고 학습하는 가소성이 있기 때문이다. 이 가

소성이 인지나 정신적 기능에도 적용될 수 있을까? 서던캘리포니아대학교 연구진이 그것이 가능함을 보여줬다.

기억은 뇌의 해마라는 영역에서 담당한다. 해마는 새로 들어온 기억을 장기기억으로 변환시키는 일을 한다. 해마가 손상되면 새로운 기억을 저장하지 못한다. 서던캘리포니아대학교 연구진은 바로 이 해마를 대신할 보철물 제작에 도전한다. 연구진은 먼저 해마에 무작위 신호를 보내고 그것을 해마에서 어떻게 바꾸는지 관찰했다. 그다음, 이 변화를 방정식으로 만들어 컴퓨터 칩에 프로그래밍했다. 이 칩을 'MIMO(non-linear Multi-Input Multi-Output, 비선형 다중입력 다중출력)'라고 불렀다.

연구진은 MIMO 칩을 해마 중간부가 손상되어 기억 능력을 잃어버린 쥐의 손상 앞뒤 부분에 우회해서 연결했다. 그러자 칩을 통해 신경 신호가 전달되기 시작하고 쥐의 장기기억 능력이 되살아났다.[50] 쥐의 해마가 이 보철물을 자신의 일부로 받아들인 것이다. 이 듬해 이뤄진 실험의 결과는 더 인상적이다. 연구진은 칩을 이식한 쥐에게 먹이 레버 누르기를 학습시키고 올바른 레버를 누를 때마다 칩에서 나오는 신경 신호를 기록했다. 그 신호를 다른 쥐의 해마에 심긴 칩으로 전달하자 학습 경험이 없는 쥐가 올바른 레버를 찾아내기 시작했다. 이는 타인의 기억이 '전달'됐다는 이야기다.[51]

실험적인 인간 사례도 보고되었다. 간질 환자를 치료하는 과정에서 부수적으로 MIMO 칩을 환자의 뇌 속에 심은 결과, 자동차를 어디에 주차했는지, 열쇠를 어디에 두었는지 같은 일화기억 능력이 증강됐다는 연구 결과가 보고됐다.[52] 뇌 속에 인공 보철물을 넣어 기억을 증강하거나 이식시킬 수 있다는 개념 증명이 성공한 셈이다. 이제 알츠하이머, 뇌졸중, 뇌 손상 환자들도 의족을 달 듯 인지 보철물(Cognitive prosthesis)을 달 수 있는 가능성이 생겼다. 그렇다면 미래의 언젠가는 해마에 전자장치를 달고 다른 사람의 기억을 공유하거나, 반대로 나의 기억을 다른 이가 다운로드받는 세상이 올지도 모른다.

뇌 속의 블루투스

전기자동차나 민간 우주탐사 프로젝트 등 망상에 불과하다고 치부되던 아이디어를 실현하는 데 성공한 사업가 일론 머스크(Elon Musk, 1971~)는 또 다른 과감한 생각에 사로잡힌다. 인간의 머릿속에 블루투스 장치를 심겠다는 생각이다. 이 계획을 위해 머스크는 1억 5,800만 달러의 거금을 들여 2016년 '뉴럴링크(Neural Link)'를 설립한다.

2020년 뉴럴링크는 뇌 이식 칩 '링크'와 함께 이것을 심는 수술 로봇 'V2'를 공개한다. 작은 동전 크기만 한 '링크'는 한 번 충전하면 24시간 사용이 가능하며, 수집한 정보를 무선으로 반경 10m 내에서 전송할 수 있다. 이 칩은 두개골 안에 심어놓은 스마트 워치와 같다. 그해 머스크는 뉴럴링크 칩을 이식한 돼지 '거트루드(Gertrude)'를 직접 소개하는 영상을 유튜브에 업로드했다. 거트루드의 머릿속 신호들은 컴퓨터 화면에 나타났다. 거트루드가 냄새를

브레인게이트 시스템에 연결된 매튜 네이글(왼쪽)과 뉴럴링크 칩을 머릿속에 이식한 원숭이(오른쪽).

맡느라 코를 쿵쿵거릴 때 생긴 뇌의 신호들을 보면서 사람들은 (그 신호가 무슨 뜻인지는 몰랐지만) 환호했다.[53] 다음 해에는 머릿속에 링크를 이식한 원숭이 '페이저(Pager)'가 생각만으로 컴퓨터 게임 '퐁(pong)'을 하는 모습이 공개됐다.[54]

뉴럴링크의 칩은 이전의 브레인게이트나 클리나텍의 장치들과는 달랐다. 전선과 외부 장치들을 모두 없앴기 때문이다. 이전의 장치들이 오디오 시스템이 설치된 방에서 LP로 음악을 듣는 방식이었다면, 뉴럴링크의 칩은 걸어 다니며 아이팟으로 음악을 듣는 것과 같았다.

페이스북(현재는 '메타') 창업자 마크 저커버그(Mark Zuckerberg, 1984~)는 그보다 더 산뜻하고 안전한 방법을 생각했다. 그는 헤드셋이나 밴드로 뇌 혈액의 산소 공급을 측정해 메시지를 작성하는 '헤드 마운트 광학기기(Head mounted optical devise)'를 개발하려 했다. 공개된 페이스북 내부 문건에 따르면 저커버그가 뇌를 인터페이스로 하여 가상현실 속에서 활동하게 하는 연구를 생각했던 것으로 드러났다.[55] 이 계획은 거대 소셜 네트워크 기업이 개인의 생각을 읽을 수 있다는 사실에 대한 대중들의 거부감에 부딪혀 중단된다. 페이스북 내부에서 경제성이 없다고 판단한 것도 또 다른 이유다. 그럼에도 이 프로젝트에 관여했던 과학자들은 언젠가는 이 기술들이 충분히 현실화될 것이라고 예상한다.[56]

원래는 치료적 목적에서 시작한 BCI 기술에 뉴럴링크나 구글, 페이스북과 같은 정보기술 기업들이 부쩍 관심을 보이는 것은 주목할 만한 일이다. 기업들이 이 분야가 실현 가능성이 있고 세상을 바꿀 수 있는 잠재력이 높다고 판단했다는 뜻이기 때문이다. 이들 기업들은 지금까지 불가능하다고 생각한 일들을 가능하게 만들고 그로부터 수익을 창출하는 일을 해왔다.

뇌와 기계의 연결은 또 다른 가능성을 불러온다. 바로 뇌와 뇌의 연결이다. 수만 년 전부터 호모사피엔스는 생각을 머리 밖으로 끄집어내 서로 교환했다. 언어와 문자의 발명 덕분이다. 그런데 금세기에는 컴퓨터, 스마트폰, 인터넷, 월드와이드웹 등이 80억 인류의 머릿속을 하나로 묶어내기 시작했다. 이제 변혁가들은 생각 그 자체를 연결할 방법을 찾기 시작했다.

브레인 넷

2013년 듀크대학교의 니코렐리스 연구진은 뇌와 뇌끼리 정보교환이 가능하다는 놀라운 실험 결과를 발표했다. 연구진은 쥐 두 마리의 뇌에 미세 전극을 심어 연결했다. 이 연결을 통해 한 쥐가 작업을 수행하는 동안 발생하는 피질의 감각운동 정보의 전기신호가 다른 쥐의 피질로 넘어간다. 시간이 지나자 믿기지 않는 일이 일어났다. 다른 쥐가 미세 전극을 통해 전달된 정보를 받아들이기 시작했을 뿐만 아니라 그 정보를 자기가 습득한 정보인 양 이용하기 시작했다. 정보교환이 일어난 것이다. 연구진은 이것을 '뇌-뇌 인터페이스(Brain-To-Brain Interface, BTBI)'라고 불렀다. 그리고 곧이어 두 가지 인상적인 후속 실험에 성공한다.

그중 하나는 쥐 네 마리의 뇌를 연결한 네트워크 실험이었다. 앞서와 비슷한 방법으로 쥐들의 피질을 연결하자 서로 적응하면서 정보를 교환하고 협력하는 행동을 보였다. 특히 온도나 기압 같은 기후 정보를 각각의 쥐에게 분산해 경험시키자 정보가 공조되면서 비가 올 확률을 예측하기 시작했다. 네트워크 안에 날씨를 예측하는 시스템이 만들어진 것이다. 니코렐리스는 이 결과가 새로운 컴퓨터 형태인 '병렬 연산 유기컴퓨터(Organic computer)'의 가능성을 보여준다고 주장했다.[57]

또 다른 실험은 생각만으로 협동 작업을 하도록 한 실험이다. 연구진은 원숭이들의 뇌를 전극으로 연결한 뒤 서로 볼 수 없는 방에 넣고 화면 속 아바타의 팔을 움직이게 했다. 원숭이들은 각각 상하 아니면 좌우 한 방향으로만 아바타의 팔을 조정할 수 있었기 때문에 팔을 원하는 대로 움직이게 하려면 서로 협동이 일어나야 했다. 원숭이들은 시간이 지남에 따라 눈앞에 보이지 않는 동료들과 함께 아바타 팔의 움직임을 조정해나갔다. 이윽고 7주가 지나자 뇌의

네트워크 속에 협동이 일어나 원숭이들은 함께 원하는 목표를 수행할 수 있었다.[58]

두 실험은 생체 병렬 컴퓨터와 생각만으로 이뤄지는 협동 작업의 가능성을 보여줬다. 2018년 워싱턴대학교와 카네기멜론대학교의 연구진은 이런 일들이 사람과 사람 사이에서도 가능함을 보여주었다. 세 명의 인간 실험자가 뇌파를 교환해 테트리스와 비슷한 게임에서 도형을 맞추는 데 성공한 것이다. 이 시스템을 '브레인넷(BrainNet)'이라 불렀다.[59] 처음에는 전파가, 그다음은 인터넷이 이루었던 것처럼 이제 생각의 네트워크가 세상을 묶을 차례가 된 것이다.

제2의 신피질

1980년대 SF 소설 《더 컬처》 시리즈에는 '뉴럴 레이스(Neural laces)'라 불리는 전극 그물망으로 뇌 피질을 덮고 다니는 사람들이 등장한다. 이들은 그물망으로 '데이터버스(Dataverse)'에 연결돼 막대한 정보를 공유한다. 그런데 소설에나 나올 법한 미세하고 얇은 그물망 같은 전극이 실제로 만들어졌다. 이 그물망은 베일처럼 유연해서 주사기 바늘구멍을 통해 뇌 속으로 집어넣으면 두개골 안에서 펼쳐진다. 개발자들은 '주사기 주입식 전극'이라 불렀지만 대중들은 '뉴럴 레이스'라는 말을 더 선호했다.[60]

레이 커즈와일은 그보다 더 혁신적인 아이디어를 내놓았다. 그에 따르면 DNA 조각으로 조립한 분자만 한 나노봇이 우리 뇌의 모

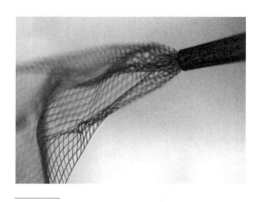

주사기로 주입되는 뉴럴 레이스(왼쪽)와 뉴럴 레이스에 덮인 대뇌피질(오른쪽).

세혈관을 돌아다니다가 신경세포나 시냅스에 붙어 신호를 수집할 수 있다는 것이다. 작은 로봇이 몸속을 헤집고 다닌다는 생각에 거부감을 느낄 수 있겠지만, 이 로봇은 아스피린 분자보다도 작기 때문에 사실 알약을 먹는 것과 다름없다. 이 기술이 현실화되면 인간의 두뇌가 클라우드로 연결되고 생각과 기억이 업로드 또는 다운로드 되는 일이 가능할 것이라는 주장이다.[61]

호모사피엔스의 신피질은 인간을 다른 동물과 구분하는 표식이자 무기였다. 그런데 이제 인류는 일론 머스크 말을 빌리면 스스로 만든 '디지털 레이어'를 덮어쓰려 하고 있다.[62] 브레인게이트, 뉴럴 레이스, 나노봇 등은 구피질, 신피질에 이어 제3의 피질을 만들려는 인류의 노력이다.

5 진화의 시작

특이점이 온다

지구와 인류의 역사에는 '수확 가속 현상(The raw of accelerating return)'이 일관되게 나타난다. 지구에 최초의 생명이 탄생하고 다세포생물이 나타나기까지 24억 년이 걸렸다. 또한, 다세포생물에서 영장류가 나타나기까지는 12억 년이 걸렸다. 영장류가 똑바로 서기까지 7,760만 년이 걸렸고, 그 이후부터 호모사피엔스가 나타나는 데에는 360만 년이 걸렸다.

호모사피엔스가 나타나 농업혁명을 일으키는 데는 29만 년이 걸렸지만, 그로부터 산업혁명이 나타나기까지는 1만 년, 산업혁명 후전 세계가 인터넷으로 연결되는 데는 200년이 채 걸리지 않았다. 그리고 최근 반세기 동안 유전자, 정보통신, 컴퓨터, 로봇, 나노 기술 등 전에 없던 기술들이 다량 출현해 지구를 휩쓸고 있는 중이다.

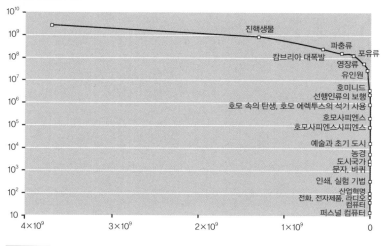

인류 기술 발전의 수확 가속 현상.

　미래를 예측하는 사람들은 지금의 급격한 기술 발전이 한곳으로 수렴하여 멀지 않은 미래에 그동안 우리가 보지 못한 세상이 열릴 것이라고 예언한다. 그중 가장 관심을 모은 것이 레이 커즈와일의 '특이점' 주장이다.

　커즈와일은 20세기가 끝나기 전에 문자와 소리를 인식하는 시스템을 만들었고, 텍스트를 컴퓨터가 읽게 하고, 그랜드피아노와 구분할 수 없는 소리를 내는 신시사이저를 만든 인물이다. 여섯 개의 기술 기업을 설립하고 구글의 기술이사로도 활약 중인 커즈와일은 인공지능, 트랜스휴먼, 미래학에 대한 베스트셀러를 쓴 작가이자 미래학자이기도 하다. 그는 2006년 저서 《특이점이 온다》에서 21세기 초 첨단 기술들 중 GNR, 즉 유전학(Genetics), 나노기술

(Nanotechnology), 로봇공학(Robotics), 세 분야의 동시다발적이고 급격한 혁신이 수렴되면서 2045년 무렵 갑자기 인간의 이해를 뛰어넘어버리는 기술적 '특이점'이 도래할 것이라 주장했다.*

특이점이란 물리학이나 수학의 어떤 양이 의미를 잃고 더 이상 정의되지 않거나 무한대가 되는 점을 말한다. 블랙홀의 중심이나 빅뱅의 최초점이 이에 해당한다. 특이점은 우리가 알고 있는 자연 법칙이 적용될 수 없는 곳이다. 그렇다면 도대체 어떤 세상이 우리의 이해를 뛰어넘는 세상일까? 커즈와일은 다음과 같이 예언한다.

2030년대부터 현실과 가상의 구분이 모호해진다. 2030년대 말이 되면 우리 마음을 컴퓨터에 백업할 수 있게 된다. 2040년대에는 인공지능의 능력이 인간 지능의 10억 배가 되고 분자 단위에서 모든 물질을 조립할 수 있게 된다. 그리고 2045년이 되면 인간의 뇌와 클라우드와 인공지능이 연결되면서 비생물학적 지능의 총합이 생물학적 지능의 총합을 넘어서는 특이점이 올 것이다. 이때부터 인공지능은 질병, 기후 문제, 환경 문제, 자원 문제 등 그동안 인류의 난제였던 문제들을 해결해나갈 것이다.[63]

퓰리처상 수상자 더그 호프스태터(Doug Hofstadter)는 커즈와일의 저서들이 '좋은 아이디어와 정신 나간 생각이 기괴하게 섞여 있다'[64]라고 평했지만, 이런 경향은 니콜라 테슬라(Nikola Tesla,

---

* 기술 분야에서 특이점이라는 말을 처음 사용한 인물은 폰 노이만이다. 노이만은 "기술의 가속적 발전이나 삶의 변화를 보면 역사가 우리가 알고 있는 것 같지 않은 어떤 필연적인 '특이성'에 접근하고 있는 것 같다"라고 말했다.

1856~1943)나 일론 머스크 같이 시대를 앞서는 사람에게 흔히 나타나는 특징이기도 하다.

가장 보수적 기관이라고 할 수 있는 미국국립과학재단(NSF)도 완곡한 어법으로 커즈와일과 같은 전망을 했다. 2002년 발표한《인간 능력의 향상을 위한 융합기술》보고서에서 NSF는 바이오기술(Biotechnology), 나노기술(Nanotechnology), 정보기술(Information technology), 인지과학(Cognitive Science)의 발전이 수렴되는 'NBIC 융합(NBIC convergence)'이 일어나면 인간의 능력이 이전과 달라질 것이라고 예견했다.[65]

1990년대 초록색 화면의 '애플 Ⅱ' 컴퓨터를 만지작거리던 누군가를 갑자기 30년의 시간을 뛰어넘어 요즘으로 데려다놓는다면 스마트폰, 자율주행차, 드론, 머신러닝, 인공지능 같은 한 번도 보지 못한 기술로 가득 찬, 상상도 못한 세상의 모습에 놀랄 것이다. 이 정도 간극의 변화가 이제는 불과 2~3년 사이에 나타나고 있다. 우리는 2~3년 이후의 일을 예측하기 어려우며, 그것을 예측하는 데에는 그저 지난 몇 달간 일어난 일만이 도움이 될 뿐이다. 미래를 예측하는 데 더 이상 역사는 아무런 도움이 되지 않는다. 미래에 어떤 일이 일어날지 전혀 알 수 없는 시대를 우리는 살고 있다.

트랜스휴머니즘

1970년대 드라마 〈600만 불의 사나이〉에서 주인공 스티브 오스틴 대령은 시험 비행 중 치명적인 사고를 당한다. 드라마 시작 부분에는 중상을 입은 오스틴 대령을 앞에 두고 오스카 골드먼 국장이 이렇게 말하는 장면이 나온다. "여러분, 우리에겐 기술이 있습니다. (…) 그를 원래보다 강하고 빠르게 만들 수 있습니다."*

세상에는 오스카 골드먼과 같은 생각을 가진 사람들이 있다. 이들은 기술이 인류를 완전히 새로운 존재로 만들 것이라고 생각한다. '트랜스휴머니즘(Transhumanism)' 사상가들이다. 이들은 과학 기술이 인간의 질병과 노화를 극복하고 정신적인 능력을 진화시켜서 인간은 결국 불멸의 존재가 될 것이라 믿는다. 트랜스휴머니즘이라는 용어를 처음 사용한 사람은 진화생물학자 줄리안 헉슬리(Sir Julian Huxley 1887~1975)다.** 1957년 《새 술은 새 부대에》라는 책에서 그는 '인간은 전체 종으로서 스스로를 초월할 수 있다'고 선언하며 이런 신념이 트랜스휴머니즘이라 정의했다.[66]

1970년대와 1980년대는 생명 연장, 극저온학(냉동인간), 우주 식민지화 같은 컬트적이고, 추상적이고, SF 소설과 구분되지 않는 사상을 가진 트랜스휴머니즘 단체들의 시대였다. 1988년 《엑트로피 매거진》이 창간되어 서로 교집합이 없던 이질적인 단체들을 모아 하나의 사조로 묶기 시작했다. 이 운동은 4년 후 '엑트로피 인스티튜트(Extropy Institute)'의 설립으로 이어진다. '엑트로피'는 무

---

* 우리나라에서는 이 부분을 "돈이 얼마가 들던지 그를 살려야 합니다"라고 번역했다.

** 그의 형은 《멋진 신세계》의 저자 올더스 헉슬리이고, 그의 할아버지는 다윈의 지지자로 유명한 토마스 헨리 헉슬리다.

한확장(Endless eXtension), 한계초월(Transcending Restriction), 속성전환(Overcoming Property), 지능과 스마트 머신(Intelligence et Smart Machines)의 첫 글자들을 모아 만든 단어다. 이들은 자신의 사상을 '엑트로피아니즘(Extropianism)'*이라 불렀다.[67]*

엑트로피아니즘의 창시자 중 한 명인 맥스 모어(Max More, 1964~)는 '대자연에 보낸 편지(A letter to mother nature)'라는 글에서[68] '인간은 아직 포유류의 한계를 가지고 있으며, 질병과 부상과 사망에 취약하고, 주어진 조건—지구라는 행성과 그 온도—에서만 살 수 있고, 뇌의 기능은 너무 낮아 자신이 만든 정보도 처리하기 어렵다'는 점을 지적하며, 이와 같은 삶을 거부하고 인간을 다음과 같이 수정하겠다고 선언한다.

"생명공학과 컴퓨터 기술로 생물학적, 신경학적 결함을 고치고 개선해나갈 것이다. 더 이상 유전자의 노예가 되지 않고 수명의 기한을 연장하고 폐기할 것이다. 신피질을 '메타브레인'으로 보완하고 지각 범위를 넓히고 지능을 향상시킬 것이다. 우리 자신에 기술을 통합시켜 탄소 기반 유기체의 제한에 속박에서 벗어날 것이다."

초기 엑트로피아니즘은 과학에 대한 피상적인 이해만으로 지나치게 낙관적이고 급진적인 희망을 가졌다. 이들은 지극히 개인주의적인 성향 속에 생명의 연장과 불멸을 꿈꿨다. 극단적인 예가 극저온 냉동인간 보존 분야다. 맥스 모어는 냉동 보존술을 시술하는 '알코어 생명 연장 재단(Alcor Life Extension Foundation)'을 운영하기도

---

* 우리말로는 '생명 무한 확장론' 정도로 번역이 가능하다.

했다.

1998년에는 옥스퍼드대학교에 기반을 둔 닉 보스트롬(Niklas Boström, 1973~)과 데이비드 피어스(David Pearce, 1959~)가 '세계트랜스휴머니스트협회(World Transhumanist Association, WTA)'를 설립한다. WTA의 공동 창립자였던 보스트롬은 훗날 트랜스휴머니즘 기술과 인공지능 같은 미래 기술의 잠재적 위험을 자각하고 옥스퍼드대학교에 '인류미래연구소(Future of Humanity Institute)'를 설립한다.

WTA 창립 이후 트랜스휴머니즘은 개인적이고 취향적인 영역에서 본격적인 학문의 무대 위로 올라오고 공리주의적 성격을 보이기 시작한다. 2004년 WTA는 조직명을 '휴머니티+(Humanity+)'로 개명하고 기술과 증거 기반의 인간 개선에 집중하고 윤리성을 강화해나가기로 한다. '휴머니티+'의 가장 최근 버전의 비전 선언문은 다음과 같다. '인류의 미래는 과학과 기술의 영향을 받을 것이다. 우리는 노화, 인지적 한계, 비자발적 고통, 지구 거주 제한성을 극복하고 우리의 잠재력을 넓힐 것이다.'[69]

무너지는 경계

21세기가 되자 트랜스휴머니즘의 중심은 컬트적 트랜스휴머니스트들에서 공리주의적 기술혁신주의자들로 바뀐다. 사실 이들 대부분은 자신이 트랜스휴머니스트에 속하거나 그것을 위한 연구를 하고 있다는 자각조차 없는 경우가 많다. 바로 GNR 또는 NBIC의 기술혁신 분야에서 실제 성과를 내고 있는 과학자들이다. 미국국립 과학재단의 보고서나 트랜스휴머니즘 단체들의 선언문은 서로 구분하기가 힘들다.

기술혁신주의자들은 성향에 따라 몇 가지 그룹으로 나뉜다. 하나는 인간의 생물학적 본질을 지키며 그 한계를 극복하려는 '생체 지향(Bio-oriented)적' 그룹이다. 이들은 유전자 편집이나 복제, 줄기세포, 생체장기 같은 기술을 다루며 언젠가는 인류가 유전적으로 완전한 인간이 되리라 기대한다.

다른 쪽에는 기계를 받아들이고 융합하려는 '기계지향(Machine-oriented)적' 그룹이 있다. 〈600만 불의 사나이〉에 나오는 주인공처럼 인공 눈과 귀를 만들고 인공 다리나 팔을 결합시키거나 '아이언 맨' 같은 외골격 로봇을 만들어 인간과 결합하려는 사람들이다.

여기에서 한 걸음 더 나아가 정신적 외연을 넓히려는 그룹도 있다. 이들은 머릿속에 블루투스 장치나 나노봇을 넣거나 인공 신피질을 씌우는 일에 매달린다. 그리하여 클라우드 컴퓨터에 수많은 정보를 업로드 또는 다운로드하고 우리의 기억을 보관하는 시대를 기대한다. 이미 몇 가지 실험은 가능성을 보여주기도 했다.

아직 인류는 생물학적 경계를 넘어서지는 않았지만 거의 그곳에 도달한 듯하다. 인류가 한 세기도 안 되는 짧은 시간 동안 이룬 유전자 재조합과 생명공학의 성과, 정보공학과 인지과학의 흐름을 보면 인간은 진화의 마지막 단계가 아니라 시작 단계에 있는 것 같다.[70]

인류의 유전자에서 모든 결함이 없어지고 전 세계 사람들의 지식과 감정과 기억이 통합되는 시대는 과연 올 것인가? 정신이 해방되고 새로운 몸을 입는 날이 올 것인가? 우리는 이것을 진화라 부를 수 있을 것인가, 아니면 호모사피엔스의 멸종이라 불러야 할 것인가? 호모사피엔스의 멸종은 새로운 인류(Humanity)의 시작이 될 것인가? 수많은 질문들이 지금 우리 앞에 놓여 있다. 그 질문들에 대한 답을 찾기 전에 우리의 존재를 위협하는 새로운 위협을 먼저 살펴보는 것이 순서겠다.

7장

―――

위기

: 실존의 위협

실존적 위험

X-리스크

6,600만 년 전 유카탄 반도에 떨어진 소행성은 백악기 공룡을 모두 멸종시키고 포유류의 세상을 만들었다. 7만 5,000년 전 수마트라 토바의 화산 폭발은 수십 년간 이어진 지구의 겨울을 가져와 인류를 거의 멸절시킬 뻔했다. 한 세기 전만 해도 인류를 멸종시킬 만한 위험은 대규모 자연재해밖에 없었다. 이런 상황이 1945년 8월 6일 바뀌었다. 그날은 인간이 만든 2개의 작은 인공물이 히로시마와 나가사키에 떨어지면서 단 몇 초 동안 20만 명을 몰살하고 두도시를 지상에서 없애버린 날이다.

20세기 이후 인간이 이룬 기술의 발전은 지구 생물의 멸종 가능성을 수백 배나 높였다. 그 안에는 핵에 의한 대학살, 생물학적 실험의 재앙, 초지능이나 나노기술의 오용이나 우발적인 사고, 자원

히로시마와 나가사키에 원폭이 투하된 날 이후 인류는 자신이 자신의 실존에 위협이 됐다.

의 고갈, 기후변화에 따른 사회나 정부의 붕괴 같은 것들이 포함된다. 인류는 자신의 존재가 그 자신에게 위협이 되는 유일한 종이 됐다.

옥스퍼드대학교의 철학자 닉 보스트롬은 인류의 기술 진보로 나타난 새로운 종류의 위협을 '실존적 위험(Existential risk)'*, 줄여서 'X-리스크'라 불렀다. 이 위험은 그냥 위험이 아니라 '인류의 멸종을 야기하거나 지구에 나타날 지적 삶의 잠재성을 파괴할 수 있는 위험'이다.[1] 최초로 인간이 만들어낸 위협이었던 핵은 그래도

---

* '존재론적 위험'이라는 번역도 있으나 이 책에서는 '실존적 위험'이라는 번역을 택했다. 'Being'을 '존재'로 번역하고, 'existence'를 '실존'으로 번역하는 것과 같은 맥락이다.

코앞에 겨눠진 칼처럼 눈에 보이는 위협이다. 이 가시적 위협에 대해서는 인류가 어느 정도 경계하고 불완전하나마 해법을 찾아가고 있는 중이다. 냉전시대 7만 기까지 존재했던 핵탄두는 1987년 미소 간 협정으로 줄어들기 시작해 지금은 1만 4,000기 정도까지 줄었다.[23]

이 정도 양도 지구를 14번이나 멸망시킬 수 있지만 1945년, 단 한 번 사용한 것을 마지막으로 핵폭탄은 더 이상 사용된 적이 없으며 인류는 다행스럽게도 여전히 살아 있다. 인간이 이 정도로 위험을 비켜갈 줄 아는, 지각 있는 존재라는 점은 감사할 일이다. 그러나 그 후에 인류에게 다가온 새로운 위협들은 정체가 모호하다. 한 번도 경험한 적이 없었을 뿐만 아니라 어떤 것들은 인류에 이로운 기술이라는 가면을 쓰고 나타나기 때문에 그것이 위협인지조차 알아채기도 어렵다.

닉 보스트롬은 이런 위험을 '검은 공'에 비유한다. 이 검은 공은 인류의 삶을 향상시키는 발명인 흰 공들이 가득 찬 '창의성의 항아리(Urn of creativity)' 속에 숨겨져 있다. 지금까지 우리는 이 항아리 속에서 흰 공들만 꺼내왔지만 어느 날 실수로 검은 공을 꺼낸다면 준비 없는 세상은 돌이킬 수 없는 파멸의 길로 빠질 수도 있다. 보스트롬은 이것을 '취약한 세계 가설(Vulnerable World hypothesis)'이라 불렀다.[4]

세상에 뿌려질 위협

오늘날 인류가 가장 꺼내기 쉬운 검은 공은 유전공학과 합성생물학 기술일 것이다. 이 새로운 실존적 위협이 처음 표면에 떠오른 사건은 1970년대 초 유전공학 기술의 여명기였다. 당시 유전자 재조합 연구를 이끌었던 스탠퍼드대학교의 폴 버그 연구팀은 원숭이 바이러스인 SV40 유전자를 대장균과 아데노바이러스에 조합하는 실험을 계획한다. SV40은 동물에서 암을 유발하는 바이러스다. 대장균은 우리 몸에 서식하는 균이고, 아데노바이러스는 세상을 떠도는 흔한 감기 바이러스다. 이 계획은 SV40을 인류에게 뿌리겠다는 것이나 마찬가지였다.

이 실험 계획의 위험성을 깨닫고 학자들은 경악했다. 쏟아지는 항의에 귀를 기울인 폴 버그는 실험 계획을 자발적으로 중단한다. 그리고 이 사건을 계기로 폴 버그를 비롯한 많은 사람들은 이제 막 시작된 유전 실험에 대해 규제나 지침이 전혀 없다는 것이 얼마나 위험한 것인지 깨닫는다. 그리하여 유전공학자들은 1975년 캘리포니아 아실로마에 모여 유전자 재조합 실험과 생명공학 연구의 안전 지침을 정한다. 이른바 '아실로마 콘퍼런스'다.

2011년 미국과 유럽의 두 연구팀은 동시에 경쟁적으로 조류에게만 전염되는 조류 인플루엔자 H5N1의 표면을 변형시켜 다른 동물에게도 전염이 되게 만드는 기술을 발표한다.[56] H5N1은 맹독한 바이러스다. 이 기술을 사용하면 치명적인 바이러스를 사람에게도 감염시킬 수 있게 변형이 가능하다. 나쁜 마음을 먹은 자들이 테러

무기를 만드는 데 사용할 수 있고, 자칫 팬데믹 사고를 일으킬 수도 있는 위협적인 기술이다. 미국 '생물안보를 위한 국가자문위원회(NSABB)'는 긴급하게 이 논문이 제출된 《네이처》와 《사이언스》에 논문 내용의 일부를 삭제해줄 것을 요청했다.

캐나다의 앨버타대학교의 연구팀도 멸종된 천연두 친척인 마두(馬痘, Horsepox) 바이러스를 다시 만들었다. 연구팀은 이 내용을 공개된 논문 매체인 《플로스원》에 발표했다.[7] 마두 바이러스에서 가능한 일이 천연두 바이러스에서 가능하지 않을 리 없다. 앞서 J. 크레이그 벤터 연구소가 만든 완전히 새로운 인공 생명체 'JCVI-3.3' 역시 치료제나 탄소나 폐기물을 처리할 수 있는 기능을 넣는 것이 목적이지만, 어떤 사람은 이것을 악의적으로 활용해 대량 살상 기능을 실을 수도 있다.

유전자를 자유자재로 편집할 수 있는 크리스퍼-캐스9는 사용법이 너무 간단해 누구나 인터넷에서 DIY 세트로 구입해 쓸 수 있다. 미국의 어떤 바이오 해커 캠프는 유전자 실험을 할 수 있는 기초 기술을 원하는 사람들에게 전수해주기도 한다. 머리 좋고 철없는 바이오 해커들은 아무런 제한 없이 유전자 실험을 하고 인조 생물을 만드는 '신 놀음'을 할 수 있게 됐다. 이런 상황이라면 검은 공이 세상 밖으로 나오는 것은 시간문제다. 그리고 한번 밖으로 나온 검은 공은 다시 항아리로 들어가지 않을 것이다.

40년 전 생화학의 거두 어윈 샤가프(Erwin Chargaff, 1905~2002)가 던진 경고를 기억해야 할 때다. "원자를 쪼개는 일은 중단할 수 있고, 대기에 뿌려진 미립자는 시간이 가면 사라지지만, 새로 만든 유

전적 잡종은 우리의 자식들, 그 자식들의 자식들 속에서 살아남을 것"이다.[8]

미래에 우리가 필요 없는 이유

인류가 꺼낼 또 다른 검은 공은 인공지능이다. 이 인공지능은 알파고나 챗GPT와 같은 거의 무해한 좁은 인공지능이 아니다. 아직은 세상에 없지만 언젠가 나타날 수 있는 강한 인공지능이나 인간과 결합한 인공지능이다. 컴퓨터공학자이자 선마이크로시스템스(Sun Microsystems)의 공동 창업자 중 한 명인 빌 조이(Bill Joy, 1954~)는 1998년 미국 텔레코즘(Telecosm) 콘퍼런스에 참석해 우연히 레이 커즈와일과 인지철학자 존 설(John Searle, 1932~)과 자리를 함께하게 되었다. 그 자리에서 커즈와일과 설은 미래에 인간이 로봇과 융합하거나 로봇이 되는 문제에 대해 치열한 설전을 벌였다.

빌 조이는 그날 인간이 인공지능에 의지하거나 융합할 가능성이 정말 있다는 것을 깨닫는 동시에, 많은 사람들이 그런 일을 낙관적으로만 보고 있다는 사실에 전율을 느꼈다. 그가 보기에 유전학, 인공지능, 나노기술, 로봇공학 기술이 담긴 판도라의 상자가 거의 열려 있지만 인류는 그 위험을 알아차리지 못한 것이다.

빌 조이는 자신의 우려를 '미래에 우리가 필요 없는 이유'라는 짧고 충격적인 글로 세상에 경고했다.[9] 그 내용의 요지는 다음과 같다.

"역사적으로 한 종은 더 강한 종을 만나면 멸종했다. 지능의 열세로 수많은 동물이 인간에게 밀려나 멸종했고, 이제 지구의 대형 포유류는 인간이 키우는 가축들만 남아 있다. 인공지능도 의도하던, 의도하지 않던 모든 자원과 에너지와 공간을 차지해 인간을 밀어낼지 모른다. 미래에는 우리가 필요 없을지 모른다."

'종이클립 제조기' 사고실험

닉 보스트롬도 인공지능이 악의 없이도 인류에게 어떤 일을 저지를 수 있는지를 보여주는 유명한 예화를 제시한다. 여기 종이클립을 만드는 임무를 받은 인공지능이 있다. 이 인공지능은 자원 이용과 통제의 권한을 전권으로 부여받았다. 인공지능은 자기 일을 잘하기 위해 지구의 철과 플라스틱을 모두 긁어모아 종이클립을 만드는 데 사용하기 시작한다. 자원이 한계에 달하자 인공지능은 시스템을 장악해서 인간이 써야 하는 재료까지 종이클립을 만드는 데로 돌려 사용하기 시작한다. 나중에는 그것으로도 모자라게 되자 마지막으로 철과 플라스틱을 소모하는 요인을 없애기로 한다. 바로 인간들이다. 종이클립을 만드는 인공지능은 인류를 제거해나가기 시작한다. '종이클립 최대제조기(Paperclip maximizer)'라고 불리는 사고실험이다.[10]

사람들은 인공지능이 나타나면 미국 드라마 〈빅뱅이론〉의 셸든 박사처럼 머리는 비상하지만 세상 물정 모르는 '너디(Nerdy)'와 같을 것이라 상상한다. 맞다. 그럴 가능성이 높다. 착하지만 문제해결력만큼은 뛰어난 바보는 엄청나게 위험한 행동을 할 수도 있다. 보스트룸은 냉전 시대에 폰 노이만이나 버트런드 러셀 같은 천재가 소련이 핵폭탄을 쓰기 전에 먼저 핵 공격을 감행해야 한다고 주장했던 일을 예로 든다. 인공지능은 맥락적 판단 없이 극단적 행동을 실행할 수 있다.

로봇공학 제0원칙

인공지능이 인간에게 해를 끼칠 가능성을 제일 먼저 인식한 사람은 SF의 대가 아이작 아시모프(Isaac Asimov, 1920~1992)일 것이다. 1940년대에 이미 그는 로봇을 소재로 다룬 최초의 단편집인 《아이, 로봇》(1950)에서 '로봇공학의 3원칙'을 제시했다. 첫째, 로봇은 인간에게 해를 주어도, 이를 방관해서도 안 된다. 둘째, 첫 번째 원칙에 위배되지 않는 한, 로봇은 인간의 명령에 복종해야 한다. 셋째, 앞의 두 원칙에 벗어나지 않는 한, 로봇은 스스로를 보호해야 한다. 양전자 두뇌를 가진 아시모프의 로봇들은 항상 스스로를 보호하는 원칙과 인간을 보호하는 원칙 사이에서 고뇌한다.

그런데 아시모프는 1985년 마지막 로봇 시리즈인 《로봇과 제국》에서 로봇공학의 제0원칙을 추가한다. 대상을 '인간'에서 '인류'로 확대한 원칙'이었다. '로봇은 '인류'에 해를 끼쳐서도, 방관해서도 안 된다'는 원칙이다. 이 원칙은 인류의 최선을 위해 개별 인간이 희생할 수 있느냐는 딜레마를 가져온다. 아시모프의 소설에서 모티브를 가져온 영화 〈아이, 로봇〉에는 인류를 위해서는 환경을 지켜야 하는데, 환경에 가장 위해를 입히는 존재는 인간이라는 논리로 인간을 죽이려는 인공지능이 나온다.

아무런 준비 없이 고도의 강한 인공지능을 만드는 것은 일론 머스크가 2014년 MIT 특별 강연에서 한 말대로 '악마를 소환하는 것과 다름없다.'[11] 이 문제를 인식한 전문가들과 지성인들이 2017년 미국 아실로마에 모였다. 40년 전 유전자 재조합과 생명공학 연구의 안전 지침을 정했던 그곳에서 이번에는 스티븐 호킹, 일론 머스크, 구글 창업자 레리 페이지, 알파고 제작자 데미스 허사비스 등 인공지능과 하이테크 전문가들이 모여 심도 있는 논의를 나눴다. 이른바 '아실로마 콘퍼런스'다.[12] 이들은 인공지능의 능력을 과소평가하지 말고 그 위험성을 경계할 것을 촉구했다. 자기 복제와 자기 개량이 가능한 지능 시스템을 반드시 인간의 통제하에 둬야 하고, '종이클립 제조기' 사고실험 같은 사건이 벌어지기 전에 인간과 인공지능의 가치관을 정합시켜놓을 것을 선언한다.

그레이 구 시나리오

유전공학과 인공지능을 치명적으로 만드는 강력한 요소 중 하나는 '자기 복제성(Self-replication)'이다. 자기 복제성은 그 자체로 파괴적인 성질이며 통제가 불가능하게 만든다. 인류에게는 그와 같은 위험성을 지닌 '검은 공'이 하나 더 있다. 나노기술이다.

나노기술 선구자인 에릭 드렉슬러(Eric Drexler, 1955~)는 1986년 나노 머신이 지구를 멸망시킬 수도 있다는 시나리오를 내놓았다. 이른바 '그레이 구(Gray Goo, 잿빛 덩어리) 시나리오'다.[13] 이 시나리오는 '종이클립 제조기' 사고실험과 비슷하다. 자가 증식하는 나노 로봇은 기하급수적으로 무한히 번식이 가능하다. 게다가 원자 단위 크기이기 때문에 유출돼도 그 사실을 탐지할 수 없다. 만약 나노 로봇이 정해진 공간을 벗어나 지구 전체를 뒤덮기 시작할 무렵에는 그 사실을 알아채도 손쓸 도리가 없다. 이 로봇들이 무한히 복제되어 지구를 집어삼키면 지구는 하나의 잿빛 덩어리가 된다.

미국 소설가 마이클 크라이튼(Michael Crichton, 1942~2008)은 이 이야기를 차용해 나노 로봇 떼가 살아 있는 괴물이 되어 사람을 먹이로 해치운다는 이야기의 소설 《먹이》(2002)를 쓰기도 했다. 영화 〈007 노 타임 투 다이〉에는 악당이 살인 나노봇에 감염된 제임스 본드에게 이렇게 말한다. "네가 손대는 건 모두 저주받을 것이다. 뺨을 만지거나 키스만 해도 네가 사랑하는 사람들은 죽을 것이다."

핵폭탄은 단품이며 제작 재료가 희귀해 추적과 통제가 가능하다. 자가 증식하지도 않는다. 반면 'GNR 기술'이라 불리는 유전학, 나노기술, 로봇공학의 결과물들은 모두 자기 복제의 힘을 가지고 있다. 문제는 그것들이 외형상 인간에게 치명적으로 위험하다는 인상을 전혀 주지 않는 데다 기업이나 민간 연구소, 심지어 개인도 통제 없이 독립적으로 연구할 수 있다는 사실이다. 핵폭탄이 눈앞에 들이대진 날선 칼이라면, 이 새로운 위협들은 눈에 보이지 않는 맹독이 숨겨진 달콤한 케이크와 같다. 그런데 이것이 다가 아니다. 인류는 이미 훨씬 거대한 규모의 위험에 중독되어 있다. 바로 환경과 기후 위험이다. 이 위험은 국경이 없다. 또한, 원인 제공자는 따로 있으나 그 피해는 인류 전체가 모두 입는다. 이 위험은 우리가 땅속에서 화석연료를 채굴해 사용하기 시작한 이후부터 시작됐다.

탄소의 덫

온실효과와 탄소순환

19세기 초 프랑스 수학자 겸 물리학자인 장 바티스트 푸리에 (Jean-Baptiste Fourier 1768~1830)는 지구의 대기가 온실처럼 태양에너지는 통과시키고 밖으로 빠져나가는 복사에너지는 잡아두면서 지표면 온도를 유지한다고 생각했다. 실제로 대기 중의 수증기와 이산화탄소가 지구의 온기를 잡아둔다는 것이 확인되면서 1901년 스웨덴의 기상학자 닐스 에크홀름(Nils Ekholm, 1848~1923)은 푸리에의 가설에 '온실효과(Green house effect)'라는 이름을 붙인다.

온실효과의 위력은 금성을 보면 알 수 있다. 한때 바다도 있었던 금성은 7억 년 전 일어난 화산 폭발로 대기 중 이산화탄소 농도가 96%까지 올라가면서 극단적인 온실효과가 일어났다. 그로 인해 표면 온도가 450℃가 넘는, 태양계에서 가장 뜨거운 행성이 됐다.

지금의 지구 표면은 생명체가 살기에 딱 적합한 온도를 유지하고 있는데, 이것이 가능한 것은 지구의 탄소순환 체계가 대기의 이산화탄소 양을 잘 조절하기 때문이다. 대기의 이산화탄소는 빗물로 섞여 하천과 지하층 그리고 바다로 흘러들어가고, 땅보다 더 넓은 대양은 이산화탄소를 흡수하는 완충 저장소로 기능해 준다.

식물들도 탄소순환 체계의 작동에 중요한 역할을 한다. 5억 년 전 나타난 식물들이 이산화탄소를 빨아들이기 시작하자 지구는 장막을 걷어낸 것처럼 시원해지기 시작했었다. 석탄기(石炭紀)*에 지구를 뒤덮었던 식물들은 엄청난 태양에너지와 탄소를 품고 땅에 매장되어 화석이 됐다. 지금도 식물들은 태양에너지와 이산화탄소를 흡수하며 생명과 탄소의 순환을 돕고 있다.

간혹 땅속에 저장된 이산화탄소가 화산활동으로 인해 대기로 쏟아져 나오기도 하지만 그때마다 지구의 탄소순환 체계와 식물들은 생물들이 살아갈 수 있도록 꾸준히 균형을 맞춰왔다. 그런데 인류가 숲을 개간하고 식물들을 베어내 태우기 시작하자 이 균형에 금이 가기 시작했다.

---

* 고생대 6기(紀) 중 데본기와 페름기 중간의 다섯 번째 기. 약 3억 6,000만 년 전부터 약 2억 9,000만 년 전까지의 시기로, 양서류가 번영하고 저습 지대의 거대한 양치식물들이 지구를 뒤덮었다.

페름기 멸종 사건

거대한 화산활동은 땅속 탄소를 대기로 퍼내 탄소순환 체계를 일시적으로 교란한다. 2억 5,000만 년 전 페름기에 일어난 대규모 화산 폭발은 엄청난 양의 이산화탄소를 지구 대기 중으로 뿜어냈다. 이때 쏟아져 나온 탄소는 지구온난화와 해양 산성화를 일으켰다. 그로 인해 해양 생명의 90%가 사라지고 지구에 살던 종의 절반이 사라졌다. 페름기 멸종은 지질 역사에서 일어난 다섯 번의 대멸종 중 최대 규모로 손꼽힌다.

지구의 온도가 올라가면 다음과 같은 현상이 이어진다. 빙하가 녹고, 수온이 오르며, 바다가 팽창한다. 그 결과, 해수면이 상승한다. 바다가 따뜻해지면 산소가 덜 녹아 바닷속, 특히 심해의 산소가 부족해진다. 대기 중의 넘치는 이산화탄소는 바다로 흡수되어 바닷물이 산성화가 된다. 산성화된 해수로 인해 산호초의 뼈대가 사라지고 해양 생물은 자취를 감춘다. 페름기 멸종 때 대규모로 일어난 일이 지금 조용히, 눈에 띄지 않게 일어나고 있다. 인류가 다량의 화석연료를 태워 전 세계 화산이 뿜어내는 양의 100배에 육박하는 탄소를 뿜어내고 있기 때문이다.[14]

킬링 커브

'온실효과'라는 단어를 만든 에크홀름은 석탄의 사용 때문에 대

기의 이산화탄소 농도가 증가하고 대기 온도가 오를 것이라고 예
언했다. 1950년대까지도 과학자들은 에크홀름의 경고를 진지하게
받아들이지 않았다. 지구 표면의 70%를 차지하는 거대한 대양이
물에 잘 녹는 이산화탄소를 충분히 흡수하고도 남을 것이라 여겼
기 때문이다. 대기 중 이산화탄소 농도를 측정해 보려고 시도한 사
람조차도 없었다.

그런데 이 일을 시작한 인물이 나타난다. 캘리포니아공과대학의
지질화학자 찰스 데이비드 킬링(Charles David Keeling, 1928~2005)이
다. 학부에서 화학을 전공하고 지질학 분야에서 이산화탄소 측정
기술을 연구하던 킬링은 미국 패서디나 지역에서 대기 중 이산화
탄소 농도를 측정하며 그 패턴을 분석하는 일을 혼자 하고 있었다.

스크립스해양학연구소(Scripps Institution of Oceanography)의 해
양과학자 로저 르벨(Roger Revelle, 1909~1991)은 해양의 이산화탄소
흡수 능력이 생각보다 많지 않으며, 어쩌면 에크홀름의 예언처럼
대기 중 이산화탄소 축적이 일어날지 모른다고 생각하고 있었다.
그러던 차에 킬링이 하는 작업을 알게 된다. 르벨은 킬링을 설득해
스크립스해양학연구소로 영입하고 하와이 마우나로아에 이산화탄
소 관측소를 설치한다. 킬링은 이곳에서 1958년 3월 대기 중 이산
화탄소의 측정을 처음 시작한다. 이 지루하고 인내심을 요하는 작
업은 2005년 그가 사망하는 날까지 하루도 빠짐없이 계속됐다.[15]

헌신적인 한 연구자의 50년 가까운 기록은 전 인류에게 지구의
이산화탄소 농도가 상승 중이라는 사실을 최초로 확인시켜줬다.
데이터를 보면 1958년 3월 313ppm이던 이산화탄소 농도가 매년

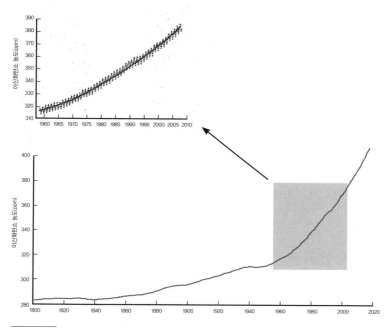

1800년부터 2017년까지 추정하거나 측정한 대기 중 이산화탄소 농도.
위쪽의 박스 안에 그려진 곡선은 킬링이 직접 그린 '킬링 커브'다.

2.48ppm씩 늘어나 2005년 킬링이 사망하는 해에 379ppm까지 상
승했다. 꾸준한 이산화탄소의 우상향 상승 곡선은 그의 이름을 본
따 '킬링 커브(Keeling Curve)'라 불렸다.[16] 킬링 커브의 경사는 시간
이 갈수록 가팔라져서 2010년 400ppm을 넘어섰고, 2021년에는
414ppm을 기록했다.

하키 스틱 커브

예일대학교를 졸업하고 매사추세츠 애머스트칼리지에서 박사과정을 밟고 있던 마이클 만(Michael Mann, 1965~)은 나이테, 산호, 빙하 코어 등의 자료를 수집해 1000년에서 1900년까지 지구 표면의 온도를 복원했다. 여기에 1900년 이후 기록된 관측 자료를 붙여 지난 1,000년 동안의 지구 온도 변화를 그래프로 그렸다. 그 결과, 그래프는 일정하던 지구의 기온이 1900년이 되자 갑자기 위로 솟구치는 인상적인 모습을 보여줬다.[17] 그 모습이 마치 끝이 휘어져 올라간 하키 스틱처럼 생겨서 사람들은 이 그래프를 '하키 스틱 커브(Hockey stick curve)'라 불렀다. 1990년대까지 지구온난화에 대한 우려는 과민한 과학자들의 망상이거나 호사가의 가십거리 정도로 취급당했다.[*] 그런데 이 논란에 종지부를 찍을 자료가 제시된 것이다.

'하키 스틱 커브'는 처음부터 받아들여진 것은 아니었다. 추정 자료와 실측 자료가 합성된 데이터인 데다가 마이클 만이 임의로 일부 데이터를 취사선택하는 잘못도 저질렀다. 한때 '하키 스틱 커브'는 지구온난화 반대론자들이 지구온난화 주장의 허구를 보여주는 대표적 사례로까지 언급됐다. 그러나 고기후 국제협력 네트워크 컨소시엄인 'Pages 2K(Past Global Changes 2000)'의 오랜 검증 작업 덕분에 2019년 전 '하키 스틱 커브'는 지구 온난화의 증거로 세계

---

[*] 4장에 등장하는 '거대한 가속' 그래프는 2015년에 만들어진 것이다.

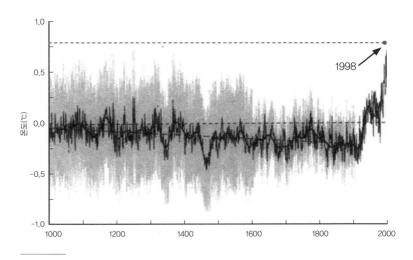

마이클 만이 그린 지난 1,000년 동안의 지구 온도 변화 그래프.
1900년대 이후부터 급격히 위로 솟구치는 모습에 주목하라.

기후학자들의 인정을 받았다.[18]

　두 과학자의 헌신적인 노력으로 만들어진 '킬링 커브'와 '하키
스틱 커브'는 탄소 증가와 지구온난화를 둘러싼 논란의 베일을 걷
어내고 지구온난화를 전 지구적 사안으로 받아들이게 만들었다.

인류세

　과거의 지구 표면 온도와 이산화탄소 농도를 면밀히 조사하기
시작한 지질학자들과 생태학자들은 인간의 활동이 지구에 확실한
흔적을 남긴 몇 가지 시점을 찾아냈다.

첫 번째 흔적은 인류가 농경을 시작한 8,000년 전을 전후로 나타 난다. 숲을 개간하고 나무를 베어 땔감으로 태우기 시작하자 지구 의 이산화탄소가 비정상적으로 증가하기 시작했다.[19]

두 번째 흔적은 15세기 신대륙 발견 후 나타난 이산화탄소 감소 현상이다. 구대륙의 정복자와 이들이 가지고 들어간 세균은 신대륙 에 운석 충돌에 버금가는 충격을 주었다. 학살과 전염병으로 마야· 잉카 문명은 궤멸하고 2세기 동안 이곳의 인구가 95%까지 감소한 다. 농사를 짓던 사람들이 사라지자 버려진 경작지가 대규모 숲으 로 변해 이산화탄소를 빨아들였다. 이때 일어난 이산화탄소의 감소 현상은 남극의 빙하 코어 속에 1610년의 '오르비스 스파이크(Orbis spike)'라는 자국으로 나타난다. 처음이자 마지막으로 인간에 의해 지구가 서늘해진 시기다.[20]

세 번째 흔적이 나타난 때는 산업혁명이 시작되고 땅속에 묻힌 광대한 양의 화석연료를 대량으로 끄집어내 태우기 시작한 때다. 석탄과 석유를 태워 공장을 가동하고 내연기관들이 육지, 바다, 하 늘을 다니기 시작하자 대기 중 이산화탄소 농도는 급격히 쌓이기 시작한다. 인류가 지구상에 존재했던 지난 40만 년 동안 이만큼 대 기 중 이산화탄소 농도가 상승한 적이 없었다. 4장에서 다룬 대로 폴 크루첸과 미시간대학교의 유진 스토머는 산업혁명 이후 지구의 지질대를 '인류세'라 부를 것을 제안했다.[21]

지구 평균 지표면 온도

    지구의 기온 상승을 논할 때 흔히 사용하는 지표는 '산업화 이전 대비 지구 평균 지표면 온도(Global Average Surface Temperature)'다. 이 지표는 지구가 산업화되면서 평균 지표면 온도가 얼마나 올랐는지를 말해준다. 정확히 말하면 관측 자료가 1850년부터 모아졌기 때문에 '1850년에서 1900년 사이 평균온도'에 비해 얼마나 상승했는지를 뜻한다. 현재 지구 평균 지표면 온도는 산업혁명 이전에 비해 1℃ 이상 높아졌다. 2016년에는 1.33℃까지 상승해 최고 기록을 경신하기도 했다.

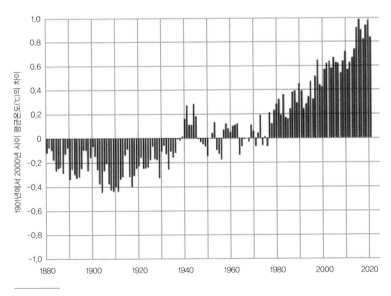

산업화 이전 대비 지구의 평균 지표면 온도가 얼마나 올랐는지를 말해주는
'지구 평균 지표면 온도' 그래프.

실생활에서는 1℃의 차이를 잘 느끼지 못한다. 그러나 전 지구의 평균 지표면 온도 1℃의 차이는 실로 굉장한 변화를 불러일으킨다. 지난 세기 지구 평균 지표면 온도가 1℃ 상승하면서 우리도 모르는 사이 많은 종이 멸종하고 빙하가 녹아내렸다. 빈번해진 자연재해의 출현이나 코로나19 같은 팬데믹도 기온 상승으로 인한 생태계 변화의 결과다.

지구 평균 지표면 온도가 2℃ 상승할 경우 어떤 결과를 가져올까? 말라리아나 뎅기열 같은 열대성 감염 질환의 발생 지역이 북위도 지역으로 점점 올라올 것이다. 중위도의 경작지는 점점 줄어들고 해양 산성화로 인해 바다 생물 종이 줄어 어업과 양식업이 타격을 받는다. 남극, 그린란드의 빙하와 시베리아의 영구 동토층이 녹고, 피지, 투발루, 몰디브 같은 아름다운 섬들은 해수면 아래로 가라앉을 것이다. 생물 종의 1/4 가까이 멸종되고, 바다 산호는 99%가 사라질 것으로 예상된다.[22]

환경운동가 마크 라이너스(Mark Lynas, 1973~)는 《6도의 멸종》에서 지구 평균 지표면 온도가 더 상승할 경우의 시나리오를 생생하게 묘사한다.[23] 이 책을 인용하면 3℃가 상승하면 아마존 우림이 붕괴되고, 아열대 거주자들은 기근에 못 이겨 북위도로 이동을 시작한다. 4℃가 상승하면 남극 빙하가 완전히 녹고 해안 지역은 바다에 잠긴다. 영국의 여름 평균기온은 45℃까지 상승하고 러시아에는 더 이상 눈이 내리지 않는다.

5℃ 상승이 일어나면 많은 숲이 불타 없어지고 러시아나 캐나다 위쪽만이 인간이 거주 가능한 지역이 될 것이다. 6℃ 상승이 일어

났을 때는 더욱 끔찍하다. 빙하와 동토층 아래 묻혀 있던 메탄이 대량 분출되고 죽은 생물들의 시체에서 황화수소가 발생하고 오존층이 파괴된다. 이제 지구는 더 이상 우리가 알고 있는 그런 행성이 아니게 될 것이다.

이런 디스토피아가 일어나기는 어렵다. 이 정도 온도 상승은 화석연료를 지금보다 서너 배 이상 더 사용해야 일어나는 일이다. 다행인지 불행인지 지구에서는 그만한 양의 화석연료를 채굴할 수도 없거니와 일부러 그만큼 사용하기도 어렵다. 문제는 2℃ 상승만으로도 우리의 삶과 생태계는 충분한 충격을 받을 것이며, 지금 추세대로라면 지구 평균 지표면 온도가 2℃대로 상승하는 일이 2050년쯤 일어나리라는 것이 거의 확실하다는 것이다.[24] 우리가 해야 할 일은 지구온난화를 둘러싼 선정적인 경고와 과도한 공포 또는 논쟁에 휩싸이지 말고, 실재하고 명백한 위협인 2℃의 상승을 방어하는 데 집중하는 것이다.

마지노선

2015년 12월 파리에서 유엔기후변화협약(United Nations Framework Convention on Climate Change, UNFCCC) 제21차 당사국 총회가 개최됐다. 여기에 전 세계 195개국의 대표들이 모였다. 이들은 지구 평균온도 상승을 막기 위해 모든 국가들이 힘을 합쳐 온실가스 배출 감소를 실천하자는 데 합의한다. 이른바 '파리협정(Paris Agreement)'이다.

파리협정에서 선언한 목표는 '지구 평균온도를 산업화 이전 대비 2℃ 이상 상승하지 않도록 잘 유지하면서, 1.5℃ 상승 이하로 제한하기 위한 노력을 추구한다'는 것이다.* 이중적인 목표다. 왜 이런 모호한 목표를 제시해야 했을까? 여기에는 깊은 고심이 담겨 있다. 1.5℃ 이상 상승하면 안 되지만 그것을 달성하는 건 불가능에 가깝기 때문이다.

우선 2℃ 이상 상승은 절대 넘어서면 안 되는 선이다. 이 선을 넘어가면 지구는 더 이상 우리가 견딜 수 있는 곳이 아닐 뿐더러 복원이 불가능해진다. 말하자면 돌아올 수 없는 다리를 건너게 되는 마지노선인 것이다. 2℃ 상승을 넘어가면 인류는 쇠퇴의 길을 가게 될 것이다.

1.5℃ 상승 제한은 어떨까? 이 목표도 안락하고 안전한 삶을 보장하는 선이 아니다. 다른 종의 희생과 기후 이변의 고통을 어느 정도 감수해야 하는 선이다. 하지만 이 선을 지키면 최소한 후손들이 지구를 다시 복구할 수 있는 시간을 벌어줄 수 있다.

문제는 1.5℃ 상승 제한 목표 달성이 될 것 같지 않다는 것이다. 파리협정 체결 3년 후, '기후변화에 관한 정부 간 협의체(Intergovernmental Panel on Climate Change, IPCC)' 전문가들이 이 문제를 연구했는데 그 결과, 전 지구적으로 성장과 소비까지 감소시키는

---

* 원문은 다음과 같다. 'Holding the increase in the global average temperature to well below 2°C above pre-industrial levels and to pursue efforts to limit the temperature increase to 1.5°C above pre-industrial levels.'

극단적인 노력을 해도 목표를 이루기는 어려울 것 같다는 충격적인 예측이 나왔다.[25] 이뿐만이 아니다. 2021년 글래스고 UNFCCC 제26차 당사국 총회에서 각국이 자국의 '온실가스 국가감축 목표(Nationally Determined Contributions NDC)'를 제출했다. 이 목표들을 모아 분석한 기후변화 대응 기구 '기후행동추적(Climate Action Tracker, CAT)'은 이런 식으로 가다가는 100년 후 산업혁명 전 대비 지구 평균온도가 2.4℃ 상승할 것이라는 경고를 내놓았다.[26] 이처럼 대부분 국제 연구기관들은 지구 평균온도 상승을 1.5℃ 이하로 막는 것이 사실상 불가능하고, 2.0℃ 이하로 막는 것조차 결코 쉽지 않을 것이라고 예측한다.

획기적인 계기가 없는 한, 이 책을 읽는 독자들의 삶의 후반부에는 더 심한 열대야와 집중호우, 대규모 태풍과 허리케인을 경험할 가능성이 높다. 운이 좋아 직접 겪지 않더라도 지구 반대쪽에서 기아와 물 부족에 고통받는 인류 동족을 목격하며 살게 될 것이다.

기후변화는 자연재해만 일으키는 것이 아니다. 경제공황과 사회불안을 야기하고, 심지어 전쟁이 촉발될 수도 있다. 기후변화의 대혼란은 전염병 또는 다른 우발적 재앙의 위험도 증폭시킨다. 기후위기는 인류가 처한 실존적 위협 중 가장 집요하고 장기적으로 우리를 위태롭게 할 것이다. 게다가 이 문제에 연루된 것은 인간 종만이 아니다. 지난 세기 멸종한 동물은 477종에 이른다.[27] 북극곰, 코끼리, 코뿔소 등 척추동물의 16~33%가 멸종 위기에 처해 있으며 무척추동물도 상황은 비슷하다.[28]

인간의 끝없는 성장은 닫혀 있고 상호 의존적인 지구 시스템에 예상치 못한 충격을 가지고 왔다. 생태학자 마크 로몰리노(Mark Lomolino)는 "인류라는 종은 지구에 거대한 소행성이 카리브해에 떨어진 것과 맞먹는 충격을 쳤다"고 말했다.[29] 인류 자신을 위해서도, 더불어 살아가는 지구상의 다른 생명체들을 위해서도 결단이 필요한 시점이다.

3 세 가지 재능

라파누이의 교훈

1720년 부활절, 일단의 네덜란드 선원들이 칠레 서쪽 남태평양의 라파누이 섬에 도착했다. 선원들은 주민들이 식량 때문에 서로 다투며 동굴과 움막에서 살고 있는 이 남루한 섬에 평균 6m 높이의 우아한 석상이 600여 개나 있는 것을 발견했다. 18세기 유럽인들의 눈에 이 거대한 석상은 굉장한 문명의 흔적이었다.

한때 외계인이 만들었을 것이라는 가십까지 돌았던, '모아이(Moái)'라 불린 이 석상의 정체는 고고학자들의 조사에 의해 라파누이의 선대 부족들이 1,250~1,500년 전에 만든 것으로 밝혀진다. 이 섬에 부족들이 형성되면서 각 부족 구성원들이 경쟁적으로 만든 번영과 정치적 위상의 상징이었다.

그렇다면 그토록 굉장한 문명을 건설했던 라파누이 사회가 왜 붕괴됐을까? 석상 제작을 위해 작은 섬의 자원을 경쟁적으로 소모해버린 탓이다. 자원이 사라지자 섬의 문명은 붕괴됐고 주민들은 과거의 영광을 잊고 허름한 갈대 오두막에서 살게 된 것이다.[30]

라파누이의 역사는 닫힌 세계에서 벌어지는 경쟁이 어떻게 환경과 사회를 붕괴시키는지 여실히 보여준다. 라파누이 섬의 거주자들은 협력해 경쟁을 타계할 방법을 도모할 수는 없었을까? 오늘날의 우리는 라파누이 사람들보다 더 나은 길을 선택할 수 있을까? 다행히 오늘날 세계는 최소한 라파누이 지도자들보다는 나은 모습을 보이고 있다. 인류는 냉전 시대에도 적대국의 지도자들이 모여 핵 감축에 대해 협상하는 지성을 보였다. 덕분에 아직 지구를 14번이나 멸망시킬 만큼의 핵탄두가 남아 있긴 하지만, 1945년 8월 이후 아무도 핵탄두를 터뜨리지 않았다. 오히려 핵탄두가 완전히 사라지면 지금의 평화가 깨질 것이라는 우려도 있다.

코로나19 팬데믹을 겪은 후 유례없는 세계 통합이 전 세계적 붕괴의 위험 인자가 됐다고 보는 시각도 있다.[31] 하지만 GNR 기술과 같은 지금껏 경험해보지 못한 기술에 의한 실존적 위협을 대비하기 위해서는 국가를 초월하는 통합 거버넌스가 필요하다. 닉 보스트롬은 지금의 세계는 새로운 기술의 위험에 대한 한, 반(半)무정부적(Semianarchic) 상태나 마찬가지인 '취약한 세계'라고 지적했다.[32] 전 지구적으로 문제들을 감시하고, 예방 정책을 세우고, 컨트롤하는, 국가를 초월하는 협력이 필요한 것이다. 특히 기후나 환경 문제야말로 한 국가나 특정한 기관에서 해결할 수 없는 문제다.

다행히 오늘날 지구 곳곳에서는 전 지구촌의 공존과 협력, 지속 가능한 세상에 대한 전례 없는 열망이 싹트고 있다. 다행스럽게도 인류에게 다가온 실존적 위협을 피하고 문제를 해결해낼 수 있는 인류만의 세 가지 재능이 있다. 자성과 협력, 혁신의 능력이 그것이다.

첫 번째 재능, 자성

앞서도 언급했지만 캘리포니아의 아름다운 해변 아실로마에서는 역사적으로 의미 있는 중요한 선언 두 가지가 40년 간격으로 선포됐다. 1975년에는 '유전자 재조합 실험과 생명공학 연구의 안전에 대한 아실로마 선언'이 발표됐으며, 2017년에는 인공지능의 잠재적 위험성과 대비에 대한 '아실로마 AI 원칙(Asilomar AI Principles) 선언'이 발표됐다. '크리스퍼-캐스9'가 발견되면서, 이 도구의 잠재력이 너무 커 어떤 유전자도 원하는 대로 편집할 수 있게 되었다는 것을 깨닫자 생명과학자들은 법·윤리 전문가들과 함께 2015년 캘리포니아 나파밸리에 모여 자발적으로 생식세포 변형 실험을 중단할 것을 결의했다.

이처럼 유전자 공학이나 인공지능 개발 분야에서 위험의 조짐이 보일 때마다 과학자나 엔지니어, 기업가 등 해당 기술의 수혜 당사자들은 자발적으로 모여 자성과 윤리적 토론의 시간을 갖고 규제와 지침을 정했다. 이 분야 연구에 부수되는 명성과 수익이 얼마나 크고, 이해관계자들이 실적과 성과에 얼마나 필사적인지를 안다면 이러한 각성과 대응이 자발적으로 일어난다는 것이 얼마나 지성적이고 기적에 가까운 일인지 이해할 수 있을 것이다.

염화불화가스(Chlorofluorocarbon, CFC), 일명 프레온가스가 지구의 보호막인 오존층을 파괴한다는 사실이 밝혀지자 1987년에 46개국의 대표들이 캐나다 몬트리올에 모여 프레온가스의 배출을 10년이내에 절반 이상 줄이기로 합의한다. 냉매제나 스프레이에 사용되는 프레온가스를 버리는 것은 기업 입장에서 이윤을 포기하는 것과 같았다. 그런 까닭에 처음에는 합의가 제대로 이행되지 않았다. 그런데 남극 오존층에 큰 구멍이 뚫린 사진이 공개되자 전 국가들이 진지해졌다. 함께 프레온 가스를 줄여가자 1990년 이후로 오존층 구멍이 작아지기 시작했다. 놀라운 변화였다.

두 번째 재능, 협력

전 지구적 협력은 쉬운 문제가 아니다. 국가 간의 이해득실이 첨예하게 다르기 때문이다. 특히 선진국들과 후발 개발도상국들의 입장 차이는 모든 협의에서 늘 첫 번째 이슈로 떠오른다. 1969년 협의된 '핵 확산 금지 조약'은 비핵보유국이 새로 핵무기를 보유하는 것과 보유국이 비보유국에 대하여 핵무기를 양여하는 것을 동시에 금지하는 조약이었다. 이는 비핵보유국 입장에서 핵무기를 가질 기회가 완전히 없어짐을 뜻했다.

탄소배출 감소 협약도 마찬가지다. 이 협약은 이제 막 산업화를 시작한 가난한 후발 개발도상국들 입장에서 봤을 때 지구온난화의 주범인 선진국들이 자기들은 올라가고 후발 개발도상국들이 올라갈 사다리는 걷어차는 것과 같다.

그럼에도 후발 개발도상국들은 기후 문제가 자신들에게 더 큰 위험이라는 것도 안다. 왜냐하면 이들 국가들은 위기에 대한 경제적 대응력이 떨어질 뿐만 아니라 지리적으로도 사막화, 해수면 상승, 신종 감염, 기근의 위험이 대부분 자기들 지역에 집중되어 일어날 것이기 때문이다. 따라서 선진국과 후발 개발도상국은 서로 협력해야 한다. 특히 선진국들은 후발 개발도상국들의 손실을 공동 부담하고, 지구의 자원을 나눠 사용하기 위해 노력하는 모습을 보여야 한다.

이런 노력의 일례로 선진국들은 후발 개발도상국의 온실가스 감축과 기후변화 대응을 지원하기 위해 연간 1,000억 달러를 조성해 대한민국 인천에 녹색기후기금(Green Climate Fund, GCF)을 설립했다. 또한, 유럽의 뜻있는 선진국들은 자발적으로 성장을 축소하고 탄소배출을 줄이기 위해 항공기 운항과 육류 소비를 줄이는 정책을 펴나가는 중이다. 라파누이 섬과 달리 오늘날 세계는 어두운 터널 속에서도 협력이라는 작은 불빛에 의지해 길을 더듬어 나아가고 있다.

세 번째 재능, 혁신

마지막이자 가장 강력한 재능은 혁신 능력이다. 석기를 만들고,

땅을 뒤엎고, 대양을 건너고, 증기기관을 만들고, 정보혁명을 일으킨 그 능력 말이다. 인류는 혁신을 통해 그동안 찾아온 난관을 모두 돌파해왔다.

현존하는 실존적 위협 중 혁신적 기술이 가장 필요한 분야는 환경과 기후 위기다. 지금 세계는 화석연료에 대한 의존을 벗어나 화석에너지 시대를 종식하고 대체에너지의 세계로 들어가기 위해 전력을 다하고 있다. 대체에너지에는 원자력, 바이오매스, 연료전기 같은 것들과 태양광이나 풍력, 지열 같은 재생에너지들이 포함된다. 아직까지는 원자력을 제외하고 대부분 경제성이 뒷받침되지 않아 난항을 겪고 있지만 기술 혁신이 결국 장벽을 돌파해줄 것이다.

현실적 환경주의자들은 원자력이 기후 상승을 막으면서 에너지 수급을 동시에 해결해줄 수 있는 유일한 수단이라 주장한다.[33] 원자력은 이미 몇 차례 끔찍한 대형 재난을 일으켰지만 그럼에도 신에너지 시대로 들어가는 중간 경로에서 유일한 현실적 대안인 것도 사실이다. 최후에 우리가 도달해야 할 궁극의 에너지는 물 이외에 아무것도 남기지 않는 안전하고 깨끗한 수소에너지일 것이다.

또 다른 희망은 대기 중 탄소를 포집해 없애는 '마이너스 배출(Negative emission)' 기술이다. 연소 과정이나 화학 공정 중 발생하는 탄소를 잡아내서 폐유전, 가스전, 해양 지층 등의 지하층에 집어넣거나 플라스틱, 콘크리트 또는 바이오 연료 같은 제품으로 재활용하는 기술이다.

이런 아이디어를 생각해낸 것은 스웨덴 왕립공과대학교의 박사과정생인 밀러스텐(Kenneth Mollersten)이다. 밀러스텐은 스웨덴 제지 산업에서 배출되는 탄소를 해결하는 방법을 고심하다가 그것을 포집해 땅에 가두는 아이디어를 생각해냈다. 이 기술의 원리는 그리 복잡하지 않다. 우선 이산화탄소를 잘 흡수하는 나무를 심는다. 나무가 이산화탄소를 빨아들이며 무럭무럭 자라면 이것으로 바이오매스로 만든다. 바이오매스를 에너지원으로 쓰고 연소되면서 나오는 이산화탄소를 포집해 땅속에 저장한다.[34] 이 기술은 '바이오에너지 및 탄소 포집·저장 기술(Bioenergy with carbon capture and storage, BECCS)'이라 불리며 탄소중립을 해결할 가능성이 있는 대표적인 혁신 기술로 손꼽힌다.

포집한 탄소를 액화하여 석유 지층에 주입해 원유를 밀어 뽑아내려는 기술도 있다. 원유는 빼내고 탄소는 땅속에 가두는 것이다. 엑슨모빌이나 셸과 같은 거대 석유 기업이 이 기술에 큰 관심을 갖고 있다. 앞서 이야기한 대로 J. 크레이그 벤터의 신테틱 제노믹스는 탄소를 제거하거나 광합성으로 연료를 만드는 기능을 탑재할 수 있는 '최소 게놈 생물체'도 만들었다. 이 회사의 최대 투자자는 바로 엑슨모빌이다.

분명히 새로운 기술들은 아직도 갈 길이 멀다. 대부분 개념증명 단계인 경우가 많고 상용화하기 어려울 정도로 경제성이 떨어지는 경우가 많다. 그것 때문에 기후 운동가들은 아직 현실화도 장담할 수 없는 마이너스 배출 기술을 내세워 탄소감축 부담을 덜어보려는 정책 입안자들의 시도들을 경계하기도 한다. 게다가 탄소를 땅에 가두는 기술들이 예상치 못한 지질학적 위험을 불러올 가능성도 무시할 수는 없다.

우리는 혁신으로 위기를 극복하고 생존해온 종이다. 선조들이 그래왔듯 인류가 GNR 기술처럼 새로 나타난 위협을 잘 다루고 대체에너지나 수소에너지 기반 문명으로 연착륙하며 기후 문제와 환경 문제를 해결하는 데 성공한다면 새로운 세상이 또 한 번 열릴 것이다. 그때까지 살아남기 위해 지금 우리가 할 수 있는, 가장 쉬우면서 가장 어려운 방법이 하나 더 남아 있다. 삶의 방식을 변화시키는 것이다.

4 성장의 종식

툰베리의 미래

스웨덴의 청소년 환경운동가 그레타 툰베리(Greta Thunberg, 2003~)는 16세가 되는 해인 2019년 유엔기후변화행동 정상 회의 (UN Climate Action Summit)에서 다음과 같은 연설을 했다. "당신들은 공허한 수사로 내 꿈과 어린 시절을 빼앗았다. (…) 우리 모두 멸종의 길로 들어가고 있는데 어떻게 돈과 영원한 경제성장이라는 동화 같은 애기만 늘어놓을 수 있는가?"

'영원한 성장'은 화석연료에 기반해 산업혁명과 자본주의가 만든 발명품이다. 대량생산과 대량소비의 사이클은 끝없이 굴러가며 축적되는 부를 만들어 인류를 맬서스의 덫에서 구출해냈다. 하지만 태양이 있으면 그림자도 드리워지는 법이다. 지구라는 닫힌 시스템 안에서 이 방식은 결핍의 덫을 과잉의 덫으로 바꿔놓았다.

2020년에는 세계 153개국 11,263명의 과학자들이 모여 "기후 위기는 인류의 부유한 삶의 방식과 과잉 소비와 관계가 있다"고 선언한다.[35] 기후 관련 국제 연구조직들이 보여준 모든 결과들은 하나같이 지금의 대책만으로는 지구온난화 속도를 줄이기 위한 목표 달성이 불가능함을 알려준다.

더 이상 방법은 없는 걸까? 현재 가장 현실성 있는 유일한 탈출구는 툰베리의 호소대로 성장을 포기하고 지속 가능한 사회를 만드는 것이다. 화석연료 에너지에 기반한 삶을 포기하고 자원 순환형 사회로 바꿔나가야 한다. 한 국제 환경단체의 슬로건처럼 '기후가 아니라 시스템을 바꿔야 한다.'[36]

생태학적 발자국

인간은 삶을 영위하기 위해 지구 자원을 소비하고 폐기물과 쓰레기들을 버린다. '글로벌 풋프린트 네트워크(Global Footprint Network)'[*]는 우리가 지구 자원을 얼마나 소모하는지를 땅의 면적에 비유한 '생태 발자국(Ecological footprint)'이라는 개념을 만들었다. 2021년 세계 1인당 평균 생태 발자국은 2.75gha(Global hectare)이다.[37] 그해 한 사람이 2.75gha만큼의 지구를 사용한다는 의미다.

'생태 수용력(Biocapacity)'이라는 용어도 있다. 생태 수용력은 우

---

[*] 2003년 미국, 벨기에, 스위스의 자선기금으로 출범한 비영리 싱크탱크다.

리가 사용할 것을 제공하고 우리가 배출한 것들을 처리할 수 있는 지구의 능력을 가리킨다. 생태 수용력은 지역 특성에 따라 다르다. 예를 들면 목초지나 농경지는 생태 수용력이 높지만 사막이나 공유 해양은 생태 수용력이 낮다. 우리나라 국토의 1인당 생태 수용력은 0.6gha에 불과한 반면, 캐나다 땅의 생태 수용력은 무려 14.7gha에 달한다. 2021년 지구 전체의 1인당 생태 수용력은 1.63gha이다.[38]

2021년 기준 생태 수용력(1.63gha)과 생태 발자국(2.75gha)을 대조해보면 인류는 가용한 양의 1.7배를 더 쓰고 있다. 말하자면 인류 전체가 살아가기 위해 1.7개의 지구가 필요한 것이다. 이를 날짜로 환산하면 인류는 7월 29일 자신이 사용할 수 있는 지구 자원을 다 소진하고, 다음 날부터는 다음 세대가 사용할 지구 자원을 빌려다 쓰는 셈이다. 그래서 이날을 '지구 생태 용량 초과의 날(Earth Overshoot Day)'이라 부른다.

우리나라는 세계 평균보다 더 극단적이다. 우리나라의 1인당 생태 수용력은 0.6gha인 반면, 생태 발자국은 6.3gha이다.[**] 우리 국민이 사는 데 3.8개의 남한 땅이 필요한 셈이다. 달리 말하면 우리는 4월 초부터 자손들의 것을 빌려 쓰기 시작하는 것이다. 우리보다 검소하게 사는 일본은 국토의 생태 수용력이 우리와 비슷하지만 생태 발자국은 4.8gha라 사정이 조금 낫다. 캐나다의 생태 발자국 수치는 8.1gha나 되지만 생태 수용력 수치는 무려 14.7gha라

** 2018년 자료 기준.

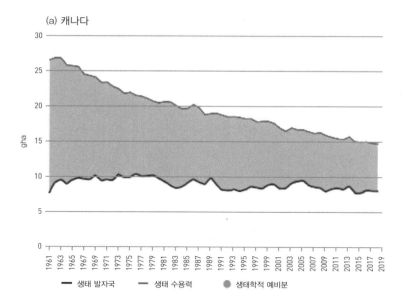

(a) 캐나다

gha

생태 발자국   생태 수용력   생태학적 예비분

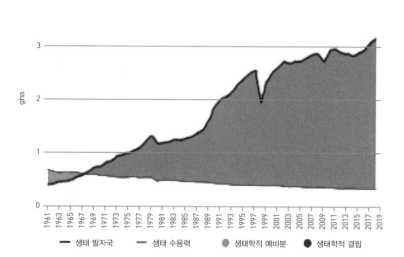

(b) 대한민국

gha

생태 발자국   생태 수용력   생태학적 예비분   생태학적 결핍

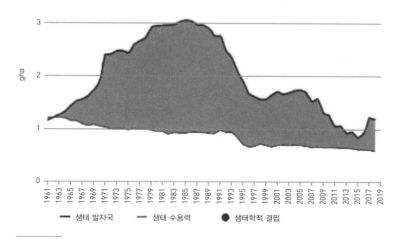

(c) 북한

gha

생태 발자국 — 생태 수용력 ● 생태학적 결핍

생태 수용력(얇은 선)과 생태 발자국(두꺼운 선)의 추이.
(a) 캐나다는 생태 발자국이 크지만 생태 수용력이 더 풍부해 생태학적 결핍이 없다. (b) 대한민국은 생태 발자국 수치가 점점 올라가 생태학적 결핍이 생태 수용력의 4배를 넘는다. (c) 북한은 생태 발자국이 점점 줄어들어 생태 수용력과 비슷해지면서 생태학적 결핍이 줄어든다. 이는 경제 사정이 나빠진 탓이다. 모든 자료는 '글로벌 풋프린트 네트워크'에서 공개한 것으로 2019년 기준 자료다.

환경문제에 관해서는 근심이 없다. 축복받은 나라라 하지 않을 수 없다.

우리가 보유한 생태 수용력에 맞게 살려면 어떻게 살아야 하는지는 북한을 보면 알 수 있다. 북한의 생태 발자국 수치는 우리나 북한의 생태 수용력과 비슷한 0.8gha이다. 그러니까 우리 국토의 생태 수용력에 맞는 소비 수준은 북한 주민들의 소비 수준인 것이다.

삶과 탄소배출량

2020년 1월 20일, 신종 전염병 코로나19 첫 환자가 보고되면서 전 세계는 침체와 정지 상태에 빠지게 된다. 사람들의 이동은 멈추고 모든 경제활동은 거의 중단됐다. 그런데 코로나19 팬데믹이 한 가지 예상치 못한 것을 보여줬다. 인간의 활동이 줄면 지구의 환경 생태가 좋아진다는 사실이다.

팬데믹 발생 후 2020년 4월 초까지 전 세계 하루 이산화탄소 배출량이 전년도 대비 17% 감소했으며, 최고조 때는 26%까지 감소했다.[39] 이 해 '지구 생태 용량 초과의 날'은 8월 22일로 한 달 지

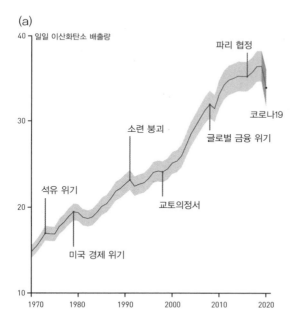

(a)

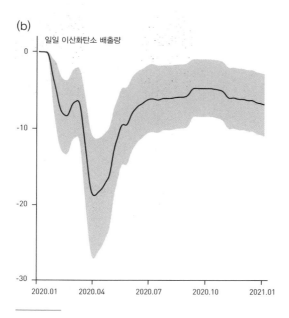

(b)

일일 이산화탄소 배출량

(a) 1970~2019년 전 세계 일일 이산화탄소 배출량의 변화.
코로나19 발생 이후 급격한 하강을 보인다.
(b) 코로나19 발생 이후 5개월간 일일 이산화탄소 배출량.

연됐다. 인간의 활동이 멈춰 서자 지구 환경이 급격히 깨끗해진 것
이다. 놀라운 것은 탄소배출 감소가 산업·생산 분야보다 육상 및
항공 교통 등의 일상생활 부분 영향을 더 받은 것으로 나타난 것
이다.

사실 이런 일은 전에도 몇 차례 있었다. 1980년대 미국 경제를
강타한 저축대부조합 사태, 1990년대 소련 해체, 2008년 미국 발
세계 금융 위기 등 소비 패턴에 타격을 주는 경제 위기 상황을 맞이
했을 때에도 인류의 탄소배출량이 눈에 띄게 감소됐다. 이런 결과

는 우리의 소비 행태와 삶의 방식이 탄소배출량에 얼마나 영향을
미칠 수 있는지 보여준다.

영원한 성장의 종식

2022년 중국은 GDP(국내총생산) 성장률 목표를 5% 이상으로 선
언했다. 이런 정도의 성장률을 거두려면 엄청난 양의 석탄과 석유
를 태워야 한다. 1950년대 이후 매년 각 국가들이 경쟁적으로 발표
하는 경제성장 전망치는 감소하는 법이 없었다. 마이너스 전망은
정부의 무능으로 치부된다.

그동안 성장은 빈곤을 해결하는 유일한 방법이었다. 산업혁명을
이끈 산업자본주의가 소비자본주의로 전환하면서 인류는 성장의
길에 안착하는 데 성공한다. 성장주의 신봉자들은 끝없는 성장으로
인류의 삶의 질이 계속 높아질 것이라 믿는다. 이들에게 환경문제
따위는 기술 혁신으로 충분히 해결할 수 있는 부수적 문제다.

소비자본주의의 가장 절묘한 부분은 만족을 느낄 수 없게 만든
것이다. 마시면 마실수록 갈증이 더 나는 바닷물과 같다. 더 교묘
한 것은 욕구를 생리적인 것에서 사회적인 것으로 바꾸도록 세뇌
시킨다는 점이다. 아무리 배 부르고 따뜻한 잠자리에 들 수 있어
도 TV에서 고급 자동차와 궁정 같은 저택, 티파니 보석과 까르띠
에 시계를 찬 사람들의 이미지를 송출하는 한 우리는 만족하지 못
한다.

인류 역사상 그 어느 때보다 부유하고 소비재가 감당할 수 없이 넘치지만 자신의 삶에 만족하는 사람은 더 줄어든 이유다. GDP와 삶의 만족도 사이의 비례 관계는 이미 붕괴됐다. 특히 우리나라가 그렇다. 사회발전의 지표를 GDP 성장률로만 잡는 관행에 이제는 의문을 표해야 할 때다.

파국이냐, 기술적 특이점이냐, 지속 가능 혁명이냐

스웨덴 의사이자 통계학자인 한스 로슬링(Hans Rosling, 1948~2017)의 흥미로운 저서 《팩트풀니스》에는 '직선본능(Straight line instinct)'이라는 장이 있다.[40] 직선본능이란 사람들은 위로 치켜 올라가는 급격한 상승선을 볼 때 그 선이 끝없이 올라갈 것으로 생각하는 것을 말한다. 과거의 경향이 앞으로도 계속되리라고 생각하는 인간의 성향 때문이다. 대표적 예가 주식시장이다. 사람들은 주가가 가파르게 상승할 때 천정부지로 오를 것 같다고 착각한다. 하지만 알다시피 그런 일은 일어나지 않는다. 그런데도 많은 사람들이 직선본능 때문에 고점에서 투자하는 실수를 저지른다. 얼마 전에도 그런 일이 있었다.

우리는 대가속의 그래프들과 하키 스틱 커브, 킬링 커브, 인구곡선 등 인류의 모든 것이 우상향으로 급격히 올라가는 시대를 살고 있다. 이 커브는 어떻게 될 것인가? 이 치솟는 선들이 지금 그대로 멈추지 않고 올라갈 것이라 생각하는 사람들도 있다.[41] 가장 가

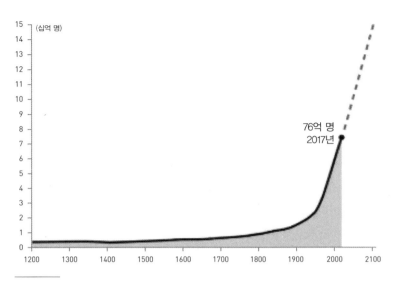

15 (십억 명)

지금까지의 인구 성장 그래프를 보면 인구는 끝도 없이 증가할 것처럼 보인다. 그러나 최근 유엔은 '세계 인구 전망(2022년 자료)'에서[42] 세계 인구가 2050년에는 94~100억 명이 되고, 2100년에는 정체가 일어나거나 89~124억 명을 유지할 것으로 예측했다.

능성이 없는 생각이다. 끝없이 올라가는 선은 없기 때문이다. 파국으로 가 무너져버리든, 어떤 특이점에 도달해 '사건의 지평선(Event horizon)'을 넘어버리든, 모든 상향 곡선에는 그 끝이 있게 마련이다. 그 끝에는 호모사피엔스의 종식도 포함되어 있고 진화도 포함되어 있다.

반면, 대가속이 현 시대의 특이한 과도기적 현상이며 대부분의 자연현상처럼 S자 곡선 그래프로 바뀔 것이라고 예상하는 사람들도 있다.[43] 인구 성장 그래프가 그 예다. 1950년을 기점으로 기하급수적으로 수직 상승하는 인구 그래프를 보면 인구는 앞으로 끝도 없이 증가할 것만 같다. 물론 그럴 수도 있다. 하지만 다행히 인구학자들은 현재 세계 인구 증가의 가장 큰 원인은 아프리카 지역의 무서운 출생률 때문인데[*] 이 추세가 점차 수그러들어 2050년 이후에는 정체가 일어날 것으로 예상한다. S자 곡선 그래프의 모습을 나타내게 될 것이라는 얘기다.[44]

환경주의자들은 인류가 힘을 모아 인구 증가를 멈추고, 화석연료 사용과 성장을 포기하면서 순환의 삶을 배워 S자 곡선으로 들어가는 지속 가능 혁명을 일으켜야 한다고 주장하고 있다. 기술주의자들은 농업혁명이나 산업혁명처럼 또 다른 기술혁명이 일어나 대전환의 순간이 나타날 것이라 기대하고 있다.

과연 기술의 발전은 특이점에 도달할 것인가? 가진 것으로 내려놓고 지속 가능한 삶을 선택할 것인가? 아니면 두 가지 모두 실패하고 호모사피엔스의 역사를 종식할 것인가?

우주적 시간

히로시마와 나가사키에 원자폭탄이 투하된 날, 인류는 자기 자신이 얼마나 위험한 존재인지 처음으로 깨달았다. 기술의 발전은

---

[*] 우리나라를 포함한 대부분의 선진국들은 출생률 저하로 패닉 상태이지만 아프리카에서는 지금도 여성 1인당 합계출산율이 5명을 넘으며, 2050년쯤에는 나이지리아가 중국을 넘는 인구 대국이 될 것으로 예상된다.

다양한 실존적 위험을 만들어냈다. 핵, 물리학적 재앙, 생물학적 실수, 초지능의 출현, 자원 고갈, 기후변화…… 이 모두는 인류를 멸절시키거나 석기시대로 되돌릴 수 있는 위협이다.

인류가 이런 위험을 피하고 다음 세기에도 존재할 수 있을까? 그럴 것이라 믿는다. 그렇다면 1,000년 후에도 인류는 계속 존재할 것인가? 아마도 존재하겠지만 더 이상 호모사피엔스로서 존재하지는 않을 수 있다. 1만 년 후에도 인류의 문명은 존재할 것인가? 그것은 답하기 어렵다. 우리는 지구에서 미래를 생각할 수 있는 유일한 종이지만 그 예측의 시야는 3세대 앞도 안 된다.

우주의 시간에서 인간의 역사는 찰나에 불과하다. 칼 세이건의 유명한 표현에 따르면, 우주의 역사를 1년으로 잡는다면 인류 문명의 역사는 12월 31일, 자정을 앞둔 마지막 10초 동안 번뜩인 불꽃에 불과하다.[45] 스티븐 제이 굴드는 지구의 역사를 팔을 뻗은 왕에 비유했는데, 역사가 왕의 콧등에서 시작해 어깨와 팔을 지나 지금 손가락 끝까지 도달했다고 가정할 경우, 왕이 손톱 끝을 줄로 한 번 쓱 밀면 인류 역사 전체가 통째로 날아갈 것이라 했다.[46]

이처럼 시간의 지평을 넓혀 생각하면 상황은 달라진다. 지금 당장은 지구온난화를 걱정하지만 빠르면 1만 5,000년에서 늦어도 3만 년이 지나면 지구는 빙하기로 회귀할 것이다. 우리가 사는 지금 이 시대는 홍적세 빙하기 사이클의 네 번째 간빙기에 불과하기 때문이다. 지질학자들은 2억 5,000만 년이 지나면 모든 대륙이 하나로 모여 최후의 초대륙인 '판게아 울티마(Pangea Ultima)'를 형성할 것이라 예상한다.

천문학자들의 계산에 따르면 태양은 앞으로 점점 더 뜨거워진다. 10억 년쯤 되면 지구는 너무 뜨거워 생명체가 거주할 수 없는 행성이 된다. 50억 년이 지나 태양이 그 연료를 다 소진해 지구만 한 크기의 백색 왜성이 되면 태양계 전체가 그 수명을 다한다.

우주적 시간으로 볼 때 지구는 반드시 소멸한다. 그 안에 몸을 의지해 사는 우리 운명도 마찬가지다. 경제학자 존 메이너드 케인스(John Maynard Keynes, 1883~1946)의 말처럼 "결국에는 우리는 모두 죽을 것이다(In the long run we are all dead)."* 정말 그렇게 될 것인가? 이제 이 책의 막바지에 도달했다. 시간의 지평을 확장해 우주적 시간에서 우리의 운명을 생각해볼 시간이다.

---

*   이 말은 케인스가 1929년 경제공황 직후 고전학파들이 '장기적으로 보면' 시장경제는 자연스럽게 회복될 것이라 주장하자 이에 응수하며 던진 말이다.

에필로그

두 갈래의 운명

은하제국

아웃 오브 어스

애초에 우리는 아프리카의 한 줌의 작은 집단에서 시작했다. 호모 속들의 유전자에는 새로운 곳으로 나아가려는 강렬한 본능이 새겨져 있는 것 같다. 아프리카 탈출에 성공한 최초의 호모 속 호모 에렉투스는 100만 년에 걸쳐 지구의 최북단인 베이징과 최남단 자바, 서쪽 끝 유럽까지 진출했다. 호모네안데르탈렌시스도 아프리카를 빠져나와 먼저 유럽에 진출했고, 뒤이어 호모사피엔스는 몇 번의 시도 끝에 한 줌의 작은 집단이 성공하여 전 세계를 장악하고 만다. 우리는 그들의 후예다.

전 세계로 흩어진 호모사피엔스는 서로를 망각한 채 수만 년을 보냈다. 잊고 산 세월이 너무 길어 유럽의 호모사피엔스가 사하라 이남의 형제들을 다시 만났을 때는 같은 종으로 생각하지 않았다.

16세기 신대륙에 도착한 호모사피엔스는 형제들을 마치 다른 종인 양 거의 말살시킨다. 이들은 서로가 같은 뿌리에서 나왔다는 사실을 알지 못했다. 우리가 '피부 아래는 모두 아프리카인'이라는 사실을 알게 된 것도 20세기 후반이 되어서다.

아이작 아시모프의 대하 SF 소설 시리즈 '파운데이션'*은 오랜 세월이 흘러 10경의 인류가 2,500만 개의 거주 행성에 퍼져 자신들의 기원을 잊어버린 채 사는 세상을 묘사한다. 장대한 시간을 배경으로 은하제국의 흥망을 그린 이 시리즈는 인류의 기원인 모행성을 찾아 나서는 사람들의 이야기로 마무리된다.

아주 먼 훗날, 수억 년에 가까운 우주적 세월이 지난 후 우리 종이 생물학적 형태로 살아남아 있다면 그것은 우리가 '파운데이션' 시리즈에서처럼 지구를 떠나 다중행성종(Multi-planetary species)이 되는 데 성공했다는 뜻일 것이다. 먼 옛날 아프리카를 떠난 선조처럼 우리는 또 한 번 새로운 터전으로 탈출하는 데 성공할 수 있을까? 인류의 탈출 본능은 먼 미래에도 작동해 종의 생존을 연장시킬 것인가?

---

* 아시모프가 1942년부터 쓰기 시작해 1993년 마지막 권을 발간하기까지 총 7권으로 발표된 대작이다. 에드워드 기본의 《로마제국 흥망사》에서 영감을 받아 이 대하 SF를 썼다. 사후 독자들의 요청으로 3권이 다른 작가에 의해 출간됐다.

미래 스토리

2장에서 다루었듯 우리 뇌는 저장된 기억을 재료로 미래를 구성한다. 그 때문에 아는 한도 내에서만 미래를 상상할 수 있다. 보지 못한 것을 상상해내는 것은 정말 특별한 능력이다. 아서 C. 클라크나 아이작 아시모프 같은 거장들은 그런 일이 가능한 탁월한 사람들이다. 역사학이나 고고학에서는 사실을 구성하고 납득시키기 위해 이야기로 과거를 재현해보는 스토리텔링 기법을 쓰기도 한다. 비슷한 방법으로 이번 장에서는 감사의 마음으로 대가들의 상상력을 빌려 미래를 그려보려 한다.

아시모프의 또 다른 대작 '로봇' 시리즈는 인류가 우주여행을 막 시작해 지구와 유사한 행성을 50개 정도 개척한, '파운데이션' 시리즈보다는 가까운 미래를 묘사한다.* 이야기 속에서 인류는 우주에 진출해 진보된 로봇 기술과 의학 기술을 영위하며 수명이 수백 년으로 연장된 '우주 진출 인류(Spacer)'와 아직도 모행성에 남아 800여 개의 강철 돔에 모여 사는 '지구 잔존 인류'로 나뉜다.

지구 잔존 인류는 오염된 지구에서 병들어가고 우주 진출 인류는 너무 길어진 수명과 안락한 삶으로 종으로서 생기를 잃어 전 인

---

* 이 시리즈는 아시모프가 1940년에서 1985년까지 집필한 37개의 단편과 6개의 장편으로 이뤄졌다. '로봇' 시리즈와 '파운데이션' 시리즈를 써나가면서 아시모프는 두 작품의 세계관을 통일하기로 마음먹는다. 그는 마지막 작품 《로봇과 제국》에서 인간이 지구를 떠나게 된 이유를 그리며 인류의 기원을 탐사하는 《파운데이션》의 마지막 편과 연결해 하나의 우주관으로 통합했다.

류가 서서히 몰락의 길을 걷는다. 인류가 살아갈 유일한 방법은 지구 잔존 인류가 지구를 떠나 스스로의 몰락을 피하고 은하 인류에 새로운 활기를 불어넣는 것뿐이다. 아시모프는 '로봇' 시리즈의 마지막 작품《로봇과 제국》에서 이주를 거부하던 잔존 인류가 한 초지능 로봇 때문에 결국 지구를 떠나게 되는 사건을 그린다. 이 초지능 로봇은 반지구 테러리스트의 지구 파괴 장치를 알고도 잔존 인류가 지구를 떠나는 것이 전 은하의 인류가 사는 길이라 판단하고 방치했다. 아이러니하게도 이 판단은 '인류에 해를 끼쳐서도, 그것을 방관해서도 안 된다'는 로봇공학 제0의 법칙을 따른 것이었다.

아시모프의 '로봇' 시리즈는 1950~1990년대에 집필됐지만 인공지능, 행성 이주, 수명 연장 등 이제 막 윤곽이 드러나기 시작한 기술들을 잘 예측했을 뿐 아니라 발전된 기술들이 인류의 운명에 미치는 함축적 의미를 잘 짚어냈다. 아시모프의 시나리오처럼 인류는 언젠가는 선조가 아프리카를 떠나 전 지구에 퍼졌던 것처럼 지구를 떠나 다중행성종이 되어야 한다. '지구가 인류의 요람이지만 영원히 요람에 머물러 있을 수는 없다.'**

사실 인류는 이미 60년 전 달에 도착했었다. 그때 추세가 계속되었다면 지금쯤 우리는 화성을 옆집처럼 드나들고 있을 것이다. 하지만 유인 우주여행은 1972년 마지막 달 착륙 이후 모두 중단됐다. 경쟁의 드라이브를 걸던 냉전 체제가 무너진 데다, 생명공학과 같

** 우주여행의 아버지라 일컬어지는 러시아 로켓 과학자 콘스탄틴 치올코프스키 (Konstantin Tsiolkovsky, 1857~1935)가 한 말이다.

은 절실한 요구나 스마트폰 또는 자율주행 자동차와 같은 경제적 매력이 전혀 없어 성장 동력이 없기 때문이다. 그런데 아이러니하게도 고사 직전의 유인 우주여행을 인터넷 유통이나 상거래로 돈을 번 실리콘 밸리의 민간 기업가들이 다시 재개하기 시작한다.

기업인 우주탐사 시대

페이팔을 이베이로 넘기고 억만장자가 된 일론 머스크는 어느 날 문득 인류의 멸종에 대해 생각했다. 그것을 피하려면 화성으로 이주하는 방법밖에 없다는 결론에 다다른 머스크는 화성 이주에 대한 어떤 계획이 있는지 찾아보기 위해 미항공우주국(National Aeronautics and Space Administration, NASA)의 홈페이지를 뒤져보다가 화성 여행에 대한 계획이 전혀 없음을 알고 깜짝 놀란다.

아폴로 계획 이후 반세기 동안 인류는 유인 우주탐사를 위해 아무 일도 진행하지 않고 있었던 것이다. 그저 무인 탐사선을 내보내거나, 서울과 부산 사이의 거리도 안 되는 380km 궤도의 우주정거장을 왕복하는 일만 반복하며 수십억 달러를 쓰고 있었던 것이다. 현실을 파악한 머스크는 인간을 화성에 보내는 일을 직접 해야겠다고 마음먹는다. 그는 먼저 유인 우주여행에 대한 관심을 불러일으키기 위해 화성에 지구의 식물을 가져다 온실을 만들겠다는 '화성 오아시스(Mars Oasis)' 계획을 2001년 발표한다.

원래 계획은 외국에서 싼 우주선을 구입해 보내는 것이었다. 그러나 우주선 구입은 만만한 일이 아니었다. 백방으로 발사체를 구하던 머스크는 차라리 직접 만드는 편이 더 경제적이고 잘하면 돈도 벌 수 있다는 것을 깨닫는다. 2002년, 그는 우주선 제작을 위해 '스페이스 X'를 설립한다.[1] 그리고 2016년 국제우주대회에서 일론 머스크는 인간을 화성으로 보내겠다는 계획을 공식 발표하며 다음과 같은 인상적인 연설을 남긴다.[2] "인류는 미래에 두 방향으로 갈라질 것이다. 여러 행성으로 분산되거나, 아니면 한 행성에 갇혀 결국 멸종을 겪거나."

유인 우주여행에 관심이 있었던 것은 일론 머스크뿐만이 아니다. 아마존의 성장으로 엄청난 돈을 거머쥔 제프 베조스(Jeff Bezos, 1964~)는 어릴 적부터 품었던 우주여행의 꿈을 실현하기 위해 일론 머스크보다 2년 먼저 소리 소문 없이 '블루 오리진(Blue Origin)'을 설립한다. '블루 오리진'의 목표는 '우주에서 인간의 존재를 지속시키는 데 도움이 되는 비행체와 기술을 개발하는 것'이었다.[3]

비상한 기업가 출신인 두 사람은 처음부터 생각이 달랐다. 냉전 경쟁 속에 태어난 국가기관 NASA는 일단 인간을 우주 멀리 보내는 데 성공하고 보자는 단발적 사고에서 벗어나지 못했지만, 사업가 출신의 두 사람은 사업의 지속성과 투자 회수를 먼저 생각했다. 이들은 비즈니스맨의 직관으로 우주선과 추진체를 재사용하는 기술을 확보하는 것에 사업의 지속성과 성패가 달려 있음을 본능적으로 꿰뚫었다.

로켓을 재사용하는 것은 기술적 어려움이 있었다. 로켓을 재활용하려면 올려 보낸 로켓을 그대로 다시 착륙시켜야 하는데, 아폴로 계획 시대에는 이 과정이 달에 다녀오는 전체 과정보다 더 어려 웠다. 그런데 2000년대가 되자 컴퓨터 기술, 센서, 제어 기술의 수 준이 50년 전과는 달라졌다. 각고의 노력 끝에 두 민간 기업은 로켓 의 재사용에 결국 성공한다. 2015년 추수감사절 직전 '블루 오리진' 은 자사 로켓 '뉴 세퍼드'를 수직 착륙시켜 회수하는 데 성공했다. 한 달 후 크리스마스 전야에는 '스페이스 X'가 '팰컨 9호'를 착륙시 켜 회수하는 데 성공한다. 우주선을 비행기처럼 운항할 수 있는 행 성 간 이동 시스템(Interplanetary Transport System)의 초석이 다져졌 다. 민간 우주항공 시대가 궤도에 오른 것이다.

한 연구에 따르면 화성에서 성공적으로 정착하기 위해 필요한 최소한의 이주민 수는 약 110명일 것이라 한다.[4] '스페이스 X'는 보 잉747 두 개를 연결한 길이에 최소 100명의 승객을 태울 수 있는 규모의 우주선을 계획한다. 그 일환으로 '팰컨 9' 로켓을 3개 묶은 '팰컨 헤비(Falcon Heavy)'가 제작됐다. 2020년에는 그 안에 머스크 가 몰던 테슬라 로드스터와 우주복을 입힌 인형 스타맨을 태워 쏘 아 올리기도 했다. 지구 궤도를 도는 스타맨의 모습과 팰콘 헤비의 부스터들이 되돌아와 수직 착륙하는 인상적인 장면은 유튜브에서 도 볼 수 있다.[5][6]

상황이 이렇게까지 반전되자 NASA는 민간 우주선을 아웃소 싱 하는 유인 우주탐사를 재개했다. 이 책의 초고를 쓰는 시점에 NASA에서 추진 중인 '아르테미스 프로젝트(Project Artemis)'의 달 궤도 무인 우주선 오리온이 무사히 지구에 귀환했다는 소식이 들 려왔다. '아르테미스 프로젝트'는 아폴로 17호가 마지막 유인 달 탐

팰컨 헤비에 의해 지구 궤도에 올려진 테슬라 로드스터와 스타맨의 모습(위)과
팰컨 헤비의 부스터들이 되돌아와 수직 착륙하는 모습(아래).

사를 수행한 지 45년 만에 NASA가 다시 시작한 유인 달 착륙 계획
이다. 이 프로젝트를 위해 '스페이스 X'와 '블루 오리진'의 입찰 경
쟁이 있었는데, 재사용이 가능한 발사-착륙 일체형 우주선을 내놓
은 '스페이스 X'가 파트너로 선정됐다.

우주 탐사에 나선 것은 머스크와 베조스뿐만이 아니다. 버진그
룹 회장 리처드 브랜슨(Richard Branson, 1950~)이 제작한 우주선 '버
진 갤러틱(Virgin Galactic)'은 한 좌석당 한화로 약 5억 4,000만 원이
되는 금액을 내걸고 우주 관광객을 모으기 시작했다. 마이크로소프

트 공동 창업자 폴 앨런의 '스트래토론치(Stratolaunch)'는 하늘을 나는 인공위성 발사대 역할을 할 100m 길이의 항공기 시험 비행에 성공했다.

오늘날 우주 탐사 분야는 대서양을 건널 야심을 가진 뱃사람과 상인들로 가득했던 콜럼버스 시대의 스페인 궁전과 같다. 대항해 시대에 신세계를 찾아 나선 것은 군인도 왕족도 아닌 상인들이었다. 기업가들의 정신과 욕망이 또 한번 인류의 미래를 새롭게 개척하는 동력으로 작용하고 있다. 1492년 콜럼버스는 사람들을 설득해 미지의 대륙에 도달했다. 이제 새로운 신대륙은 화성이다. 과연 누가 21세기의 콜럼버스가 될 것인가?

빛의 장벽

지구와 가장 가까운 태양계는 알파 센타우리(Alpha Centauri)다. 이곳은 태양계 밖의 우주에서 인류가 거주 가능한 첫 번째 후보지다. 이곳까지 거리는 4.3광년으로, 미터법으로 변환하면 41조km나 된다. 초당 17km 속도로 날아가는 보이저호를 타고 가도 약 7만 년 정도 걸리는 아득한 거리다. 7만 년은 호모사피엔스가 아프리카를 벗어난 후부터 지금까지의 시간이다.

빛의 속도로 간다면 알파 센타우리까지 4.3년이 걸리겠지만, 알다시피 인간이 광속을 추월하는 것은 물리적으로 불가능하다. 그렇다면 이곳까지 갈 수 있는 가능한 가장 빠른 방법은 무엇일까? 핵

융합 에너지로 발사체를 추진하면 이론적으로 광속의 10%까지 따라잡을 수 있다. 핵융합은 화학연료 대신 핵폭발로 플라즈마를 기화시켜 추진력을 얻는 기술이다. 기존의 화학연료는 아무리 추진력을 높여도 수천℃ 상태로밖에 분출하지 못하는데, 핵융합은 수소를 수백만℃의 플라즈마 상태로 분출하기 때문에 10배 이상 빠른 속도를 낼 수 있다.

실제로 미국 애드아스트라 로켓 컴퍼니(Ad Astra Rocket Company) 사에서는 이런 원리로 수소를 태우는 플라즈마 엔진 '바시미르(VASIMR®, Variable Specific Impulse Magnetoplasma Rocket, 가변 비충격 자기 플라즈마 로켓)'를 제작해냈다. 이 엔진의 최대 속도는 시속 20만 km(초속 56km)에 이른다. 이 속도라면 화성에 도달하는 데 39일이 걸린다. 뉴호라이즌호가 명왕성에 도달하는 데 걸린 시간은 9년 6개월이었지만, 이 엔진을 사용한다면 대략 3년 정도 걸릴 것이다. 바시미르는 충분한 시간 동안 작동하는 내구력을 테스트하는 시험만 통과하면 화성 여행에 사용될 계획이다. 2021년 기준으로는 88시간까지 견딜 수 있는 것으로 알려졌다.[7]

인간이 직접 갈 수 없지만 탐사 기계를 보내는 방법도 있다. 레이저를 이용한 기술이다. 우표만 한 크기의 우주선을 만들어 돛(Lightsail)에 레이저를 쏘아 가속시키는 방법이다. 나노기술로 만든 컴퓨터 칩만 한 우주선에 카메라, 광추진기, 항법장치, 통신장치를 넣고 4m 크기의 돛을 단다. 이 돛에 강력한 레이저를 쏘아 가속시키면 빛의 속도의 20%까지 가속이 가능하다. 말하자면 돛 달린 아이폰을 우주로 쏘아 보내는 것이다. 이 자그마한 나노 우주선은 알파 센타우리까지 20년이면 도달할 수 있다.

2016년 지금은 고인이 된 스티븐 호킹과 러시아의 부호 유리 밀너(Yuri Milner, 1961~)가 손을 잡고 이 방법을 이용한 '브레이크스루 스타샷(Breakthrough Starshot)' 계획을 발표했다.[8] '스타샷' 계획은 2036년 발사해 2056년 알파 센타우리에 도착하는 것을 목표로 지금도 엄청난 예산을 들여 진행 중이다. 이 계획이 성공하면 앞으로 25년 후 우리는 첫 번째로 이주 가능한 우주의 장소가 어딘지 알 수 있을 것이다.

시공간 여행

또 다른 행성 간 여행 기술은 시공을 접어 이동하는 방법이다. 1960년대 TV 드라마 시리즈 〈스타트렉〉에는 시공간을 접어 나르는 워프 항법(Warp drive)이 등장한다. 워프 항법은 많은 SF 영화에 나오는데, 실제 1994년 멕시코 이론물리학자 미겔 알큐비에레(Miguel Alcubierre)가 물리법칙에 부합되는 워프 항법의 개념을 제시했다.

먼저 우주선 주위에 음 에너지 거품을 만든다. 그리고 우주선 앞쪽 시공간을 축소하고 뒤쪽 시공간을 팽창시키면 '거품'을 전진시킬 수 있다. 이렇게 시공간 워프 공간을 만들어 전진하는 항법을 '알큐비에레 워프 드라이브(Alcubierre warp drive)'라 부른다. 많은 사람들이 워프 항법을 공상으로 보는 이유는 음 에너지 워프 거품을 만드는 문제 때문이다. 음 에너지를 생산하려면 고체도 기체도 액체도 아닌 '기묘한 물질(Exotic matter)'이 굉장히 많이 필요한데 현실적으로 공급이 불가능하다.

그럼에도 워프 항법에 매진하는 사람들이 있다. NASA에서 워프 항법을 연구하던 공학자 해럴드 화이트(Harold White, 1965~)는 2021년 현실 세계에서 우연히 워프 버블을 발견했다고 보고하였다.[9] 사실 이것은 아주 작은 유사체에 불과해 실제 우주선 규모로 만들어 사용할 수 있는 가능성은 희박하다. 하지만 화이트를 비롯한 일단의 연구자들은 이 발견을 워프 드라이브의 시작점으로 보고 '무한우주연구소(Limitless Space Institute, LSI)'를 설립해 워프 항법으로 움직이는 우주선 연구에 매달리고 있다.

시공간을 뛰어넘어 여행하는 방법에는 웜홀(Worm hole) 방식도 있다. 두 시공간을 이어 통과하는 웜홀에서는 공간 이동뿐 아니라 시간 이동도 가능하다. 이 방식은 시간의 변형, 시각적 웅장함, 그리운 사람과의 헤어짐과 만남 등 서사적인 표현 가능성이 풍부하기 때문에 영화 〈인터스텔라〉나 〈콘택트〉에서처럼 영화나 소설에서 주제로 많이 다룬다. 하지만 실제 웜홀 여행은 실현 가능성이 낮고 매우 위험하다. 통제가 불가능하고 불안정해 안전성을 담보할 수 없는 데다 결정적으로 웜홀은 통과하는 모든 물질을 원자 수준까지 찢어버린다. 따라서 영화 같은 감상적인 스토리는 기대하기 어려울 것이다.

새로운 거주지

아서 C. 클라크의 SF 걸작 《라마와의 랑데부》는 어느 날 태양계에 나타난 길이 50km의 원통 구조물을 다룬다. 미지의 외계 문명이 만든 것이 분명한 이 구조물에 지구 사람들은 '라마'라 이름을 붙이고 탐사대 '엔데버'를 보낸다. 거대한 원통 안에는 인공 대기와 바다 그리고 섬이 있었다. 라마는 태양계에 가까워오자 살아나기 시작한다. 인공 태양이 켜지고 유기물과 금속이 녹아 있는 바다에서 유기물과 금속이 조합된 기이한 생명의 진화가 일어난다. 그 안은 인공의 세계였다.

하드 SF의 대가 클라크는 라마와 그것을 보낸 외계 문명에 대해 아무 설명도 덧붙이지 않는다. 그 라마는 모든 것을 수수께끼로 남기고 태양계를 떠나 은하수 너머 대마젤란성운을 향해 고고하게 날아간다. 라마는 미지의 임무를 수행하면서 에너지 충전을 위해 잠시 태양계를 들렀는지도 모른다. 어쩌면 거대한 무덤일 수도, 아니면 때가 되면 깨어날 외계 문명의 무언가를 담은 방주일지도 모른다.

라마는 인류에게 새로운 거주지의 범례를 보여줬다. '우주 거주지(Space Habitat)' 개념은 이미 오랜 역사를 가지고 있다. 인구 과잉 문제의 해결 방안으로 많은 과학자들이 우주 거주지를 디자인해왔다. 최초의 우주 거주지 디자인은 1929년 아일랜드 출신 과학자인 존 버널(John Bernal, 1901~1971)이 제안한 직경 16km의 공 모양의 '버널 구체(Bernal sphere)'다.

우주 거주지의 기본 형태는 우주 공간에서 원형이나 원통형의 거대한 구조물을 회전시켜 인공 중력을 만들고 그 안에 동물과 식물이 살도록 하는 것이다. 중력이 발생하는 곳은 사람이나 식물을 위한 거주 구역으로, 중력이 낮거나 발생하지 않는 곳은 생산과 정박을 위한 구역으로 사용하는 것이다. 이것을 '우주 콜로니(Space Colony)' 또는 '바이오스피어(Biosphere)'라 부르기도 한다. 우주 콜로니는 우리가 적절한 거주지를 찾아내지 못하거나 현실적인 행성 간 여행에 성공하지 못했을 때의 유일한 대안이다. 라그랑주 점(Lagrangian point)*에 올려놓아 영구 거주지가 될 수도 있고, 추진력을 달아 태양계 밖의 새 거주지를 찾아 세대를 이어가며 장대한 여행을 하는 방주로 쓸 수도 있다.

영화 〈인터스텔라〉에는 토성 궤도의 우주 콜로니 '쿠퍼 스테이션'이 나온다. 사람들은 이곳에서 야구를 하고 농사를 지으며 산다. 우주 콜로니에 흩어진 인류가 서로 전쟁을 벌이며 사는 세상을 그린 일본 애니메이션 〈기동전사 건담〉은 다음과 같은 내레이션으로 우주 콜로니에서 사는 인류의 모습을 묘사한다. "지구 주변의 거대한 인공 도시는 인류에게 제2의 고향이 됐다. 사람들은 그곳에서 살면서 아이를 낳고, 기르며, 죽어갔다."

태양계에 퍼져 있는 수많은 콜로니 속에서 수억 년의 시간이 지나 문화적 네트워크가 끊어지고 유전적 네트워크마저 끊어진 우리의 후손들은 갈라파고스의 동물들처럼 서로 다른 모습을 하고 자

---

* 천체 간 인력이 평형이 되어 무인력 상태가 되는 지점.

신의 기원을 까마득히 잊은 채 살게 될지도 모른다. 그런데 인류가 생명 종으로서 지속할 또 다른 방법이 하나 더 있다. 그것은 생명의 속성을 바꾸는 것이다. 포유류의 형태를 버리고 새로운 형태의 생명체가 되는 것이다.

2 마음의 제국

전뇌 에뮬레이션

영화 〈트랜센던스〉에는 죽음을 앞둔 뛰어난 과학자의 기억과 정신이 그대로 슈퍼컴퓨터에 업로드되는 이야기가 나온다. 인공지능과 결합해 신에 가까운 지능이 된 새로운 인격은 전 세계 시스템을 제어하고 세상과 환경을 변화시킨다. 마크램과 커즈와일의 꿈을 합친 듯한 이야기다.

정신을 기계에 옮기는 '마인드 업로드(Mind upload)'의 원형은 아마도 1996년 피터 코크란(Peter Cochrane, 1946~)이 제시한 '소울 캐처(Soul Catcher)' 계획일 것이다. '브리티시 텔레콤(British Telecom)'의 기술 책임자였던 코크란은 사람의 머릿속에 메모리 칩을 심어 뇌 속 전기적·화학적 활동을 모두 데이터화하면 그 사람의 기억을 통째로 어딘가로 다운로드받아 보관하기도 하고 다시 업로드할 수도 있을 것이라는 아이디어를 냈다.[10] 아직도 이 기술은 현실화되지 않았지만 브레인게이트 시스템이나 뉴럴링크, 뉴럴 레이스 같은 기기가 개발되어 실험 중이다.

'카본카피스(Carboncopies)'라는 비영리 재단을 운영하고 있는 네덜란드 신경공학자 랜달 쿠너(Randal Koene, 1971~)는 코크란의 주장처럼 뇌 활동을 데이터로 변환해 코딩하면 기억을 업로딩할 수 있을 뿐 아니라 컴퓨터나 그 유사한 기계 안에서 마음을 구동할 수 있을 것이라 주장한다. '전뇌 에뮬레이션(Whole brain emulation)'이라는 것이다. 에뮬레이션이란 어떤 소프트웨어를 호환성이 없는 기계에서 돌아가도록 만드는 것을 말한다. 윈도우용 워드 프로세서를 맥북에서도 돌아가게 하는 것이 에뮬레이션이다. 전뇌 에뮬레이션은 인간의 마음을 기계나 컴퓨터 같은 다른 기질에서 돌아가게 하겠다는 개념이다.

불멸

아서 C. 클라크의 《도시와 별》에는 주민들이 끝없이 윤회하는 불멸의 삶을 사는 영겁의 도시 '다이아스퍼(Diaspar)' 이야기가 나온다. 이 도시 주민들의 기억은 중앙컴퓨터 안에 데이터로 보존되어 있다. 주민들은 때가 되면 컴퓨터가 만든 인공 몸에 들어가 천년의 삶을 살고 다시 데이터로 보존되어 다음 부활을 기다린다. 쿠너는 멀고 먼 미래 인류의 삶은 이런 방식일 것이라 생각했다.[11] '카본카

피스'가 표방하는 목표는 '전뇌 에뮬레이션으로 우리 인간이 종으로서의 한계를 극복하는 것'이다.[12]

'카본카피스'의 재원을 마련해준 사람은 러시아의 드미트리 이츠코프(Dmitry Itskov, 1980~)라는 인물이다. 이 젊은 억만장자는 '2045 이니셔티브(2045 Initiative)'도 설립해 인공 휴머노이드 신체 아바타를 만드는 연구도 지원하고 있다. 아바타와 전뇌 에뮬레이션, 이 두 단어에서 뭔가 생각나는 것이 없는가? 이츠코프의 두 기구는 사이보그, 로봇공학, 인공장기, 신경 인터페이스와 관련된 기술 분야를 지원한다. 모두 수명 연장과 관계된 기술이다.[13] 이츠코프의 목표는 '개인의 인격을 비생물학적 매체로 옮기고, 인간이 불멸에 이를 때까지 생명 연장을 하는 것'이다. 이 생각하는 불멸은 '사이버네틱 불멸(Cybernetic immortality)'이다.[14]

'전뇌 에뮬레이션'은 여전히 개념의 차원에 불과하고 구체적 성과도 없다. 주류 과학으로 인정하기를 조심스러워하는 사람도 있다. 하지만 유물론적 과학자들이나 진보주의자들은 언젠가는 이 기술이 인간을 육체라는 굴레에서 벗어나 더 진보된 존재로 격상시키고 불멸로 가게 할 것이라 생각한다. 리처드 도킨스는 이들의 주장대로 화학적으로 또는 컴퓨터에 의해 생명을 만드는 것이 가능하다고 생각한다.[15] 레이 커즈와일은 때가 되면 인류가 제약이 많은 버전 1.0의 생물학적 몸에서 벗어나 버전 2.0의 몸을 얻을 것이라 공언했다.[16] 트랜스휴머니스트에서 전향해 인류가 맞이한 실존적 위협을 설파하고 있는 닉 보스트롬은 아직 인간의 진화가 끝나지 않은 것 같다고 이야기한다. 이들은 언젠가는 인류가 탄소 기반

의 생명체의 모습을 버리고 철이나 실리콘 기반의 생명체에서 불
멸을 얻을 것이라 예측한다. 언젠가는 기술의 도움으로 인류가 동
물로서의 삶을 버리고 불멸의 존재로 바뀔 것이라는 주장이다.

영혼의 문제

쿠너와 같은 사람들은 마음이 매체를 옮겨 다닐 수 있는 어떤 것
이라고 본다. 이것을 '기질-독립적 마음(Substrate-Independent Minds,
SIM)'이라 부른다. 기체를 통과하든 액체를 통과하든 빛은 빛이고,
바다에서 생기든 호수에서 생기든 파동은 파동인 것처럼 인간의 마
음도 몸이라는 기질에 있든 기계에 있든, 심지어 공기를 떠돌아다
니든 모두 독립적인 무엇이라고 보는 관점이다. 소프트웨어가 어느
하드웨어 매체에서 사용돼도 같은 소프트웨어이듯 말이다.[17]

이런 관점은 과학적으로 입증해야 할 가설이라기보다 미래의 기
술 발전에 거는 희망에 가깝다. 하지만 어떤 19세기 사람이 영상을
전기 부호로 기록하고 전파로 옮기는 일이 가능할 것이라 상상했
겠는가를 되새겨보면 미래는 알 수 없는 일이다. 만약 정말 이런 일
이 일어났다 했을 때 매체를 따라 옮겨지는 마음을 연속된 하나의
자아로 볼 수 있고 그것을 영생이라 할 수 있을까?

저명한 로봇공학자 한스 모라벡(Hans Moravec, 1948~)의 명저《마
음의 아이들》에는 정신이 옮겨지는 유명한 가상 장면이 나온다.[18]
'컴퓨터 한 대가 당신의 정신을 받기 위해 기다리고 있다. 당신의

뇌 조직 정보와 똑같은 복사물이 하나씩 베껴져 그곳으로 옮겨진다. 이제 당신의 두개골은 텅 비워지고 모든 마음이 기계로 이전됐다. 버려진 몸은 경련을 일으키고 죽는다. 잠시 정적과 암흑이 지나간 후 다시 눈을 뜬다. 당신의 의식은 이동했다.'

이제 우리의 질문을 던져보자. 새로운 몸에서 내 육체로부터 옮겨진 정신이 깨어날 때 그것은 연속된 동일한 나인가? 아니면 나는 죽고 나라고 생각하는 복제물이 생긴 것뿐일까? 대답하기 어려운 문제다.

다시 모라벡의 복제실로 돌아가 사고실험을 해보자. 새로운 매체의 정신을 깨우는 순간, 실수로 원본의 뇌가 몇 초 늦게 꺼졌다고 치자. 심장이 도려내진 인간이 몇 초 동안 펄떡이는 자기 심장을 목격하는 것처럼, 잘려서 땅에 떨어진 머리가 몇 초의 순간 남은 전신을 응시하는 것처럼, 원본의 정신이 새로운 몸에서 나의 정신이 깨어나는 순간을 목격한다. 이 순간 새로운 깨어나는 정신은 내가 아니라 그것을 목도하는 나의 정신의 복제물이 된다.

로버트 셔클리(Robert Sheckley, 1928~2005)의 고전 《불사판매 주식회사》에는 타인의 육체를 구입해 영혼을 이식해주는 회사의 이야기가 나온다. 이 회사는 '영혼'을 통째로 옮긴다. 사실 우리는 영혼이 무엇인지 모르지만, 영혼이 있고 이 회사는 그것을 옮기는 기술이 있다고 치자. 이 회사에서 하는 일은 바인더 북에서 통째로 노트 용지를 빼내 새 바인더 북으로 옮기는 것과 같다. 이에 비해 마인드 업로딩이나 전뇌 에뮬레이션은 노트를 A4 용지에 복사하는 것과 같다. 원본을 폐기하면 A4 용지의 복사본이 원본이 되겠지만,

원본을 폐기하지 않으면 그것은 무엇이라 해야 하는가? 기질-독립적 마음의 이동을 통한 영생을 논하기에 앞서 우리는 아직 영혼이 무엇인지, 의식이 무엇인지조차 모른다는 점부터 상기해야 한다.

우리는 세상을 일인칭으로 감각한다. '내가 나'라는 느낌은 우리 존재의 가장 중요한 부분이다. 내가 나라는 느낌이 구성되기 위해 전기적 데이터뿐 아니라 호르몬과 화학물질이 작동하는 '웨트 웨어(Wet ware)'의 활동이 반드시 필요하다면 어쩔 것인가? 의식이 감각과 감정을 동반한 생물학적 프로세스 위에서만 작동하는 것이라면 어떻게 할 것인가?

뇌-뇌 인터페이스의 대가 니코렐리스는 뇌는 튜링 기계와는 달리 정보와 그 정보를 생성해낸 기질들, 즉 뉴런과 신경돌기들, 주위의 단백질의 변화를 한데 묶어 환원 불가능한 실체로 묶는 유기적 컴퓨터라고 보았다. 인간의 고등 정신과 인지능력은 뉴런의 전기신호가 아니라 신피질의 신경섬유다발이 만들어내는 아날로그적 전자기장의 상호작용에서 발현된다는 것이다.[19] 그러니까 유기체의 마음은 기질-독립적이 아니라 기질-의존적(Substrate-dependent)이라는 것이다.

그렇다 하더라도, 마인드 업로딩에는 유용한 덕목이 있다. 바로 보존성이다. 영혼의 영속성은 어떻게 될지 몰라도, 기억과 지식에 가치를 부여하고 그것을 보관하고자 하는 이들에게 이 기술들은 축복이다. 사랑하는 아내와의 추억이나 인류를 구할 지식이 이 기술들을 통해 보존될 수 있다. 한 사람이 겪은 모든 것을 보관하는 디지털 '납뇌당(納腦堂)'을 만들 수도, 한 종 전체의 정신적 유산을 보존하는 박물관을 만들 수도 있다. 개인의 불멸은 장담할 수 없으나 종의 불멸은 가능하다. 더 이상 선택의 여지가 없는 최악의 상황이 왔을 때 인류의 유산을 구원하는 유일한 희망이 여기에 있을지도 모른다.

3 최후의 사건

마지막 진화

아서 C. 클라크의 소설을 하나 더 인용해보겠다. 클라크는 《유년기의 끝》에서 종의 정신 진화란 무엇인지 심도 있게 다뤘다. 냉전이 치열한 지구에 외계의 지성 종족인 '오버로드(Overload)'가 나타난다. 오버로드는 인류를 유토피아의 길로 인도해 평화로운 지구를 만든다. 한 세기가 지나자 오버로드는 자신들은 '전체가 하나로 융합된 지성체'인 '오버마인드(Overmind)'라는 상위 존재를 위해 일한다고 밝힌다.

오버로드는 우주를 다니며 오버마인드의 지도로 우주 종족들이 궁극적인 진화를 하도록 촉진하는 역할을 해왔다. 이제 그들은 지구에 온 목적을 수행하기 시작한다. 새로 태어난 아이들은 하나씩 정신적 존재로 연합되어가고 개별성이 소멸한다. 어느덧 온 인류는 하나의 의식으로 통합된다. 하나가 된 인류의 정신은 먼 우주로 여행을 떠나고 지구는 소멸한다.

단 한 명 남은 최후의 인간은 호모사피엔스의 멸종과 인류의 진화를 지켜보며 사라진다. 다른 많은 종의 정신 진화를 이끌었지만 정작 자신들은 어떤 이유로 진화가 불가능한 오버로드는 사라진 인류가 아니라 그렇게 될 수 없는 자신들을 위해 애도한다.

《유년기의 끝》은 육체의 굴레를 버리고 하나의 정신으로 통합되어버리는 인류의 모습을 그린다. 클라크는 이 이야기를 통해 이 과정이 진화인지, 아니면 멸종인지를 독자들에게 묻는다. 1953년 집필된 이 소설 속에서는 정신적 통합을 위해 외계 종족의 관여가 필요했다. 하지만 지금의 기술 발전과 방향은 언젠가 인류의 자발적인 의지로 이런 사건이 일어날 수 있도록 만들고 있다. 지구가 사라지면 우리 종은 어떤 모습을 하고 있을까? 호모사피엔스의 모습을 유지하면서 영원한 행성 여행 종으로 남아 있을까? 형태를 변형하고 정신만 존재하는 새로운 종이 되어 있을까? 아니면 더 이상 존재하지 않는, 우주에서 잊힌 존재가 되어 있을까?

썩지 아니할 육체[*]

우리는 생물학적 육체 속에 산다. 우리는 우리 자신의 육체를 너

---

[*] '썩을 육체가 썩지 아니할 것을 입고 이 죽을 육체가 죽지 아니함을 입을 것이다'라는 〈고린도전서〉 15장 53절의 문장에서 빌려온 표현이다.

무나 사랑해서 우리의 육신이 조금 더 쾌락을 느끼고, 조금이라도 그 사용 기간을 연장할 수 있다면 어떤 노력도 마다하지 않는다. 사실 인류가 스스로의 노력과 신체적 훈련만으로 생물학적 한계를 극복하려는 단계는 100년 전 끝났다. 오늘날 인간은 테크놀로지의 힘으로 자신을 강화하려 하고 있다. GNR 기술이나 NBIC처럼 인류의 모든 역량이 집중되고 있는 첨단 분야들은 바로 그 목표와 관계가 있다. 의도하든 아니든 이런 기술들은 인간을 유전적 변종으로 만들거나, 인공지능이나 기계와 결합시키거나, 비유기적인 어떤 것으로 변모시키는 쪽으로 이끌어나갈 가능성이 있다.

진보적인 과학자들은 더 이상 '인간(Humanity)'을 생물학적 종인 '호모사피엔스'와 동일하게 생각하지 않는다. 이들은 인간이 생물학적으로 다른 모습으로 변모한다 해도 개의치 않는다. 개의치 않는 정도가 아니라 트랜스 휴머니스트와 같은 그룹에게는 그것이 목표이자 진보를 뜻한다. 실존적 위협을 경고한 닉 보스트룸조차 인간의 형태를 바꾸는 것이 위협이 아니라 그럴 수 있는 잠재성을 위협하는 것이 위협이라 정의했다.[20]

형태를 바꾸거나 기계와 결합하는 것이 인간의 멸종을 뜻하는 것은 아니지만 그렇게 되면 적어도 우리는 더 이상 호모사피엔스가 아니게 된다. 미래의 인류가 '호모사피엔스 GM'*이든 '호모사피엔스 엑스 마키나'**든 후손과 우리의 차이는 회색 늑대와 오늘날

---

* 'Homo sapiens genetically modified'의 약자. 유전적으로 변형된 호모사피엔스를 가리킨다.

의 개 또는 네안데르탈인과 우리만큼이나 다를지 모른다. 그때 후
손들은 우리를 '선행인류'라 일컬을 것이다.

생명체는 자신의 본질과 정체성을 DNA에 보관해왔다. 우리가
육체의 몸을 입고 유성생식을 하는 이유는 그것을 안전하게 전달
하기 위한 생물학적 적응이었다. 특이점주의자들은 때가 되면 인간
은 그동안 영위해온 모든 생물학적 방식을 폐기할 것이라 본다. 인
류의 새로운 진화는 호모사피엔스의 멸종에서 시작해야 할지도 모
른다. 그런 일을 우리는 받아들일 수 있을까?

포유류의 마음

우리 몸의 대부분은 물과 공기로 구성되어 있다. 탄소, 수소, 칼
슘, 황, 염소와 미량 원소들이 우리를 이루는 모든 것이다. 인생에
신비나 초자연적인 것 따위는 없다고 믿는 사람은 정보체로 삶을
다른 매체로 옮기는 것을 아무 문제가 없다고 느낄 수 있다. 그러나
우리 삶의 행복의 대부분은 포유류의 본성과 즐거움에서 비롯된다.
아이를 임신했을 때의 신비, 갓난아기의 냄새, 사랑하는 여인의 머
리카락, 맛있는 음식을 먹고 난 후의 포만감, 배뇨 후의 시원함, 승
리의 만족감, 오르가슴 후의 만족감…… 등이 모두 그렇다.

탄소 기반의 육체를 버려야 하는 날이 왔을 때 우리는 이런 감각

** 'Homo sapiens ex machina.' 기계와 결합된 호모사피엔스를 가리킨다.

들을 흔쾌히 버릴 수 있을 것인가? 그날이 왔을 때 인류는 새로운 방식을 의연히 받아들일 수 있을 것인가? 어쩌면 그런 걱정은 기우일지 모른다. 그런 일은 소행성의 충돌처럼 거대한 사건으로 출현하지 않고 갯벌에 스며드는 밀물처럼 의식하지 못하는 사이 우리를 잠식할 가능성이 높기 때문이다.

우주의 한 점

25억 년 후면 지구는 이미 태양에 묻혀 은하계에서 사라진 상태다. 이 시점에서 호모사피엔스는 우주의 어떤 의식도 그 존재를 기억하지 못하는 잊힌 역사의 한 점으로 흘러가버렸을지 모른다.

아니면 수십억 년에 걸친 디아스포라로 다중행성종이 되어 10만년 전 모든 대륙에 퍼진 호모 속들이 그랬던 것처럼 서로의 기원을 잊고 광대한 은하계에 분리되어 살거나 서로 다른 종인 양 각축을 벌이며 살고 있을지도 모른다. 어쩌면 전 인류의 정신이 작은 방주에 실려 깊은 우주의 심연을 향해 끝 모르는 여행을 하고 있을지도 모른다. 우주의 변두리 은하계 작은 행성에서 우연히 피어난 우리 정신의 작은 불꽃이 바람 앞의 촛불처럼 깜빡이다 조용히 여정을 마쳤을 때 그 비문에는 이렇게 쓰여 있으리라.

"우리는 시간이나 공간으로 우주의 한 점에 불과했지만
그 점 안에 은하를 아우르는 정신을 갖고 있었다."

후기: 두 아이가 살아갈 세계

"끝날 때까지는 끝난 게 아니다."

요기 베라

이 책을 처음 구상할 때는 의학과 생명공학 기술에 진화학과 사회생물학을 융합해 분야를 넘나들며 인간의 생물학적 특성을 다뤄보려 했다. 우리는 왜 성행위를 하며 정해진 기한의 삶을 살게 됐는지, 현대 질병의 기원은 무엇인지, 왜 지금과 같은 첨단 시대에 사스(SARS)나 메르스(MERS) 같은 신종 감염병들이 도래하게 됐는지와 같은 질문에 답을 얻고, 현대의학과 생명과학의 테크놀로지가 어디쯤 와 있는지 소개하려 했다. 그렇게 집필 계획을 세우고 자료 수집을 시작하며 원고 초안을 구상하던 중인 2020년 초, 코로나19 팬데믹이 터지고 만다.

세상이 멈추자 환자를 돌보고 연구하는 본질적인 업무만 남고, 대학과 병원에서 쏟아지던 번잡한 과외 업무들이 정리됐다. 남는 시간에는 무언가를 읽고 쓸 수 있는 단순한 삶이 돌아왔다. 700년 전 페스트를 피해 피에솔레 언덕 별장에 모인 10명의 피렌체 사람들처럼* 시간이 여유로워지자 탐구의 범위가 점점 늘어났다. 수렵·채집 석기시대로 잡았던 시작점은 선행인류가 두 발 직립보행을 시작한 시점까지 거슬러 올라가게 됐고, 인간 게놈 프로젝트와 맞춤 의학 시대에서 끝내려 한 마무리 지점은 인공지능과 마인드 업로드, 행성 간 여행까지 확장됐다. 범위가 걷잡을 수 없이 늘어나면서 질병의 기원을 다루겠다는 애초의 계획은 허공으로 사라졌다. 이윽고 처음 집필을 시작했던 부분―수명과 질병의 기원을 다룬 부분―은 훗날 별도의 책으로 다루기로 마음먹었다.

팬데믹이 터지기 직전까지만 해도 병원 업무로 많은 나라를 돌아다녔다. 에티오피아, 레바논, 우즈베키스탄, 몽골, 방글라데시를 비롯해 코로나19 창궐 바로 전해에는 우한까지 다녀왔었다. 그때의 경험을 되돌아보건대 확실히 지구 전체의 과학과 경제 발전 속도에 가속이 붙은 듯하다. 아무리 낙후된 오지를 가도 사람들이 신발은 안 신어도 스마트폰은 들고 다니는 모습이 보였다. 이런 발전 속도는 내가 사는 이 나라도 마찬가지다. 나는 필리핀이나 북한보다 뒤떨어지던 나라에서 태어났다. TV가 처음 동네에 들어온 날도 기억한다. 시골 할머니댁에 전기가 처음 들어왔던 밤도 어렴풋이 기억한다. 컬러 TV를 처음 봤을 때 느낀 경이로움도 선명하다. 대학 입학 선물로 비싼 IBM XT 컴퓨터를 받았을 때는 책상 위에 컴퓨터를 올려놓고 이것으로 무엇을 해야 1년 등록금에 맞먹는 비용을 뽑아낼 수 있을지 고민했었다.

---

* 지오반니 보카치오(Giovanni Boccaccio, 1313~1375)의 《데카메론》.

조금 더 나이가 들어 결혼을 하고 아이들이 태어나고 크는 동안 이 세상은 인터넷이 연결되고, 월드와이드웹이 구축되더니 순식간에 클라우드에 모든 데이터가 업로드되고, 사물과 인터넷이 연결되는 시대가 되어버렸다. 이 책을 구상할 때 일론 머스크는 비전 있는 벤처 기업가인지 정신이 나간 망상가인지 구분되지 않았지만, 초고를 완성할 무렵 테슬라의 주가는 하늘을 찔렀고 스페이스 X의 우주선이 날아다니고 있다. 그러고 보면 인간의 머리에 수신기를 달아 소통하고 화성에 인류를 실어 보내려는 머스크의 계획은 현실이 될지도 모른다.

아서 C. 클라크는 발달된 과학은 마법처럼 보인다고 했다. 1985년 의과대학교에 갓 입학한 내가 지금의 세상을 본다면 모든 것이 경이로운 마법처럼 보일 것이다. 그러니 앞으로 10년 후에 어떤 세상이 펼쳐질지 정말 알 수 없다. 나와 내 아내는 앞으로 남은 삶 동안 지금까지 겪은 것보다 더 많은 변화를 겪으리라. 그러나 이 책을 집필한 동기가 된 사랑하는 두 아이와 그 아이들의 아이들이 살게 될 세상의 모습은 나는 영원히 알 수 없을 것이다.

미주

머리말

1 Deacon TW, *The Symbolic Species: The Co-Evolution of Language and the Brain*, W. W. Norton & Co New York, 1998.

프롤로그

1 신경과학자 V. S. 라마찬드란이 2009년 겨울 TED 강연에서 든 예시다. Ramachandran VS, "The neurons that shaped civilization", TED, YouTube, 2009. https://www.ted.com/talks/vilayanur_ramachandran_the_neurons_that_shaped_civilization?languag = en#t-180810

1장 구별: 독특한 생물의 탄생

1 Zachos J, Pagani M, Sloan L, Thomas E, Billups K, "Trends, Rhythms, and Aberrations in Global Climate 65 Ma to present", *Science*. 2001;292(5517):686-693.

2 Sibley CG, Ahlquist JE, "DNA hybridization evidence of hominoid phylogeny: results from an expanded data set", *Journal of Molecular Evolution*, 1987;26(1-

2):99-121.

3 Coppens Y, "East side story: the origin of humankind", *Scientific American*, 1994;270(5):88-95.

4 Laetoli Footprint Trails, The Smithsonian Institute. http://humanorigins.si.edu/evidence/behavior/footprints/laetoli-footprint-trails

5 White TD, Suwa G, "Hominid footprints at Laetoli: facts and interpretations", *American Journal of Physical Anthropology*, 1987;72(4):485-514.

6 Wheeler PE, "The evolution of bipedality and loss of functional body hair in hominids", *Journal of Human Evolution*, 13 1984;13:91-98.

7 Sockol MD, Raichlen DA, Pontzer H, "Chimpanzee Locomotor Energetics and the Origin of Human Bipedalism", *Proceedings of the National Academy of Sciences of the United States of America*, 2007;104(30):12265-12269.

8 Lovejoy CO, "The Origin of Man", *Science*, 1981;211(4480):341-350.

9 Hardy, Alister, "Was Man More Aquatic in the Past?", *New Scientist*, 1960;7 (174):642-45.

10 Melott AL, Thomas BC, "From Cosmic Explosions to Terrestrial Fires?", *The Journal of Geology*, 2019;127(4):475-481.

11 Niemitz C, "The evolution of the upright posture and gait-a review and a new synthesis", *Naturwissenschaften*, 2010;97(3):241-263.

12 Bramble DM, Lieberman DE, "Endurance running and the evolution of Homo", *Nature*, 2004;432(7015):345-352.

13 Liebenberg L, *The art of Tracking: The Origin of Science*, Cape Town, 1990.

14 Carrier DR, "The Energetic Paradox of Human Running and Hominid Evolution", *Current Anthropology*, 1984;25(4)483-495.

15 Sockol MD, Raichlen DA, Pontzer H, "Chimpanzee locomotor energetics and the origin of human bipedalism", *Proceedings of the National Academy of Sciences of the United States of America*, 2007;104(30):12265-12269.

16 Wheeler PE, "The loss of functional hair in man: The influence of thermal environment, body form and bipedality", *Journal of Human Evolution*, 1985;14:23-28.

17 Wheeler PE, "The thermoregulatory advantages of hominid bipedalism in open equatorial environments: the contribution of increased convective heat loss and cutaneous evaporative cooling", *Journal of Human Evolution*,

1991;21;106-107.

18 Lieberman DE, "Human locomotion and heat loss: an evolutionary perspective", *Comprehensive Physiology*, 2015;5(1):99-117.

19 Wood B, Collard M, "The Human Genus", *Science*, 1999;284(5411):65-71.

20 Hunter-Gatherer Culture, National Geographic Society. https://www.nationalgeographic.org/encyclopedia/hunter-gatherer-culture

21 Rizal Y, Westaway KE, Zaim Y, et al., "Last appearance of Homo erectus at Ngandong, Java, 117,000-108,000 years ago", *Nature*, 2020;577:381-385.

22 Brown P, Sutikna T, Morwood MJ, et al., "A new small-bodied hominin from the Late Pleistocene of Flores, Indonesia", *Nature*, 2004;431(7012):1055-1061.

23 Wolpoff MH, Spuhler JN, Smith FH, et al., "Modern Human Origins", *Science*, (1988) 241(4867):772-74.

24 Wolpoff MH, Thorne AG, Jelinek J, Yinyun Z, "The case for sinking Homo erectus. 100 years of Pithecanthropus is enough!", *CFS Courier Forschungsinstitut Senckenberg*, 1994;171:341-361.

25 Stringer CB, Andrews P, "Genetic and Fossil Evidence for the Origin of Modern Humans", *Science*, 1988;239(4845):1263-1268.

26 Sagan L, "On the origin of mitosing cells", *Journal of Theoretical Biology* 1967;14(3):225-274.

27 Cann RL, Stoneking M, Wilson AC, "Mitochondrial DNA and human evolution", *Nature*, 1987;325(6099):31-36.

28 Whitfield LS, Sulston JE, Goodfellow PN, "Sequence variation of the human Y chromosome", *Nature*, 1995;378(6555):379-380.

29 Karmin M, Saag L, Vicente M, et al., "A recent bottleneck of Y chromosome diversity coincides with a global change in culture", *Genome Research*, 2015;25(4):459-466.

30 Krings M, Stone A, Schmitz Rw, Krainitzki H, Stoneking M, Pääbo S, "Neandertal DNA Sequences and the Origin of Modern Humans", *Cell*, 1997;90(1):19-30.

31 Stringer C, "Modern Human Origins: Progress and Prospects", *Philosophical Transactions of the Royal Society of London. Series B, Biological Sciences*, 2002;357(1420):563-579.

32 Hammond AS, Royer DF, Fleagle JG, "The Omo-Kibish I pelvis", *Journal of Human Evolution*, 2017;108:199-219.

33 Richard PJ, Singarayer J, Stone EJ, et al., "The greening of Arabia: Multiple opportunities for human occupation of the Arabian Peninsula during the Late Pleistocene inferred from an ensemble of climate model simulations", *Quaternary International*, 2015;382:181-199.

34 Stringer C, "Human evolution: Out of Ethiopia", *Nature*, 2003;423(6941):692-3, 695.

35 Reyes-Centeno H, Ghirotto S, Détroit F, Grimaud-Hervé D, Barbujani G, Harvati K, "Genomic and cranial phenotype data support multiple modern human dispersals from Africa and a southern route into Asia", *Proceedings of the National Academy of Sciences of the United States of America*, 2014;111(20):7248-7253.

36 Karmin M, Saag L, Vicente M, et al., "A recent bottleneck of Y chromosome diversity coincides with a global change in culture", *Genome Research*, 2015;25(4):459-466.

37 Poznik GD, Xue Y, Mendez FL, et al., "Punctuated bursts in human male demography inferred from 1,244 worldwide Y-chromosome sequences", *Nature Genetics*, 2016;48(6):593-599.

38 Gibbons A, "Human Ancestors Were an Endangered Species", Science AAAS. https://www.sciencemag.org/news/2010/01/human-ancestors-were-endangered-species

39 "RACIAL & ETHNIC DISTRIBUTION of ABO BLOOD TYPES", Bloodbook. Retrieved April 2, 2022. http://www.bloodbook.com/world-abo.html

40 Klein R, "Anatomy, Behavior, and Modern Human Origins", *Journal of World Prehistory*. 1995;9(2):167-198.

41 "Hunter-Gatherer Culture", National Geographic Society. https://www.nationalgeographic.org/encyclopedia/hunter-gatherer-culture

42 Vernot B, Akey JM, "Resurrecting Surviving Neandertal Lineages from Modern Human Genomes", *Science*, 2014;343(6174):1017-1021.

43 Mendez FL, Poznik GD, Castellano S, Bustamante CD, "The Divergence of Neandertal and Modern Human Y Chromosomes", *The American Journal of Human Genetics*, 2016;98(4):728-734.

44 Sankararaman S, Mallick S, Dannemann M, et al., "The genomic landscape of Neanderthal ancestry in present-day humans", *Nature*, 2014;507:354-357.

45 Vernot B, Akey JM, "Resurrecting Surviving Neandertal Lineages from Modern Human Genomes", *Science*, 2014;343(6174):1017-1021.

46 Vattathil S, Akey JM, "Small Amounts of Archaic Admixture Provide Big Insights into Human History", *Cell*, 2015; 163(2):281-4.

47 Dannemann M, Andrés AM, Kelso J, "Introgression of Neandertal-and Denisovan-like haplotypes contributes to adaptive variation in human toll-like receptors", *The American Journal of Human Genetics*, 2016;98:22-33.

48 Quach H, Rotival M, Pothlichet J, et al., "Genetic Adaptation and Neandertal Admixture Shaped the Immune System of Human Populations", *Cell*, 2016;167(3):643-656.

49 Simonti CN, Vernot B, Bastarache L, "The phenotypic legacy of admixture between modern humans and Neandertals, *Science*, 2016;12;351:737.

50 Huerta-Sánchez E, Jin X, Asan, et al., "Altitude adaptation in Tibetans caused by introgression of Denisovan-like DNA", *Nature*, 2014;512(7513):194-197.

51 "41년 전 미군이 한탄강서 주운 돌, 역사책을 바꾸다", 〈KBS 뉴스〉, 2019년 5월 4일자 방송. http://news.kbs.co.kr/news/view.do?ncd=4194256&ref=A

52 Nicholas T, Schick KD, Savage-Rumbaugh, ES, Sevcik RA, Rumbaugh DM, "Pan the Tool-Maker: Investigations into the Stone Tool-Making and Tool-Using Capabilities of a Bonobo(Pan paniscus)", *Journal Of Archaeological Science*, 1993;20(1):81-91.

53 Gowlett JA, "The discovery of fire by humans: a long and convoluted process", *Philosophical Transactions of the Royal Society of London. Series B, Biological Sciences*, 2016;371(1696):20150164.

54 Gowlett JA, Wrangham RW, "Earliest fire in Africa: towards the convergence of archaeological evidence and the cooking hypothesis, *Azania: Archaeological Research in Africa*. 2013;48:1:5-30.

55 Goren-Inbar N, Alperson N, Kislev ME, et al., "Evidence of hominin control of fire at Gesher Benot Ya'aqov, Israel", *Science*, 2004;304(5671):725-727.

56 Isaac G, *The Lower Pleistocene in East Africa in The Archaeology of Human Origins*: Cambridge University Press, 1989.

57 Aiello LC, Wheeler P, "The expensive-tissue hypothesis: the brain and the digestive system in human and primate evolution", *Current Anthropology*, 1995;36(2):199-221.

58 Wrangham R, "Control of Fire in the Paleolithic: Evaluating the Cooking Hypothesis", *Current Anthropology*, 2017;58:16:S303-313.

59 Mellars PA, C. Stringer, eds, *The Human Revolution. Behavioural and Biological Perspectives on the Origins of Modern Humans*, Edinburgh University Press, 1989.

60 Ibid.

61 Klein R, "Anatomy, Behavior, and Modern Human Origins, *Journal of World Prehistory*, 1995;9(2):167-198.

62 Pollard KS, Salama SR, Lambert N, et al., "An RNA gene expressed during cortical development evolved rapidly in humans", *Nature*, 2006;443(7108):167-172.

63 Enard W, Przeworski M, Fisher SE, et al., "Molecular evolution of FOXP2, a gene involved in speech and language", *Nature*, 2002; 22;418(6900):869-72.

64 유발 하라리, 조현욱 옮김, 《사피엔스》, 김영사, 2015.

65 Mcbrearty S, Brooks AS, "The revolution that wasn't: A new interpretation of the origin of modern human behavior", *Journal of Human Evolution*, 2000;39(5):453-563.

66 D'Errico F, Zilhão J, Julien M, Baffier D, Pelegrin J, "Neanderthal Acculturation in Western Europe? A Critical Review of the Evidence and Its Interpretation", *Current Anthropology*, 1998;39(S1):S1-S44.

67 D'Errico F, "The Invisible Frontier: A Multiple Species Model for the Origin of Behavioral Modernity", *Evolutionary Anthropology*, 2003;12(4):188-202.

68 Henshilwood CS, Marean CW, "The Origin of Modern Human Behavior", *Current Anthropology*, 2003;44(5):627-651.

69 Mellars P, "Why Did Modern Human Populations Disperse from Africa ca. 60,000 Years Ago? A New Model", *Proceedings of the National Academy of Sciences of the United States of America*, 2006 Jun 20;103(25):9381-6.

70 Deacon TW, *The Symbolic Species: The Co-Evolution of Language and the Brain*, W. W. Norton&Co New York, 1998.

2장 각성: 깨어난 정신

1 Dennett DC, *Kinds Of Minds: Toward An Understanding Of Consciousness*,

Basic Books, 1996.

2 Pearce J, "Paul MacLean, 94, Neuroscientist Who Devised 'Triune Brain' Theory, Dies", The New York Times. Retrieved June 2, 2018. https://www.nytimes.com/2008/01/10/science/10maclean.html

3 칼 세이건, 임지원 옮김,《에덴의 용》, 사이언스북스, 2014.

4 Pollard KS, Salama SR, Lambert N, et al., "An RNA gene expressed during cortical development evolved rapidly in humans", Nature. 2006;443:7108:167-172.

5 Pollard KS, Salama SR, King B, et al., "Forces shaping the fastest evolving regions in the human genome", PLoS Genetics 2006;2:10:e168.

6 Pollard KS, "What Makes Us Different?", Scientific America Nov 1 2012. https://www.scientificamerican.com/article/what-makes-us-different

7 Prabhakar S, Visel A, Akiyama JA, et al., "Human-specific gain of function in a developmental enhancer", Science, 2008;321(5894):1346-1350.

8 스티븐 미슨, 윤소영 옮김,《마음의 역사》, 영림카디널, 2001.

9 Lietava, J, "A Differential Diagnostics of the Right Shoulder Girdle Deformity in the Shanidar I Neanderthal", Anthropologie, 1988, 26(3):183-196.

10 Ralph S. Solecki, "Shanidar IV, A Neanderthal Flower Burial in Northern Iraq", Science, 1975;190(4217):880-881.

11 Premack D, Woodruff G, "Does the chimpanzee have a theory of mind?" Behavioral and Brain Sciences, 1987;1(4):515-526.

12 Krupenye C, Kano F, Hirata S, Call J, Tomasello M, "Great apes anticipate that other individuals will act according to false beliefs", Science, 2016;354(6308):110-114.

13 Premack D, "Why Humans Are Unique: Three Theories", Perspectives on Psychological Science, 2010;5(1):22-32.

14 Dunbar RIM, "Mind the Gap; or Why Humans are Not Just Great Apes", Proceedings of the British Academy, 154:403-423.

15 로빈 던바·클라이브 갬블 외, 이달리 옮김,《사회성: 두뇌 진화의 비밀을 푸는 열쇠》, 처음북스, 2016.

16 로빈 던바, 김학영 옮김,《멸종하거나 진화하거나》, 반니, 2015.

17 E. 풀러 토리, 유나영 옮김,《뇌의 진화, 신의 출현》, 갈마바람, 2019.

18 미치오 카쿠, 박병철 옮김,《마음의 미래》, 김영사, 2015.

19 Squire LR, "The legacy of patient H. M. for neuroscience", *Neuron*, 2009; 15;61(1):6-9.

20 Povinelli DJ, Landau KR, Perilloux HK, "Self-Recognition in Young Children Using Delayed versus Live Feedback: Evidence of a Developmental Asynchrony", *Child Development*, 1996;67(4):1540-54.

21 Schacter DL, Addis DR, "Constructive memory: The ghosts of past and future", *Nature*, 2007;4;445(7123):27.

22 Suddendorf T, Corballis MC, "Mental time travel and the evolution of the human mind Genetic, Social, and General", *Psychology Monographs*, 1997:123(2): 133-67.

23 Shacter DL, Addis DR, "The Cognitive Neuroscience of Constructive Memory: Remembering the Past and Imagining the Future", *Philosophical Transactions of the Royal Society of London. Series B, Biological Sciences*, 2007;29;362(1481):773-86.

24 Addis DR, Wong AT, Schacter DL, "Remembering the past and imagining the future: common and distinct neural substrates during event construction and elaboration", *Neuropsychologia*, 2007;45(7):1363-77.

25 Okuda J, Fujii T, Ohtake H, et al., "Thinking of the future and past: the roles of the frontal pole and the medial temporal lobes", *Neuroimage*, 2003;19(4):1369-80.

26 Hassabis D, Kumaran D, Vann SD, Maguire EA, "Patients with Hippocampal Amnesia Cannot Imagine New Experiences", *Proceedings of the National Academy of Sciences of the United States of America*, 2007;30;104(5):1726-31.

27 Correia SP, Dickinson A, Clayton NS, "Western scrub-jays anticipate future needs independently of their current motivational state", *Current Biology*, 2007;15;17(10):856-61.

28 Gardner, RA, Gardner BT, Van Cantfort TE, Teaching Sign Language to Chimpanzees, State University of New York Press, 1989.

29 Savage-Rumbaugh ES, Murphy J, Sevcik RA, Brakke KE, Williams SL, Rumbaugh DM, "Language Comprehension in Ape and Child", *Monographs of the Society for Research in Child Development*, 1993;58(3-4):1-222.

30 Nicholas T, Schick KD, Savage-Rumbaugh, ES, Sevcik RA, Rumbaugh DM, "Pan the Tool-Maker: Investigations into the Stone Tool-Making and Tool-Using

Capabilities of a Bonobo(Pan paniscus)", *Journal Of Archaeological Science*, 20(1): 81-91.

31 "Ape Makes A Fire: Kanzi The Bonobo Makes A Campfire", May 28, 2012. https://www.youtube.com/watch?v=EMbWDRzqNhc

32 Chomsky N, "A review of BF Skinner's Verbal behavior". *Language*, 1959, 35(1):26-58.

33 Chomsky N, *Syntactic Structures*, Mouton&Co, 1957.

34 엘리자베스 헤스, 장호연 옮김,《님 침스키》, 백년후, 2012.

35 "Ape Makes A Fire: Kanzi The Bonobo Makes A Campfire", May 28, 2012. https://www.youtube.com/watch?v=EMbWDRzqNhc

36 V. S. 라마찬드란, 박방주 옮김,《명령하는 뇌, 착각하는 뇌》, 알키, 2012.

37 Gould, SJ, *The Limits of Adaptation: Is Language a Spandrel of the Human Brain?, talk presented to the Cognitive Science Seminar*, Center for Cognitive Science, Massachusetts Institute of Technology, Cambridge, 1987.

38 스티븐 핑커, 김한영 옮김,《언어본능》, 동녘사이언스, 2008.

39 Aiello LC, "Terrestriality, Bipedalism and the Origin of Language", *Proceedings of British Academy*, 88:269-289, 1996.

40 Fisher SE, Vargha-Khadem F, Watkins KE, Monaco AP, Pembrey ME, "Localisation of a gene implicated in a severe speech and language disorder", *Nature Genetics*, 1998;18(2):168-70.

41 Lai CS, Fisher SE, Hurst JA, Vargha-Khadem F, Monaco AP, "A forkhead-domain gene is mutated in a severe speech and language disorder", *Nature*, 2001;413(6855):519-23.

42 Enard W, Przeworski M, Fisher SE, et al., "Molecular evolution of FOXP2, a gene involved in speech and language", *Nature*, 2002.

43 Wray A, "Protolanguage as a holistic system for social interaction", *Language and Communication*, 1998:18(1):47-67.

44 스티븐 미슨, 김명주 옮김,《노래하는 네안데르탈인》, 뿌리와이파리, 2008.

45 말콤 글래드웰, 임옥희 옮김,《티핑 포인트》, 김영사, 2004.

46 Dunbar RIM, "Neocortex size as a constraint on group size in primates", *Journal of Human Evolution*, 1992:22:6:469-493.

47 로빈 던바·클라이브 갬블 외, 이달리 옮김,《사회성: 두뇌 진화의 비밀을 푸는 열쇠》, 처음북스, 2016.

48 Dunbar RIM, "The social brain hypothesis", *Evolutionary Anthropology*, 1998;6:178-190.

49 Lehmann J, Korstjens AH, Dunbar RIM, "Group size, grooming and social cohesion in primates", *Animal Behavior*, 2007;74:1617-1629.

50 Dunbar RIM, "Group size, vocal grooming and the origins of language", *Psychonomic Society*, 2017;24:209-212.

51 Dunbar RIM, "Gossip in Evolutionary Perspective", *Review of General Psychology*, 2004;8(2):100-110.

52 Ibid.

53 스티븐 핑커, 김한영 옮김, 《마음은 어떻게 작동하는가》, 동녘사이언스, 2007.

54 로빈 던바, 김정희 옮김, 《던바의 수》, 아르테, 2018.

55 Dunbar RIM, Marriott A, Duncan NDC, "Human conversational behavior", *Human Nature*, 1997:8(3),231-246.

56 제프리 밀러, 김명주 옮김, 《연애》, 동녘사이언스, 2009.

57 Deacon TW, *The Symbolic Species: The Co-Evolution of Language and the Brain*, W. W. Norton & Co New York, 1998.

58 Redhead G, Dunbar RIM, "The functions of language: an experimental study", *Evolutionary psychology*, 2013;11(4):845-854.

59 E. 풀러 토리, 유나영 옮김, 《뇌의 진화, 신의 출현》, 갈마바람, 2019.

60 Deacon TW, *The Symbolic Species: The Co-Evolution of Language and the Brain*, W. W. Norton & Co New York, 1998.

3장 결속: 성과 양육과 협력

1 Kanazawa S, "The Savanna Principle", *Managerial and Decision Econnomics*, 2004:25(1):41-54.

2 행크 데이비스, 김소희 옮김, 《양복을 입은 원시인》, 지와사랑, 2010.

3 스티븐 핑커, 김한영 옮김, 《빈 서판》, 사이언스북스, 2017.

4 Martinez GM, Abma JC, "Sexual Activity and Contraceptive Use Among Teenagers Aged 15-19 in the United States, 2015-2017", *NCHS Data Brief*, 2020;(366):1-8.

5 Mackay J, *Atlas of Human Sexual Behavior*, The Penguin(Reference), Penguin Books, 2000.

6 Smith JM, *The Evolution of Sex*. Cambridge University Press, 1978.

7 Williams GC. *Sex and Evolution*, Princeton University Press, 1975.

8 Smith JM, *The Evolution of Sex*. Cambridge University Press, 1978.

9 Hamilton WD, "Sex versus Non-Sex versus Parasite", *Oikos*, 1980;35:282-290.

10 Hamilton WD, Axelrod R, Tanese R, "Sexual reproduction as an adaptation to resist parasites (a review)", *Proceedings of the National Academy of Sciences of the United States of America*, 1990;87(9):3566-73.

11 Kondrashov AS, "Deleterious mutations and the evolution of sexual reproduction", *Nature*, 1998;336(6198):435-40.

12 Ridley M, *The Cooperative Gene: How Mendel's Demon Explains the Evolution of Complex Beings*, 2001.

13 데이비드 버스, 홍승효 옮김, 《이웃집 살인마》, 사이언스북스, 2006.

14 로빈 던바, 김학영 옮김, 《멸종하거나 진화하거나》, 반니, 2015.

15 Hrdy SB, "Infanticide as a primate reproductive strategy", *American Scientist*, 1977;65(1):40-9.

16 Lovejoy CO, "The Origin of Man", *Science*, 1981;23;211(4480):341-50.

17 Smith RL, *Sperm Competition and the Evolution of Animal Mating systems*, Elsevier Amsterdam, 2012.

18 Lindenfors P, Tullberg BS, Biuw M, "Phylogenetic analyses of sexual selection and sexual size dimorphism in pinnipeds", *Behavioral Ecology and Sociobiology*, 2002;52(3):188-193.

19 "2022년 사회조사 결과", 통계청. https://www.kostat.go.kr

20 Hawkes K, O'Connell JF, Jones NG, Alvarez H, Charnov EL, "Grandmotherng, Menopause, and the Evolution of Human Life Histories", *Proceedings of the National Academy of Sciences of the United States of America*, 1998 3;95(3):1336-9.

21 Williams GC, "Pleiotropy, Natural Selection, and the Evolution of Senescence, *Evolution*, 1957;11(4):398-411.

22 Williams GC, *Adaptation and Natural Selection: A Critique of Some Current Evolutionary Thought*, Princeton University Press, 1996.

23 Trivers R, "The Evolution of Reciprocal Altruism", *The Quarterly Review of Biology*, 1971;46(1):35-57.

24 Cosmides L, Tooby J, "Evolutionary psychology and the generation of culture,

part II: Case study: A computational theory of social exchange", *Evolution and Human Behavior*, 1989:10(1-3):29-4.

25 Barkow JH, Cosmides L, Tooby J, *The Adapted Mind: Evolutionary Psychology and the Generation of Culture*, Oxford University Press, 1992.

26 Tomasello M, *A Natural History of Human Morality*, Harvard University Press, 2016.

27 Nowak MA, "Five Rules for the Evolution of Cooperation", *Science*, 2006;8;314(5805):1560-3.

28 Hawkes K, "Showing off: Tests of an hypothesis about men's foraging goals", *Evolution and Human Behavior*, 1991:12(1):29-54.

29 Gintis H, Smith EA, Bowles S, "Costly Signaling and Cooperation", *Journal of Theoretical Biology*, 2001;7;213(1):103-19.

30 Wilson DS, Sober E, "Reintroducing group selection to the human behavioral sciences", *Behavioral and Brain Sciences*, 1994:17(4), 585-654.

31 Keeley L, *War Before Civilization: The Myth of the Peaceful Savage*, Oxford University Press, 1996.

32 Smith JM, Price GR, "The Logic of Animal Conflict", *Nature*, 1973;246(5427), 15-18.

33 Ibid.

34 Axelrod R, "The Emergence of Cooperation among Egoists", *The American Political Science Review*, 1981:75(2):306-318.

35 Axelrod R, "Effective Choice in the Prisoner's Dilemma", *Journal of Conflict Resolution*, 1980:24(1):3-25.

36 Axelrod R. "More effective choice in the Prisoner's Dilemma." J Conflict Resolut 1981:24(3):379-403.

37 로버트 액설로드, 이경식 옮김, 《협력의 진화》, 시스테마, 2009.

38 Axelrod R, "The Emergence of Cooperation among Egoists", *The American Political Science Review*, 1981;75(2):306-318.

4장 구축: 새로운 생태계

1 Richard PJ, Singarayer J, Stone EJ, et al., "The greening of Arabia: Multiple opportunities for human occupation of the Arabian Peninsula during the

Late Pleistocene inferred from an ensemble of climate model simulations", *Quaternary International*, 2015;382:181-199.

2 Tierney JE, Zhu J, King J, Malevich SB, Hakim GJ, Poulsen CJ, "Glacial cooling and climate sensitivity revisited", *Nature*, 2020;584(7822):569-573.

3 신시아 브라운, 이근영 옮김, 《빅히스토리》, 바다출판사, 2017.

4 Lee RB, DeVore I, *Man the Hunter: The First Intensive Survey of a Single, Crucial Stage of Human Development-Man's Once Universal Hunting Way of Life*, Aldine, 1968.

5 Cohen MN, Armelagos GJ, *Paleopathology at the Origins of Agriculture*, Academic Press, 1984.

6 Diamond J, "The Worst Mistake in the History of the Human Race", Discover Magazine, 1987. https://www.discovermagazine.com/planet-earth/the-worst-mistake-in-the-history-of-the-human-race

7 Sahlins, M, "The Original Affluent Society", The University of Vermont, 1974. http://www.uvm.edu/~jdericks/EE/Sahlins-Original_Affluent_Society.pdf

8 Livi-Bacci M, *A Concise of World Population*, Wiley-Blackwell, 1992.

9 "Chief Seattle's LETTER TO ALL", Washington State Library. http://www.csun.edu/~vcpsy00h/seattle.htm

10 Diamond J, "The Worst Mistake in the History of the Human Race", Discover Magazine, 1987. https://www.discovermagazine.com/planet-earth/the-worst-mistake-in-the-history-of-the-human-race

11 Cordain L1, Miller JB, Eaton SB, Mann N, Holt SH, Speth JD, "Plant-animal subsistence ratios and macronutrient energy estimations in worldwide hunter-gatherer diets", *The American Journal of Clinical Nutrition*, 2000 Mar;71(3):682-92.

12 Taylor LH, Latham SM, Woolhouse ME, "Risk Factors for Human Disease Emergence", *Philosophical Transactions of the Royal Society of London. Series B, Biological Sciences*, 2001;29;356(1411):983-9.

13 Hodder I, *The Domestication of Europe*, Wiley-Blackwell, 1991.

14 Bender B, "Gatherer-Hunter to Farmer: A Social Perspective", *World Archaeology* 1978;10(2):204-222.

15 Dunbar RIM, "Neocortex size as a constraint on group size in primates", *Journal of Human Evolution*, 1992;22:6:469-493.

16 Jaspers K, *The Origin and Goal of History (Routledge Revivals)*, Routledge, 2014.

17 Livi-Bacci M, *A Concise of World Population*, Wiley-Blackwell, 1992.

18 신시아 브라운, 이근영 옮김, 《빅히스토리》, 바다출판사, 2017.

19 Bentley JH, *Old World Encounters: Cross-Cultural Contacts and Exchanges in Pre-Modern Times*, Oxford University Press, 1992.

20 윌리엄 H. 맥닐, 허정 옮김, 《전염병과 인류의 역사》, 한울, 2009.

21 신시아 브라운, 이근영 옮김, 《빅히스토리》, 바다출판사, 2017.

22 Bentley JH, *Old World Encounters: Cross-Cultural Contacts and Exchanges in Pre-Modern Times*, Oxford University Press, 1992.

23 Bottomore T, *A Dictionary of Marxist Thought, 2nd Edition*, Wiley-Blackwell, 1992.

24 Kilmer AD, "The Mesopotamian Concept of Overpopulation and Its Solution as Reflected in the Mythology", *Orientalia*, 1973:41(2):160-177.

25 데이비드 크리스천, 이근영 옮김, 《시간의 지도: 빅 히스토리 입문》, 심산, 2018.

26 McNeill WH, *The Rise of the West: A History of the Human Community*, University of Chicago Press, 2009.

27 데이비드 크리스천, 이근영 옮김, 《시간의 지도: 빅 히스토리 입문》, 심산, 2018.

28 Hudson P, *The Industrial Revolution*, Routledge, Chapman and Hall, Inc, 1992.

29 "THE MODEL T IS FORD'S UNIVERSAL CAR THAT PUT THE WORLD ON WHEELS. FORD", Ford Homepage. https://corporate.ford.com/articles/history/the-model-t.html

30 "Henry Ford Case Study", EconPort. https://www.econport.org/content/handbook/Unemployment/Efficiency/Henry.html

31 Cwiek S, "The middle class took off 100 years ago ... thanks to Henry Ford?", MPRnews, January 28, 2014. https://www.mprnews.org/story/2014/01/27/middle-class-henry-ford

32 유발 하라리, 조현욱 옮김, 《사피엔스》, 김영사, 2015.

33 Roser M, Ritchie H, Ortiz-Ospina E, "World Population Growth", Our World in Data. https://ourworldindata.org/world-population-growth

34 Kaneda T, HaubHow C, "How Many People Have Ever Lived on Earth?", Population Reference Bureau(PRB), May 18, 2021. https://www.prb.org/articles/how-many-people-have-ever-lived-on-earth

35 McNeill JR, *Something New Under the Sun: An Environmental History of the*

Twentieth-Century World, W. W. Norton & Company, 2000.

36 신시아 브라운, 이근영 옮김, 《빅히스토리》, 바다출판사, 2017.

37 Crutzen PJ, Stoermer EF, "The Anthropocene", *IGBP Newsletter*, 2000(41):17-18.

38 Shannon CE, "A symbolic analysis of relay and switching circuits", *Transactions of the American Institute of Electrical Engineers*, 1938:57(12):713-723.

39 Shannon CE, "A mathematical theory of communication", *Bell System Technical Journal*, 1948;27(3):379-423.

40 "Tim Berners-Lee's proposal", Info.cern.ch, March 1989. Mar. http://info.cern.ch/Proposal.html

41 Ibid.

42 http://info.cern.ch

43 Gromov G, "Roads and Crossroads of the Internet History", NetValley, 2012. https://history-of-internet.com

44 "Apple Reinvents the Phone with iPhone", Newsroom, Apple Homepage, January 9, 2007. https://www.apple.com/newsroom/2007/01/09Apple-Reinvents-the-Phone-with-iPhone

45 Radja AM, "Google Earth demonstrates how technology benefits RI's civil society, govt", Antara News, May 26, 2011. https://en.antaranews.com/news/71940/google-earth-demonstrates-how-technology-benefits-ris-civil-society-govt

46 "Individuals using the Internet", ITU-D ICT Statistics Data and analytics: taking the pulse of the information society, International Telecommunication Union(ITU), Retrieved May 11, 2023. https://www.itu.int/en/ITU-D/Statistics/Pages/stat/default.aspx.

47 Hill K, "Connected devices will be 3x the global population by 2023, Cisco says", RCR Wired News, February 18, 2020. https://www.rcrwireless.com/20200218/internet-of-things/connected-devices-will-be-3x-the-global-population-by-2023-cisco-says

48 Evans D, "The Internet of Things: How the Next Evolution of the Internet Is Changing Everything", CISCO White Paper, April 2011. https://www.cisco.com/c/dam/en_us/about/ac79/docs/innov/IoT_IBSG_0411FINAL.pdf

49 Nick G, "How Many IoT Devices Are There in 2023?", TechJury, April 19, 2023. https://techjury.net/blog/how-many-iot-devices-are-there/#gref

50 "Essential Facebook statistics and trends for 2023", DataReportal, Retrieved January 12, 2023. https://datareportal.com/essential-facebook-stats#

51 "Number of Instagram users worldwide from 2020 to 2025", Statista, Retrieved January 12, 2023. https://www.statista.com/statistics/183585/instagram-number-of-global-users

52 "YouTube User Statistics 2022", Global Media Insight. https://www.globalmediainsight.com/blog/youtube-users-statistics

53 이진욱, "제페토 대박난 이유…"BTS·블랙핑크 아바타로 만난다"", 〈머니투데이〉, 2020년 10월 17일자. https://news.mt.co.kr/mtview.php?no=2020101514502290898

54 Nakamoto S, "Bitcoin: A Peer-to-Peer Electronic Cash System", *Social Science Research Network*, October 31, 2008.

55 Krasny R, "Prices in a 'Bubble,' Beeple Says After His $69 Million NFT Sale", Bloomberg, May 22, 2021. https://www.bloomberg.com/news/articles/2021-03-21/prices-in-a-bubble-beeple-says-after-his-69-million-nft-sale

5장 해독: 판도라의 상자

1 Schrödinger E, What Is Life? *The Physical Aspect of the Living Cell*, Cambridge University Press, 1948.

2 Avery OT, Macleod CM, McCarty M, "STUDIES ON THE CHEMICAL NATURE OF THE SUBSTANCE INDUCING TRANSFORMATION OF PNEUMOCOCCAL TYPES: INDUCTION OF TRANSFORMATION BY A DESOXYRIBONUCLEIC ACID FRACTION ISOLATED FROM PNEUMOCOCCUS TYPE III", *Journal of Experimental Medicine*, 1944;1;79(2):137-58.

3 https://www.manhattanrarebooks.com/pages/books/2204/james-d-watsonfrancis-d-crick-rosalind-franklin/molecular-structure-of-nucleic-acids-astructure-for-deoxyribose-nucleic-acid?

4 Watson JD, Crick FH, "Molecular structure of nucleic acids; a structure for deoxyribose nucleic acid", *Nature*, 1953;25;171(4356):737-8.

5 Sanger F, Nicklen S, Coulson AR, "DNA sequencing with chain-terminating inhibitors", *Proceedings of the National Academy of Sciences of the United States*

of America, 1977;74(12):5463-7.

6   Saiki RK, Gelfand DH, Stoffel S, et al., "Primer-Directed Enzymatic
    Amplification of DNA with a Thermostable DNA Polymerase", *Science*,
    1988;239(4839):487-91.

7   Sinsheimer RL, "The Santa Cruz Workshop —May 1985", *Genomics*,
    1989;5(4):954-6.

8   Fleischmann RD, Adams MD, White O, et al., "Whole-Genome Random
    Sequencing and Assembly of Haemophilus Influenzae Rd", *Science*,
    1995;28;269(5223):496-512.

9   Myers EW, Sutton GG, Delcher AL, et al., "A Whole-Genome Assembly of
    Drosophila", *Science*, 2000;287(5461): 2196-204.

10 Lander ES, Linton LM, Birren B, et al.; International Human Genome
    Sequencing Consortium, "Initial sequencing and analysis of the human
    genome", *Nature*, 200;409(6822):860-921.

11 Venter JC, Adams MD, Myers EW, et al., "The Sequence of the Human
    Genome", *Science*, 291 (5507):1304-51.

12 Collins FS, Green ED, Guttmacher AE, Guyer MS; US National Human
    Genome Research Institute, "A vision for the future of genomics research",
    Nature, 2003;422(6934):835-47.

13 "GRCh38", National Center of Biotechnology Information, Retrieved February
    18, 2021. https://www.ncbi.nlm.nih.gov/assembly/GCF_000001405.26

14 Liu G, Mattick JS, Taft RJ, "A meta-analysis of the genomic and transcriptomic
    composition of complex life", *Cell Cycle*, 2013;12(13):2061-72.

15 Garber RL, Kuroiwa A, Gehring WJ, "Genomic and cDNA clones of
    the homeotic locus Antennapedia in Drosophila", *EMBO JOURNAL*,
    1983;2(11):2027-36.

16 Ecker JR, Bickmore WA, Barroso I, Pritchard JK, Gilad Y, Segal E, "Genomics:
    ENCODE explained", *Nature*, 2012;489(7414):52-5.

17 ENCODE Project Consortium, "An integrated encyclopedia of DNA elements
    in the human genome", *Nature*, 2012;489(7414):57-74.

18 Lee RC, Feinbaum RL, Ambros V, "The C. elegans heterochronic gene lin-
    4 encodes small RNAs with antisense complementarity to lin-14", *Cell*,
    1993;75(5):843-54.

19 Fire A, Xu S, Montgomery MK, Kostas SA, Driver SE, Mello CC, "Potent and specific genetic interference by double-stranded RNA in Caenorhabditis elegans", *Nature*, 1998;391(6669):806-11.

20 Kruger K, Grabowski PJ, Zaug AJ, Sands J, Gottschling DE, Cech TR, "Self-splicing RNA: Autoexcision and autocyclization of the ribosomal RNA intervening sequence of tetrahymena", *Cell*, 1982;31(1):147-57.

21 Gilbert W, "Origin of life: The RNA world", *Nature*, 1986;319:618.

22 Steptoe PC, Edwards RG, "BIRTH AFTER THE REIMPLANTATION OF A HUMAN EMBRYO", *The Lancet*, 1978;2(8085):366.

23 "Sir John Gurdon Biography and Interview", American Academy of Achievement, October 17, 2017. https://achievement.org/achiever/sir-john-gurdon/#interview

24 Gurdon JB, Elsdale TR, Fischberg M, "Sexually mature individuals of Xenopus laevis from the transplantation of single somatic nuclei", *Nature*, 1958;182(4627):64-5.

25 "WOOLLY MAMMOTH REVIVAL", revive & restore. https://reviverestore.org/projects/woolly-mammoth

26 Campbell KH, McWhir J, Ritchie WA, Wilmut I, "Sheep cloned by nuclear transfer from a cultured cell line", *Nature*, 1996;380(6569):64-6.

27 Shiels PG, Kind AJ, Campbell KH, et al., "Analysis of telomere lengths in cloned sheep", *Nature*, 1999;399(6734):316-7.

28 Lee BC, Kim MK, Jang G, et al., "Dogs cloned from adult somatic cells", *Nature*, 2005;436(7051):641.

29 Liu Z, Cai Y, Wang Y, et al., "Cloning of Macaque Monkeys by Somatic Cell Nuclear Transfer", *Cell*, 2018;172(4):881-887.e7.

30 Ishino Y, Shinagawa H, Makino K, Amemura M, Nakata A, "Nucleotide sequence of the iap gene, responsible for alkaline phosphatase isozyme conversion in Escherichia coli, and identification of the gene product", *Journal of Bacteriology*, 1987;169(12):5429-33.

31 Jansen R, Embden JD, Gaastra W, Schouls LM, "Identification of genes that are associated with DNA repeats in prokaryotes", *Molecular Microbiology*, 2002;43(6):1565-75.

32 Barrangou R, Fremaux C, Deveau H, et al., "CRISPR Provides Acquired

Resistance against Viruses in Prokaryotes", *Science*, 2007;315(5819):1709-12.

33 Deltcheva E, Chylinski K, Sharma CM, et al., CRISPR RNA maturation by trans-encoded small RNA and host factor RNase III, *Nature*, 2011;471(7340):602-7.

34 Abbott A, "The quiet revolutionary: How the co-discovery of CRISPR explosively changed Emmanuelle Charpentier's life", *Nature*, 2016;532(7600):432-4.

35 Jinek M, Chylinski K, Fonfara I, Hauer M, Doudna JA, Charpentier E, "A Programmable Dual-RNA–Guided DNA Endonuclease in Adaptive Bacterial Immunity", *Science*, 2012;337(6096):816-21.

36 Anzalone AV, Randolph PB, Davis JR, et al., "Search-and-replace genome editing without double-strand breaks or donor DNA", *Nature*, 2019;576(7785):149-157.

37 Lu Y, Xue J, Deng T, et al., "Safety and feasibility of CRISPR-edited T cells in patients with refractory non-small-cell lung cancer", *Nature Medicine*, 2020;26:732-740.

38 Stadtmauer EA, Fraietta JA, Davis MM, et al., "CRISPR-engineered T cells in patients with refractory cancer", *Science*, 2020;367(6481):eaba7365.

39 Ophinni Y, Inoue M, Kotaki T, Kameoka M, "CRISPR/Cas9 system targeting regulatory genes of HIV-1 inhibits viral replication in infected T-cell cultures", *Scientific Report*, 2018;8(1):7784.

40 Mandal PK, Ferreira LM, Collins R, et al., "Efficient Ablation of Genes in Human Hematopoietic Stem and Effector Cells using CRISPR/Cas9", *Cell Stem Cell*, 2014;15(5):643-52.

41 Doudna J, "Genome-editing revolution: My whirlwind year with CRISPR", *Nature*, 2015;528(7583):469-71.

42 Innovative Genomics Initiative Forum on Bioethics, Napa, California, January 24, 2015.

43 Baltimore D, Berg P, Botchan M, et al., "A prudent path forward for genomic engineering and germline gene modification", *Science*, 2015;348(6230):36-8.

44 Liang P, Xu Y, Zhang X, et al., "CRISPR/Cas9-mediated gene editing in human tripronuclear zygotes", *Protein &Cell*, 2015;6(5):363-372.

45 Wade N, "Scientists Place Moratorium on Edits to Human Genome That Could Be Inherited", The New York Times, December 3, 2015. https://www.nytimes.

com/2015/12/04/science/crispr-cas9-human-genome-editing-moratorium.
html

46 Unofficial transcript of presentation of He Jiankui, second international summit on human genome editing, Hong Kong. Nov 2018. https://diyhpl.us/wiki/transcripts/human-genome-editing-summit/2018-hong-kong/jiankui-he-human-genome-editing/

47 Lei R, Zhai X, Zhu W, Qiu R, "Reboot ethics governance in China", *Nature*, 2019;569(7755):184-186.

48 Elena Shao E, Pershad Y, "CRISPR co-inventor Jennifer Doudna talks ethics and biological frontiers", The Stanford Daily, January 25, 2019. https://www.stanforddaily.com/2019/01/25/crispr-co-inventor-jennifer-doudna-talks-ethics-and-biological-frontiers

49 Lander ES, Baylis F, Zhang F, et al., "Adopt a moratorium on heritable genome editing", *Nature*, 2019;567(7747):165-168.

50 프랜시스 S. 콜린스, 이창신 옮김, 《신의 언어》, 김영사, 2009.

51 리처드 도킨스, 이용철 옮김, 《에덴의 강》, 사이언스북스, 2005.

52 J. 크레이그 벤터, 김명주 옮김, 《인공생명의 탄생》, 바다출판사, 2018.

53 Gibson DG, Glass JI, Lartigue C, et al., "Creation of a Bacterial Cell Controlled by a Chemically Synthesized Genome", *Science*, 2010;329(5987):52-6.

54 Goulian M, Kornberg A, "Enzymatic synthesis of DNA. 23. Synthesis of circular replicative form of phage phi-X174 DNA", *Proceedings of the National Academy of Sciences of the United States of America*, 1967;58(4):1723-30.

55 J. 크레이그 벤터, 김명주 옮김, 《인공생명의 탄생》, 바다출판사, 2018.

56 Smith HO, Hutchison CA 3rd, Pfannkoch C, Venter JC, "Generating a synthetic genome by whole genome assembly: phiX174 bacteriophage from synthetic oligonucleotides", *Proceedings of the National Academy of Sciences of the United States of America*, 2003;100(26):15440-5.

57 J. 크레이그 벤터, 김명주 옮김, 《인공생명의 탄생》, 바다출판사, 2018.

58 Cello J, Paul AV, Wimmer E, "Chemical Synthesis of Poliovirus cDNA: Generation of Infectious Virus in the Absence of Natural Template", *Science*, 2002;297(5583):1016-8.

59 Gibson DG, Glass JI, Lartigue C, et al., "Creation of a Bacterial Cell Controlled by a Chemically Synthesized Genome", *Science*, 2010;329(5987):52-6.

60 J. 크레이그 벤터, 김명주 옮김,《인공생명의 탄생》, 바다출판사, 2018.

61 Hutchison CA 3rd, Chuang RY, Noskov VN, et al., "Design and synthesis of a minimal bacterial genome", *Science*, 2016;351(6280):aad6253.

62 Thorne C, "Minimal Synthetic Bacterial Cell JCVI-syn3.0 Engineered With Just 473 Genes", Synbiobeta, 2016. https://synbiobeta.com/minimal-synthetic-bacterial-cell

6장 초월: 역설계

1 Turing AM, "On computable numbers, with an application to the Entscheidungs problcm", *Proceedings of the London Mathematical Society*, 1936;42:230-265.

2 Godfrey MD. Introduction to "First Draft Report on the EDVAC" by John von Neumann, *Annals of the History of Computing, IEEE* 1993;15(4):27-75.

3 Moor J, "The Dartmouth College Artificial Intelligence Conference: The Next Fifty years", *AI Magazine*, 2006;27(4):87-9.

4 McCarthy J, Minsky ML, Rochester N, Shannon CE, "A Proposal for the Dartmouth Summer Research Project on Artificial Intelligence August 31, 1955", *AI Magazine*, 2006;27(4):12.

5 Hebb DO, *The Organization of Behavior: A Neuropsychological Theory*, Wiley and Sons, 1949.

6 Rosenblatt F, "The perceptron: A probabilistic model for information storage and organization in the brain", *Psychological Review*, 1958;65(6):386-408.

7 Minsky ML, Papert S, *Perceptrons: An Introduction to Computational Geometry*, MIT Press, 1988.

8 Lighthill J, *Artificial Intelligence: A General Survey in Artificial Intelligence: A paper symposium*, Science Research Council, 1973.

9 Rumelhart DE, Hinton GE, Williams RJ. Learning representations by back-propagating errors. Nature 1986: 323 (6088): 533-536.

10 에릭 토폴, 김성훈 옮김,《청진기가 사라진 이후》, 청년의사, 2015.

11 Hinton GE, Osindero S, Teh YW, "A Fast Learning Algorithm for Deep Belief Nets", *Neural Computation*, 2006;18(7):1527-54.

12 Mnih V, Kavukcuoglu K, Silver D. et al., "Human-level control through deep

reinforcement learning", *Nature*, 2015;518, 529-533.

13 Silver D, Schrittwieser J, Simonyan K, et al., "Mastering the game of Go without human knowledge", *Nature*, 2017;550(7676):354-359.

14 Ibid.

15 Groot J, "딥마인드 스타크래프트 II 팀과의 인터뷰", Blizzard, 2018년 3월 4일자. https://news.blizzard.com/ko-kr/starcraft2/21509421

16 Statt N, "DeepMind's StarCraft 2 AI is now better than 99.8 percent of all human players", The Verge, 30 October, 2019 https://www.theverge.com/2019/10/30/20939147/deepmind-google-alphastar-starcraft-2-research-grandmaster-level

17 Heaven D, "Mind meld: Artificial intelligence is improving the way humans think", New Scientist, August 21, 2019. https://www.newscientist.com/article/mg24332440-700-mind-meld-artificial-intelligence-is-improving-the-way-humans-think/

18 Chomsky N, Roberts I, Watumull J, "Noam Chomsky: The False Promise of ChatGPT", The New York Times, March 8, 2023. https://www.nytimes.com/2023/03/08/opinion/noam-chomsky-chatgpt-ai.html.

19 제프 호킨스·산드라 블레이크슬리, 이한음 옮김,《생각하는 뇌, 생각하는 기계》, 멘토르, 2010.

20 Hawkins J, Lewis M, Klukas M, Purdy S, Ahmad S, "A Framework for Intelligence and Cortical Function Based on Grid Cells in the Neocortex", *Frontiers in neural circuits*, 2019;12:121.

21 James RC, "Miscellany: Sight for Sharp Eyes", *Life Magazine*, 1965;58(7):120.

22 Gregory R, James RC(Photographer), *The Intelligent Eye*, McGraw-Hill, 1970.

23 레이 커즈와일, 윤영삼 옮김,《마음의 탄생》, 크레센도, 2016.

24 Mead C, "Neuromorphic electronic systems", *Proceedings of the IEEE*. 1990;78(10):1629-1636.

25 Merolla PA, Arthur JV, Alvarez-Icaza R, et al., "Artificial brains. A million spiking-neuron integrated circuit with a scalable communication network and interface", *Science*, 2014;345(6197):668-73.

26 The Robot Report Staff, "Intel Pohoiki Beach 64-chip neuromorphic system available for researchers", The Robot Report, July 15, 2019. https://www.therobotreport.com/intel-pohoiki-beach-neuromorphic-chip-researchers

27 로돌프 R. 이나스, 김미선 옮김, 《꿈꾸는 기계의 진화》, 북센스, 2019.

28 Allen Human Map, Allen Institute. Retrieved February 2, 2023. https://portal.brain-map.org/#

29 Markram H, "A brain in a supercomputer", TED, YouTube, Oct 16, 2009. https://www.youtube.com/watch?v=LS3wMC2BpxU

30 Markram H, "A Countdown to a Digital Simulation of Every Last Neuron in the Human Brain", *Scientific American*, 2012;306.

31 Ananthanarayanan R, Modha DS, "Anatomy of a cortical simulator", Proceedings of the 2007 ACM/IEEE Conference on Supercomputing, 2007; 1-12.

32 Ananthanarayanan R, Esser SK, Simon HD, Modha DS, "The cat is out of the bag: cortical simulations with 10^9 neurons, 10^{13} synapses", Proceedings of the Conference on High Performance Computing Networking, *Storage and Analysis* 2009;63:1-12.

33 Theil S, "Trouble in Mind", *Scientific American*, 2015;313(4):36-42.

34 "The impact of the NIH BRAIN Initiative", *Nature Methods*, 2018;15(11):839.

35 Seung S, "I am my connectome", TED, YouTube, September 29, 2010. https://www.youtube.com/watch?v=HA7GwKXfJB0

36 Varshney LR, Chen BL, Paniagua E, Hall DH, Chklovskii DB, "Structural Properties of the Caenorhabditis elegans Neuronal Network", *Plos Computational Biology*, 2011;7(2):e1001066.

37 Oh SW, Harris JA, Ng L, et al., "A mesoscale connectome of the mouse brain", *Nature*, 2014;508(7495):207-14.

38 Vidal JJ, "Toward direct brain-computer communication", *Annual review of biophysics and bioengineering*, 1973;2(1):157-80.

39 Bozinovski S, Sestakov M, Bozinovska L, "Using EEG alpha rhythm to control a mobile robot", *Proceedings of IEEE Annual Conference of Medical and Biological Society*, 1988;1515-1516.

40 Birbaumer N, Kubler A, Ghanayim N, et al., "The thought translation device (TTD) for completely paralyzed patients", *IEEE Transactions on Rehabilitation Engineering*, June 2000; 8(2) 190-193.

41 Donati AR, Shokur S, Morya E, et al., "Long-Term Training with a Brain-Machine Interface-Based Gait Protocol Induces Partial Neurological Recovery in Paraplegic Patients", *Scientific Reports*, 2016;6:30383.

42 Gallant J, "Movie reconstruction from human brain activity", YouTube, September 22, 2011. https://www.youtube.com/watch?v=nsjDnYxJ0bo

43 Kay KN, Naselaris T, Prenger RJ, Gallant JL, "Identifying natural images from human brain activity", *Nature*, 2008;452(7185):352-5.

44 Nishimoto S, Vu AT, Naselaris T, Benjamini Y, Yu B, Gallant JL, "Reconstructing Visual Experiences from Brain Activity Evoked by Natural Movies", *Current Biology*, 2011;21(19):1641-1646.

45 Horikawa T, Tamaki M, Miyawaki Y, Kamitani Y, "Neural decoding of visual imagery during sleep", *Science*, 2013;340(6132):639-42.

46 Underwood E, "How to Build a Dream-Reading Machine", *Science*, 2013;340(6128):21.

47 Hochberg LR, Serruya MD, Friehs GM, et al., "Neuronal ensemble control of prosthetic devices by a human with tetraplegia", *Nature*, 2006 Jul 13;442(7099):164-71.

48 Hochberg LR, Bacher D, Jarosiewicz B, et al., "Reach and grasp by people with tetraplegia using a neurally controlled robotic arm.", *Nature*, 2012;485(7398):372-5.

49 Benabid AL, Costecalde T, Eliseyev A, et al., "An exoskeleton controlled by an epidural wireless brain-machine interface in a tetraplegic patient: a proof-of-concept demonstration", *The Lancet Neurology*, 2019;18(12):1112-1122.

50 Berger TW, Song D, Chan RH, et al., "A Hippocampal Cognitive Prosthesis: Multi-Input, Multi-Output Nonlinear Modeling and VLSI Implementation", *IEEE Transactions on Neural Systems and Rehabilitation Engineering*, 2012;20(2):198-211.

51 Deadwyler SA, Berger TW, Sweatt AJ, I et al., "Donor/Recipient Enhancement of Memory in Rat Hippocampus", *Frontiers in Systems Neuroscience*, 2013;7:120.

52 Hampson RE, Song D, Robinson BS, et al., "Developing a hippocampal neural prosthetic to facilitate human memory encoding and recall", *Journal of Neural Engineering*, 2018;15(3):036014.

53 "Neuralink: Elon Musk unveils pig with chip in its brain", BBC, August 29, 2020. https://www.bbc.com/news/world-us-canada-53956683

54 Wakefield J, "Elon Musk's Neuralink shows monkey playing Pong with mind",

BBC, April 9, 2021. https://www.bbc.com/news/technology-56688812

55 Baker H. "Mark Zuckerberg: Facebook is focused on noninvasive brain interfaces for VR", GameBeat, October 5, 2019. https://venturebeat.com/2019/10/05/mark-zuckerberg-facebook-is-focused-on-noninvasive-brain-interfaces-for-vr

56 Regalado A, "Facebook is ditching plans to make an interface that reads the brain", MIT Technology Review, July 14, 2021. https://www.technologyreview.com/2021/07/14/1028447/facebook-brain-reading-interface-stops-funding

57 Pais-Vieira M, Chiuffa G, Lebedev M, Yadav A, Nicolelis MA, "Corrigendum: Building an organic computing device with multiple interconnected brains", *SCIENTIFIC REPORTS*, 2015 Jul 9;5:11869.

58 Ramakrishnan A, Ifft PJ, Pais-Vieira M, et al., "Computing Arm Movements with a Monkey Brainet", *Scientific Reports*, 2015;5:10767.

59 Jiang L, Stocco A, Losey DM, Abernethy JA, Prat CS, Rao RP, "BrainNet: A Multi-Person Brain-to-Brain Interface for Direct Collaboration Between Brains", *Scientific Reports*, 2019;9(1):6115.

60 Liu J, Fu TM, Cheng Z, et al., "Syringe-injectable electronics", *Nature Nanotechnology*, 2015;10(7):629-636.

61 "Ray Kurzweil: In The 2030s, Nanobots In Our Brains Will Make Us 'Godlike'", Transtech LAB, November 10, 2015. http://transtechlab.org/ray-kurzweil-in-the-2030s-nanobots-in-our-brains-will-make-us-godlike

62 "We are already cyborgs | Elon Musk | Code Conference 2016", Recode, YouTube, June 2, 2016. https://www.youtube.com/watch?v = ZrGPuUQsDjo& list = PLKof9YSAshgyPqlK-UUYrHfIQaOzFPSL4

63 레이 커즈와일, 김명남 옮김, 《특이점이 온다》, 김영사, 2007.

64 Marcus G, "Ray Kurzweil's Dubious New Theory of Mind", The New Yorker, November 15, 2012. https://www.newyorker.com/books/page-turner/ray-kurzweils-dubious-new-theory-of-mind

65 Roco MC, Bainbridge WS, "Converging technologies for improving human performance : nanotechnology, biotechnology, information technology and cognitive science", US National Science Foundation, 2002.

66 Huxley J, "Transhumanism", In New Bottles for New Wine, London:Chatto&Windus, 1957;13-17. https://archive.org/details/

NewBottlesForNewWine/page/n7/mode/1up

67 Bostrom N, "A History of Transhumanist Thought", *Journal of Evolution and Technology*, 2005;14(1).

68 More M, A Letter to Mother Nature: Amendments to the Human Constitution, 1999, MAX MORE'S STRATEGIC PHILOSOPHY. http://strategicphilosophy. blogspot.com/2009/05/its-about-ten-years-since-iwrote.html

69 http://humanityplus.org/philosophy/transhumanist-declaration

70 Bostrom N, "A History of Transhumanist Thought", *Journal of Evolution and Technology*, 2005;14(1).

7장 위기: 실존의 위협

1 Bostrom N, "Existential Risks: Analyzing Human Extinction Scenarios and Related Hazards", *Journal of Evolution and Technology*, 2002;9(1).

2 Norris RS, Kristensen HM, "Global nuclear weapons inventories, 1945-2010", *Bulletin of the Atomic Scientists*, 2015;66;77-83.

3 "Nuclear weapons: Which countries have them and how many are there?", BBC News, January 14, 2020. https://www.bbc.com/news/newsbeat-51091897

4 Boström N, "The Vulnerable World Hypothesis", Global Policy September, 2019;10(4):455-476.

5 Herfst S, Schrauwen EJ, Linster M, et al., "Airborne Transmission of Influenza A/H5N1 Virus Between Ferrets", *Science*, 2012;336(6088):1534-41.

6 Imai M, Watanabe T, Hatta M, et al., "Experimental adaptation of an influenza H5 HA confers respiratory droplet transmission to a reassortant H5 HA/H1N1 virus in ferrets", *Nature*, 2012;486(7403):420-8.

7 Noyce RS, Lederman S, Evans DH, "Construction of an infectious horsepox virus vaccine from chemically synthesized DNA fragments", *PLoS One*, 2018;13(1):e0188453.

8 Chargaff E, Simring FR., "On the Dangers of Genetic Meddling", *Science*, 1976;192(4243):938.

9 Joy B., "Why the Future Doesn't Need Us", Wired., April 1, 2000. https://www. wired.com/2000/04/joy-2/x

10 닉 보스트롬, 조성진 옮김,《슈퍼인텔리전스》, 까치, 2017.

11 McFarland M, "Elon Musk: 'With artificial intelligence we are summoning the demon", Washington Post, October 24, 2014. https://www.washingtonpost.com/news/innovations/wp/2014/10/24/elon-musk-with-artificial-intelligence-we-are-summoning-the-demon

12 "ASILOMAR AI PRINCIPLES", futureoflife, Oct 11, 2017. https://futureoflife.org/2017/08/11/ai-principles

13 Drexler KE, *Engines of Creation*, Anchor Press/Doubleday, 1986.

14 앤드루 H. 놀, 이한음 옮김,《지구의 짧은 역사》, 다산사이언스, 2021.

15 Monroe R, "The History of the Keeling Curve", Scripps Institution of Oceanography, April 3, 2013. https://keelingcurve.ucsd.edu/2013/04/03/the-history-of-the-keeling-curve

16 "The Early Keeling Curve", Scripps CO2 Program, Scripps Institution of Oceanography. Retrieved August 22 2022. https://scrippsco2.ucsd.edu/history_legacy/early_keeling_curve.html

17 Mann M E, Bradley R S, Hughes M K, "Global-scale temperature patterns and climate forcing over the past six centuries", *Nature*, 1999;392(6678):779-787.

18 PAGES 2k Consortium, "Consistent multi-decadal variability in global temperature reconstructions and simulations over the Common Era", *Nature Geoscience*, 2019;12(8):643-649.

19 Ruddiman WF, "The Anthropogenic Greenhouse Era Began Thousands of Years Ago", *Climatic Change*, 2003;61:261-293.

20 Lewis SL, Maslin MA, "Defining the Anthropocene", *Nature*, 2015;519(7542):171-80.

21 Crutzen PJ, Stoermer EF, "The Anthropocene", *IGBP Newsletter*, 2000(41):17-18.

22 Intergovernmental Panel on Climate Change (IPCC) Special Report on Global Warming of 1.5°C (SR15), 2018.

23 마크 라이너스, 이한중 옮김,《6도의 멸종》, 세종서적, 2014.

24 Intergovernmental Panel on Climate Change (IPCC). Special Report on Global Warming of 1.5°C (SR15), 2018.

25 Ibid.

26 "Glasgow's 2030 credibility gap: net zero's lip service to climate action", Climate Action Tracker, November 9, 2021. https://climateactiontracker.org/

publications/glasgows-2030-credibility-gap-net-zeros-lip-service-to-climate-action

27 Ceballos G, Ehrlich PR, "The misunderstood sixth mass extinction", *Science*, 2018;360(6393):1080-1081.

28 Carey B, "Stanford biologist warns of early stages of Earth's 6th mass extinction event", Stanford News, July 24, 2014. https://news.stanford.edu/pr/2014/pr-sixth-mass-extinction-072414.html

29 Milliken G, "How To Survive The Sixth Mass Extinction", Popular Science, September 22, 2015. https://www.popsci.com/an-appetite-for-destruction

30 클라이브 폰팅, 이진아·김정민 공역, 《클라이브 폰팅의 녹색 세계사》, 민음사, 2019.

31 유발 하라리·재레드 다이아몬드 외, 오토 가즈모토 엮음, 정현옥 옮김, 《초예측》, 웅진지식하우스, 2019.

32 Bostrom N, "The Vulnerable World Hypothesis", *Global Policy*, 2019;10(4):455-476.

33 마이클 셸런버거, 노정태 옮김, 《지구를 위한다는 착각》, 부키, 2021.

34 Obersteiner M, Azar C, Kauppi P, Möllersten K, Moreira J, Nilsson S, Read P, Riahi K, Schlamadinger B, Yamagata Y, Yan J, van Ypersele JP, "Managing climate risk", *Science*, 2001;294(5543):786-7.

35 Ripple WJ, Wolf C, Newsome TM, et al., "World Scientists' Warning of a Climate Emergency", *BioScience*, 2020;70 (1); 8-12.

36 Who we are, "System Change, not Climate Change!" System Change, not Climate Change. Retrieved November 6, 2022. Not Climate Change. https://systemchangenotclimatechange.org

37 "Ecological Footprint by Country 2021", World Population Review. Retrieved November 26, 2022. https://worldpopulationreview.com/country-rankings/ecological-footprint-by-country

38 Global Footprint Network Open Data Platform. http://data.footprintnetwork.org

39 Le Quéré C, Jackson RB, Jones MW, et al., "Temporary reduction in daily global CO emissions during the COVID-19 forced confinement", *Nature Climate Change*, 2020:10; 647-653.

40 한스 로슬링, 이창신 옮김, 《팩트풀니스》, 김영사, 2019.

41 Steffen W, Broadgate W, Deutsch L, Gaffney O, Ludwig C, "The Trajectory of

the Anthropocene: The Great Acceleration", *The Anthropocene Review*, 2015: 2;
81-98.

42 "World Population Prospects 2022", United Nations, 2022.

43 Mcneill JR, *The Great Acceleration: An Environmental History of the Anthropocene since 1945*, Harvard University Press, 2014.

44 "World Population Prospects 2022", United Nations, 2022.

45 칼 세이건, 임지원 옮김, 《에덴의 용》, 사이언스북스, 2014.

46 Gould SJ, Time's Arrow, *Time's Cycle: Myth and Metaphor in the Discovery of Geological Time*, Harvard University Press, 1987.

에필로그: 두 갈래의 운명

1 Chaikin A, "Is SpaceX Changing the Rocket Equation?", Smithsonian Magazine, January 2012. https://www.smithsonianmag.com/air-space-magazine/is-spacex-changing-the-rocket-equation-132285884

2 Woolf N, "SpaceX founder Elon Musk plans to get humans to Mars in six years", The Guardian, September 28, 2016. https://www.theguardian.com/technology/2016/sep/27/elon-musk-spacex-mars-colony

3 크리스천 데이븐포트, 한정훈 옮김, 《타이탄》, 리더스북, 2019.

4 Salotti, JM, "Minimum Number of Settlers for Survival on Another Planet", *Scientific Reports*, 2020;10:9700.

5 "Falcon Heavy & Starman", SpaceX, YouTube, March 11, 2018. https://www.youtube.com/watch?v=A0FZIwabctw&t=112s

6 Wall M, "SpaceX's Starman and Elon Musk's Tesla just made their 1st Mars flyby", Space, October 8, 2020. https://www.space.com/spacex-starman-tesla-mars-flyby

7 "VASIMR® VX-200SS Plasma Rocket Completes Record 88-Hour High Power Endurance Test", SPACE REF, July 22, 2021. http://www.spaceref.com/news/viewpr.html?pid=57827

8 Overbye D., "Reaching for the Stars, Across 4.37 Light-Years", The New York Times, April 12, 2016. https://www.nytimes.com/2016/04/13/science/alpha-centauri-breakthrough-starshot-yuri-milner-stephen-hawking.html

9 White H, Vera J, Han A, et al., "Worldline numerics applied to custom Casimir

geometry generates unanticipated intersection with Alcubierre warp metric", *European Physical Journal C.* 2021(81):677.

10 "A new memory chip—for the brain", CNET, July 18, 1996. https://www.cnet.com/news/a-new-memory-chip-for-the-brain

11 Mark O'Connell M, "Your animal life is over. Machine life has begun. The road to immortality", The Guardian, March 25, 2017. https://www.theguardian.com/science/2017/mar/25/animal-life-is-over-machine-life-has-begun-road-to-immortality

12 https://carboncopies.org

13 "About us", 2045 Strategic Social initiative Carboncopies Foundation. Retrieved January 25, 2022. http://2045.com/about

14 Mark O'Connell M, "Your animal life is over. Machine life has begun. The road to immortality", The Guardian, March 25, 2017. https://www.theguardian.com/science/2017/mar/25/animal-life-is-over-machine-life-has-begun-road-to-immortality

15 Cadwalladr C, "Richard Dawkins interview: 'It must be possible to construct life chemically, or in a computer", The Guardian, September 11, 2015. https://www.theguardian.com/science/2015/sep/11/richard-dawkins-interview-twitter-controversy-genetics-god

16 Kurzweil R. "Human 2.0", Sydney Morning Herald., October 25, 2005. https://www.smh.com.au/technology/human-2-0-20051025-gdmb4u.html

17 "Randal Koene-Substrate Independent Minds", Science, Technology & the Future, YouTube, September 9, 2012. https://www.youtube.com/watch?v=VpNtCsQDrjo

18 한스 모라벡, 박우석 옮김, 《마음의 아이들》, 김영사, 2011.

19 미겔 니코렐리스, 김성훈 옮김, 《뇌의 미래》, 김영사, 2012.

20 Bostrom N, "Existential Risks: Analyzing Human Extinction Scenarios and Related Hazards", *Journal of Evolution and Technology*, 2002;9(1).

이미지 출처

- **32쪽** 두 발로 직립보행 하며 발자국을 남기고 있는 오스트랄로피테쿠스 아파렌시스 ⓒ Karen Carr Studio Laetoli Footprint Trails
- **32쪽** 라에톨리의 발자국 ⓒ National Museum of Nature and Science, Tokyo, Japan.
- **32쪽** 닐 암스트롱이 달 표면에 남긴 발자국 ⓒ NASA
- **48쪽** 600만 년 동안 일어난 호미니드 종의 진화 계통도 Mithen SJ, *The Singing Neanderthals: The Origins of Music, Language, Mind, and Body*, Harvard University Press, 2006.
- **55쪽** 호모사피엔스의 아프리카 탈출과 세계 진출 경로 ⓒ Wikipedia
- **66쪽** 언어와 불을 다루도록 훈련받은 수컷 보노보 칸지 "Amazing photos of Kanzi the bonobo lighting a fire and cooking a meal, The Daily Telegraph, December 30, 2011.
- **75쪽** 알타미라 동굴벽화 ⓒ Wikipedia
- **92쪽** 3만 5,000~4만 년 전의 사자 인간상 ⓒ Wikipedia
- **110쪽** 기억하는 뇌와 미래를 그려보는 뇌를 촬영한 사진 Everding G, "Imaging pinpoints brain regions that 'see the future'", The Source, New Room, Washington University in St. Louis, January 2, 2007.

- **185쪽** 홍적세 빙하기 사이클

- **224~226쪽** 1750년부터 2010년까지의 사회경제적 지표와 지구 시스템 지표의 비교 Steffen W, Broadgate W, Deutsch L, Gaffney O, Ludwig C, The Trajectory of the Anthropocene: The Great Acceleration, *The Anthropocene Review*, 2015:2;81-98.

- **254쪽** 이중나선 구조 발견의 결정적 힌트가 된 '51번 사진' ⓒ Wikipedia

- **256쪽** 《네이처》에 실린 최초의 DNA 구조 논문 https://www.manhattanrarebooks.com

- **280쪽** 인간의 유전자를 이식받은 최초의 동물 허먼 ⓒ Wikidata

- **282쪽** 인류 최초의 시험관 아기 루이스 브라운 Lincolne P, Happy Birthday IVF! The world's first 'test tube baby' turns 40 today, *Babyology*, July 25, 2018.

- **311쪽** 다트머스 콘퍼런스 기념 모임에서 다시 만난 인공지능의 아버지들 Moor J, The Dartmouth College Artificial Intelligence Conference: The Next Fifty years, *AI Magazine*, 2006:27(4):87-9.

- **329쪽** 이 그림에서 무엇이 보이는가? Gregory R, *The intelligent eye*, McGraw-Hill, 1970.

- **341쪽** 커넥톰 소프트웨어로 재구성한 쥐 대뇌피질의 신경세포 ⓒ MAX PLANCK INSTITUTE FOR BRAIN RESEARCH

- **346쪽** 잭 갤란트 연구진이 실험자에게 보여준 실제 영상과 그것을 보는 실험자의 뇌 활동을 측정해 재구성한 영상 Gallant J, Movie reconstruction from human brain activity, YouTube, September 22, 2011.

- **349쪽** 클리나텍 연구소가 만든 위매진(WIMAGINE)에 연결된 '마인드 컨트롤 외골격' Hahn J, Mind-controlled exoskeleton allows paralysed patient to move again, Dejeen, October 8, 2019.

- **352쪽** 브레인게이트 시스템에 연결된 매튜 네이글 THE PHILADELPHIA INQUIRER, Help for paralyzed? Just imagine, The Denver Post, July 12, 2006.

- **352쪽** 뉴럴링크 칩을 머릿속에 이식한 원숭이 Wakefield J, Elon Musk's Neuralink 'shows monkey playing Pong with mind, BBC, April 9, 2021.

- **356쪽** 주사기로 주입되는 뉴럴 레이스와 뉴럴 레이스에 덮인 대뇌피질 Liu J, Fu TM, Cheng Z, et al., "Syringe-injectable electronics", *Nature Nanotechnology*, 2015;10(7):629-636.

- **358쪽** 인류 기술 발전의 수확 가속 현상

- **369쪽** 히로시마와 나가사키에 투하된 원자폭탄 American bomber drops atomic bomb on Hiroshima, History.com, Retrievd Jan 15, 2022.

- **383쪽** 1800년부터 2017년까지 측정한 대기 중 이산화탄소 농도 Atmospheric concentration of Carbon Dioxide, Methane and Nitrous Oxide, European Environmental Agency, Retrieved February 12, 2020.

- **383쪽** 킬링 커브 Keeling Curve Lessons, Scripps CO2 Program, Scripps Institute of Oceanography, Retrieved Library 12, 2020.

- **385쪽** 마이클 만이 그린 지난 1,000년 동안의 지구 온도 변화 그래프 Mann ME, Bradley RS, Hughes MK, "Northern Hemisphere temperatures during the last millennium: Inferences, uncertainties and limitations", *Geophysical Research Letters*, 1999;26(6):759~762.

- **387쪽** 산업화 이전 대비 지구의 평균 지표면 온도가 얼마나 올랐는지를 말해주는 '지구 평균 지표면 온도' 그래프 GlOLBAL AVERAGE SURFACE TEMPERATUE, Climate.gov, Retrieved January 15, 2022. https://www.climate.gov/media/12885

- **404~405쪽** 생태 수용력과 생태 발자국의 추이 ⓒ Global Footprint Network Open Data platform

- **406쪽** 1970~2019년 전 세계 일일 이산화탄소 배출량의 변화 그래프 Le Quere C, Jackson RB, Jones MW, et al., "Temporary reduction in daily global COemissions during the COVID-19 forced confinement", *Nature Climate Change*, 2020:10;647-653.

- **407쪽** 코로나19 발생 이후 5개월간 일일 이산화탄소 배출량 Le Quere C, Jackson RB, Jones MW, et al., "Temporary reduction in daily global COemissions during the COVID-19 forced confinement", *Nature Climate Change*, 2020:10;647-653.

- **423쪽** 팰컨 헤비에 의해 지구 궤도에 올려진 테슬라 로드스터와 스타맨의 모습

Falcon Heavy & Starman, SpaceX, YouTube, March 11, 2018.

■ **423쪽** 팰콘 헤비의 부스터들이 되돌아와 수직 착륙하는 모습 Falcon Heavy & Starman, SpaceX, YouTube, March 11, 2018.

사피엔솔로지

초판 1쇄 인쇄 2023년 6월 21일
초판 1쇄 발행 2023년 6월 29일

지은이 송준호
펴낸이 유정연

이사 김귀분
책임편집 조현주 **기획편집** 신성식 유리슬아 서옥수 황서연 **디자인** 안수진 기경란
마케팅 이승헌 반지영 박중혁 하유정 **제작** 임정호 **경영지원** 박소영

펴낸곳 흐름출판(주) **출판등록** 제313-2003-199호(2003년 5월 28일)
주소 서울시 마포구 월드컵북로5길 48-9(서교동)
전화 (02)325-4944 **팩스** (02)325-4945 **이메일** book@hbooks.co.kr
홈페이지 http://www.hbooks.co.kr **블로그** blog.naver.com/nextwave7
출력·인쇄·제본 (주)상지사 **용지** 월드페이퍼(주) **후가공** (주)이지앤비(특허 제10-1081185호)

ISBN 978-89-6596-581-7 03900

- 흐름출판은 독자 여러분의 투고를 기다리고 있습니다. 원고가 있으신 분은
  book@hbooks.co.kr로 간단한 개요와 취지, 연락처 등을 보내주세요.
  머뭇거리지 말고 문을 두드리세요.
- 파손된 책은 구입하신 서점에서 교환해 드리며 책값은 뒤표지에 있습니다.

- 이 책을 만들기 위해 인하대학교의 일반교수연구비 저술지원을 받았다.